Guido Knopp

Hitlers Manager

In Zusammenarbeit
mit Stefan Brauburger, Friederike Dreykluft,
Anja Greulich, Rudolf Gültner,
Bernd Mütter, Friedrich Scherer

Redaktion: Mario Sporn

GOLDMANN

Umwelthinweis:
Alle bedruckten Materialien dieses Taschenbuches
sind chlorfrei und umweltschonend

2. Auflage
Taschenbuchausgabe Januar 2007
Wilhelm Goldmann Verlag, München,
in der Verlagsgruppe Random House GmbH

Umschlaggestaltung: Design Team München
Umschlagfoto: Corbis/John Springer Collection (JS1565299)
KF · Herstellung: Str.
Druck und Bindung: Clausen & Bosse, Leck
Printed in Germany
ISBN 978-3-442-15423-4

www.goldmann-verlag.de

Inhalt

Vorwort 7

Der Aufrüster
Knopp/Greulich
-15-

Der Raketenmann
Knopp/Brauburger
-81-

Der General
Knopp/Scherer
-143-

Die Waffenschmiede
Knopp/Mütter
-205-

Der Techniker
Knopp/Dreykluft
-269-

Der Bankier
Knopp/Gültner
-333-

Ausgewählte Literatur 401
Personenregister 405
Orts- und Sachregister 410
Abbildungsnachweis 416

Hitlers Manager

Waren sie willige Helfer der Nazis, dachten sie nur an den eigenen Erfolg? Konnten sie sich der Vereinnahmung durch Hitlers Diktatur nicht entziehen? Hätten sie es tun können, wenn sie es gewollt hätten?

Speer, Braun, Jodl, Porsche, Krupp und Schacht – sechs Karrieren, deren Wirkung im Geflecht der Diktatur ganz unterschiedlich war. Das NS-Regime brauchte Manager, wenngleich es dieses Nachkriegswort nicht selbst benutzte: Ohne sie, die »Meister« ihres Fachs als Banker, Unternehmer, Konstrukteure, Ingenieure oder Militärs, wäre Hitlers Reich nicht effektiv gewesen. Und so ergriffen sie die Chance für kometenhafte Karrieren, enorme Profite und wirtschaftliche Expansion.

Wer nicht mitzog, nahm nicht teil am allseits propagierten Aufschwung. Wer bedeutend war und nicht in das Exil ging, der geriet zwangsläufig in den Sog der Macht. Viele derer, die zu Hitlers Managern geworden sind, zogen sich auf das Argument zurück, man habe nur das eigene Metier im Blick gehabt und nicht die Machenschaften des Regimes. Und jeder musste sich entscheiden: für oder wider – und damit für oder gegen die eigene Karriere. Erfolg war schließlich weithin wichtiger als das Gewissen. Viele waren gute und begabte Männer. Die Geschichte ihrer ganz persönlichen Verstrickung ist ein Lehrstück für uns alle – und für alle Zeiten.

Albert Speer, der Baumeister und Aufrüster, gab der braunen Ideologie die steinerne Form. Hitlers Lieblingsarchitekt lieferte die Pläne für die Stätten zementierter Geltungssucht. Der Mentor war begeistert von der Arbeit seines Ziehsohnes, der für ihn die »Welthauptstadt Germania« bauen sollte. »Für einen großen Bau hätte ich wie Faust meine Seele verkauft«, erinnerte sich Speer Jahrzehnte später. »Nun hatte ich meinen Mephisto gefunden.«

Speer und Hitler waren wie ein Liebespaar, verbunden durch die Leidenschaft fürs Bauen. Hätte Hitler einen Freund gehabt, erklärte Speer nach Kriegsende, so wäre er es gewesen.

Was er gebaut hat, ist im Feuersturm verbrannt. Was bleibt, sind Bilder – etwa von den Inszenierungen bei Nacht: dem legendären Lichtdom etwa, »meiner schönsten Raumschöpfung«, wie Speer selbst meinte.

Den vielseitig Begabten ernannte Hitler nach dem Tode Todts zum »Reichsminister für Bewaffnung und Munition«. Der tatkräftige Speer versprach ein »Rüstungswunder« – und hielt Wort: auf Kosten Hunderttausender von Zwangsarbeitern und KZ-Häftlingen.

Als politischen Vollstrecker, gar als Überzeugungstäter sah sich Speer selbst nie. Dem Technokraten setzte ein Sebastian Haffner 1944 unter Pseudonym ein literarisches Denkmal: »In Speer sehen wir eine Verwirklichung der Revolution der Manager. ... Er symbolisiert einen Typus, der in steigendem Maß in allen kriegsführenden Staaten wichtig ist: den reinen Techniker. ... Es ist ihre Zeit. Die Hitlers und Himmlers werden wir loswerden, aber die Speers... werden lange mit uns sein.«

Zeit seines Lebens bestritt Albert Speer, vom Holokaust gewusst zu haben. Zwar erkannte er im Nürnberger Prozess als Einziger die »Gesamtverantwortung der Führenden« für die Verbrechen des Regimes an, sich selbst aber erklärte er für »nicht schuldig«. Doch hätten die Richter schon damals gewusst, was wir heute wissen: Speer wäre zum Tode verurteilt worden.

Wernher von Braun, der Raketenmann, gilt als »Kolumbus des Weltalls«, als »Vater des Mondflugs von 1969« – Krönung der Karriere eines Ingenieurs, der an vorderster Front der Rüstungsindustrie in Hitlers Deutschland stand. Er war SS-Mann und Konstrukteur der »Wunderwaffe« V2. Die Rakete sollte die Wende bringen, als der Untergang des »Dritten Reiches« längst schon offenkundig war. Er stellte sich in Hitlers Dienste, weil er von ihm die Mittel bekam, um seine Träume zu verwirklichen. Gewiss, er träumte von ziviler Raumfahrt, von bemannten Expeditionen zu Mond und Mars – doch dem Raketenmann war früh bewusst, dass das Regime allein an der militärischen Nutzung seiner Forschung interessiert war. 1942 stieg der erste Prototyp der A-4-Rakete auf, der späteren »Vergeltungswaffe« V2; sie erreichte vierfache Schallgeschwindigkeit und war imstande, die Hauptstädte Westeuropas zu erreichen. Hitler war begeistert, die V2 ging in die Massenproduktion. 3170 abgeschossene Raketen forderten über 5000 Menschenleben. Doch noch mehr Opfer forderte der Bau der Raketen selbst. Bei der Produktion der vermeintlichen »Wunderwaffe« im unterirdischen Werk »Dora-Mittelbau« in Thüringen starben mehr als 10 000 KZ-Insassen – die Folge katastrophaler Arbeitsbedingungen und mangelhafter Ernährung. Nach dem Krieg wollte Wernher von Braun sich daran kaum erinnern: Er bedauerte stets die unmenschliche Behandlung der Zwangsarbeiter, wies aber jede persönliche Mitverantwortung dafür zurück. Braun sah sich selbst als puren Techniker, der es »bis Ende 1943 erfolgreich vermied, in das politische Netz hineingezogen zu werden«. Er habe keine Möglichkeit gehabt, die deprimierende Lage der Zwangsarbeiter zu ändern.

Dieser Schutzschild hielt Jahrzehnte. Bei Kriegsende stellte sich Braun mit seinen engsten Mitarbeitern den Amerikanern, die nur an den Fähigkeiten der Raketenbauer interessiert waren und allzu unbequeme Fragen vermieden. Braun wurde in den USA zum entscheidenden Protagonisten des US-Raumfahrt- und Mondlandeprogramms. Der emigrierte Raketenmann entwickelte die Saturn 5, welche die ersten Menschen Richtung Mond flog.

Brauns früher Tod mit 65 Jahren ersparte ihm die schonungslose Auseinandersetzung mit seiner Vergangenheit. Studien jüngerer Historiker belegten: Die »saubere« Raketenforschung in Peenemünde und die Verbrechen des Regimes in Dora-Mittelbau geschahen nicht in parallelen Universen – sie waren aufs Engste miteinander verknüpft: auch in der Person Wernher von Brauns.

Ihn als »Schreibtischtäter« zu bezeichnen, mag überspitzt erscheinen. Doch er war kein Wissenschaftler im Elfenbeinturm. Der Drang des Machers, seine Vision um jeden Preis zu verwirklichen, machte ihn zum Opportunisten. Der Nichtnazi Braun ließ sich in ein Regime verstricken, das ihm alle Mittel bot – für einen verhängnisvollen Preis. Es war ein Pakt, der sein ganzes Leben belasten sollte.

Alfred Jodl, Hitlers pflichtbesessener General, war dessen Manager in Sachen Krieg. Als Chef des Wehrmachtsführungsstabes im Oberkommando der Wehrmacht sah er die Front so gut wie nie – und war doch Hitlers engster Militärberater während des gesamten Krieges. Während andere Generäle ihre Truppen in die Schlacht führten, nahm Jodl im Hauptquartier an über 5000 Lagebesprechungen teil. Tag für Tag, von Kriegsbeginn bis -ende, berichtete er dem Kriegsherrn über die militärische Lage, brachte die Befehle Hitlers zu Papier und sorgte dafür, dass sie an die zuständigen Befehlshaber und Behörden gelangten. Eine Mammutaufgabe, die den fleißigen Militärbürokraten oft bis drei Uhr morgens in Atem hielt.

Seine Stellung hatte er seiner fachlichen Kompetenz zu verdanken, nicht seiner braunen Gesinnung. Obwohl an Politik nur mäßig interessiert, war Jodl einer der wenigen Offiziere gewesen, die die Republik von Weimar ebenso begrüßt hatten wie deren Präsidenten Friedrich Ebert. Hitler stand er 1933 skeptisch gegenüber. Doch das änderte sich rasch, als er zu Beginn des Krieges in dessen Bann geriet. Freilich wurde er nie Jasager, mitunter widersprach er dem Tyrannen – aber immer nur aus sachlichen, nie aus moralischen Gründen. In seinem Selbstverständnis war er stets und nur Soldat, der die Befehle seines Staatschefs effektiv, ergeben und vor allem treu ausführte – auch wenn er sich bewusst sein musste, dass diese gegen Völkerrecht verstießen.

Auch als die deutsche Niederlage unabwendbar war, blieb Hitlers Militärmanager seinem Idol ergeben. Das Attentat vom 20. Juli 1944, bei dem er selbst verletzt wurde, erregte in ihm nur Zorn; kein Verständnis empfand Jodl für die Gedankenwelt seines früheren Chefs Ludwig Beck und dessen Satz: »Ihr soldatischer Gehorsam hat dort eine Grenze, wo ihr Wissen, ihr Gewissen und ihre Verantwortung die Ausführung eines Befehls vertreten.«

Nach Hitlers Selbstmord unterschrieb Jodl als Vertreter Dönitz' am 7. Mai 1945 in Reims die Kapitulationsurkunde. In Nürnberg vor Gericht gestellt, verneinte er entschieden die Frage nach seiner persönlichen Schuld – obwohl einige der völkerrechtswidrigen Befehle über seinen Schreibtisch liefen.

Gewiss, Jodl war kein ideologisch verbohrter Finsterling, kein rückgratloser Jasager wie sein Vorgesetzter Keitel. Doch er lebte die Tugend eines pflichtversessenen militärischen Gehorsams bis zum bitteren Exzess – ohne Grenzen, die allein Moral zu ziehen weiß. In der Treue zu Hitler glaubte Jodl, Deutschland die Treue zu halten, obwohl gerade er sah, dass Hitler Deutschland in die Katastrophe führte. Dass höchste Stellung auch höchste Verantwortung bedeutet, hat er für sich nie akzeptiert. Diese starke Treue zum Diktator ließ eine geistige Auseinandersetzung mit der Verstrickung, in die er geraten war, nicht zu. Alfred Jodl starb durch den Strang – doch ohne Schuldbewusstsein.

Ferdinand Porsche, der Erfinder des »Volkswagens«, war Österreicher wie Hitler. Der Staatschef fand Gefallen an dem Landsmann, der die Idee des »Kleinwagens für jedermann« propagierte. Der Grundstein für das »Volkswagenwerk« wurde von Hitler persönlich gelegt, der seinem Automann für die Schaffung des »KdF-Wagens« den »Deutschen Nationalpreis« verleihen ließ. Als der Krieg kam, baute Porsche statt ziviler Fahrzeuge im VW-Werk Kampfflugzeuge, Torpedohüllen, Tellerminen, Kübelwagen für die Wehrmacht und nicht zuletzt auch Panzerungetüme wie den Jagdpanzer »Ferdinand« oder das Monstrum »Maus« – eine Festung auf Ketten, wohl eine der größten Fehlkonstruktionen des Zweiten Weltkriegs.

Überdies stellte das Volkswagenwerk in den Jahren 1944/45 nahezu 14 000 Exemplare der »Vergeltungswaffe« V 1 her – mehr als die Hälfte der Gesamtproduktion. Das Werk hätte nach dem Willen seiner Erbauer ein »Arbeiterparadies« werden sollen. Bei Kriegsende war es ein düsterer Lagerkomplex, in dem Zwangsarbeiter, Kriegsgefangene und KZ-Häftlinge ein Leben in Angst und Entbehrungen führten.

Porsche sah sich allein als Techniker und Konstrukteur – Politik interessierte ihn nur so weit, als sie seinen Zwecken diente. Er hatte die Nähe zu Hitler gesucht – der Kanzler war für ihn ein potenzieller Geldgeber. Nun, gegen Ende des Krieges, wandte er sich unter anderem direkt an Heinrich Himmler und bat ihn, »ein Werk für die Fabrikation einer Geheimwaffe, die in einem Werk unter Tage stattfindet und 3½-tausend Arbeitskräfte braucht, als KL-Betrieb zu übernehmen«. Über den Reichsführer-SS band sich Porsche immer stärker an den Terrorapparat des Regimes. Himmler zeichnete ihn mit dem Rang eines SS-Oberführers und dem Totenkopfring der SS aus. Es steht zu bezweifeln, dass sich Porsche mit der menschenverachtenden Massenideologie Himmlers identifizierte. Doch er ließ sich anstandslos zum Mitglied einer Organisation des Grauens machen. Durch seine Anforderung von KZ-Häftlingen und deren unwürdige Lebensbedingungen im VW-Werk war er es ohnehin schon.

Ferdinand Porsche war kein Nazi, doch er hat mit den Wölfen geheult, solange sie ihm nützlich waren. Bis zuletzt scheint er zudem an die Parolen vom Endsieg geglaubt zu haben. Sein Sohn Ferry räumte später ein: »Er merkte erst, dass der Krieg verloren war, als es soweit war.«

Auch Alfried Krupp war alles andere als ein Nazi – obwohl er schon 1937 förderndes Mitglied der SS wurde und später der NSDAP beitrat. Da war keine Ideologie im Spiel, nur das Kalkül auf puren Eigennutz, getreu dem alten Krupp'schen Grundsatz: »Hier wird nicht politisiert.« Der Name »Krupp« war seit jeher die Ikone deutscher Rüstungswirtschaft. Als »Waffenschmiede des Reiches« verdiente Krupp schon an den Materialschlachten des Ersten Weltkriegs. Als »NS-Musterbetrieb« profitierte Krupp wie kein anderes Unternehmen von Hitlers Rüstungspolitik und schuf ein gewaltiges Waffenarsenal, das Hitlers Krieg in dieser Dimension erst möglich machte. Die anfängliche Ablehnung war bald schon in profitträchtige Kooperation umgeschlagen.

Hitlers Manager Alfried Krupp von Bohlen und Halbach spielte dabei eine entscheidende Rolle. Von Vater Gustav, den Hitler zum »Wehrwirtschaftsführer« mit goldenem Parteiabzeichen ernannt hatte, übernahm er 1943 das Krupp-Imperium, das von Hitler per »Lex Krupp« von einer Aktiengesellschaft in ein Einzelunternehmen in Familienbesitz umgewandelt worden war. Damit war Alfried Krupp nicht nur alleiniger Eigentümer und Leiter des gesamten Unternehmens, sondern auch der Hauptverantwortliche für die Ausbeutung von mehr als 100 000 Zwangsarbeitern und KZ-Häftlingen – so etwa im »KL Buchenwald, Arbeitslager Fried. Krupp«.

Der Vater Gustav Krupp war wider Willen Hitlers Manager geworden: Er verweigerte sich nicht, förderte aber Systemkritiker und half Juden. Alfried Krupp hingegen war Opportunist; er hatte überhaupt keine Einstellung zu Hitlers Regime: Weder war er ein Gefolgsmann noch ein Gegner des Regimes. Er suchte nicht die Nähe führender NS-Vertreter, ging jedoch auch nicht auf sichtliche Distanz. Im Nachhinein erklärte er das so: »Die Wirtschaft brauchte eine ruhige oder aufwärts steigende Entwicklung. Wir hatten den Eindruck, dass Hitler uns solch eine gesunde Entwicklung bescheren würde. Tatsächlich hat er das getan.« Alles andere schien daneben gleichgültig. Alfried Krupp hat keinen in den Tod schicken wollen, weder Zwangsarbeiter noch KZ-Sklaven. Dennoch nahm er es hin, wenn in seinen Werken unterernährte, ausgebeutete Menschen starben.

Hjalmar Schacht, der Bankier, galt als der große Finanzzauberer, das improvisatorische Genie, der Meister »produktiver Kreditschöpfung«. In den Zwanzigerjahren hatte er die Inflation besiegt und die Staatsfinanzen gerettet. In den Dreißigerjahren beseitigte er die Massenarbeitslosigkeit und schuf das erste deutsche Wirtschaftswunder – wenngleich mit eher dubiosen Mitteln. Dank der so genannten »Mefo«-Wechsel finanzierte Schacht zugleich die Aufrüstung des Hitler-Reiches – bis er wahrnahm, dass der Staatschef nicht im Traum daran dachte, diese Wechsel jemals einzulösen.

Da wandte er sich gegen Hitler und trat im Lauf der Zeit von allen seinen »Ämtern« zurück – mit der gleichen Konsequenz, mit der er schon den demokratischen Politikern in Berlin die Leviten las, wenn sie es wagten, seine Vorschläge zu ignorieren. 1944 schickten ihn die Nazis ins KZ, weil sie den längst schon Kaltgestellten der Mitwisserschaft oder gar Teilnahme am Hitler-Attentat verdächtigten. Das war später eine Art Persilschein. Doch auf der anderen Seite steht der Vorwurf, Steigbügelhalter für Hitler gewesen zu sein. Der Diktator nutzte Schachts Finanzgenie, um sein Zerstörungspotenzial erst aufzubauen. Mit seiner Unterstützung für die NSDAP hat Schacht mit dazu beigetragen, die braunen Parvenüs im Bürgertum salonfähig zu machen.

Schacht blieb als Reichsbankpräsident und Wirtschaftsminister in der Führungsschicht des »Dritten Reiches« ein Außenseiter: wegen seiner Leistung respektiert, doch nicht geachtet; geduldet, weil er Hitlers Wertschätzung genoss, doch nie geschätzt.

Wie konnte es geschehen, dass ein liberaler Freimaurer sich so effektiv in den Dienst eines menschenverachtenden Systems stellen konnte? Dass der Mitgründer der linksliberalen DDP zum Paladin des Antidemokraten Hitler werden konnte? Dass der erfolgreiche Bankier, der Verfechter freien Unternehmertums, zum Herold eines Reiches werden konnte, das auf blanke Autarkie, auf Ausbeutung der Nachbarn ausgerichtet war?

Später behauptete Schacht, nur einer wie er habe es vermocht, das Schlimmste zu verhindern.

Juristisch war und ist Hjalmar Schacht kein Vorwurf zu machen. Weder das Tribunal von Nürnberg noch die deutschen Gerichte konnten ihm irgendeine Verfehlung nachweisen. Vor der Geschichte aber ist der Ehrenschild des Hjalmar Schacht befleckt: nicht, weil er Steigbügelhalter Hitlers war, sondern weil er seinen fatalen historischen Irrtum nicht einsehen wollte. Hjalmar Schacht wollte immer Recht gehabt haben.

Was lehren uns all diese Lebensläufe? Keiner der sechs porträtierten Männer war von Haus aus dazu bestimmt, in Handlungen der Inhumanität verstrickt zu werden. Alle hätten zu normalen anderen Zeiten unauffällige, vielleicht auch glänzende Karrieren absolviert, und einige von ihnen hatten das ja schon bewiesen. Wer aber mit der Macht spielt in der kriminellen Diktatur, der kann nicht unberührt von ihren Schattenseiten bleiben. Wenn ein verbrecherischer Staat die Schranken zwischen Recht und Unrecht niederreißt, bedarf es großer innerer Stärke, um die Gebote der Moral vor die Verlockungen der Nützlichkeit zu stellen. Hitlers Manager hatten diese Stärke vielfach nicht. Ihre ganz persönlichen Geschichten sind ein Lehrstoff für die alte, immer wieder neue Frage, welche Chance die Moral hat in der Auseinandersetzung mit der Macht.

Der Aufrüster

> **Wenn Hitler Freunde gehabt hätte, dann wäre ich sein Freund gewesen.**
>
> Speer

Die Männer in der Runde staunten nicht schlecht: Was da in einer Aktenkladde um den Konferenztisch zirkulierte, war schlicht eine Anmaßung. Ein Schreiben, das Hitlers »Lieblingsarchitekten« Albert Speer, seit wenigen Tagen erst zum »Reichsminister für Bewaffnung und Munition« ernannt, die Vollmacht zur »einheitlichen Führung der Rüstung« erteilte – ausgestellt auf Speer persönlich. Der neue Rüstungsminister selbst hatte die Konferenz einberufen, es war seine erste Amtshandlung. Im ehemaligen Sitzungssaal der Akademie der Künste in Berlin waren am 18. Februar 1942 die führenden Männer der Kriegswirtschaft und der Rüstungsbehörden erschienen, darunter der zuständige Staatssekretär Feldmarschall Erhard Milch, der Befehlshaber des Ersatzheeres, Generaloberst Friedrich Fromm, der Chef des Heereswaffenamtes, General Ritter von Leeb, und der Leiter des Wehrwirtschafts- und Rüstungsamtes im Oberkommando der Wehrmacht, General Georg Thomas. Fünf Tage lang hatte Albert Speer die Sitzung akribisch vorbereitet. »So verblüffend es auch erscheinen mag: Das Grundsätzliche war mir klar. Vom ersten Tag an steuerte ich wie nachtwandlerisch einem System zu, durch das allein ein Rüstungserfolg zu erzielen war«, schrieb Speer später in seinen »*Erinnerungen*«. Was sich dahinter verbarg, war die radikale Mobilisierung aller Kräfte für einen kriminellen Krieg – und Speers Machtübernahme in der deutschen Industrie und Rüstungswirtschaft. Rasch hatte Speer einen neuen Organisationsplan entwickelt, der die Wende in der Rüstungsproduktion herbeiführen sollte. Als Architekt zeichnete er das neue Organisationsschema perspektivisch auf und präsentierte es so den überraschten Konferenzteilnehmern am 18. Februar. Anschließend gab Speer die persönliche Vollmacht in Umlauf und ersuchte jeden Einzelnen, die Vorlage zu unterzeichnen. Milch, der mit Speer auf freundschaftlichem Fuß stand, setzte als Erster seine Unterschrift auf das Papier. Nach kurzem Zögern folgten ihm die anderen. Nur Generaladmiral Karl Witzell, Leiter des Rüstungsamtes der Marine, protestierte – und unterzeichnete schließlich unter Vorbehalt. Sein halbherziger Widerstand sollte der einzige bleiben. Mit der Unterschrift gaben die Konferenzteilnehmer einen erheblichen Teil ihrer Befugnisse an den neuen Rüstungsminister ab; Albert Speer hatte seinen ersten Sieg im neuen Amt errungen. Damit verfügte er über mehr Macht, als sie sein Vorgänger je besessen hatte.

Speers Ernennung zum Rüstungsminister hatte sich – auch für ihn selbst – rasch und unerwartet vollzogen. Der Zufall hatte ihn am Nachmittag des 7. Februar 1942 zum ersten Mal in Hitlers Hauptquartier Wolfsschanze bei Rastenburg in Ostpreußen verschlagen. Wegen schlechten Wetters hatte Speer nicht wie geplant von einer Reise in die Ukraine direkt nach Berlin zurückfliegen können, sondern den Umweg über Rastenburg machen müssen. Sein unerwartetes Erscheinen in der Wolfsschanze wurde Hitler sofort gemeldet. Der Architekt und sein »Führer« hatten sich seit Anfang Dezember nicht mehr gesehen; Speer ging davon aus, dass ihn Hitler wie üblich persönlich begrüßen würde. Doch es kam anders. Wie Speer erfuhr, hatte Dr. Fritz Todt, »Reichsminister für Bewaffnung und Munition«, einen Termin bei Hitler, der sich bis in die späten Abendstunden hinzog. Speer bekam Hitler somit zunächst nicht zu sehen. Stattdessen traf er Todt, als dieser »angestrengt und müde« nach der »langen und — wie es schien – schwierigen Besprechung« von Hitler zurückkam. Der »Reichsminister« machte einen niedergeschlagenen Eindruck. Fritz Todt zählte zu den Nationalsozialisten der ersten Stunde, er galt als ergebener Gefolgsmann Hitlers. Kurz nach der Machtübernahme hatte Hitler den studierten Ingenieur zum »Generalinspektor für das Straßenwesen« ernannt – die 1938 gegründete »Organisation Todt« wurde Synonym für den Bau der Autobahnen und des so genannten Westwalls. Im März 1940 war Todt, dem Hitler »bis an die Grenzen der Verehrung gehende Hochachtung« entgegenbrachte, schließlich zum »Reichsminister für Bewaffnung und Munition« berufen worden. Doch nur ein Jahr später kam es nahezu zum Bruch zwischen dem Diktator und seinem Gefolgsmann. Für diesen stellte der Krieg mit Russland eine nationale Katastrophe dar. Im November 1941 war Todt mit Fachleuten der Rüstung und Industrie nach Orel geflogen, um sich selbst ein Bild von der Lage an der Ostfront zu machen. Dort wurde ihm bald klar, dass ein siegreiches Ende des Krieges unmöglich war. Mehrfach drängte er den Kriegsherrn, Frieden zu schließen, bevor sich das Blatt gegen Deutschland wenden würde. Auch am 7. Februar 1942 versuchte Todt allem Anschein nach, Hitler von der Aussichtslosigkeit der Kriegslage zu überzeugen. Als er am Abend mit Speer bei einem Glas

»Von Todts Tod profitiert?«: Speer mit Fritz Todt, seinem Vorgänger als Rüstungsminister

Wein im Hauptquartier zusammensaß, äußerte er jedoch nichts über den Inhalt seines Gesprächs mit dem »Führer«. Stattdessen erzählte er Speer, dass er beabsichtige, am nächsten Morgen nach Berlin zurückzufliegen, und bot ihm einen freien Platz in seiner Maschine an. Dankend nahm Speer das Angebot an und verabredete eine frühe Stunde für den Abflug. Doch zu dieser Verabredung sollte es nicht mehr kommen. Gegen ein Uhr morgens erschien ein Adjutant Hitlers bei Speer – der »Führer« wünsche ihn zu sehen. »Hitler wirkte ebenso erschöpft und missmutig wie Todt«, beschrieb Speer das Wiedersehen, doch während des nächtlichen Gesprächs mit Speer über sein Lieblingsthema Architektur habe er sich zusehends belebt. Als sich Speer um drei Uhr früh von Hitler verabschiedete, sagte er den Flug mit Dr. Todt ab.

Am nächsten Morgen riss das Telefon Albert Speer aus dem Schlaf. Dr. Karl Brandt, der Begleitarzt Hitlers, berichtete ihm aufgeregt, dass das Flugzeug Todts soeben abgestürzt sei. Schon kurz nach dem Start war Todts Maschine explodiert. Noch in Sichtweite der Wolfsschanze hatte der Pilot versucht kehrtzumachen – was auf einen Notfall schließen ließ. »In diesem Augenblick entstand im vorderen Teil des Flugzeugs, anscheinend durch eine Explosion, eine senkrechte, nach oben schießende Stichflamme. Das Flugzeug stürzte gleich darauf aus einer Höhe von etwa

Im Laufe des Tages erreicht mich eine erschütternde Nachricht. Dr. Todt ist morgens beim Abfliegen vom Flugplatz Rastenburg nach einem Besuch im Führerhauptquartier tödlich heruntergestürzt. Das Flugzeug ist aus 400 Meter Höhe abgestürzt, am Boden explodiert, und die Insassen sind dabei derartig verbrannt, dass man kaum noch etwas von den Leichen zusammenlesen konnte. Dieser Verlust ist geradezu erschütternd. Todt war eine der ganz großen Figuren des nationalsozialistischen Regimes.
Goebbels, Tagebucheintrag 9. Februar 1942

20 Metern, über die Tragfläche durchgehend, ab und schlug entgegengesetzt zur Flugrichtung fast senkrecht auf den Boden auf«, berichtete ein Augenzeuge. Keiner der Insassen konnte lebend geborgen werden.

Die Stunde Speers war gekommen. Während im Essraum des Hauptquartiers schon heftig über die Nachfolge Todts diskutiert wurde, schien einer mehr zu wissen als die anderen: »Mir war bereits in diesen Stunden klar, dass mir ein wichtiges Teilgebiet von Todts umfassenden Aufgaben zufallen würde«, schrieb Speer in seinen »*Erinnerungen*«. Schon im Sommer 1940 hatte Hitler Speer das gesamte Bauwesen, auch die Bauten am Atlantik, übertragen wollen, weil Todt überlastet sei. Damals hatte Speer Hitler überzeugen können, dass es besser sei, wenn Bau und Rüstung in einer Hand blieben. »Auf einen Auftrag dieser Art war ich daher gefasst, als ich zu üblich später Stunde, etwa um ein Uhr mittags, als Erster zu Hitler gerufen wurde«, fuhr Speer in seinen »*Erinnerungen*« fort.

Als Speer wenig später Hitlers Zimmer betrat, war nichts mehr von der vertraulichen Atmosphäre zu spüren, die das gemeinsame Gespräch in der Nacht noch gekennzeichnet hatte. Hitler empfing ihn stehend; »ernst und formell« nahm er Speers Beileidsbekundung entgegen. Dann erklärte er in feierlichem Ton: »Herr Speer, ich ernenne Sie zum Nachfolger von Minister Dr. Todt in allen seinen Ämtern.« Speer gab erschrocken zur Antwort, dass er sich bemühen werde, Todt in seinen Bauaufgaben zu ersetzen. Doch Hitler entgegnete: »Nein, in allen seinen Ämtern, auch als Munitionsminister.« Als Speer einwandte, dass er als Architekt nichts von der Rüstung verstehe, schnitt ihm Hitler das Wort ab: »Ich habe das Zutrauen zu Ihnen, dass Sie es schaffen werden. Außerdem habe ich keinen anderen!« Das freilich stimmte so nicht. Erfahrene Mitarbeiter aus Todts Munitionsministerium wie Karl Otto Saur, Feldmarschall Erhard Milch oder Xaver Dorsch von der »Organisation Todt« hätten durchaus für die Nachfolge zur Verfügung gestanden. Doch pflegte Hitler eine gewisse »Neigung zum Dilettantismus« und ein »kaum überwindliches Misstrauen gegen Fachleute«, wie Speer-Biograf Joachim Fest formulierte. Hitler glaubte überdies, mit dem jungen Architekten, der in der NS-Führung auf nur wenige Verbündete zählen konnte und in den vergangenen Jahren stets große Ergebenheit bewiesen hatte, ein »willfähriges Werkzeug« seiner eigenen Absichten zu besitzen. Speer würde sicher nicht wagen, Hitler in Rüstungsfragen zu widersprechen – wie es Todt getan hatte.

Doch so unerfahren Speer auch in politischen Ränkespielen sein mochte, auf die überraschende Ernennung zum Rüstungsminister reagierte er wie ein gewiefter Machtpokerer: Als Erstes verlangte er einen »Führer«-Befehl, der ihm »nichts Geringeres als ein unbedingtes Beistandsversprechen« zusicherte. Speer nannte es später »einen der besten und gewiss nützlichsten Einfälle meines Lebens«. Mit »knappen Worten« erteilte ihm Hitler seine Einwilligung – Speer war es gelungen, sich öffentlich Hitlers Rückendeckung zu versichern.

Schon kurz nach dem Flugzeugabsturz Todts kursierten Gerüchte über einen Sabotageakt. Konnte es Zufall sein, dass Todt starb, nachdem er mit Hitler eine ernste Auseinandersetzung gehabt hatte? Auch Albert Speer geriet in den Verdacht, mit dem Absturz zu tun, zumindest aber von ihm gewusst zu haben. Nicht nur die Tatsache, dass er von Todts Tod profitierte, gab Anlass zu Spekulationen, auch dass er ursprünglich selbst mit der Unglücksmaschine fliegen wollte und kurzfristig abgesagt hatte, machte ihn verdächtig. In seinen »*Erinnerungen*« verteidigte sich Speer, dass er sich nie um das Amt des »Ministers für Bewaffnung und Munition« gerissen habe: »Für mich aber blieb meine Tätigkeit als Architekt auch weiterhin meine Lebensaufgabe; meine überraschende Ernennung fasste ich als eine unfreiwillige Unterbrechung der Kriegszeit, als eine Art Kriegsdienst auf.« Angeblich habe er von Hitler die Zusage verlangt, ihn nach dem Krieg wieder als Architekten zu bestellen. »Hitler stimmte ohne Zögern zu; auch er glaubte, dass ich als sein erster Architekt ihm und seinem Reiche wertvollste Dienste leisten würde«, heißt es weiter in den »*Erinnerungen*«. Ob auch Hitler dies so gesehen hat, ist nicht gesichert. Tatsache bleibt, dass Speer mit Amtsantritt eines der wichtigsten Ministerien des NS-Staates übernahm und von enormem Ehrgeiz geprägt war. »Ich weiß noch, welche Hochgefühle mich erfüllten, als ich durch meine Unterschrift über

Hitler sagte mir zu, dass ich meine Aufgabe nur als Kriegsaufgabe zu betrachten hätte und dass ich nach dem Kriege wieder meinem Beruf als Architekt nachkommen dürfte.

Aussage Speers in Nürnberg, 19. Juni 1946

Er war außer sich vor Freude. Er triumphierte: Die Welt gehörte ihm.

Annemarie Kempf, Speers Sekretärin

Milliarden verfügte und hunderttausende Menschen an die Baustellen dirigierte«, notierte er nach dem Krieg in seinen »*Spandauer Tagebüchern*«.

Bis heute halten sich Gerüchte, wonach die SS oder Hitler selbst die Explosion in Todts Heinkel 111 verursacht haben soll. SS-Chef Himmler führte wenige Tage vor dem Absturz mehrfach Gespräche unter vier Augen mit Hitler. Wurde damals ein Attentat vorbereitet? Kurz vor seinem Tod hatte Todt in einem Panzerschrank eine beträchtliche Geldsumme hinterlegt, die seine Sekretärin erhalten sollte, falls ihm einmal etwas zustoße. Fürchtete der damalige Rüstungsminister, dass man nach seinem Leben trachtete? Speer-Biografin Gitta Sereny ist überzeugt, dass Todt ermordet wurde: »Der Grund dafür war, dass er Hitler gesagt hat, dass der Krieg nicht gewonnen werden kann. Das war natürlich unmöglich für Hitler, das konnte er auf keinen Fall so hinnehmen. ... Es wurde organisiert, dass dieses Flugzeug abstürzte. Und da wurde eben Speer in diese Stelle ernannt, die der Beginn sein sollte für eine politische Karriere, die Hitler für Speer im Sinn hatte.«

Die wahre Unglücksursache ist bis heute nicht geklärt. Hitler selbst hatte umgehend nach dem Absturz den Auftrag erteilt, den Fall zu untersuchen. Der Bericht des Reichsluftfahrtministeriums schließt mit den Worten: »Es hat sich insbesondere kein Sabotageverdacht ergeben. Weitere Maßnahmen sind daher weder erforderlich noch beabsichtigt.«

Wie war es Speer gelungen, innerhalb kürzester Zeit zu einem der wichtigsten Ämter des NS-Staates zu gelangen? Zum Zeitpunkt seines Amtsantritts war er gerade einmal 36 Jahre alt und damit der jüngste Minister in Hitlers Reich. Warum hatte der Diktator einen in Rüstungsdingen wenig erfahrenen Mann gewählt, obgleich ihm etliche führende Mitarbeiter aus dem Rüstungsministerium zur Verfügung gestanden hätten? Doch nach eigenem Befinden brachte der Architekt für das Amt zwei wesentliche Voraussetzungen mit: seine Fähigkeit zu organisieren und die bedingungslose Treue zu Hitler. Damit war Albert Speer die »Idealbesetzung« für das Amt des »Reichsministers für Bewaffnung und Munition«, künftig sollte er der »Architekt der Rüstung« sein.

In Hitlers Gefolge war Albert Speer ein rasanter Aufstieg beschieden. Als Hitlers »Lieblingsarchitekt« hatte er dem Nationalsozialismus Form in Stein und Beton gegeben, Pläne für monumentale Bauten unter dem Ha-

»Über Milliarden verfügen und Hunderttausende dirigieren«: Speer nach der Ernennung zum Rüstungsminister

»Kühle Teilnahmslosigkeit«: Albert Speer (links) um 1912 mit seinen Brüdern Hermann (Mitte) und Ernst (rechts)

kenkreuz geliefert. Am 19. März 1905 in Mannheim geboren, war Albert Speer in großbürgerlichen Verhältnissen aufgewachsen. Die Architektur hatte in seiner Familie Tradition: Schon der Großvater war Baumeister gewesen, der Vater zählte zu den »meistbeschäftigten Architekten Mannheims« und hatte sich durch den Bau etlicher Wohn- und Verwaltungsgebäude »ein ansehnliches Vermögen« erworben. Als er 1900 die Tochter eines wohlhabenden Mainzer Kaufmanns heiratete, vermehrte sich das Familienkapital beträchtlich. In einem 14-Zimmer-Haus mit Dienstboten »in violetter Livree mit vergoldeten Knöpfen« und eigenem Chauffeur verbrachte Albert Speer als Zweitältester von insgesamt vier Jungen eine zwar sorglose, aber wenig liebevolle Kindheit. Die fehlende elterliche Nähe, meint die Speer-Biografin Gitta Sereny, legte den Grundstein für eine auffallend »kühle Teilnahmslosigkeit«, die Speers Wesen zeitlebens kennzeichnen sollte.

Das Architekturbüro des Vaters schloss direkt an die Wohnräume an; Bauzeichnungen auf bläulichem Ölpapier, Reißbrett und Lineal waren Albert Speer seit seiner frühesten Kindheit vertraut. Als er 1922 ein Architekturstudium in Karlsruhe aufnahm, schien dies so natürlich wie zwangsläufig. Doch hatte der schmächtige, oft kränkelnde Zweitgeborene zunächst mit der Mathematik geliebäugelt. »Mein Vater wandte sich mit einleuchtenden Gründen gegen diese Absicht«, schrieb Albert Speer später, »und ich wäre nicht ein mit Logik vertrauter Mathematiker gewesen, wenn ich ihm nicht nachgegeben hätte.« In einer anderen Sache bewies der folgsame Sohn jedoch erstaunliches Durchsetzungsvermögen. Mit 17 hatte er sich verliebt – in die Tochter eines Schreinermeisters. Mutter und Vater zeigten wenig Begeisterung für die Wahl ihres Sohnes. Sie hofften, dass Albert »Vernunft« annehmen würde, sobald er sein Studium begonnen hätte; Margret Weber, Speers »Auserwählte«, wurde indes von ihren Eltern auf ein Internat geschickt. Doch die Strategie der Elternhäuser ging nicht auf. Nachdem Albert Speer 1928 sein Studium an der Technischen Hochschule in Berlin als Diplomingenieur abgeschlossen hatte, heiratete er seine Jugendliebe. Als Datum für die Eheschließung wählten sie den 28. August – Goethes Geburtstag.

Bei Heinrich Tessenow, seinem Lehrer an der Hochschule, erhielt der eben erst 23-jährige Speer kurz nach dem Examen eine Berufung zum Assistenten. Damit war er der jüngste Mitarbeiter der Hochschule. Der Architekturprofessor und sein junger Schüler hatten rasch Gefallen aneinander gefunden. »Das Einfachste ist nicht immer das Beste, aber das Beste ist immer einfach«, lehrte Tessenow, den Speer für seinen klaren, schmuck-

»Zusammen und doch irgendwie fremd«: Albert Speer mit seiner Frau Margret im Jahr ihrer Hochzeit in Berlin

In meiner Familie sind Emotionen vielleicht ein bisschen zu kurz gekommen. Die drückte man nicht aus. Meine Mutter war eine ungeheuer tapfere Frau, die aus sechs Kindern etwas gemacht hat. Aber sie war auch herb. Das einzige Mal, dass ich Tränen in ihren Augen gesehen habe, das war, als ich das erste Mal durchs Abitur gefallen bin. Was meine Eltern betrifft: Es gibt ein Foto nach ihrer Hochzeit, das alles sagt. Da laufen beide über den Ku'damm, nicht Arm in Arm, sondern richtig schön auf Distanz. Genauso war es zwischen den beiden. Selbstverständlich zusammen und doch irgendwie fremd.
Albert Speer jr., Sohn

losen Baustil bewunderte. »Mein neuer Professor ist der bedeutendste, geklärteste Mann, den ich je traf«, schrieb Speer an seine spätere Frau, kurz nachdem er sich bei Tessenow eingeschrieben hatte. »Ich bin ganz begeistert von ihm und arbeite mit großem Eifer. Ich werde mir Mühe geben, in einem Jahr in seine ›Meisterschule‹ zu kommen, und ich werde nach einem weiteren Jahr versuchen, bei ihm Assistent zu werden.« Wenig später hatte Speer sein Ziel erreicht. Eine Wahrsagerin prophezeite ihm kurz nach seiner Diplomprüfung: »Du wirst früh zu Ruhm kommen.«

Das Berlin der ausgehenden Zwanzigerjahre war Schlachtfeld heftiger politischer Auseinandersetzungen. Seit Joseph Goebbels 1926 als »Gauleiter« über die Berliner NSDAP herrschte, gehörten brutale Prügeleien in Kneipen und blutige Straßenschlachten mit politischen Gegnern zum Alltag der deutschen Metropole. Doch Albert Speer schien die von Goebbels angezettelten Zusammenstöße, die täglich für enormes Presseecho sorgten, kaum wahrzunehmen. »Die Zwanzigerjahre Berlins waren die inspirierende Kulisse meiner Studienzeit«, erinnerte sich Speer später. Ein frühes Bild aus dem Jahr 1928 zeigt das junge Ehepaar beim Flanieren auf einem der Berliner Boulevards. Margret und Albert Speer sind elegant gekleidet, wirken selbstbewusst und gebildet – zwei moderne Menschen in einer modernen Welt. In Speers »*Erinnerungen*« ist von Theaterbesuchen die Rede, von neuen Filmen, aber auch dem Eindruck von »Armut und Arbeitslosigkeit« und der Überzeugung, »dass wir in einer Periode des Verfalls lebten, die Ähnlichkeit mit der spätrömischen Epoche hatte: Inflation, Verfall der Sit-

Die Kinder kannten ihn kaum. Vielleicht kannte er die älteren ein wenig. Vor dem Krieg nahm er sich manchmal einen Tag frei oder so. Aber die beiden jüngsten kannte er praktisch überhaupt nicht. Die Kinder hatten im Grunde keinen Vater. Manchmal, in schlimmen Momenten, stellte ich mir vor, dass ich »Sie« zu Albert sagte.
Margret Speer

ten, Ohnmacht des Reiches.« Nicht wenige Zeitgenossen empfanden so wie Speer. Die »Schmach«, die das Land nach dem Ersten Weltkrieg erlitten hatte, die Krise, in der die glücklose Weimarer Republik seit ihrer Gründung steckte, trieben allzu viele in die Arme eines vermeintlichen »Heilsbringers«, der »Einigung, Ehre und Wiederaufstieg« predigte und seine Zuhörer zu Begeisterungsstürmen hinriss: Adolf Hitler. 1929 hatten die Nationalsozialisten zum »Sturm auf die Hochschulen« aufgerufen, Speers technische Hochschule war zu einem Zentrum nationalsozialistischer Bestrebungen geworden, deren Anhänger sich verstärkt bei Professor Tessenow einfanden. Der war zwar erklärter Hitler-Gegner, doch gab es – ungewollt – Parallelen zwischen seiner Lehre und der Ideologie der Nazis. Tessenows Grundsätze wie »Stil kommt aus dem Volk« und »International kann es keine wahre Kultur geben« wurden von manchen missgedeutet. In seinen Seminaren kam es oft zu hitzigen politischen Debatten unter den Studenten. Speer hielt sich dabei meist zurück. »Ich empfand mich als verspätet«, bemerkte er einmal.

Am 4. Dezember 1930 sprach Hitler zu Studenten der Berliner Universität und der Technischen Hochschule. Seine Seminarteilnehmer bedrängten Speer, an der Veranstaltung in der »Neuen Welt«, einem Versammlungssaal in der Neuköllner Hasenheide, teilzunehmen. In der heruntergekommenen Halle, in der sonst derbe Bierfeste der Berliner Arbeiterschaft stattfanden, hatte sich diesmal ein »besseres« Publikum eingefunden. »Es schien, als ob nahezu die ganze Studentenschaft Berlins diesen Menschen hören und sehen wollte, dem von seinen Anhängern so viel Bewundernswertes, von seinen Gegnern so viel Übles nachgesagt wurde«, beschrieb Speer die Szenerie im Rückblick. Mehr als 5000 Menschen drängten sich in dem schmutzigen Festsaal, die Atmosphäre war bereits vor Hitlers Erscheinen aufgeheizt. Auch Professoren nahmen an der Veranstaltung teil, »ihre Anwesenheit erst machte eigentlich die Veranstaltung beachtenswert und gesellschaftsfähig«, notierte Speer in seinen »*Erinnerungen*«. Albert Speer kannte Hitler bis dahin nur von Plakaten und Karikaturen. Dort war er meist im Uniformhemd, mit Schulterriemen und Hakenkreuzbinde am Arm dargestellt. Als Speer ihn nun zum ersten Mal leibhaftig sah, war er überrascht: Hitler hatte sich seinem gehobenen Publikum angepasst und erschien in dunklem Anzug mit Krawatte, »auffallend demonstrierte er bürgerliche Korrektheit, alles unterstrich den Eindruck vernünftiger Bescheidung«, erinnerte sich Speer. Stürmisch wurde Hitler von seinen Anhängern begrüßt; es dauerte Minuten, bis der laute Beifall abebbte. Dann begann er mit leiser, »fast schüchterner« Stimme zu sprechen.

»Ich trat zu Hitler«: Die Rede des Parteiführers in der Berliner »Neuen Welt« war Speers »Erweckungserlebnis«

»Aus diesem Volk heraus ist noch einmal eine Organisation der Höchstwertigen, eine Organisation des Idealismus aufzustellen«, lautete seine Botschaft an die versammelten Akademiker. Der Wolf hatte Kreide gefressen. Geschickt vermied er zu viel Polemik, verlegte sich stattdessen auf »Nation, Volk und Vaterland«. Statt den Untergang zu beschwören, entwarf Hitler ein neues Weltbild, schuf aggressive Zuversicht. Das »Judenproblem« wurde nur »am Rande erwähnt«. Speer hatte einen hysterischen Zirkusredner, einen »schreienden, gestikulierenden Fanatiker in Uniform« erwartet. Jetzt war er beeindruckt: »Hier, so schien es mir, gab es eine neue Hoffnung, hier gab es neue Ideale, ein neues Verständnis, neue Aufgaben.«

Nachdem sich die Versammlung aufgelöst hatte, verlangte es Speer nach Einsamkeit. Nichts war mehr wie zuvor, er ging als »ein veränderter Mensch«. Statt sich seinen Kommilitonen anzuschließen, die den Abend in einem Bierlokal beendeten, fuhr er mit dem Auto hinaus an die Havel. Hitler hatte ihn »in der ersten Begegnung suggestiv berührt« – er sollte ihn nicht mehr freigeben.

Als Speer am 1. März 1931 der NSDAP beitrat und die Mitgliedsnummer 474 481 erhielt, sei dies »ein gänzlich undramatischer Entschluss« gewesen, behauptete er rückblickend. »Auch empfand ich mich jetzt und für

Nachdem er Hitler das erste Mal gehört hatte, war er tief beeindruckt von ihm. Er ging eine ganze Nacht lang spazieren und trat am nächsten Tag der Partei bei. Es war sicherlich eine ideologische Übereinstimmung vorhanden, aber ich glaube, Hitler als Mensch hat ihn diesen Abend mehr beeindruckt.

Gitta Sereny, Speer-Biografin

Ich wählte nicht die NSDAP, sondern trat zu Hitler, dessen Erscheinung mich in der ersten Begegnung suggestiv berührt und seitdem nicht mehr freigegeben hatte.

Speer

immer weniger als Mitglied einer politischen Partei: Ich wählte nicht die NSDAP, sondern trat zu Hitler.«

Fast zwei Jahre sollten vergehen, bis Speer und Hitler einander persönlich begegneten. Als Anfang 1932 die Gehälter für wissenschaftliche Mitarbeiter an der Technischen Hochschule gekürzt wurden, gab Speer seine Assistentenstelle bei Tessenow auf und zog mit seiner Frau nach Mannheim. Dort, so hoffte er, würde er dank familiärer Beziehungen seine bisher »ruhmlos verlaufene« Laufbahn als Architekt ernsthaft beginnen. Doch wegen der Wirtschaftskrise ließen die Bauaufträge auf sich warten. Speer blieb nichts anderes übrig, als an einigen Wettbewerben teilzunehmen – und weiter zu hoffen.

Im Juli 1932 endlich kam der ersehnte Bauauftrag, der die Weichen für Speers weitere Laufbahn stellen sollte. In Berlin liefen die Vorbereitungen zur Wahl an. Speer reiste mit seiner Frau in die Hauptstadt, um »etwas von der erregenden Wahlatmosphäre mitzubekommen« und anschließend zu einer Bootstour auf den ostpreußischen Seen aufzubrechen. Als Besitzer eines Wagens meldete sich Speer bei der NSDAP-Kreisleitung und bot sich als Kurierfahrer an. Bei einem seiner Einsätze sah er auch Hitler wieder, der sich diesmal jedoch alles andere als »seriös« gerierte: Nervös und herrisch »schlug [er] mit einer Hundepeitsche auf seine hohen Stiefelschäfte und machte insgesamt den Eindruck eines unbeherrschten, mürrischen Mannes, der seine Mitarbeiter wegwerfend behandelte«. Doch der Vorfall war für Speer keine Warnung. Als ihn kurz vor seiner Abreise nach Ostpreußen die Nachricht erreichte, die Berliner NSDAP wolle ihn mit dem Umbau des neu erworbenen »Gauhauses« in der Voßstraße beauftragen, zögerte Speer keine Minute. Die Villa befand sich mitten im Regierungsviertel und war für die finanziell angeschlagene Partei eigentlich viel zu teuer. Doch wollte die NSDAP »schon optisch in die nächste Nähe des politischen Kraftzentrums vorrücken«, um auf diese Weise ihre Machtansprüche anzumelden. Etwas weniger anspruchsvoll sah Speers Aufgabe aus: Die Wände sollten einen neuen Anstrich erhalten, kleinere Renovierungsarbeiten waren nötig, die Möblierung musste mangels Mitteln sparsam ausfallen. Einzige Herausforderung für den jungen Architekten war die knappe Zeitspanne, die für den Umbau zur Verfügung stand. Zum ersten Mal konnte Speer seine organisatorischen Fähigkeiten unter Beweis stellen. Fristgerecht wurde der Bau der Gauleitung fertiggestellt; schriftlich sprach ihm Gauleiter Joseph Goebbels »volle Anerkennung und wärmsten Dank« aus. Auch Hitler begutachtete das neue »Gauhaus« in der Voßstraße und äußerte sich beifällig. »Voller Stolz« kehrte Speer nach Mannheim zurück. Auf den ersten Blick hatte sich an seiner Lage wenig geändert: Der Umbau des »Gauhauses« war finanziell ein Flop, Anschlussaufträge gab es zunächst keine. Doch Speer hatte sich den Ruf erworben, dass er einen Auftrag rasch und zuverlässig erledigen konnte. Damit war der Grundstein für seine Karriere in Hitlers Reich gelegt.

Wir haben es ganz besonders angenehm empfunden, dass Sie trotz der sehr knapp bemessenen Zeit den Umbau so rechtzeitig fertig stellten, dass wir die Wahlarbeit bereits in der neuen Geschäftsstelle in Angriff nehmen konnten.

Goebbels an Speer nach dem Umbau des Berliner NSDAP-»Gauhauses«

Hitler war noch keine drei Monate Reichskanzler, als Speer in seinem Mannheimer Büro einen Anruf erhielt: Gauorganisationsleiter Karl Hanke war am Telefon und bat ihn, nach Berlin zu kommen: »Es gibt hier bestimmt etwas für Sie zu tun.« Jetzt, wo »seine« Partei an der Macht war, sah Speer die Chance gekommen, endlich zu bauen.

Als der junge Architekt bei Karl Hanke wenig später den Entwurf für eine Massenkundgebung zum 1. Mai sah, bemerkte er wenig bescheiden: »Das sieht aus wie die Dekoration zu einem Schützenfest.« Hanke konterte: »Wenn Sie was Besseres machen können, nur los!«

Der 1. Mai 1933 war für das neue Regime ein strategisches Datum. Der Kampftag des politischen Gegners sollte zum Feiertag der »Volksgemeinschaft« umfunktioniert werden. Auf dem Tempelhofer Feld, das bereits in der Kaiserzeit Schauplatz für Paraden gewesen war, wollte der neue Reichskanzler die erste Großkundgebung des »Dritten Reiches« veranstalten. Speer hatte schnell erkannt, auf was es bei dem neuen Auftrag ankam. Im Rundfunk erläuterte der Architekt seinen Entwurf: »Wir sind… zur Überzeugung gekommen, dass bei der Länge des Feldes von rund 1000 Metern es notwendig ist, dass der Mittelpunkt, von dem aus der Führer spricht, so stark ausgestaltet wird, dass er auch von den entferntesten Menschen als besonders wirkungsvoll empfunden wird.« Speers Pläne fanden großen Anklang bei seinen Auftraggebern. Einzig Speers alter Lehrer Tessenow zeigte sich von den Entwürfen wenig beeindruckt: »Glauben Sie, dass Sie da etwas geschaffen haben?«, fragte der Architekturprofessor

Oben: »Volle Anerkennung und wärmster Dank«: Speer (im grauen Anzug) mit Berliner NSDAP-Größen bei der Einweihung des »Gauhauses«, 1932
Unten: »Regisseur des Regimes«: Himmler bespricht mit Speer (2. von links) die Beisetzung Hindenburgs im Tannenberg-Denkmal in Ostpreußen, August 1934

seinen ehemaligen Assistenten, als der ihm die Pläne vorlegte. »Es macht Eindruck, das ist alles.« Ebender war ja beabsichtigt.

Der 1. Mai wurde nicht nur für Speer zum Erfolg. Die erste Massenkundgebung des neuen Regimes, an der hunderttausende »Volksgenossen« teilnahmen, geriet – letztlich auch dank Speers Inszenierung – zur Machtdemonstration, die verbliebene Gegner vollends einschüchterte. Die nahezu sakrale Aura der Feier förderte das kalkulierte Gefühl von Zusammengehörigkeit und Volksgemeinschaft. »Das Volk ist zum lebendigen Träger des Staates geworden. Seine Feste sind darum im wahrsten Sinne des Wortes ›Volksfeste‹«, resümierte Speer nach der gelungenen Veranstaltung. Speer hatte seine erste Bewährungsprobe bestanden, das NS-Regime ernannte ihn wenig später zum »Amtsleiter für die künstlerische Gestaltung von Großkundgebungen in der Propagandaleitung«. Damit war Speer zum Regisseur des Regimes aufgestiegen – doch bauen durfte er nicht. Professor Paul Ludwig Troost, für Hitler »der größte Baumeister seit Schinkel«, bestimmte die Architektur. Speers Aufgaben beschränkten sich zunächst auf Kulissenbau. Kaum war die 1.-Mai-Feier begangen, als Speer aufgefordert wurde, eine »würdige, dem Anlass angemessene Aufmarschkulisse« für den ersten Nürnberger Parteitag zu gestalten. Auch diesmal sollte der Machtanspruch der Partei bereits in der Bühnenarchitektur zum Ausdruck kommen. Hitler machte die Angelegenheit zur Chefsache und beorderte Speer zu sich nach München ins »Braune Haus«. Zum ersten Mal sollte Speer seinem »Führer« persönlich gegenüberstehen. Doch die Begegnung verlief ganz anders als erwartet. Als Speer Hitlers Arbeitszimmer betrat, war dieser gerade mit der Reinigung einer Pistole beschäftigt. »Legen Sie Ihre Zeichnungen hier drauf«, wies Hitler sein Gegenüber an, ohne Speer überhaupt anzusehen. Dann schob er die Pistolenteile zur Seite, betrachtete Speers Skizzen und sagte knapp: »Einverstanden.« Damit war Speer entlassen.

Doch so kurz die erste Begegnung zwischen Hitler und Speer auch ausgefallen war, wenig später erinnerte sich der Diktator des jungen Architekten. Hitler hatte beschlossen, die Reichskanzlerwohnung in Berlin neu herrichten zu lassen. Sein »Leibarchitekt« Paul Ludwig Troost wurde mit dem Umbau betraut. Doch der Münchner Architekt kannte sich auf dem Baumarkt der Reichshauptstadt wenig aus – die schnelle Fertigstellung des Bauvorhabens war damit gefährdet. Speer, der bereits beim Umbau der Goebbels-Wohnung sein Organisationstalent unter Beweis gestellt hatte, schien für diese Aufgabe wie geschaffen. Hitler beauftragte ihn, bei der Firmenauswahl in Berlin behilflich zu sein und die Arbeiten vor Ort zu

Ein wichtiger Tag im Leben Speers war, als Hitler sich ihm plötzlich auf einem Bauplatz näherte und sagte: »Kommen Sie mit zum Essen!« Dieser kleine 28-jährige Bursche, eingeladen vom »Führer« – das hat ihm natürlich wahnsinnig geschmeichelt.

Gitta Sereny, Speer-Biografin

überwachen. Endlich hatte Speer eine »richtige« Baustelle. Fast täglich erschien Hitler, um die Baufortschritte zu begutachten. Dort, erst Ende 1933, sei der Diktator laut Speers Aussage auf ihn aufmerksam geworden. »Sie fielen mir bei den Rundgängen auf. Ich suchte einen Architekten, dem ich einmal meine Baupläne anvertrauen könnte. Jung sollte er sein; denn wie Sie wissen, gehen diese Pläne weit in die Zukunft. Ich brauche einen, der auch nach meinem Tode mit der von mir verliehenen Autorität weitermachen kann. Den habe ich in Ihnen gesehen«, soll Hitler zu seinem Baumeister einmal gesagt haben. Offensichtlich hatte der Diktator Gefallen an dem schlanken, hochgewachsenen jungen Mann gefunden, der ihm distanziert, aber ohne Scheu entgegentrat. Beiläufig lud er Speer zum Mittagessen ein. »Natürlich war ich über diese unerwartete persönliche Geste glücklich, zumal ich wegen seiner unpersönlichen Art nie damit gerechnet hatte«, schrieb Speer später. Da Speers Jacke auf der Baustelle mit Mörtel bekleckert worden war, lieh ihm der Diktator seine eigene – ein deutlicher Beweis seiner Gunst. An der Tafel hatten sich die Paladine Hitlers versammelt, darunter Propagandaminister Goebbels und Reichsmarschall Göring, die den Neuankömmling nicht ohne Erstaunen und mit erkennbarer Missgunst begrüßten. Zum ersten Mal erlebte Speer, was es bedeutete, dem engsten Zirkel anzugehören, dessen Mitglieder um Zuwendung ihres »Führers« buhlten und sich gegenseitig belauerten. Der Diktator beherrschte den Kreis; es gefiel ihm, das Ränkespiel seiner Gefolgsleute mit gezieltem Lob und treffsicherer Kritik noch anzustacheln. Speer ließ sich davon nicht abschrecken. Er war 28 Jahre alt, und »nach Jahren des Bemühens« schien sich endlich für ihn das Tor zum Erfolg zu öffnen. »Voller Tatendrang« stellte sich für ihn zunächst überhaupt keine moralische Frage – er war Architekt und wollte bauen. Die Aussicht, in Hitlers Gefolge Baugeschichte schreiben zu können, ließ ihn jeden Zweifel verdrängen. »Für einen großen Bau hätte ich wie Faust meine Seele verkauft. Nun hatte ich meinen Mephisto gefunden«, schrieb er später im Rückblick.

Immer häufiger wurde Speer nun von Hitler zu Tisch gebeten, oder er begleitete seinen Mentor auf ausgedehnten Spaziergängen. Bald wechselten die Gespräche zwischen Hitler und seinem jungen Architekten vom geschäftlichen Ton über in den privaten. Den Diktator und seinen Baumeister verband eine gemeinsame Leidenschaft: die Architektur. Nun

Speer entstammte einer großbürgerlichen Familie, er war ein junger, aufstrebender Architekt, Assistent des berühmten Architekten Tessenow. Nichts von dem subalternen Zuschnitt der Nazi-Größen um Hitler hing ihm an. Er hatte, wie er selbst von sich gesagt hat, kein »ramponiertes Gemüt«.
Er war der Sachliche, mit großem Organisationstalent Begabte. Einer, der allen architektonischen Träumen Hitlers eine Realisierungschance zu geben schien. Dieses stundenlange Pläneschmieden über Riesenarchitekturen verhalf Hitler zu den glücklichsten Stunden. Und Speer bezog aus dieser Zuneigung seine Machtansprüche, ja auch eine gewisse Unabhängigkeit gegenüber Hitler. Keiner durfte sich bei Hitler so viel herausnehmen wie Speer.
Joachim Fest, Publizist

konnte es vorkommen, dass Speer mitten in der Nacht Anrufe eines Adjutanten erhielt – mit der Aufforderung, Hitler neue Pläne vorzuzeigen, denn »der Führer brauche Ablenkung«. In nächtlichen Sitzungen entwickelten Hitler und sein junger Architekt Visionen monumentaler Bauten, die alle bisherigen Dimensionen sprengen sollten. Doch schien nicht allein die Begeisterung für Architektur diese »seltsame Bruderschaft« zu begründen. Auch als Speer Rüstungsminister wurde, überhäufte Hitler seinen Architekten mit Gunstbeweisen wie kaum einen anderen seiner Paladine. Speer selbst hat sich dazu in seinen Erinnerungen geäußert: »Es gab nur wenige außer mir, die eine ähnlich bevorzugte Behandlung erfuhren. An mir hat Hitler zweifellos besonderen Gefallen gefunden, obwohl ich meiner Art entsprechend zurückhaltend und ungesprächig war. Oft habe ich mich gefragt, ob er auf mich seinen unerfüllten Jugendtraum des großen Architekten projizierte. Doch lässt sich bei dem oft rein intuitiven Verhalten Hitlers kaum eine befriedigende Erklärung für seine sichtliche Sympathie finden.« Doch welche Erklärung gibt es dann für Hitlers »sichtliche Sympathie«? Was sah er in dem jungen Architekten, dem es an fachlicher Erfahrung und Kompetenz mangelte? Offensichtlich verband ihn mit Speer mehr als nur die gemeinsame Passion für die Baukunst. In einem Aufsatz schrieb Hitler 1939, dass er für Speer »die wärmsten menschlichen Gefühle« empfinde. Augenzeugen wie Reinhard Spitzy, damals Sekretär des Außenministers Joachim von Ribbentrop, bestätigen: »Dass Speer das Wohlwollen des Führers in allerhöchstem Maße genießt, davon konnte ich mich selbst überzeugen, als ich zum ersten Mal mit Ribbentrop auf den Obersalzberg kam. Speer hatte das Sagen, wenn er dort

Es war wirklich ein Genuss zu sehen, wie die beiden zusammenarbeiteten; aber für uns Sekretäre war es natürlich eine Katastrophe, denn wir blieben dann mit unseren Akten zwei oder drei Tage sitzen. »Speer regiert die Stunde«, hieß es dann. Da ging einfach nichts mehr.

Reinhard Spitzy, Adjutant bei Außenminister Joachim von Ribbentrop

Speer war ein außerordentlich bescheidener Mann – bescheiden und sympathisch. Er hatte Charme und ist angenehm aufgefallen in dem Kreis auf dem Berghof.

Traudl Junge, Hitlers Sekretärin

Es wird ja gerne von einer homoerotischen Beziehung gesprochen, aber davon habe ich nie etwas gespürt.

Bernd Freytag von Loringhoven, Generalstabsoffizier

war. Und Hitler war begeistert, als ob eine Geliebte käme und ihn besuchte.« Manche wollen in diesem Verhalten eine »starke homoerotische Komponente« erkannt haben, wie der Psychologe Alexander Mitscherlich: »In dieser Verbrüderung fiel Speer offensichtlich die weibliche Rolle zu. Er sollte austragen, was Hitler inspiriert, worin er ihn befruchtet hat. Hitler legt ihm die Welt zu Füßen. Normalerweise macht diese Geste ein Mann vor einer Frau.« Hitler, dem es nicht möglich war, sich emotional einem Menschen vollständig zu öffnen, glaubte offenbar in Speer, der ebenfalls stets Distanz zu seinen Mitmenschen bewahrte, einen Seelenverwandten gefunden zu haben. Er sah in Speer nicht nur einen treuen Gefolgsmann und talentierten Architekten, sondern auch einen »Freund«. Doch muss man sich vor der Vorstellung hüten, Hitler und Speer seien wie »echte Freunde« miteinander umgegangen. Dem Diktator war es trotz aller Sympathie für Speer unmöglich, die Mauer der Kälte, die ihn umgab, vollständig zu durchbrechen. Als Speer vor dem Nürnberger Gerichtshof zu seiner Beziehung zu Hitler befragt wurde, antwortete er: »Hätte Hitler einen Freund gehabt, wäre ich es gewesen.«

Und Speer selbst? Er war Hitler »verfallen«, wie er in seinen »*Erinnerungen*« bekannte. Vom Augenblick seiner ersten Begegnung mit Hitler habe sich alles verwandelt, sein ganzes Leben ständig wie unter Hochspannung gestanden. Die Londoner Autorin Gitta Sereny, die mit Speer intensive Gespräche geführt hatte, ist überzeugt: »Die Bedeutung von Hitler, diese Gestalt, die den jungen Menschen plötzlich ansprach, und die Macht Hitlers, das war natürlich sehr wichtig in dieser Beziehung, aber es kam noch etwas anderes hinzu: Es gab ein großes Gefühl für diesen Menschen, und das war wohl ein erotisches Gefühl. Aber weder Hitler noch Speer waren im Geringsten homosexuell, das war nicht die Frage, sondern es war wohl ein Vater-Sohn-, aber auch Sohn-Vater-Verhältnis. Das heißt, Hitler nannte ihn natürlich nie anders als Speer oder Herr Speer, nie beim Vornamen, davon war überhaupt gar keine Rede, aber es war ein großes Gefühl zwischen beiden, auf beiden Seiten.« Hitler ließ indes keinen Zweifel aufkommen, dass er Großes mit seinem jungen Architekten vorhatte. Als Professor Troost am 21. Januar 1934 starb, trat ein Parteigenosse auf Speer zu und gratulierte ihm: »Jetzt sind Sie der Erste!«

Wenig später, Anfang 1934, übertrug Hitler Speer die Planung des Nürnberger Parteitagsgeländes. Damit war Speer vom »Chefdekorateur« des alljährlich stattfindenden Parteispektakels zum Hauptarchitekten der Gesamtanlage aufgestiegen. Auf dem Zeppelinfeld sollte die provisorische Holztribüne durch eine feste Anlage ersetzt werden – Speers erster Steinbau. Sein Entwurf ging weit über das Geforderte hinaus. Wenn Hitler verlangte, die Länge eines Gebäudes solle 100 Meter betragen, erzählte Gerdy Troost, Witwe des verstorbenen Münchner Baumeisters, habe Speer widersprochen und gesagt: »200 Meter, mein Führer!« Die Tribüne in Nürnberg sollte fast doppelt so lang wie die Caracallathermen in Rom werden. Hitler stimmte der Megalomanie in Stein voller Begeisterung zu; die Bauarbeiten wurden unverzüglich aufgenommen.

Er war von Hitlers Persönlichkeit gefangen. Er war gefangen, weil er als relativ junger Mann sehr große Verantwortung und einen Zugang zur Macht bekam.

John K. Galbraith, 1945 Verhöroffizier von Speer

Für Hitler war mein Vater der hochbegabte junge Mann, der er selbst hätte sein wollen. Das ist bestimmt ein wesentliches Motiv, das die gegenseitige Abhängigkeit erklärt.

Albert Speer jr., Sohn

Den Parteitag im Herbst inszenierte Speer erneut mit treffsicherem Instinkt für den gewünschten Effekt. Höhepunkt des Spektakels war der »Lichtdom«: 150 Flakscheinwerfer, im Abstand von je zwölf Metern um die rund 150 000 Versammelten platziert, warfen kilometerhohe Lichtstrahlen in den Nachthimmel. »Alle, die an diesem Abend dabei sind, erfühlen in heiligem Schauer den Mythos Deutschland in ihrer Seele, den nur deutsches Blut ganz zu erfassen mag«, schwelgte der offizielle Parteitagsbericht. »Meine schönste Raumschöpfung«, nannte Speer seine Erfindung später scheinbar arglos. Er, der seine Aufgabe stets als »unpolitisch« bezeichnete, hatte ein Instrument der Verführung geschaffen – es sollte zum Symbol der Verblendung werden. Speer hat seine Mitverantwortung bei der Verführung seiner Mitbürger freilich nie erkennen wollen. »Ich war damals mitgerissen«, sagte er und fügte hinzu, dass er nicht gezögert hätte, »Hitler besinnungslos überallhin zu folgen«. Der Verfüh-

Führer zeigt uns Pläne Nürnberg Zeppelinfeld. Wahrhaft grandios. Einzigartige Monumentalität. Das hat Speer gut gemacht.

Goebbels, Tagebucheintrag 20. Dezember 1935

Ohne die Vergegenwärtigung dieser vom Nationalsozialismus geschaffenen Form des Aufmarschs als politisches Mittel kann diese Architektur nicht verstanden werden.

Speer über das Reichsparteitagsgelände in Nürnberg

»Heilige Schauer«: Speers Erfindung, der »Lichtdom«, hier auf dem Nürnberger NSDAP-Parteitag von 1937

rer fühlte sich selbst als Verführter. Als »erster Architekt« Hitlers war er bereit, sich den Vorstellungen seines Bauherrn zu unterwerfen. Und der bot ihm die Möglichkeit, gewaltige Gebäude zu errichten.

Speers absolute Ergebenheit wurde von Hitler honoriert. Im Sommer 1936 übertrug dieser ihm die Aufgabe, ein Gesamtprogramm für Berlin zu entwerfen. Die Pläne sollten zunächst geheim bleiben. Am 30. Januar 1937, dem Jahrestag der »Machtergreifung«, folgte Speers Ernennung zum »Generalbauinspektor für die Reichshauptstadt«. Für sein neues Amt war Speer mit weit reichenden Vollmachten ausgestattet worden. Er war weder der Partei noch einer Reichsbehörde unterstellt, sondern musste sich einzig Hitler gegenüber verantworten. Doch der Diktator hatte keinen Grund, Speer zu misstrauen: Der mittlerweile 31-jährige Architekt war längst höriger Gefolgsmann. Hatte sich Hitler bei Professor Troost stets als Schüler gefühlt, so konnte er bei Speer endlich sein »architektonisches Talent« ausleben. Ein Filmdokument aus der Zeit belegt das Verhältnis zwischen Speer und seinem »Führer«: Die beiden betreten eine Baustelle, Speer erläutert Hitler die Baupläne. Hitler lässt sich Bleistift und Papier reichen; auf seinem Knie als Unterlage beginnt er zu skizzieren. Speer steht daneben, sieht dem »Meister« ergeben zu. Der drückt ihm anschließend die Skizze in die Hand: »So wird das gemacht.« Dennoch hielt Hitler Speer zweifelsohne für »genial«. Als Speer gegenüber Hitler einmal Zweifel an seinen Fähigkeiten als Baumeister äußerte, meinte der in eifersüchtigem Ton: »Ach Sie, Sie hätten sich immer durchgesetzt.«

Aufgrund meines Erlasses vom 30. Januar 1937 ernenne ich den Architekten Diplomingenieur Professor Albert Speer zum Generalbauinspekteur für die Reichshauptstadt.

Anordnung Hitlers, 30. Januar 1937

Speer bekommt Auftrag auf Umbau von Berlin. Generalbauinspektor. Das ist schön. Er wird's gewiss schaffen. Wir wollen uns alle mit hineinknien.

Goebbels, Tagebucheintrag 31. Januar 1937

Nicht die Warenhäuser und die Verwaltungsbauten der Banken und Konzerne sollen den Städten das Gepräge geben, sondern die Bauten des Führers.

Speer

Mit der Neugestaltung Berlins hatte Hitler seinem Architekten den »größten Bauauftrag von allen« vergeben, nur vergleichbar, wie er meinte, mit den Bauten Babylons und des alten Ägypten: »Germania«, die neue Welthauptstadt. Der an Größenwahn grenzende Plan sollte den Architekten und seinen Bauherrn die nächsten Jahre beschäftigen. Gebeugt über Zeichnungen und Blaupausen, umgeben von unzähligen Skizzen, sprachen die beiden – meistens nachts – erregt über das neue Antlitz Berlins und entwickelten wahrhaft gigantische Pläne. Dabei überbot Speer oft Hitlers Eingebungen und steigerte seine Vorliebe für Kolossalbauten zu ausufernden Allmachtsfantasien. Manchmal sei sogar Hitler, so Speer im Rückblick, einen Augenblick lang erschrocken gewesen über die Maßlosigkeit der vorgelegten Entwürfe.

Ausgangspunkt für »Germania« war eine zentrale Nord-Süd-Achse, die mit 120 Meter Breite zur »Prachtstraße der Welthauptstadt« werden sollte. Ein gigantischer Triumphbogen, fast fünfzigmal so groß wie der Pariser Arc de Triomphe, und ein ebenso gewaltiger Kuppelbau sollten die spektakulären End- beziehungsweise Anfangspunkte der Zentralachse bilden. Auf der Spitze der 220 Meter hohen Halle sollte »nicht mehr der Adler über dem Hakenkreuz stehen«, sagte Hitler zu seinem Baumeister. »Die Bekrönung dieses größten Gebäudes der Welt muss der Adler über der Weltkugel sein.« Ein davor sich ausbreitender Platz mit Raum für eine Million Menschen war als künftiger Veranstaltungsort für Hochfeste der

Oben: »Hitler war begeistert, als ob eine Geliebte käme«: In oftmals tagelang dauernden Sitzungen entwickelten Hitler und sein Architekt ungeheuerliche Visionen monumentaler Bauten
Unten: »Monumentalität ohnegleichen«: Speers Pläne für die »Welthauptstadt Germania« steigerten den Gigantismus ins Groteske. Blick auf das Modell der »Großen Halle«

»So wird das gemacht«: Speer war bereit, sich Hitlers Vorstellungen von Architektur bedingungslos zu unterwerfen

Einmal wurde die Ost-West-Achse besprochen, und da sagte Hitler plötzlich: »Um Gottes willen, was machen wir denn mit dieser schrecklich plumpen Siegessäule? Wegtun können wir die nicht, das ist ja ein historisches Monument. Ach was, Speer, geben Sie mir mal Bleistift und Papier! Wissen Sie was? Wir machen diese Säule höher und schieben ein oder zwei Säulentrommeln hinein.« So geschah es.
Reinhard Spitzy, Adjutant bei Außenminister Joachim von Ribbentrop

Partei, nationale Gedenkfeiern und »Siegesfeste« gedacht. Neben der Kuppelhalle plante Speer den »Palast des Führers«, bei dessen Betreten der Ankommende das Gefühl haben sollte, »den Herrn der Welt zu besuchen«.

Doch zunächst musste für »Germania« Raum geschaffen werden. 52000 Wohnungen sollten den »Bauten des Führers« weichen, ganze Viertel abgerissen werden. Fast vier Prozent des gesamten Berliner Wohnbestands wären davon betroffen gewesen. Um den »Abrissmietern« Ersatz zu bieten, musste eine schnelle Lösung gefunden werden. Im Protokoll einer internen Besprechung vom 14. September 1938 heißt es: »...entwickelte Prof. Speer den Vorschlag, der darauf abzielte, die erforderlichen Großwohnungen durch zwangsweise Ausmietung von Juden freizumachen«.

Anfang Januar 1939 wurde die »Hauptabteilung Umsiedlung« geschaffen, welche die Aufgabe hatte, alle Wohnungen in den betroffenen Gebieten zu erfassen und den Bewohnern Ersatzunterkünfte zuzuweisen. Speers neue Behörde registrierte ab Anfang 1939 23765 so genannte Judenwohnungen. Das »Gesetz über die Mietverhältnisse mit Juden«, das im April 1939 verkündet wurde, bot die Rechtsgrundlage, jüdische Bewohner zu »entmieten« und in »jüdischen Wohnraum« umzusiedeln. Dem »Generalbauinspektor für die Reichshauptstadt« Albert Speer wurde das »Vorkaufsrecht beziehungsweise die Entscheidung über die erste Neuvermietung oder Verpachtung« eingeräumt.

In einem Fernschreiben vom 27. November

Der Führer muss als Nationalsozialist bauen. ... Das Bauen ist für den Führer kein Zeitvertreib, sondern eine ernste Angelegenheit, dazu bestimmt, dem Willen der nationalsozialistischen Bewegung auch in Stein hohen Ausdruck zu geben.
Speer

Führer steckt ganz in seinen Bauplänen. Speer ist ihm eine gute Hilfe. Berlin wird ein monumentales Gesicht bekommen.
Goebbels, Tagebucheintrag 7. April 1937

Mein Vater hat meinem Großvater einmal seine Pläne für Berlin gezeigt. Mein Großvater hat nur den Kopf geschüttelt und gesagt: »Ihr seid ja alle verrückt geworden.«
Albert Speer jr., Sohn

1940 informierte sich Speer beim Leiter der Behörde nach den »Fortschritten bei der Räumung von 1000 Judenwohnungen«. Die Chronik der Generalbauinspektion vermerkt am 26. August 1941: »Gemäß Speer-Anordnungen wird eine weitere Aktion zur Räumung von rund 5000 Judenwohnungen gestartet. Der vorhandene Apparat wird entsprechend vergrößert, damit die Judenwohnungen trotz allseits bestehender Schwierigkeiten infolge der Kriegslage schnellstens instand gesetzt und mit Abrissmietern aus den dringlich zu räumenden Bereichen belegt werden können.« Was das in der Praxis bedeutete, bezeugt Werner Krisch aus Berlin. Zusammen mit seinen Eltern und seinem Bruder lebte er damals in der Bötzowstraße 53. Am späten Abend des 27. Oktober 1941, gegen 23.30 Uhr, tauchte dort die Gestapo auf: »Uns wurde eröffnet, dass wir einen Koffer packen dürften mit dem Notwendigsten. Alles andere musste liegen bleiben. Auf diese Art und Weise wurden wir aus der Wohnung gewiesen.« Noch am selben Abend musste Familie Krisch den Schlüssel zu ihrer Wohnung abgeben, die Gestapo beschlagnahmte alle Wertgegenstände. In der Synagoge in der Levetzowstraße sammelten sich die jüdischen Bewohner, die man soeben »entmietet« hatte. Später wurde die Familie auf einem Lastwagen zum Bahnhof Grunewald transportiert. Ein Zug brachte sie ins Ghetto Litzmannstadt (Lodz). Seine Eltern und seinen Bruder sah Werner Krisch nie wieder, er überlebte als Einziger der vierköpfigen Familie den Holokaust.

Wenn ich an das Schicksal der Berliner Juden denke, überkommt mich ein unausweichliches Gefühl des Versagens und der Unzulänglichkeit.

Speer, 1981

»Umsiedlung« und »Entmietung« der jüdischen Bewohner des Neubaugebiets waren der Beginn einer Kette von Maßnahmen, die in der Auslöschung der Berliner Juden gipfelte. Damit war Speers Übertritt von dem vermeintlich »unpolitischen« Bereich der Architektur in die Politik – und damit auch in die Verbrechen – des Regimes endgültig vollzogen. Er selbst schrieb über diese Zeit: »Ich muss die Empfindung gehabt haben, dass es mich persönlich nichts angehe, wenn ich hörte, wie Juden, Freimaurer, Sozialdemokraten oder Zeugen Jehovas von meiner Umgebung wie Freiwild behandelt wurden. Ich meinte, es genüge, wenn ich mich selber daran nicht beteiligte.« Zum ersten Mal verstrickte sich Albert Speer in die Verbrechen des Nationalsozialismus – und schob die Verantwortung auf »seine Umgebung«

In der Zeit vom 18. Oktober bis 2. November wurden in Berlin rund 4500 Juden evakuiert. Dadurch wurden weitere 1000 Wohnungen frei und vom Generalbauinspekteur zur Verfügung gestellt.

Chronik der Generalbauinspektion für Berlin, November 1941

Von den Ermordungen der Juden hatte ich keine Kenntnis.

Speer

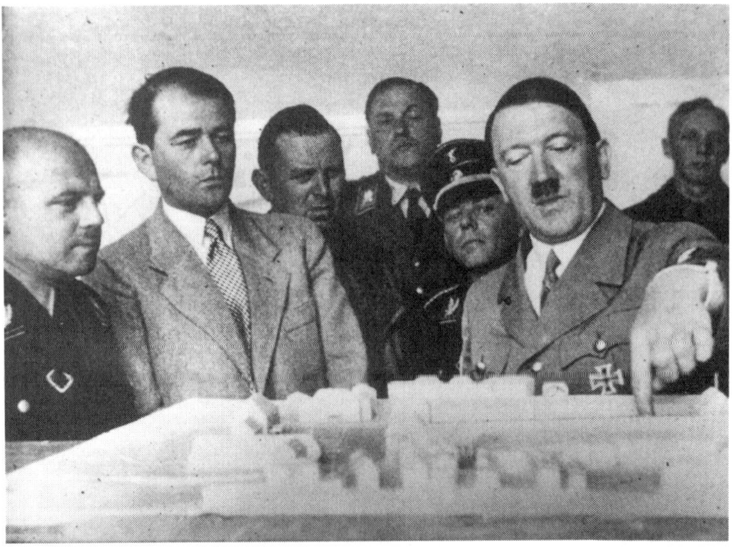

Oben: »200 Meter, mein Führer«: Hitler stimmte Speers Megalomanie in Stein begeistert zu
Unten: »Zementierte Geltungssucht«: Richtfest beim Bau der von Speer entworfenen Neuen Reichskanzlei in Berlin, August 1938

»Eine einmalige Leistung«: Bormann, Hitler-Adjutant Schaub, Hitler und Speer besichtigen die kurz zuvor fertig gestellte Neue Reichskanzlei, Anfang 1939

Es gibt eine erdrückende Masse an Hinweisen, dass Speer von der fabrikmäßigen Judenvernichtung Kenntnis hatte. Wenige Monate vor seinem Tode habe ich ihn noch einmal danach gefragt und ihn dabei wohl etwas in die Enge getrieben. Jedenfalls gab er, wie plötzlich ermüdet, die Antwort: »Ach, man sollte mir nicht immer wieder solche unbeantwortbaren Fragen stellen.« Das ist für mich fast so viel wie ein Eingeständnis gewesen.
Joachim Fest, Publizist

ab. Doch schuldig sind nicht nur die Täter und Komplizen, schuldig sind auch jene, welche duldend ahnen, und auch die, die genug wussten, um genau zu wissen, dass sie nicht mehr wissen wollten. Es scheint, als habe Albert Speer vor den verbrecherischen Zügen des Regimes, dem er diente, stets die Augen verschlossen. In der Erstfassung seiner »*Spandauer Tagebücher*« verlor er kein Wort über die zunehmende Verfolgung der Juden. Auch über den 9. November 1938, der als »Reichskristallnacht« in die Geschichte einging, schrieb er damals nichts. Erst in der zweiten Fassung seiner »*Erinnerungen*« tauchte eine längere Passage auf. Wie er der Journalistin Gitta Sereny gestand, hatte er diese nur auf Wunsch seines Verlegers Wolf-Jobst Siedler hinzugefügt.

Anfang 1938 eröffnete Hitler seinem Architekten feierlich, dass er einen »dringenden Auftrag« für ihn habe. Die Reichskanzlei, die er nach seiner Machtübernahme bezogen hatte, sei eines »Seifenkonzerns angemessen«, nicht jedoch »eines der Größten der Geschichte«. Er verlangte von seinem Architekten eine neue Reichskanzlei, »mit großen Hallen und Sälen«. Was es koste, ließ der Bauherr wissen, »ist mir gleichgültig«, doch sollte der Bau bereits ein Jahr später, am 10. Januar, zum Neujahrsempfang der Diplomaten, fertig sein. Die Bauzeit war viel zu knapp bemessen, doch reizte Speer die Herausforderung, Hitler sein Organisationstalent endgültig unter Beweis stellen zu können. Noch in derselben Nacht begann er mit den Bauzeichnungen. Besonders quälte den Architekten die langgezogene Form des Baugrundstücks, das an seiner Frontseite 360 Meter maß. Nach den notwendigen Vorplanungen blieben Speer schließlich weniger als neun Monate reine Bauzeit. Wie besessen trieb er die Errichtung des Gebäudes voran, forderte 4500 Arbeiter an, die in zwei Schichten eingesetzt wurden. Willi Schelkes, damals enger Mitarbeiter Speers in der Generalbauinspektion, erinnert sich: »Er hat nicht nur eine Firma für den

Rohbau beauftragt, sondern drei, vier, fünf, sodass an verschiedenen Stellen gleichzeitig mit dem Bau begonnen werden konnte.« Tatsächlich gelang es Speer, die »Neue Reichskanzlei« in der geforderten Zeit fertig zu stellen. In den letzten Wochen wimmelten mehr als 8000 Arbeiter auf der Baustelle umher. Schon zwei Tage vor Ablauf der Frist lud Speer seinen »Führer« stolz zur Bauabnahme ein. Der zeigte sich von der Leistung seines Architekten tief beeindruckt und sparte nicht mit Lob: Die neue Reichskanzlei sei das »erste Bauwerk des neuen großen deutschen Reichs« und werde »viele Jahrhunderte überdauern«. Das Werk sei »ausschließlich das Verdienst des genialen Architekten, seiner künstlerischen Veranlagung und seiner unerhörten organisatorischen Befähigung«. Es spreche »für seinen genialen Baumeister und Gestalter Albert Speer«. Von dem einzigen großen Gebäude, das je nach Speers Entwürfen fertig gestellt wurde, ist heute nichts mehr vorhanden. Die neue Reichskanzlei ging 1945 ebenso unter wie Hitlers »Tausendjähriges Reich«. Farbfotos und Propagandafilme zeugen jedoch von einer kalten Pracht, die dem Weltherrschaftswahn des Diktators den Rahmen bieten sollte. Vom Hauptportal am Wilhelmplatz aus betrat der Besucher einen von Säulen flankierten Ehrenhof, an dessen Ende er über eine Freitreppe einen kleineren Empfangssaal erreichte. Fast fünf Meter hohe Flügeltüren öffneten den Weg zu einer Mosaikhalle. Über einen runden Kuppelraum gelangte der Besucher zu einer 145 Meter langen Galerie, die Speer dem Spiegelsaal von Versailles nachempfunden hatte. Besonders freute den Bauherrn, dass sie mehr als doppelt so lang war wie das historische Vorbild. Speer hatte auch für die Innenarchitektur des Baus gesorgt. Der Schreibtisch in Hitlers fast 400 Quadratmeter großem Arbeitszimmer fand besonderen Anklang bei dem Diktator: Die Intarsien auf der Schauseite zeigten ein aus der Scheide gezogenes Schwert. »Gut, gut«, meinte Hitler zufrieden, »wenn das die Diplomaten sehen, die vor mir sitzen, werden sie das Fürchten lernen.«

Genau das war seine Absicht. Längst steuerte der Diktator auf Expan-

Der Bau der Reichskanzlei war ein entscheidender Auftrag, da sie in verhältnismäßig kurzer Zeit gebaut werden musste. Das war nur möglich, weil Speer ein großartiger Organisator war. Er hat beispielsweise nicht nur eine Firma für den Rohbau beauftragt, sondern drei, vier, fünf, sodass an verschiedenen Stellen gleichzeitig mit dem Bau begonnen werden konnte.

Willi Schelkes, Architekt bei Speer

Das ist noch nie dagewesen; ich bin selber vom Bau und weiß, was das heißt! Es ist eine einmalige Leistung, und jeder Einzelne, der daran teilhat, kann heute stolz darauf sein! Auch das ist ein Zeichen der Leistungsfähigkeit des deutschen Volkes!

Hitler anlässlich der Einweihung der Neuen Reichskanzlei, 9. Januar 1939

Nach dem Essen zeigt der Führer uns die neue Reichskanzlei. Sie ist in ihrer ganzen Anlage überwältigend. Das ist Speers Meisterstück.

Goebbels, Tagebucheintrag 20. Januar 1939

Einmal erzählte er mir etwas über einen Globus auf einem seiner Gebäude, und ich sagte: »Ja, um Gottes willen, haben Sie da nicht verstanden, dass Hitler die Welt erobern wollte?« Und Speer antwortete: »Aber verstehen Sie denn nicht? Ich wollte ja, dass er die Welt erobern sollte!« Natürlich wusste Speer zu der Zeit noch nicht, welchen Weg Hitler gehen würde und wie viele Verbrechen auf diesem Weg begangen werden würden.
Gitta Sereny, Speer-Biografin

sionskurs. Im März 1938 ließ er die deutsche Wehrmacht in Österreich einmarschieren und vollzog damit den »Anschluss«; ein Jahr später zerschlug Hitler die Tschechoslowakei. Im Sommer 1939 brach er endgültig den Krieg vom Zaun, den er schon immer gewollt hatte. Als am 1. September 1939 deutsche Truppen Polen überfielen, war Speer keineswegs überrascht: »Natürlich war ich mir vollkommen darüber im Klaren, dass er die Weltherrschaft anstrebte«, gab er 1979 in einem Gespräch mit Gitta Sereny zu. »Was viele heute nicht verstehen, ist, dass ich mir damals nichts Besseres wünschen konnte. Das war doch der ganze Sinn meiner Bauten. Sie hätten grotesk ausgesehen, wenn Hitler in Deutschland sitzen geblieben wäre. Mein ganzes Wollen war darauf ausgerichtet, dass dieser große Mann den Erdball beherrschen würde.«

Als Befürworter des Krieges fühlte sich Speer verpflichtet, seinen Teil zum Feldzug beizutragen, und bot Hitler an, aus den Arbeitern seiner Baustellen eine technische Einsatzgruppe zum Ausbau von Straßen und Wiederaufbau von Brücken zusammenzustellen. Doch der Kriegsherr verbot Speer jeglichen Einsatz im Gefolge des Heeres. Stattdessen befahl er ihm, die Bauten fortzuführen. Speer ignorierte die Anweisung seines »Führers« und ließ die Arbeiten in Berlin und Nürnberg einstellen.

Im Verlauf der nächsten Wochen und Monate rückte Hitlers »Lieblingsarchitekt« immer mehr in den Hintergrund. Zwar ließ der Kriegsherr, wann immer er nach Berlin oder auf den Obersalzberg kam, Speer zu sich rufen, um mit ihm über sein Lieblingsthema zu sprechen, doch blieb Speer von den militärischen Beratungen ausgeschlossen. Über Hitlers weitere Kriegsziele erhielt er erst Kenntnis, als er Ende 1939 damit beauftragt wurde, das »Führer«-Hauptquartier im Westen Deutschlands auszubauen. »Nach dem schnellen Sieg in Frankreich«, bekannte Speer später, »war ich fest davon überzeugt, dass Hitler nun bereits zu einer der größten Gestalten der deutschen Geschichte geworden sei.« Nicht nur Speer dachte so.

»Wenn wir in Berlin fertig sind, wird Paris nur noch ein Schatten sein«: Speer als Mitglied von Hitlers Entourage in Paris, 23. Juni 1940

Am 1. März besucht der Führer die Modellsäle am Pariser Platz. Herr Speer zeigte die neuen Modelle der Großen Halle und der Bauten an der Großen Straße, die als ausführungsreif erklärt wurden.

Chronik des Generalbauinspekteurs für Berlin, 1941

Hitlers Siegesparade durch Berlin nach dem gelungenen Frankreichfeldzug geriet zum Triumphzug. Hunderttausende jubelten dem nach Meinung seines Generals Wilhelm Keitel »größten Feldherrn aller Zeiten« zu. Als am 22. Juni 1940 im Wald von Compiègne die Kapitulationsurkunde unterzeichnet wurde, sprach Hitler vom »glücklichsten Tag« seines Lebens. Wenige Tage später ließ er seinen Architekten gut gelaunt wissen: »In einigen Tagen fliegen wir nach Paris. Ich möchte, dass Sie dabei sind.« Filmaufnahmen zeigen die »Reisegruppe« Hitlers im Morgengrauen des 23. Juni bei einer Rundfahrt durch die französische Metropole. Nach kurzen Abstechern zu den Sehenswürdigkeiten der Stadt endete die Rundfahrt bereits um neun Uhr morgens auf dem Montmartre. »Es war der Traum meines Lebens, Paris sehen zu dürfen. Ich kann nicht sagen, wie glücklich ich bin, dass er sich heute erfüllt hat«, ließ Hitler Speer wissen. Noch am selben Abend, wieder zu Hause auf dem Obersalzberg, ordnete er seinem Architekten die Wiederaufnahme der Bauten in Berlin an. Seine Hauptstadt sollte noch schöner werden als Paris: »Wenn wir in Berlin fertig sind, wird Paris nur noch ein Schatten sein«, verkündete der Diktator.

Als Hitler im Juni 1941 die Sowjetunion überfallen ließ, kamen Speer zum ersten Mal Zweifel. Auch wenn der Kriegsherr Optimismus versprühte und verkündete: »Granit und Marmor werden wir uns dort holen, so viel wir wollen«, blieb Speer skeptisch und schlug erneut vor, alle nicht kriegswichtigen Bauarbeiten vorerst einzustellen. Doch als Hitler davon erfuhr, verlangte er erneut, dass die Berliner Bauten mit allen Mitteln vorangetrieben würden. Selbst als im Winter 1941 der deutsche Vormarsch vor Moskau zum Stehen kam, blieb Hitler stur: »Durch den Krieg lasse ich mich nicht abhalten, meine Pläne zu verwirklichen.« Dennoch erreichte Speer, dass seine Generalbauinspektion in »Baustab Speer« umgetauft wurde und damit nicht mehr nur für die Neubauten in Berlin zuständig war. Seit Kriegsbeginn hatte Speer begonnen, auch Bauaufträge für die Heeres- und Luftwaffenführung zu übernehmen; Ende 1941 war er für 26 000 Bauarbeiter verantwortlich, die in kriegswichtigen Programmen eingesetzt waren.

Trotz des Krieges wurden diese Friedensbauten bis zum Dezember 1941 weitergeführt, und erst die Winterkatastrophe in Russland machte diesen Friedensbauten ein Ende.

Aussage Speers in Nürnberg, 19. Juni 1946

»Zu diesem Zeitpunkt war ich stolz darauf,

einen kleinen Beitrag zum Kriegsverlauf leisten zu können; es beruhigte gleichzeitig mein Gewissen, dass ich nicht nur für Hitlers Friedenspläne arbeitete«, schrieb Speer später. Bald sollte er mehr als nur »einen kleinen Beitrag zum Kriegsverlauf« leisten können.

Am 30. Januar 1942 flog Speer nach Dnjepropetrowsk. Sein Baustab war in der ukrainischen Stadt mit der Reparatur von Bahnanlagen beschäftigt, die von sowjetischen Truppen beim Rückzug zerstört worden waren. Nach einer Inspektion der Arbeiten wollte Speer Anfang Februar wieder nach Berlin zurückkehren, doch anhaltende Schneestürme verzögerten seinen Rückflug Tag um Tag. Am 7. Februar schließlich startete das Flugzeug. Doch nicht Albert Speer bestimmte das Ziel. Die Maschine unterstand SS-Obergruppenführer Sepp Dietrich, der Speer lediglich einen Platz als »Zusatzpassagier« angeboten hatte und zu Hitlers ostpreußischem Hauptquartier wollte. So kam es, dass Speer am Nachmittag des 7. Februar 1942 unvermutet in Hitlers Wolfsschanze eintraf. Als Speer zwei Tage später Ostpreußen in Richtung Berlin verließ, war nichts mehr wie zuvor.

»Ich schwöre: Ich werde dem Führer des Deutschen Reiches und Volkes, Adolf Hitler, treu und gehorsam sein, meine Kraft für das Wohl des deutschen Volkes einsetzen, die Gesetze wahren, die mir obliegenden Pflichten gewissenhaft erfüllen und meine Geschäfte unparteiisch gegen jedermann führen.« Mit diesen Worten wurde Albert Speer, 36 Jahre alt, offiziell zum »Reichsminister für Bewaffnung und Munition« ernannt. Am Morgen des 8. Februar war Fritz Todt mit dem Flugzeug abgestürzt und Speer überraschend von Hitler zum Nachfolger des bei dem Unfall ums Leben gekommenen Rüstungsministers ernannt worden. Damit gehörte Speer zu den wichtigsten Führungspersönlichkeiten des Nazi-Reiches. Mit der Nachfolge Todts übernahm er nicht nur das Amt des Rüstungsmi-

Natürlich gehörte ich damals eigentlich schon seit Jahren Hitlers »Hof« an. Aber man kann gar nicht sagen, wie plötzlich alles anders wurde. Vor allem änderte sich natürlich vom Augenblick meiner Ernennung an unsere Beziehung. Während sie in den Jahren als sein Architekt nicht nur herzlich, sondern geradezu intim gewesen war – sagen wir, so intim, wie eine Beziehung zu ihm überhaupt sein konnte –, begegnete er mir seit jenem Morgen des 8. Februar 1942 kalt und distanziert. Die Zwanglosigkeit und natürlich auch Leichtigkeit verschwanden vollkommen.

Speer, 1979

Der Führer hat Speer zum Nachfolger Todts ernannt; zweifellos der einzige Mann, der in der Lage ist, das große Erbe des Toten seinem Sinn und seinem Programm gemäß zu verwalten.

Goebbels, Tagebucheintrag 10. Februar 1942

nisters, sondern auch die »Generalinspektion für das deutsche Straßenwesen«, die »Generalinspektion für Wasser und Energie«, die »Generalvollmacht für die Regelung der Bauwirtschaft im Vierjahresplan«, die »Generalinspektion für Sonderfragen im Vierjahresplan«, die »Leitung des Hauptamtes für Technik der NSDAP« und die »Leitung des NS-Bundes Deutscher Technik« – daneben behielt er all seine Posten, die er zuvor bereits innegehabt hatte. Als Speer am 15. Februar 1942 den Eid auf seinen »Führer« leistete, ahnte er nicht, dass er ihn wenige Jahre später brechen würde. Noch war das Organisationstalent entschlossen, seine neue Aufgabe mit Bravour zu erledigen. Beim Antrittsbesuch versprach er seinem Chef ein »Rüstungswunder« und erklärte, sein Ministerium zur Lenkungs- und Kontrollinstanz der gesamten Kriegswirtschaft umzubauen. Dazu musste er zunächst das Vertrauen seiner Mitarbeiter im Ministerium gewinnen – keine leichte Aufgabe. Todt war sehr beliebt gewesen, sein Nachfolger galt als unerfahren und inkompetent. In seiner ersten Ansprache im Innenhof des Ministeriums am Pariser Platz warb Speer offen um die Gunst seiner Mitarbeiter: »Ich wende mich heute besonders an euch und bitte, mich in eure Kameradschaft der alten Mitarbeiter aufzunehmen. Ihr könnt hierfür zu mir Vertrauen haben, dass ich mich eurer persönlichen Nöte und Sorgen ebenso annehmen werde, wie es einst unser Chef getan hat.« Doch die Antwort von Xaver Dorsch, dem rangältesten Beamten im Ministerium, fiel deutlich aus: »Dr. Todt hatte unser unbegrenztes Vertrauen. Vertrauen entsteht nicht von selbst, es muss erworben werden.«

Trotz dieser Abfuhr stürzte sich Speer wie besessen in seine neue Aufgabe, paukte Waffengattungen und Produktionszahlen und ließ sich sogar zeigen, wie man einen Panzer steuerte. »Streng genommen«, schrieb Speer später, »ging es darum, das Land überhaupt erst auf die Kriegswirtschaft umzustellen.« Um dieses Ziel zu erreichen, musste er zunächst erheblichen Widerstand brechen. Vor allem seine »Erzrivalen«, Martin Bormann, Hitlers Sekretär, und »Reichsmarschall« Hermann Göring, waren nicht geneigt, sich von einem »Anfänger« ausspielen zu lassen. Doch Hitler gab seinem neuen Minister volle Rückendeckung. Schritt für Schritt gelang es diesem, seine eigenen Zuständigkeiten auszuweiten und die seiner Gegner zu beschneiden. In einer Aktennotiz des Wirt-

Der Erfolg unserer Arbeit ist entscheidend für den Sieg Deutschlands. Ich habe dem Führer gelobt, meine ganze Kraft nur für dieses Ziel einzusetzen.

Speer nach seinem Amtsantritt als Rüstungsminister

Oben: »Der Sieg Deutschlands ist unser Ziel«: Speer nach seiner Ernennung zum Rüstungsminister, 13. Februar 1942
Unten: »Vom Führer verlangte Zahlen übertroffen«: Unter der Ägide Speers stieg die Rüstungsproduktion sprungartig. Produktion von Panzern vom Typ »Tiger« 1943

schafts- und Rüstungsamtes des OKW vom 23. März 1943 heißt es: »Speer hat heute allein etwas zu sagen. Er kann Eingriffe in alle Ressorts nehmen. Er setzt sich auch jetzt bereits über alle Ressorts hinweg.« Um empörte Schreiben seiner Widersacher abzuschmettern, entwickelte Speer eine ebenso simple wie wirkungsvolle Methode. Der Rüstungsminister ließ einen Stempel »Zurück an Absender! Nicht kriegsentscheidend«, der ihm fortan lästigen Schriftverkehr ersparte, anfertigen

Das neue Ordnungsprinzip, das Speer anstrebte, lautete »Selbstverantwortung der Industrie« und war im Ansatz bereits von Fritz Todt entwickelt worden. Grundgedanke des neuen Ordnungssystems war die Bildung von 13 nach den Waffenarten geordneten Hauptausschüssen, welche die Verantwortung für ein bestimmtes Rüstungsprodukt übernehmen sollten. Für die Bereitstellung der Zulieferung waren so genannte »Ringe« zuständig. Bei der Führung der neuen Säulen seiner Rüstungsorganisation vertraute Speer auf altgediente Mitarbeiter Dr. Todts: Karl Otto Saur übernahm die Leitung der »Hauptausschüsse«, Walther Schieber unterstellte er die »Ringe« – beides »Bullen an Arbeitskraft und Energie«. Daneben richtete Speer Entwicklungskommissionen ein, in denen Offiziere des Heeres Technikern und Konstrukteuren gegenübersaßen. Speer wollte damit den Erfahrungs- und Gedankenaustausch fördern und eine dringend erforderliche Rationalisierung einleiten.

Um in seinem Ministerium, das mit zeitweise mehr als 70 000 Beschäftigten die größte Ministerialbürokratie des NS-Regimes bildete, den behördlichen Schlendrian zu bekämpfen, ersann Speer eine wirkungsvolle Personalpraxis: Führungskräften wurde, »sofern sie über 55 Jahre alt sind«, ein Stellvertreter zur Seite gestellt, »der nicht älter als 40 Jahre« sein durfte. Die Jungen sollten die Alten »boxen«. Bald herrschte in Speers Ministerium die angespannte Atmosphäre eines Wettkampfs. Nicht selten drohte der Rüstungsminister seinen Mitarbeitern mit disziplinarischen Strafen, sogar die Einweisung in ein Konzentrationslager wurde von Speer als Mittel der Disziplinierung akzeptiert.

Obwohl Speers System der »Selbstverwaltung« keineswegs überschaubarer war als das alte

Der Arbeiter, der ab und zu einmal aus der Not heraus in eine derartig scharfe Aktion gezwungen wird, bekommt mehr Schwung auch für die übrige Zeit als wie einer, der immer nur eine normale Arbeitszeit herunterarbeitet. Es hat uns bei den Panzern nichts geschadet, dass wir ein, zwei Monate lang jeden Sonntag haben arbeiten lassen.

Speer über so genannte »Stoßaktionen«

Speer arbeitet, wie auch dies Beispiel wieder beweist, sehr konsequent, sehr klar und sehr unbürokratisch. Er ist im besten Begriff, Todt in ziemlichem Umfange zu ersetzen.

Goebbels, Tagebucheintrag 14. Mai 1942

Oben: »Menschenjagd in den besetzten Gebieten«: Ukrainische Zwangsarbeiter vor ihrem Abtransport nach Deutschland, Mai 1942
Unten: »Diese Menschen restlos in die Arbeit einspannen«: Tschechische Zwangsarbeiter in einem deutschen Rüstungsbetrieb, August 1943

Ordnungsprinzip und sich durch eine fehlende Trennung zwischen Rüstungs- und ziviler Produktion neue Konfusionen ergaben, stellten sich schon bald erste Erfolge ein.

Im Sommer 1942 wurden die ersten Rüstungsziffern bekannt gegeben. Die Gesamtleistung der Waffenindustrie war um fast 60 Prozent gestiegen, die Munitionsfertigung hatte sich fast verdoppelt – und dies bei gleichbleibender Personalstärke. Stolz zog Hitlers Rüstungsmanager Bilanz: »Sie können sich denken, dass die Ansprüche des Führers an die Rüstungswirtschaft hoch und die von ihm verlangten Lieferungen daher nur äußerst schwer zu erreichen sind. Es hat sich von Monat zu Monat steigernd das unerwartete Bild ergeben, dass diese vom Führer verlangten Zahlen nicht nur erreicht, sondern sogar noch übertroffen wurden.« War die Berufung Speers zum Rüstungsminister für die meisten in Hitlers Umgebung eine Überraschung gewesen, so war die Tatsache, dass er sich als erfolgreicher »Waffenschmied« erwies, eine noch viel größere.

Die Arbeitskräfte wurden zum großen Teil gegen ihren Willen nach Deutschland gebracht, und ich hatte nichts dagegen einzuwenden, dass sie gegen ihren Willen nach Deutschland kamen; ich habe im Gegenteil in der ersten Zeit, bis zum Herbst 1942, sicher auch mit meine Energie eingesetzt, dass möglichst viele Arbeitskräfte auf diese Weise nach Deutschland kamen.

Aussage Speers in Nürnberg

Speer hat sich ganz besonders stark immer wieder dahin verwendet, dass die noch vorhandenen, wenn auch vielleicht sehr schwer zu erfassenden deutschen Arbeitsreserven nunmehr in den Arbeitsprozess eingeschaltet würden. Es waren das in der Masse weibliche Arbeitskräfte, Frauen aus Berufen oder aus Ständen, die im Kriege außer ihrer Hausfrauenarbeit nichts zu tun hatten.

Aussage von General Erhard Milch in Nürnberg

Er war einer der führenden Köpfe bei der Planung einer systematischen Beraubung und Ausbeutung der Länder, die von der deutschen Kriegsmaschine überrannt wurden.

Ralph G. Albrecht, US-Ankläger in Nürnberg

Schon bei Amtsantritt hatte Speer erkannt, dass eine Steigerung der Kriegswirtschaft nur durch den massiven Einsatz von Arbeitskräften gelingen konnte – doch daran herrschte spätestens seit Beginn des Zweifrontenkriegs permanenter Mangel; die deutschen Arbeitsreserven waren so gut wie ausgeschöpft. Hitler hingegen war überzeugt: »Das Gebiet, das direkt für uns arbeitet, umfasst mehr als 250 Millionen Menschen; man sollte nicht daran zweifeln, dass wir es fertig bringen, diese Menschen restlos in die Arbeit einzuspannen.« Fritz Sauckel, seit Anfang 1942 zum »Generalbevollmächtigten für den Arbeitseinsatz« bestellt, verstand. Sonderkommandos gingen bald überall in den besetzten Gebieten auf Menschenjagd, entführten Männer und Frauen aus ihrer Heimat, um sie als Zwangsarbeiter in Speers Produktionsstätten einzusetzen. Bis August 1942 waren es allein 700 000 »ausländische Zivilarbeiter«, ein knappes Jahr später bereits dreieinhalb Millionen, Ende 1944 schufteten sieben Millionen Menschen für die Rüstung des Reiches. Doch damit gab sich Hitlers Aufrüster noch lange nicht zufrieden. Auch die letzten Kräftereserven in Deutschland sollten für die Kriegswirtschaft mobilisiert werden. Bis dahin hatten es die Parteiideologen abgelehnt, auch Frauen in der Rüstungsproduktion einzusetzen. Die »deutschen hochbeinigen, schmalen Frauen«, erklärte Hitler seinem Rüstungsminister, seien mit den »kurzstampfeten, primitiven und gesunden Russinnen« nicht zu vergleichen. Doch nach der Katastrophe von Stalingrad forderte die Wehrmacht Ersatz. Auch aus den so genannten »Schutzbetrieben«, deren Beschäftigte bis zu diesem Zeitpunkt »u.k.« – »unabkömmlich« – waren, wurden Männer, darunter auch Facharbeiter und Ingenieure, abgezogen. Um die Lücken in Speers Schlüsselbetrieben der Rüstung zu schließen, musste nun auch auf weibliche Arbeitskräfte zurückgegriffen werden – noch immer aber betrug der Fehlstand mehrere hunderttausend. Für sein Problem fand Speer bei seinem Chef kein Ohr. Der Kriegsherr war weder bereit, von seiner Kriegführung abzuweichen, noch der deutschen Bevölkerung weitere Entbehrungen zuzumuten.

Um sein Ziel dennoch zu erreichen, ging der bislang distanzierte Speer mit Propagandachef Goebbels ein Bündnis ein. Der gab am 18. Februar 1943 im Berliner Sportpalast in seiner berühmt-berüchtigten Rede die Parole vom »totalen Krieg« aus und forderte: »Nun, Volk, steh auf, und Sturm, brich los!« Im Juni trat schließlich auch Speer, der normalerweise Reden vor Massenpublikum mied, an der Seite von Goebbels an das Rednerpult im Berliner Sportpalast. Die Strategie des »Rüstungsministers« ging auf: Während Deutschlands Städte in den alliierten Feuerstürmen untergingen, erreichte der Rüstungsausstoß im vorletzten Kriegsjahr einen neuen Rekordstand. Den Preis dafür zahlten 14 Millionen Arbeitskräfte: Zwangsarbeiter, Kriegsgefangene und KZ-Häftlinge. Doch dafür, beteuerte Speer später, habe er keine Verantwortung getragen. Von dem Elend in den Lagern, dem Sterben in den Steinbrüchen und Stollen, will er nichts gewusst haben. Am 30. März 1943 hatte Albert Speer erstmals eines der berüchtigten Konzentrationslager besucht, das österreichische KZ Mauthausen nahe bei Linz. Die Häftlinge arbeiteten hier in einem Steinbruch, welcher der

Während es uns für den Ausbau von Rüstungswerken des unmittelbaren Frontbedarfs nicht nur an Eisen und Holz, sondern auch an Arbeitskräften fehlt, musste ich anlässlich meiner Besichtigung im Konzentrationslager Mauthausen sehen, dass die SS Planungen durchführt, die mir unter den heutigen Verhältnissen mehr als großzügig erscheinen.

Speer, 1943

»Einsatz geringster Mittel zur Erzielung des größten Erfolges«: Speer in einem Betrieb in Oberösterreich, in dem KZ-Häftlinge Zwangsarbeit verrichten mussten

»Deutschen Erd- und Steinwerke GmbH« gehörte. Eigentümerin dieses »Unternehmens« war die SS. Sie belieferte den Rüstungsminister und »Generalbauinspektor« unter anderem mit Baumaterial für seine Neubauten. Für den »Geschäftspartner« hatte SS-Chef Himmler eine »Prominentenführung« arrangiert – Speer wurden gepflegte Räume präsentiert, Blumenrabatte und »zufriedene Häftlinge«. Doch der Rüstungsminister war empört. Gleich nach seiner Rückkehr nach Berlin formulierte er einen Beschwerdebrief an Himmler: »... musste ich sehen, dass die SS Planungen durchführt, die mir unter den heutigen Verhältnissen mehr als großzügig erscheinen«. Gemeint waren die Baracken der Häftlinge, die Speer für zu »luxuriös« hielt: »Wir müssen für den Ausbau von Konzentrationslagern eine neue Planung unter dem Gesichtspunkt des höchsten Wirkungsgrades bei Einsatz geringster Mittel zur Erzielung des größten Erfolges für die augenblicklichen Rüstungsforderungen durchführen, das heißt, dass wir sofort zur Primitivbauweise übergehen müssen.« Das war selbst für SS-Funktionäre, denen ein Menschenleben in der Regel wenig galt, »ein starkes Stück«. SS-Obergruppenführer Oswald Pohl, Chef des SS-Wirtschaftsverwaltungsamtes, wandte sich in einem Schreiben hilfesuchend an Himmler: Es sei völlig abwegig, auf die Forderung Speers einzugehen. Die Rückkehr zur »Primitivbauweise« müsse unweigerlich zu einer »ungeahnten Sterblichkeit in den Lagern« führen. Speer, 1981 mit seinem Brief an Himmler konfrontiert, verteidigte sich: »In Wirklichkeit bezog ich mich auf einen von mir herausgegebenen Erlass, wonach alle Bauausführungen während des Krieges in einfachster Form zu erfolgen haben.« Speer dachte an Bauvorschriften – die Menschen waren ihm gleichgültig.

Speers nimmermüder Einsatz für die radikale Mobilisierung aller Kräfte wurde nicht nur mit dem Anstieg der Rüstungsstatistiken belohnt. Mitte 1943 erreichte der Aufrüster den Höhepunkt seiner Macht: Kein anderer Minister genoss so viele Privilegien wie er, kein anderer verfügte über so viele Mitarbeiter. Sein öffentliches Ansehen als Rüstungsminister war seit seinem Amtsantritt enorm gestiegen. Speer hatte sich das Prestige erworben, seine Entscheidungen kühl und rational zu fällen, ein Organisationstalent zu sein – und unerbittlich in seinen Forderungen. Mit seinen Gegnern, allen voran Hermann Göring, war er, wie Goebbels in seinem Tagebuch notierte, »richtiggehend Schlitten gefahren«. Doch für Albert Speer zählte nur eines, das Lob Hitlers. Auch wenn sich ihr Verhältnis inzwischen merklich abgekühlt hatte und ihre Gespräche eher dienstlichen als freundschaftlichen Charakter besaßen, erfreute sich Speer nach wie vor der Gunst seines Mentors: »Die neu aufgehende Sonne«, soll Hitler Speer in einer Besprechung mit Generalstabschef Kurt Zeitzler genannt haben. Seine Leistungen bezeichnete er als »epochal«. Bei solchen Lobeshymnen schwirrten schon bald Gerüchte umher, wonach der Rüstungsminister als der geeignete Nachfolger Hitlers gehandelt wurde. Zwar war Hermann Göring bei Kriegsausbruch von Hitler zu dessen »Stellvertreter« benannt worden, doch hatten der Misserfolg seiner Luftwaffe und die bis an die Lächerlichkeit gehende Prunksucht des »Reichsmarschalls« zu seiner inneren Entmachtung geführt. Hitler schien eindeutig die »Künstlernatur« Speers vor allen anderen Paladinen zu bevorzugen und versicherte ihm, »dass er

Speer erzählte mir, wie sich das Verhältnis zu Hitler verändert hatte, nachdem er Minister geworden war. Als er nur Architekt war, konnten sie sich auf gleicher Ebene unterhalten. Architektur war für beide interessant. Als er dann aber Mitglied des Kabinetts wurde, war Hitler plötzlich sein Chef. Auch Speer hat seine Weisungen von ihm bekommen und wurde ganz anders behandelt als vorher.
Willi Schelkes, Architekt bei Speer

»Der mächtigste Mann nach Hitler«: Zielbewusst hatte sich Speer in der NS-Hierarchie nach oben gearbeitet. 1943 war er auf dem Höhepunkt seiner Macht

ihn für große Dinge ausersehen und als zweiten Mann nach Göring auf die Liste der Führernachfolger gesetzt« habe. Speer geriet ob dieser Versprechungen in einen rauschhaften Zustand. Einerseits pflegte er noch immer das Bild des »unpolitischen« Künstlers und Architekten, andererseits ließ ihn sein »unstillbarer Ehrgeiz« nach dieser machtverheißenden Stellung greifen. Willi Schelkes, Architekt in seinem Büro, erinnert sich: »Ich glaube, nach Hitler war er jahrelang der mächtigste Mann. Und er hat sehr darauf geachtet, dass seine herausragende Stellung auch respektiert wird.«

Doch Speers Höhenflug sollte nur von kurzer Dauer sein. Während er mit seinen Mitarbeitern die Frage seiner »Führertauglichkeit« erörterte, begann sein politischer Stern bereits zu sinken. Seine Kontrahenten, allen voran Bormann und Himmler, taten hinter den Kulissen alles, um Speer als »grundsätzlichen Gegner der Partei« bei Hitler in Misskredit zu bringen. Dabei lieferte ihnen Speer selbst die geeignete Munition. Schon bei seinem Amtsantritt hatte sich Speer vor allem bei Parteifunktionären und Gauleitern unbeliebt gemacht, indem er den Verzicht aller Sonderrechte, wie Jagdhäuser, Dienstpersonal und Luxuswagen, gefordert hatte. Die

Gauleiter waren daraufhin Sturm gelaufen – mit Erfolg. Bormann konnte einen Gegenbefehl Hitlers erwirken, Speer musste schließlich klein beigeben. Im Herbst 1943 wagte er einen erneuten Vorstoß. Für den 6. Oktober hatte Bormann eine Tagung sämtlicher Reichs- und Gauleiter im Posener Schloss einberufen. Auch der Rüstungsminister war mit einem Vortrag angekündigt. Sicher hatten die Anwesenden von Speer keine Lobesrede erwartet, doch was er ihnen nun vorsetzte, schlug ein wie eine Bombe. Zunächst führte ihnen Speer in schonungslosen Worten die Krise des Landes vor Augen und forderte: »Wenn wir den Krieg gewinnen wollen, haben wir auch in erster Linie die Opfer zu bringen.« Dann ging der Rüstungsminister einen Schritt weiter und mahnte die Stilllegung der zivilen Produktion an: »Ich bitte Sie, zur Kenntnis zu nehmen: Die bisherige Art, mit der sich einzelne Gaue von Stilllegungen in der Verbrauchsgüterindustrie ausgenommen haben, kann und wird nicht mehr am Platze sein. Ich werde daher Stilllegungen, soweit die Gaue innerhalb von 14 Tagen meiner Aufforderung nicht nachkommen, selbst aussprechen. Und ich kann Ihnen versichern, dass ich gewillt bin, die Autorität des Reiches durchzusetzen, koste es, was es wolle! Ich habe mit Reichsführer-SS Himmler gesprochen, und ich werde von jetzt an die Gaue, die diese Maßnahmen nicht durchführen, entsprechend behandeln.« Weniger Speers Forderung als die letzten beiden Sätze ließen die Gauleiter aus ihren Sitzen hochfahren. »Lautstark und gestikulierend« stürmten sie auf den Rüstungsminister ein und hielten ihm vor, ihnen, der »Garde des Führers«, mit dem Konzentrationslager gedroht zu haben. Vergeblich ersuchte Speer Hitlers Privatsekretär Bormann, das »Missverständnis« aufzuklären. »Mit geheuchelter Freundlichkeit« winkte der ab – um ihn wenig später bei Hitler anzuschwärzen. »Von nun an konnte ich nicht mehr wie selbstverständlich auf die Loyalität Hitlers rechnen«, schrieb Speer rückblickend.

Das war das Janusköpfige: auf der einen Seite dieses organisatorische Talent, ein Mann, der die Rüstung organisierte, und auf der anderen Seite seine künstlerischen Neigungen, wo er sich zufällig also mit Hitler traf, der ähnliche Ideen hatte.

Bernd Freytag von Loringhoven, Generalstabsoffizier

Speer war so arrogant. Einige von den hohen Tieren sprachen mit uns, selbst Göring. Aber Speer nie.

Rochus Misch, Funker im »Führer«-Bunker

Speer war ein sehr einfacher Mensch, und er liebte einfache Menschen.

Gitta Sereny, Speer-Biografin

Doch nicht nur Speer war am 6. Oktober 1943 in Posen an das Rednerpult getreten. Am Nachmittag sprach SS-Chef Himmler zu der Versammlung. Seine Rede – als Tondokument erhalten – gehört zu den erschütterndsten Zeugnissen des »Dritten Reiches«. Unverhohlen sprach

Wir fragten ihn einmal: »Was wussten Sie über die Todeslager?« Er antwortete, dass jemand – jemand aus dem Stab von Himmler – ihm darüber erzählt hatte und gesagt hatte, dass »das Dinge sind, die Sie niemals kennen und niemals sehen dürfen!« Das war sein Weg, sich von Auschwitz zu distanzieren.

John K. Galbraith, Verhöroffizier von Speer

Ich dachte gar nicht daran, dass es mich persönlich etwas angeht, wenn ein anderer vielleicht in meiner Gegenwart redete, man müsste alle Juden totschlagen.

Speer

Himmler vor den Reichs- und Gauleitern von der Ausrottungspolitik des NS-Regimes: »Der Satz: ›Die Juden müssen ausgerottet werden‹ mit seinen wenigen Worten, meine Herren, ist leicht ausgesprochen. Für den, der durchführen muss, was er fordert, ist es das Allerhärteste und Schwerste, was es gibt.« Der SS-Chef hatte sich offensichtlich vorgenommen, vor den Gauleitern nichts mehr zu verschleiern: »Es trat an uns die Frage heran: Wie ist es mit den Frauen und Kindern? Ich habe mich entschlossen, auch hier eine ganz klare Lösung zu finden. Ich hielt mich nicht für berechtigt, die Männer auszurotten – sprich also, umzubringen oder umbringen zu lassen – und die Rächer in Gestalt der Kinder für unsere Söhne und Enkel groß werden zu lassen. Es musste der schwere Entschluss gefasst werden, dieses Volk von der Erde verschwinden zu lassen.« Anschließend kündigte Himmler an: »Die Judenfrage in den von uns besetzten Ländern wird bis Ende dieses Jahres erledigt sein. ... Damit möchte ich die Judenfrage abschließen. Sie wissen nun Bescheid, und Sie behalten es für sich. Man wird vielleicht in ganz später Zeit einmal überlegen können, ob man dem deutschen Volk etwas mehr darüber sagt. Ich glaube, es ist besser, wir – wir insgesamt – haben das für unser Volk getragen, haben die Verantwortung auf uns genommen.«

Während Himmler sprach, herrschte im Saal »bleierne Stille«. Dann stand Bormann auf und schloss die Sitzung mit den Worten: »Parteigenossen, darf ich Sie nun in den Nebensaal zum Essen bitten.«

Bis heute ist nicht endgültig geklärt, ob Albert Speer die Rede Himmlers gehört hat. Stets hat er vehement bestritten, von der Ausrottung der Juden gewusst zu haben. Nach seiner eigenen Ansprache, so Speer, habe er das Posener Schloss verlassen, um zu Hitler zu fahren, Himmlers Rede also nicht mehr mitverfolgen können. Der amerikanische Historiker Erich Goldhagen hielt Speer 1971 entgegen, dass Himmler sich in seiner Rede direkt an Speer gewandt habe – wieso hätte das der SS-Chef tun sollen, wenn Speer nicht mehr anwesend war? Daraufhin strengte Speer umfangreiche Recherchen an, um zu beweisen, dass er bereits gegen Mittag aufgebrochen sei, während Himmlers Rede erst um 17.30 Uhr begonnen habe. Zur Untermauerung seiner Behauptung nannte er mehrere Zeugen, darunter den Industriellen Walter Rohland, der Speer auf seiner Rückfahrt von Posen begleitete. Doch Zweifel blieben. Gitta Sereny hat die Frage nach seiner Mitwisserschaft und Schuld in ausführlichen Gesprächen mit Albert Speer erörtert: »Speer hat zwei Jahre damit verbracht, die Beweise in den Archiven zu suchen, dass er nicht dort war. Und ich habe sechs Monate verbracht zu sehen, ob er nun dort war oder nicht. Ich muss nun am Ende sagen, ich weiß es nicht. Vielleicht war er wirklich, wie er behauptete, auf dem Weg zu Hitler. Aber am nächsten Tag kamen die ganzen Gauleiter, die Himmlers Rede angehört hatten, zu Hitler. Dort war auch Speer, und er hörte von ihnen, was mit den Juden passierte. Nun kann man sagen – und viele sagen es –, Speer hätte es auch vorher wissen müssen. Ich glaube, dass Speer wusste, dass Menschen, Juden und andere, zu Tausenden ermordet wurden. Ob Speer wusste, dass Hitler die Absicht hatte, die jüdische Rasse in Europa auszurotten, davon bin ich allerdings nicht überzeugt.«

Die Frage nach dem, was Speer wusste oder hätte wissen müssen, stellt den Dreh- und Angelpunkt seiner Biografie dar. In der Tat fällt es schwer zu glauben, dass Speer als Mitglied des »inneren Zirkels« um Hitler und Rüstungsminister von der Vernichtung der europäischen Juden nichts erfahren haben soll. Nicht nur in Posen, sondern auch schon in zahlreichen anderen Reden zuvor war die Absicht des NS-Regimes deutlich geworden. »Vor der Weltgefahr des Judentums haben Sentimentalitäten keinen Platz«, ließ Propagandaminister Goebbels am 5. Juni 1943 bei einer Kundgebung im Berliner Sportpalast die Zuhörer wissen. »Die Ausschaltung des Judentums aus Europa ist keine Frage der Moral, sondern eine Frage der Sicherheit der Staaten. ... Wie der Kartoffelkäfer die Kartoffelfelder zerstört, so zerstört der Jude die Staaten und Völker. Dagegen gibt es nur ein Mittel: radikale Beseitigung der Gefahr.« Bei dieser Rede war Speer nicht »vorher abgereist« – er saß als Zuhörer in der ersten Reihe.

Zwar übernahm Speer 1946 vor dem Nürnberger Kriegsverbrechertribunal die Gesamtverantwortung für die Taten des »Dritten Reiches«, doch versuchte er immer wieder seine eigene, unmittelbare Schuld zu relativieren. Ein neu entdecktes Schreiben Albert Speers an SS-Chef Himmler belegt jedoch, wie sehr der Aufrüster selbst in die Verbrechen des Regimes verstrickt war. Das Nürnberger »Dokumentationszentrum Reichsparteitagsgelände« hat anhand des Briefes vom 2. September 1941 nachgewiesen, dass mit hoher Wahrscheinlichkeit eigens für Speers Belange das Konzentrationslager Natzweiler im Elsass errichtet wurde. Das SS-eigene Unternehmen »Deutsche Erd- und Steinwerke« (DEST) belieferte bei-

»Verstrickt in Verbrechen«: Wie in Natzweiler wurden auch in Flossenbürg KZ-Häftlinge für Speers gigantische Bauprojekte ausgebeutet

spielsweise Speer seit 1938 mit Baumaterial für seine gigantischen Bauprojekte. Zum Zweck der »Ankurbelung« der DEST hatte Speer 9,5 Millionen Reichsmark als unverzinsliches Aufbaudarlehen aus seinem Etat als Generalbauinspekteur zur Verfügung gestellt. Noch im selben Jahr erwarb die DEST Steinbrüche in Flossenbürg und Mauthausen und nahm direkt daneben Konzentrationslager in Betrieb. Für die Bauten in Nürnberg forderte Speer von der DEST besonders schönes Baumaterial: einen rötlichen Granit, wie er im elsässischen Natzweiler gebrochen wurde. »Auf Ihr Schreiben vom 15. Juli ds. Jahres«, schrieb Speer am 2. September 1941 an SS-Chef Himmler, »teile ich Ihnen mit, dass... das rötliche Material aus dem Steinbruch Natzweiler für das ›Deutsche Stadion‹ in Nürnberg Verwendung findet. ... Ich glaube, dass mit der Einreichung dieses Bauvorhabens in die Dringlichkeitsstufe I auch die Möglichkeit gegeben ist, die vorbereitenden Arbeiten in Natzweiler zu Ende zu führen.« Mit den »vorbereitenden Arbeiten« meinte Speer die Errichtung eines Konzentrationslagers, das eigens seinen Belangen dienen sollte. Im gefürchteten

»Politischer Stern im Sinken«: Speer (rechts) mit Goebbels bei einer Vorführung von Raketen in Peenemünde, 1943

Steinbruchkommando von Natzweiler mussten die Häftlinge künftig Steine für Speers Bauten brechen. Viele, die nicht mehr gehen konnten, wurden in Schubkarren zur Arbeit gebracht. Mehr als die Hälfte der Häftlinge wog unter 50 Kilogramm. Der Hunger war so groß, dass die Schwächsten von entmenschten Mitgefangenen erschlagen wurden, um in den Besitz der kärglichen Tagesration der Toten zu gelangen. In einer einzigen Nacht kam es manchmal zu mehr als 30 Toten.

Die Zusammenhänge zwischen der SS und Albert Speer waren dem Nürnberger Tribunal 1946 noch nicht bekannt. Jahrzehntelang lagen die Dokumente unbeachtet im mehrere tausend Seiten starken »Allgemeinen Schriftwechsel des Generalbauinspekteurs« im Bundesarchiv.

Trotz der beständig steigenden Rüstungszahlen konnte auch dem »Reichsminister für Bewaffnung und Munition« nicht verborgen bleiben, dass die Kriegslage aussichtslos war. Sein inzwischen verstorbener Adjutant Manfred von Poser, der Ende 1943 in Speers Dienste trat, erinnerte sich:

Als ich zu Speer kam, war die erste Frage, die er mir damals stellte: »Glauben Sie, dass der Krieg noch zu gewinnen ist?« Ich war im ersten Moment natürlich sehr verblüfft, weil ich eine solche Frage nicht erwartet hatte, fasste mich aber dann und sagte: »Ich glaube nicht, dass der Krieg noch zu gewinnen ist. Wenn wir im Osten wie im Westen nicht unsere derzeitige Stellung halten, dann gibt es kein Halten mehr.« Er nahm diese Antwort ganz ruhig an und reagierte überhaupt nicht. Ich entnahm dem, dass er die Wahrheit gerne hörte – und wir sind dabei geblieben.
Manfred von Poser, Adjutant Speers

»Speer war der Auffassung, dass der Krieg verloren war. Er sah ja, dass es überall Mangel gab. Wir waren stark ausgeblutet, wir hatten wenig Material, und der Bedarf wuchs ständig, weil die Truppe natürlich viel verlor bei den veränderten Verhältnissen, den Absatzbewegungen. Das angeschossene Material blieb zurück und musste ersetzt werden, und man kam damit einfach nicht mehr nach.« In seinen *»Erinnerungen«* datierte Speer seine Einsicht, dass der Krieg aus produktionstechnischen Gründen nicht mehr zu gewinnen sei, auf Ende 1942. Dennoch trieb der Aufrüster die Entwicklung der »Wunderwaffe« V1 voran und behauptete sogar noch nach dem Krieg, diese und die V2 hätten »bei koordiniertem Einsatz« die »Luftoffensive der westlichen Alliierten gegen unsere Industrie zusammenbrechen« lassen können. Am 10. Dezember 1943 besuchte der Rüstungsminister die unterirdische Fabrik »Dora-Mittelbau« im Harz bei Nordhausen. Seit August arbeiteten hier unter ohrenbetäubendem Lärm, in von Staub erstickter Luft tausende KZ-Häftlinge an der Errichtung eines über 20 Kilometer langen Bunkersystems, in dem die »Vergeltungswaffen« V1 und V2 produziert werden sollten. Alexander von Samila, damals als Häftling im Stollen, schildert die brutale Schinderei: »Dauernd wurde gebohrt, geschossen, gesprengt. Das Licht im Tunnel ging nie aus. Die Häftlinge wurden wegen jeder Kleinigkeit geschlagen. Wenn man drinnen versucht hat zu schlafen, konnte man das nicht, weil der andere geschrien hat. Immer 25 Stockhiebe. Ich habe zum Glück nur sieben gekriegt.«

Es hieß auch in »Dora«: Vernichtung durch Arbeit. Ich habe drei KZ-Lager überlebt, aber »Dora« war das schlimmste.
Ewald Hanstein, Zwangsarbeiter in Mittelbau-Dora

Man fragte sich: Wie lange kannst du überleben, wann bist du dran?
Alexander Samila, Zwangsarbeiter in Mittelbau-Dora

Anders als bei seiner Besichtigung im KZ Mauthausen wurden Albert Speer diesmal keine »zufriedenen« Häftlinge vorgeführt. Bei seiner Ankunft im »Mittelwerk« war die SS gerade dabei, einen der Häftlinge zu exekutieren – als »disziplinarische Maßnahme«. Leon Pilarski, der ebenfalls im »Mittelwerk« arbeitete, bestätigt, dass solche Hinrichtungen zum Alltag gehörten: »Einmal waren wir schon auf dem Weg zur Nachtschicht, da wurden wir auf den Appellplatz befohlen. Eine Kapelle spielte dort auf Geigen. Dann hat die SS 30 Männer gebracht, alle hatten den Mund verklebt. Vor unseren Augen wurden sie aufgehängt.«

Er behauptete immer, dass er von den fürchterlichen Leiden der Sklavenarbeiter nichts wusste. Er fühlte sich nicht schuldig für die Leiden dieser Sklavenarbeiter.
Gitta Sereny, Speer-Biografin

Speer war fassungslos. Es gelang ihm, die Exekution zu verhindern. Doch gegen das tägliche Sterben in den Stollen, die entsetzlichen hygienischen Verhältnisse und die mangelnde Versorgung der Häftlinge tat er nichts. »Die Häftlinge waren unterernährt«, schrieb Speer später im Rückblick. »Die Höhlenluft kühl-feucht, nach Fäkalien stinkend und verbraucht. Der Mangel an Sauerstoff machte mich schwindelig.« Von seinem Besuch in Dora-Mittelbau wusste das Nürnberger Tribunal bei der Verurteilung Albert Speers nichts. Erst die Ermittlungen zum »Dora-Prozess«, bei dem Speer 1968 als Zeuge aussagen musste, brachten die Wahrheit ans Licht. Der Biografin Gitta Sereny gegenüber sagte er, er sei »in seinem Leben nie so entsetzt gewesen«. Angeblich habe er noch am selben Tag alles getan, um ein Barackenlager errichten zu lassen. Doch im Gegensatz zu seiner Forderung nach »Primitivbauweise« für die Unterbringung von Häftlingen im KZ Mauthausen gibt es für diese Maßnahme Speers keinen Beleg.

Der Schock über »Dora« wirkte noch lange nach. Wie so oft in seinem Leben stellte sich Speer nicht dem Gesehenen oder Erlebten, sondern trat die Flucht vor der Wirklichkeit an. Das Weihnachtsfest verbrachte Speer im entferntesten Winkel von Hitlers Reich – in Lappland. In Begleitung eines Zauberkünstlers und eines Geigers versuchte er auf ausgedehnten Skitouren und bei Lagerfeuerromantik die »dunklen Ahnungen« zu verdrängen. Kaum nach Deutschland zurückgekehrt, stürzte er sich erneut in seine Arbeit, hetzte von Termin zu Termin, nahm an Sitzungen und Konferenzen teil und widmete sich bis in die Nacht hinein Berichten, Anweisungen und Erlassen. Zweifellos suchte er in diesem »narkotischen Arbeitsrausch« die Verdrängung vor dem, was er nicht wissen wollte.

Anfang 1944 jedoch hielt sein Körper den physischen und psychischen Belastungen nicht mehr stand. Am 18. Januar wurde Speer, dem Zusammenbruch nahe, in die SS-Klinik Hohenlychen bei Berlin eingeliefert. Gitta Sereny ist überzeugt: »Das war von Kindheit an so – wenn er etwas

Meine viermonatige Krankheit im Frühjahr 1944 wurde von vielen Interessierten dazu ausgenützt, meine Position zu schwächen, und nach dem 20. Juli hat die Tatsache meiner Ministerkandidatur zweifellos bei Hitler einen Schock verursacht, was von Bormann und Goebbels zu einem offenen Kampf gegen mich ausgenutzt wurde.

Aussage Speers in Nürnberg

nicht aushalten konnte, dann wurde er krank. Wenn seine Brüder ihn quälten, fiel er in Ohnmacht. Und hier, als er diese Erkenntnis von zwei Dingen bekam, dem Mord an den Juden und den Sklavenarbeitern, da wurde er krank. Eine psychische Erkrankung übersetzt sich ja sehr oft in Physisches. Und bei ihm übersetzte sich das dann in eine richtige Erkrankung, und er war dann fünf Monate eigentlich krank.«

Der behandelnde Arzt, Professor Karl Gebhardt, war ein Duzfreund von SS-Chef Himmler. Er verordnete dem Patienten strenge Bettruhe und legte ihn in Gips. Der zur Bewegungsunfähigkeit verdammte Speer stellte nun, weit weg von Hitlers schützender Nähe, für seine Gegner ein leichtes Opfer dar. Prompt sah Himmler die Stunde gekommen, sich seines Rivalen zu entledigen – und er ersann eine perfide Intrige. Nach wochenlangem Liegen stellte sich bei Speer plötzlich eine dramatische Verschlechterung seines Zustands ein. Hohes Fieber, Blutauswurf und heftige Schmerzen im Brustkorb ließen Professor Gebhardt auf »Muskelrheumatismus« schließen. Er verschrieb Chinin, Sulfonamide und Massagen mit Bienengift. Doch die Sekretärin Speers hatte – hinter einer Tür verborgen – ein Gespräch zwischen Himmler und Gebhardt belauscht, das einen schrecklichen Verdacht aufkommen ließ. »Ja, dann ist er eben tot«, hörte sie den SS-Chef zu dem Arzt sagen. Und schließlich: »Genug! Je weniger Worte darüber, desto besser!« Schon öfter hatte Speer in seinem Krankenbett die Vermutung geäußert: »Ich glaube, er will mich umbringen.« Doch bis zu diesem Zeitpunkt hatte seine Sekretärin dies für die »Fantasien eines Kranken« gehalten. Nun aber alarmierte sie die Familie ihres Chefs, die unverzüglich Professor Friedrich Koch, einen Mitarbeiter des Chirurgen Sauerbruch, nach Hohenlychen berief. Koch erkannte sofort, dass Speer alle Anzeichen einer Lungenembolie aufwies, und veranlasste das Notwendige. Doch Speers Zustand war bedenklich. »Sie müssen sich auf das Schlimmste gefasst machen«, ließ er Speers Ehefrau wissen. Zwei Tage lang rang Speer mit dem Tod, doch dann war die Krise überwunden.

Während Speers langer Abwesenheit hatten zwei seiner Mitarbeiter, Xaver Dorsch und Karl Otto Saur, das Heft im Ministerium in die Hand genommen. Speer musste hilflos mit ansehen, wie seine Konkurrenten Verleumdungen und Gerüchte streuten mit der Absicht, Speers Ansehen bei Hitler zu beschädigen. In der Tat schienen sie mit ihren Ränkespielen

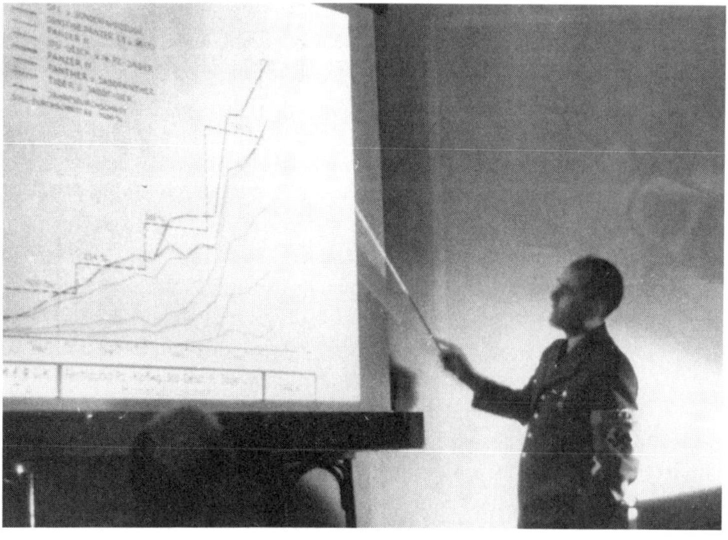

Oben: »Sagen Sie Speer, dass ich ihn lieb habe.« Der wieder genesene Rüstungsminister und Generalfeldmarschall Milch, rechts Flugzeugkonstrukteur Messerschmitt
Unten: »Speers Leistungen haben den Krieg verlängert«: Mitte 1944 erreichte die deutsche Rüstungsproduktion ihren Höchststand

General Milch besuchte Speer, der sich in Meran erholte, und Speer sagte zu ihm, dass es aus sei und dass er abtreten wolle. Milch teilte Hitler dies umgehend mit, und da sagte Hitler: »Lassen Sie Speer ausrichten, dass ich ihn lieb habe.«

Gitta Sereny, Speer-Biografin

Erfolg zu haben. Zwar hatte Hitler einige Male in Hohenlychen angerufen, um sich nach dem Gesundheitszustand seines »Reichsministers« zu erkundigen, doch sich selbst nicht bei dem Patienten blicken lassen. Auch eine Blumenschale mit Grußkarte in »gleichgültigem Normaltext in Schreibmaschine« verriet Speer, dass er in der Achtung seines Chefs gesunken war: »[Ich] war mir bewusst, dass ich, obwohl unterdes eines der wichtigsten Mitglieder des Regierung, auf der untersten Stufe der effektiven Rangordnung angekommen war«, schrieb er in seinen »*Erinnerungen*«. Auch Albert Speer will in dieser Zeit zu Hitler auf Distanz gegangen sein. Als er dem »Führer« Mitte März 1944 auf dem Weg nach Meran nach langer Zeit im Schloss Klesheim bei Salzburg begegnete, sei »alles wie immer – und doch ganz anders« gewesen. Das Gespräch zwischen Speer und Hitler sei nur mühsam in Gang gekommen, und Speer habe zu seiner eigenen Überraschung bemerkt, wie »hässlich« Hitler aussah: »Als ich ihn nun nach einer Pause von zehn Wochen wiedersah, fielen mir nach all den Jahren unserer Bekanntschaft das erste Mal seine überbreite Nase und die fahle Farbe sowie sein abstoßendes Gesicht auf.« Speer interpretierte diese »Feststellung« rückblickend als »Symptom dafür, dass ich begann, Distanz von ihm zu gewinnen und ihn unbefangen zu sehen«. Doch muss man dieser Auslegung skeptisch gegenüberstehen. Zwar bot Speer Hitler wenig später und infolge etlicher Kabalen seinen Rücktritt an, doch wirkt sein Gesuch in einer Mischung aus verletztem Stolz, zurückgewiesener Zuneigung und trotzigem Rückzug wie die bloße Geste der Verzweiflung. Als er Hitler durch Generalfeldmarschall Erhard Milch um ein Zeichen der Versöhnung bitten ließ, zögerte Hitler lange, bevor er Milch die verlangte Botschaft anvertraute: »Lassen Sie Speer ausrichten, dass ich ihn lieb habe.« Der verlorene Sohn war wieder zu seinem Vater zurückgekehrt.

Speers Rückkehr gestaltete sich wie ein Triumphzug. Wieder einmal hatte er über seine Rivalen gesiegt, wieder einmal hatte er sich der Zuneigung Hitlers versichert. Doch die Wirklichkeit war stärker. Am 12. Mai 1944 flog die 8. amerikanische Luftflotte mit nahezu 1000 Bombern mehrere Angriffe auf die Zentren der deutschen Treibstoffindustrie. »An diesem Tag wurde der technische Krieg entschieden«, heißt es in Speers »*Erinnerungen*«. Die Tagesproduktion war zunächst nur von rund 6000 Tonnen Treibstoff auf knapp 5000 Tonnen abgesunken. Doch die Alliierten wiederholten ihren Luftangriff insgesamt fünfmal, danach waren 98 Prozent der Flugtreibstoffproduktion vernichtet. Statt Hitler von der Sinnlosigkeit des Krieges zu überzeugen, kam Speer erneut auf die Mobilisierung aller vorhandenen Kräfte zurück und verlangte von seinem Chef Facharbeiter und Material. Schon im Spätherbst waren 350 000 Arbeiter mit der Wiederherstellung der Werke beschäftigt. Zwischen Juni und August 1944 konnte die deutsche Rüstungsfertigung erneut einen Höchststand melden. Kenneth J. Galbraith, Chef der US-Luftaufklärung, erinnert sich: »Wir dachten, dass eine Attacke auf die chemische Industrie und die synthetische Ölindustrie die Kampfmöglichkeiten der Deutschen einschneidend behindern würde. Aber es stellte sich heraus, dass das nicht der Fall war. Ich muss zugeben, dass die Strategie der Luftattacken grundsätzlich eine große Enttäuschung war. Im Falle des Öls und der Munition gelang es den Deutschen, Material aus anderen Quellen zu beziehen, wie Nitrogen aus der Landwirtschaft oder Öl aus zivilen Bereichen. So hatten sie immer noch genügend Material für eine Offensive oder die Verteidigung an der Front.«

1944 stand im britischen *Observer*: »Ohne Speer wäre der Krieg schon aus.«
Gitta Sereny, Speer-Biografin

Letzten Endes haben Speers Leistungen dazu geführt, dass der Krieg so lange gedauert hat. Wäre er ein Schwachkopf gewesen, dann hätten wir wahrscheinlich schon zwei oder drei Jahre früher einpacken können.
Bernd Freytag von Loringhoven, Generalstabsoffizier

Hitler war wieder einmal zufrieden mit seinem Rüstungsminister. Er ahnte, dass er seinen sinnlosen Krieg ohne die Organisationsleistung Speers nicht würde fortsetzen können: »Ich darf hier wirklich sagen: Speer, ich möchte keine Lobeshymnen aussprechen, aber Sie und Herr Saur haben hier Wunderdinge geleistet, dass Sie trotz dem Luftkrieg, trotz dem dauernden Ausweichen, das immer wieder mit Ihren Mitarbeitern der Industrie möglich machten, immer wieder neue Auswege zu finden.« »Ohne meine Arbeit«, schrieb Speer später in seinem letzten Brief an Hitler, »wäre der Krieg vielleicht 1942/43 verloren gewesen.«

Speer machte weiter – auch wenn er wusste, dass der »Endsieg« nur noch Illusion war. Der Rüstungsminister hatte sich zum »Durchhalteminister« gewandelt. Wo immer Speer im letzten Kriegsjahr auftrat, forderte er die sinnlos gewordene Mobilisierung aller Kräfte für den Krieg. In seinen »*Erinnerungen*« bezeichnete er seine Durchhalteparolen rückblickend als »die Folge einer besonderen Art der Sinnesstörung«.

Trotz einer gewissen Skepsis förderte der Rüstungsminister vor allem den Einsatz der »Wunderwaffen«. Eine Woche nach der Landung der

Über den Einsatz der V 2 und die Zweckmäßigkeit dieser Waffe habe ich mit Speer nie gesprochen. Ich glaube, er hat nicht viel davon gehalten, die Wirkung war viel zu gering.

Manfred von Poser, Adjutant Speers

Alliierten in der Normandie konnten die ersten V-1-Flugbomben gezündet werden. Die meisten der fast 10 000 Flugkörper wurden auf London abgefeuert. Goebbels' Propaganda triumphierte. In einer Rundfunkansprache am 5. Dezember 1944 ließ sich auch Albert Speer vernehmen: »Unsere Vergeltungswaffen V 1 und V 2 dürfen aller Welt eindeutig vor Augen geführt haben, dass die deutsche Waffentechnik trotz allem einen gewissen Vorsprung hat. Ich kann Ihnen versichern, dass der Gegner sich auf gleiche Überraschungen auch auf anderen Gebieten unserer Kriegsführung gefasst machen kann.« Doch schon bald wurde der Misserfolg der »Wunderwaffen« offenbar: Zusammen mit der ab September eingesetzten V 2 erreichte die Sprenglast in fünf Monaten rund 3700 Tonnen – etwa so viel, wie die alliierten Bomberflotten an einem Tag über Deutschland abwarfen. »Letzten Endes kam die Propaganda nicht von mir«, verteidigte sich der Rüstungsminister. In Mitarbeiterkreisen und auf Rüstungstagungen prophezeite er unverdrossen weiter die Steigerung der Rüstungsproduktion – an Hitler verfasste er jedoch eine Denkschrift nach der anderen, in denen er vor dem baldigen Versiegen aller Kräfte warnte. »Das Verhältnis mit Hitler nahm im Laufe der Zeit immer mehr ab. Während er früher seine Probleme mit dem Führer mündlich besprach, machte er jetzt Denkschriften. Aber die Reaktion auf die Denkschriften war immer umgekehrt – es kam immer das Gegenteil von dem heraus, was er eigentlich beabsichtigte«, meinte sein Adjutant Manfred von Poser. Der »kalte und pedantische« Ton von Speers Schreiben verärgerte Hitler und ließ ihn an seiner »Siegeszuversicht« zweifeln.

Die Politik der Lähmung ist im Osten mehr oder weniger vollständig durchgeführt worden. Im Westen ist nicht alles so gegangen, wie man das sich vorgestellt hat. In Aachen zum Beispiel gab es – obwohl die Front schon in Aachen stand – noch Betriebe, die hätten arbeiten können, dies aber nicht gemacht haben, weil sie schon gelähmt waren. Da war die Sache zu schnell gegangen.

Manfred von Poser, Adjutant Speers

Speer hat den so genannten Nero-Befehl hintertrieben. Er sagte sich: Es geht dem Ende entgegen, wollen wir vernünftig sein und retten, was zu retten ist.

Karl Böhm-Tettelbach, Generalstabsoffizier

Als Hitler den Befehl gab, Fabriken und Industriegebiete nach dem Rückzug der deutschen Wehrmacht aus Frankreich und Belgien zu zerstören, um dem Gegner »verbrannte Erde« zu hinterlassen, verweigerte Speer seinem »Führer« zum ersten Mal den Gehorsam. Statt »Zerstörung« ordnete er »Lähmung« an. Da er jedoch nicht wagte, Hitler offen entgegenzutreten, ersann er einen »überraschend einfachen Trick«: Die »vorübergehend geräumten Gebiete« würden »ohne Zweifel bald zurückerobert« werden, daher bestünde »kein Anlass, die Versorgungswerke zu zerstören«, rechtfertigte Speer sein eigenmächtiges Vorgehen. Hitler schien zunächst überzeugt. Wenig später musste Speer jedoch erkennen, dass der Diktator den Untergang längst beschlossen hatte: »Wenn das deutsche Volk in diesem Kampf unterliegen muss«, verkündete Hitler, »dann ist es zu schwach gewesen und hat die Probe vor der Geschichte nicht bestanden und ist daher zu nichts anderem als zum Untergang bestimmt.« Hitlers Wahnidee »Weltherrschaft oder Untergang« stellte Speer vor eine Zerreißprobe. »Nachdem ihm Hitler gesagt hatte, dass das deutsche Volk nicht verdiente weiterzuleben«, meint Gitta Sereny, »gingen ihm die Augen auf, und seine Liebe für Hitler starb. Diese Art von Liebe kann nicht vollkommen sterben, sie lebte in Speer noch jahrelang weiter. Aber Speer war ein Patriot, und die Idee, dass dieser Mann sagt, das deutsche Volk verdient nicht weiterzuleben – ich glaube, das hat ihn vollkommen schockiert.« Gleichzeitig dachte Albert Speer an die Zeit nach Hitler. Ihm war klar, dass er alle Brücken in die Zukunft niederreißen würde, sollte er Hitlers Zerstörungsbefehle befolgen. Den westlichen Alliierten wollte er am Kriegsende nicht mit leeren Händen entgegentreten. »Es war angesichts der hoffnungslosen Lage nur natürlich, dass ich davon ausging, diesen Krieg mit möglichst wenigen, jeden späteren Wiederaufbau überaus belastenden Verheerungen zu beenden, denn ich war nicht von jener besonders totalen Untergangsstimmung erfüllt, die nun zusehends unter der Gefolgschaft Hitlers aufzutreten begann«, heißt es in den »*Erinnerungen*«. Tatsächlich sah sich Speer wohl bereits in der Rolle eines »Wiederaufbauministers«.

Fortan spielte Hitlers Manager ein doppeltes Spiel, forderte in der Öffentlichkeit den »Glauben an den Endsieg« und ignorierte gleichzeitig weiter die »Führer«-Befehle. Hitler schien zu spüren, dass ihn Speer betrog. Als er ihm Ende 1944 seinen Plan mitteilte, durch eine letzte große Offensive im Westen die Kriegswende herbeizuführen, sprach er gleichzeitig eine Warnung aus: »Ich dulde keinen Widerstand, Speer. Wenn der Krieg vorbei ist, dann kann das Volk von mir aus über mich abstimmen. Wer aber jetzt anderer Meinung ist, kommt unwiderruflich an den Galgen!«

Die »Ardennenoffensive«, Hitlers letzte sinnlose Schlacht im Westen, verzeichnete zunächst überraschende Erfolge, scheiterte dann aber wie erwartet an der Übermacht der alliierten Streitkräfte. Auch im Osten brach die Front vollständig zusammen: Am 12. Januar 1945 stieß die Rote Armee nach einer Großoffensive weit ins deutsche Reichsgebiet vor; 14 Tage

»Zweifel an der Siegeszuversicht«: Speer mit Jodl, Keitel und Ribbentrop bei Hitler am Neujahrstag 1945

später waren sowjetische Panzerspitzen nur noch 70 Kilometer von Berlin entfernt. Mit dem immer näher heranrückenden Ende von Hitlers Herrschaft bereitete Speer allmählich seinen Abschied als Rüstungsminister vor. Am 27. Januar 1945 ließ er seinen Mitarbeitern einen »Abschlussbericht« zukommen, der die Arbeit des Ministeriums der letzten drei Jahre zusammenfasste, aber auch Dank für die geleistete Arbeit enthielt. Die Leitung der Behörde übertrug er seinem Stellvertreter Karl-Otto Saur, der schon seit geraumer Zeit, spätestens aber seit Speers Krankheit, die Geschäfte im Ministerium übernommen hatte. Dann ließ er Hitler eine Denkschrift überreichen, die mit den Worten schloss: »Nach dem Verlust von Oberschlesien wird die deutsche Rüstung nicht mehr in der Lage sein, auch nur im Entferntesten die Bedürfnisse der Front an Munition, Waffen und Panzern ... zu decken.« Statt wie üblich Speers Schreiben zu ignorieren, befahl Hitler seinen Rüstungsminister wenige Tage später zusammen mit Saur zu sich. Überraschend freundlich bat er die beiden Männer, Platz

Wir waren vor der Ardennenoffensive bei General [Walter] Model, und es stellte sich heraus, dass eine geordnete Offensive praktisch unmöglich war. Die Panzer hatten – soweit ich unterrichtet bin – etwa 60 Prozent Betriebsstoff und waren darauf angewiesen, Betriebsstofflager zu finden, wo sie wieder auftanken konnten. Über uns brausten Tausende von amerikanischen Flugzeugen, warfen ihre Bomben ab, und es war kein deutsches Jagdflugzeug zu sehen.
Manfred von Poser, Adjutant Speers

zu nehmen und unterhielt sich dann mit Saur über die Tagesgeschäfte der Rüstungsproduktion. Erst am Ende des Gesprächs wandte er sich an Speer und warnte ihn mit schneidender Stimme: »Sie können mir zwar schreiben, wie Sie die Lage in der Rüstung beurteilen, aber ich verbiete es Ihnen, irgendwem sonst darüber Aufschluss zu geben. Was Ihren letzten Absatz betrifft«, fügte er hinzu, »so etwas können Sie auch mir nicht schreiben. Diese Schlussfolgerungen hätten Sie sich sparen können. Sie haben mir zu überlassen, welche Konsequenzen ich aus der Rüstungslage ziehe.« Weniger die Worte als der Tonfall Hitlers machte deutlich, dass Speer einen Schritt zu weit gegangen war.

Die Angst vor möglichen Folgen ließ in Speer absurde Pläne reifen. Mitte Februar wandte er sich angeblich an den Industriellen Dietrich Stahl, der kurz zuvor wegen einer defätistischen Äußerung von der Gestapo verhört worden war, ob er ihm das neue Giftgas Tabun beschaffen könne. »Es ist das einzige Mittel, den Krieg zu Ende zu bringen. Ich will versuchen, das Gas in den Bunker der Reichskanzlei zu leiten«, will er Stahl erklärt haben. Doch schon wenig später zeigte sich, dass Speers »Attentatstheorien« praktisch nicht in die Tat umzusetzen waren. Auch weitere Überlegungen, Hitlers gesamte Umgebung zu verhaften und an die Alliierten auszuliefern oder mit einem Wasserflugzeug nach Grönland zu fliehen, wirken eher wie wirre Hirngespinste als durchdachte Pläne eines als »Organisationsgenie« gerühmten Mannes. Wollte Speer Hitler wirklich töten? Gitta Sereny ist überzeugt: »Diese berühmte Absicht von Speer, Hitler zu ermorden, das war natürlich wirklich nur eine Fantasie. Er hätte Hitler nie ermordet, er hätte es nie ausführen können, damit hat er nur gespielt. Und er war sehr froh, als er dann herausfand, dass es technisch unmöglich war. Aber er hätte es auch so nicht getan. Er hat zu mir gesagt: ›Ich hätte es nie tun können.‹«

Speer berichtete von seinen »Attentatsabsichten« zum ersten Mal vor dem Nürnberger Tribunal. Belegt sind sie nicht. Doch so absurd sie erscheinen mögen – sie halfen ihm bei der Verteidigung vor dem Gericht und trugen dazu bei, sein Bild vom »guten Nazi« in der Weltöffentlichkeit zu kreieren.

Am 19. März 1945, Speers 40. Geburtstag, überreichte der Rüstungsminister Hitler erneut eine Denkschrift. Der »endgültige Zusammenbruch der deutschen Wirtschaft« sei »mit Sicherheit« in vier bis acht Wochen zu erwarten, danach könne »der Krieg auch militärisch nicht fortgesetzt werden«, heißt es darin. An Hitler direkt gewandt formulierte Speer: »Keiner darf den Standpunkt einnehmen, dass an sein persönliches Schicksal auch das Schicksal des deutschen Volkes gebunden ist. ... Wir haben kein Recht dazu, in diesem Stadium des Krieges von uns aus Zerstörungen vorzunehmen, die das Leben des Volkes treffen könnten. ... Ihre Zerstörung bedeutet die Beseitigung jeder weiteren Lebensmöglichkeit des deutschen Volkes.« Speer wusste, dass er mit dieser Denkschrift alle Tabus gebrochen hatte. Gleichzeitig wollte er Hitler signalisieren, dass ihre Meinungsverschiedenheiten seine persönliche Ergebenheit nicht berührte. Als Geschenk zu seinem Geburtstag erbat er sich daher ein Bild seines »Führers« mit persönlicher Widmung, das ihm Hitler in einer roten Lederkassette überreichte. Doch kaum hatte der Diktator einen Blick auf die Denkschrift geworfen, ließ er ihn mit drohendem Unterton wissen: »Diesmal bekommen Sie eine schriftliche Antwort!«

Schon einen Tag später erreichte Speer ein Fernschreiben Hitlers – es war die angekündigte »schriftliche Antwort«. Sie ist als »Nero-Befehl« in die Geschichte eingegangen: Hitler ordnete darin an, alle militärischen Verkehrs-, Nachrichten-, Industrie- und Versorgungsanlagen innerhalb des Reichsgebietes zu zerstören – ohne jede Rücksichtnahme auf die Bevölkerung. Als Verantwortliche für die Durchführung des Befehls bestimmte er die militärischen Kommandobehörden, die Reichsverteidigungskommissare und die Gauleiter. Damit hatte er Speer faktisch entmachtet. Manfred von Poser, damals Speers Adjutant, erinnerte sich an die Reaktion seines Vorgesetzten: »Die ganze Situation zwischen Speer und Hitler gipfelte in dem Moment, als Hitler den Erlass ›Verbrannte Erde‹ am 19. März herausgab. Das war eigentlich die Spitze. Ich habe Speer selten so wütend gesehen über diese Missachtung der Bedürfnisse, die das Volk nach einem Frieden hatte.«

Speers Sturz wurde öffentliches Gesprächsthema, man begann den ehemaligen Günstling zu meiden – »als sei ich von einer Art Aussatz befal-

Der Feind wird bei seinem Rückzug uns nur eine verbrannte Erde zurücklassen und jede Rücksichtnahme auf die Bevölkerung fallen lassen.
Ich befehle daher:
1. Alle militärischen, Verkehrs-, Nachrichten-, Industrie- und Versorgungsanlagen sowie Sachwerte innerhalb des Reichsgebietes, die sich der Feind für die Fortsetzung seines Kampfes irgendwie sofort oder in absehbarer Zeit nutzbar machen kann, sind zu zerstören.
Hitlers »Nero-Befehl« vom 19. März 1945

len«, erinnerte sich Speer später. Propagandaminister Goebbels notierte in sein Tagebuch: »Der Führer wird Speer gegenüber außerordentlich massiv. ...Vor allem wird der Führer den Redereien von Speer ein Ende machen, die ausgesprochen defätistischen Charakter tragen.« Offensichtlich dachte Hitler bereits darüber nach, Speers Stellvertreter Karl-Otto Saur zum Nachfolger zu bestimmen. Dessen ältester Sohn, der Münchener Verleger Karl Gerhard Saur, berichtet, dass Hitler Saur bei einem Spaziergang habe wissen lassen: »Hätte ich Sie 1942 schon so gut gekannt, wie ich Sie jetzt kenne, hätte ich Sie zum Rüstungsminister gemacht!«

Am 27. März machte sich Speer auf den Weg nach Berlin – Hitler wünschte ihn nach der Lagebesprechung am späten Abend noch zu sprechen. Von einem Adjutanten wurde er in den Bunker unter der Reichskanzlei geführt, wo der Diktator mit seiner Entourage agierte. Hier, in der wirklichkeitsfernen Welt des »Todesgewölbes«, entspann sich – will man Speers Erinnerungen glauben – eines der merkwürdigsten Szenarien zwischen Hitler und seinem Gefolgsmann. Kaum hatte der Rüstungsminister den kargen Arbeitsraum betreten, als Hitler »sofort zum Angriff« überging und ihn mit Vorwürfen überhäufte. Mit gefährlich leiser Stimme fragte er Speer, ob er sich klar sei, was auf ein solch verräterisches Betragen stehe. »Wenn Sie nicht mein Architekt wären, würde ich die Konsequenzen vollziehen, die in einem solchen Falle notwendig sind«, fügte er hinzu. »Müde und eher überdrüssig als besonders mutig«, antwortete Speer, dass Hitler ohne Rücksicht auf ihre alte Freundschaft tun solle, was er für notwendig halte. Sofort änderte Hitler seinen Ton, beschwor Speer, Urlaub zu nehmen, da er

Der Führer hält Saur Speer gegenüber für die stärkere Persönlichkeit. Saur ist ein harter Steher, der einen Auftrag, der ihm erteilt worden ist, wenn nötig mit Gewalt durchzieht. Er steht in einem gewissen Gegensatz zu Speer
Joseph Goebbels, Tagebucheintrag 28. März 1945

offensichtlich krank und überarbeitet sei. »Jemand anderer wird Sie in Ihrem Ministerium vertreten«, meinte er beinahe fürsorglich. Doch Speer widersprach, er beharrte darauf, völlig gesund zu sein. »Wenn Sie mich nicht mehr als Minister wünschen, so entlassen Sie mich aus dem Amt!« Speer hatte plötzlich erkannt, welch seltsame Macht er über Hitler besaß, »dass er mir nicht schaden wollte, mir nichts tun würde«, wie er Gitta Sereny später verriet. Tatsächlich lenkte Hitler angesichts Speers Weigerung, sich in den Urlaub schicken zu lassen, ein: »Wenn Sie, Speer, davon überzeugt sein können, dass der Krieg nicht verloren ist, dann können Sie ihr Amt weiterführen.« Doch Speer blieb stur: »Sie wissen, dass ich davon nicht überzeugt sein kann. Der Krieg ist verloren.« Stundenlang beschwor Hitler seinen Rüstungsminister und Architekten, sprach von der Vergangenheit und zog historische Beispiele heran. Als Speer dennoch stumm blieb, schwächte Hitler seine Forderung schließlich ab: Wenn Speer doch nur *glauben* könne, dass der Krieg zu gewinnen sei, sei alles gut.

Doch auch jetzt gab Speer nicht nach. »Ich kann es nicht, mit dem besten Willen nicht«, entgegnete er. »Schließlich möchte ich nicht zu den Schweinen in Ihrer Umgebung gehören, die sagen, sie glauben an einen Sieg, ohne an den Sieg zu glauben.« Hitler verstummte. Nach einer langen Pause, in der sich der Diktator und sein Manager schweigend gegenübersaßen, ergriff Hitler wieder das Wort. Diesmal flehte er Speer förmlich an: »Wenn Sie wenigstens *hoffen* könnten, dass wir nicht verloren sind! Sie müssen doch hoffen können! Damit wär' ich schon zufrieden.« Als Speer weiterhin schwieg, fügte er mit erschöpfter Stimme hinzu: »Sie können sich die Antwort 24 Stunden überlegen. Sie kommen morgen wieder.« Damit war Speer entlassen. Es war zwei Uhr morgens.

Hitler hatte seinem Rüstungsminister ein Ultimatum gestellt. »Ich wusste nicht, was ich tun sollte«, sagte er später zu Gitta Sereny. »Ich log in Bezug auf ihn und seine Befehle. Aber jetzt spürte ich, dass ich ihn nicht selbst anlügen konnte. Ich nehme an, es war wieder jenes merkwürdige Etwas, jenes Gefühl zwischen mir und ihm oder ihm und mir. Er konnte mich nicht hinrichten lassen, obwohl ich in dem Sinn, von dem er sprach, ganz sicher Hochverrat begangen hatte; und er konnte sich nicht einmal dazu durchringen, mich zu entlassen, als er dies aus seiner Perspektive ganz offensichtlich hätte tun sollen.«

Noch in derselben Nacht schrieb Speer einen Brief an Hitler – 21 Seiten lang. Doch Hitler weigerte sich, Speers Schreiben anzunehmen. »Ich will seine Antwort mündlich haben«, ließ ihn der Diktator wissen. Als Speer erneut die steilen Treppenstufen zum Bunker unter der Reichskanzlei hinab-

»Bis zum bitteren Ende«: Speer als Mitglied der letzten »Reichsregierung« mit Dönitz und Jodl nach der Gefangennahme in Flensburg, 23. Mai 1945

stieg, ahnte er, dass seine Frist abgelaufen war. Was er Hitler antworten sollte, wusste er noch immer nicht – doch er vertraute auf seine Geistesgegenwart. Als er dem Diktator schließlich gegenüberstand, stieß er – wie er es später nannte, »ohne zu überlegen« – eine Antwort hervor: »Mein Führer, ich stehe bedingungslos hinter Ihnen!« Hitler war sichtlich ergriffen, »seine Augen füllten sich mit Wasser«. Wieder einmal war der »verlorene Sohn« zu seinem »Vater« zurückgekehrt. Wieder einmal verzieh Hitler seinem Günstling – und ließ ihm freie Hand. Als Preis für sein »Glaubensbekenntnis« hatte Speer die Verantwortung für die Zerstörungsmaßnahmen zurückgefordert. Hitler war erleichtert darauf eingegangen.

Einen Monat später sollte sich im Bunker unter der Reichskanzlei der letzte Akt der Tragödie zwischen Speer und Hitler abspielen: »Ich flog am 23. April nach Berlin, um mich dort von verschiedenen meiner Mitarbeiter zu verabschieden und – wie ich offen sagen möchte – um mich nach allem, was geschehen war, Hitler zur Verfügung zu stellen«, sagte Speer

Speer kam am 23. April noch einmal. Ich erinnere mich, er ist in Hitlers Arbeitszimmer gegangen, und die beiden haben ein langes Gespräch miteinander geführt – worüber, das weiß ich nicht. Dann fuhr er wieder, und Hitler hat danach nicht mehr über Speer gesprochen.

Traudl Junge, Hitlers Sekretärin

Über den letzten Flug von Speer nach Berlin sind schon viele Mutmaßungen angestellt worden. Ich meine, dass er nach Berlin geflogen ist, um festzustellen, ob er möglicherweise als Nachfolger Hitlers vorgesehen war – das wollte er auf jeden Fall verhindern. Durch die Benennung von Dönitz hat sich das für Speer dann erledigt.

Manfred von Poser, Adjutant Speers

Er konnte sich einfach nicht von Hitler lösen. Das war einer der Gründe, warum er nach Berlin flog. Der zweite Grund: Er wollte nicht als Nachfolger ernannt werden, und er wusste, dass die Möglichkeit bestand. Dass er Hitler gewissermaßen beichten wollte, stimmt nicht.

Gitta Sereny, Speer-Biografin

1946 vor dem Nürnberger Tribunal. Bis heute ist ungeklärt, was Speer tatsächlich nach einer Odyssee durch Norddeutschland nach Berlin zog. War es der »Magnet Hitler«, wie es in Speers »*Erinnerungen*« heißt? Wollte er seinen Mentor noch ein letztes Mal sehen? Ein Flug in die nahezu eingeschlossene Hauptstadt war lebensgefährlich. Warum war Speer bereit, so kurz vor Kriegsende sein Leben aufs Spiel zu setzen? Manfred von Poser war auf diesem Flug Speers Begleiter: »Für meine Begriffe musste es einen guten Grund geben, dass Speer nach Berlin flog. Dafür wäre etwa infrage gekommen, dass er Sorge hatte, Nachfolger von Hitler zu werden. Das hätte ihn zusätzlich belastet, sei es bei der Beurteilung durch die Sieger, sei es bei der späteren Inanspruchnahme für den Wiederaufbau in Deutschland, womit er damals ja noch rechnete.«

Was auch immer Speer bei seinem letzten Treffen mit Hitler besprach – in Hitlers politischem Testament blieb er unerwähnt. Großadmiral Karl Dönitz erhielt von Hitler die Verantwortung für das marode Reich, Karl-Otto Saur wurde zum Rüstungsminister ernannt.

Bevor Speer die Reichskanzlei verließ, ging er noch einmal durch das von ihm erbaute Gebäude. Im Mosaiksaal war die gläserne Decke eingebrochen, der Boden mit Splittern übersät, der kostbare Marmor von Feuer geschwärzt. Albert Speer stand vor den Scherben seines Lebenswerks. Doch er wirkte keineswegs niedergeschlagen. »Speer war irgendwie befreit, die Last war genommen, dementsprechend wirkte er vollkommen frei und unbelastet«, schilderte Manfred von Poser die Gemütsverfassung seines Chefs.

Am 1. Mai 1945 erhielt Albert Speer im Quartier von Dönitz die Nachricht von Hitlers Selbstmord. Als er an diesem Abend seine Schlafkammer betrat und seinen Koffer öffnete, entdeckte er die rote Lederkassette mit dem Porträtfoto Hitlers, das ihm dieser zu seinem 40. Geburtstag überreicht hatte. Lange blickte er auf das Bild – dann brach er in Tränen aus.

»Das erst war das Ende meiner Beziehung zu Hitler«, schrieb er später in seinen *»Erinnerungen«*, »jetzt erst war der Bann gelöst, seine Magie ausgelöscht.«

Doch Speer hatte sich getäuscht. Bis zu seinem Lebensende sollte er sich nicht aus dem Schatten des Mannes befreien, dem er als Architekt und Rüstungsminister gedient hatte – und als Mensch verfallen war.

Ich hielt ihn für einen sehr intelligenten Mann. Ich hielt ihn für einen Mann, der sich sehr gut ausdrücken konnte, und einen sehr schlauen Kerl, der sich die Geschichte zurechtbog, um seine eigene Person zu verteidigen.

John K. Galbraith, Verhöroffizier von Speer

1966 wurde Albert Speer nach 20 Jahren aus der Gefängnishaft entlassen, zu der ihn das Nürnberger Tribunal verurteilt hatte. »Aus moralischer Sicht hätte er eigentlich das Todesurteil verdient«, meint Gitta Sereny, die Speer in Nürnberg zum ersten Mal sah. Doch damals wussten die Richter nicht, was heute bekannt ist. Als Einziger der Angeklagten hatte Albert Speer die Gesamtverantwortung für die Taten des »Dritten Reiches« übernommen. Doch war es ehrliche Reue oder Taktik, um dem drohenden Todesurteil zu entgehen? Kenneth J. Galbraith, Chef der US-Luftaufklä-

»Starkes Schuldgefühl?«: Speer nach seiner Entlassung aus Spandau, Oktober 1966

Ich bin überzeugt davon, dass dieses Schuldgefühl, das Speer so unglaublich stark fühlte und das ihn von Nürnberg bis zu seinem Tod begleitete, ihn moralisch erlöst hat.

Gitta Sereny, Speer-Biografin

rung, verhörte Speer kurz nach seiner Verhaftung: »Als wir Speer befragten, gab es keinen Zweifel daran, dass er in erster Linie seine Selbstverteidigung im Sinn hatte. Er glaubte, die Folgen seiner Taten im Krieg minimieren zu können. Dabei verfolgte er zwei Strategien. Die erste war, sich von den anderen Nazis abzusetzen, zu zeigen, dass er intelligenter war als sie. Auf der anderen Seite bekannte er sich stets mehr zu seiner Rolle im ›Dritten Reich‹, als sie zu verleugnen. Er gab alles zu. Er wusste, das war die einzige Möglichkeit durchzukommen.«

In seiner Gefängniszelle in Spandau bereitete Albert Speer sich auf sein Leben nach der Haft vor. Er führte Tagebuch, schrieb an seinen »*Erinnerungen*« – und verließ das Gefängnis mit einem Buchvertrag in der Tasche. Als Person der Zeitgeschichte und Bestsellerautor wurde er zu einem gefragten Interviewpartner in Sachen Hitler und NS-Zeit. Immer schärfer distanzierte sich Albert Speer von seinem früheren Leben, sprach – stets politisch korrekt – von seiner Mitschuld am Mord an den europäischen Juden. »Indem er die Gesamtschuld übernahm, meinte er, dass seine eigene, persönliche Schuld kleiner werden würde«, meint Gitta Sereny. Doch die Frage nach der Schuld wurde er nicht mehr los. »Die Bewältigung von Unbewältigbarem, die Sisyphusaufgabe der Deutschen im 20. Jahrhundert«, schrieb der Historiker Ulrich Schlie, »blieb Speers Dilemma.« Am 1. September 1981 starb Albert Speer in einem Londoner Krankenhaus, kurz nachdem er dem englischen Fernsehsender BBC ein Interview gegeben hatte.

Der Raketenmann

> **Das »Dritte Reich« bot ihm die Möglichkeit, seinen Traum zu verwirklichen. Das hatte etwas Faustisches – er verkaufte sozusagen seine Seele an das Böse. Aber vielleicht war ihm das gar nicht bewusst, oder er nahm es in Kauf.**
> Christoph von Braun, Neffe

Es sind Bilder, die zu den bewegendsten des 20. Jahrhunderts zählen: die Filmaufnahmen vom Start zur Mondmission Apollo 11. Am 16. Juli 1969 hatten sich tausende Beobachter, Journalisten und Schaulustige, hinter die Absperrungen des Weltraumbahnhofs Cape Kennedy gedrängt. Hunderte Millionen Menschen in aller Welt schauten gebannt auf die Bildschirme ihrer Fernseher. Es war der Countdown zu einem historischen Ereignis.

»... three ... two ... one ... lift off!« – mit einer Schubkraft von 3000 Tonnen wird die 110 Meter hohe Saturn V erst bedenklich langsam, dann immer schneller in die Höhe getragen. Die an der Startrampe installierten Kameras lassen die Menschen am Geschehen teilhaben, hautnah. Es ist ein gigantisches Feuerwerk, ein Spektakel der Superlative. Die Rakete löst sich rasch von der Erdoberfläche. Die Meldungen der Mannschaft an die Bodenstation in Houston klingen ruhig und sachlich. 384 000 Kilometer sind zurückzulegen. Mit einer Geschwindigkeit von bis zu 39 000 Kilometern in der Stunde.

»Ich habe Wernher an diesem Tag gesehen«, berichtet der Neffe des legendären Raketenbauers. »Er war sehr gelassen. Er hatte einen Anzug an. Das hat mich gewundert, die anderen Ingenieure waren hemdsärmlig, schwitzten, sahen irgendwie abgekämpft aus. Und er war perfekt gekleidet, die Haare tadellos, der Schlips saß optimal. Er sagte: ›This is my day‹, dies ist mein Tag. In der Tat hatte er dafür jahrzehntelang gearbeitet und für eine Sensation gesorgt: den Menschen auf den Mond zu bringen«, so Christoph von Braun.

Es war der Zenit eines Forscherlebens, der Höhepunkt in der Karriere des Wernher von Braun, des »erbeuteten« deutschen Raketentechnikers, im Land der scheinbar unbegrenzten Möglichkeiten. Die Erfüllung eines Menschheitstraums war die Erfüllung seines Jugendtraums.

»Ein großer Schritt für die Menschheit«: Neil Armstrong und Edwin E. Aldrin (im Bild) waren im Juli 1969 die ersten Menschen auf dem Mond

Eine Schulkameradin aus dem Internat bei Weimar, in dem Wernher von Braun einige Jahre verbrachte, kann sich an die schwärmerischen Anfänge erinnern: »Er hat uns oft von seinen großen Ideen erzählt. Es müsse doch wohl möglich sein, mit einem Flugkörper, der große Antriebskraft hat, auf den Mond zu fliegen. Das war 1926, da war er gerade 13 Jahre alt. Da haben die anderen Mitschüler aber gewiehert und gelacht. Da hat noch keiner an so was gedacht. Wir meinten, das sei schier unmöglich, reine Fantasterei.« Wie Gertrud Oeste mögen manche, die den jungen Wernher von Braun kannten, in den Tagen der Mondmission 1969 an ihn zurückgedacht haben. Und nimmt man Anfang und Ende der Geschichte, so scheinen all die Superlative, mit denen er nach dem epochalen Ereignis bedacht wurde, zuzutreffen: »Kolumbus des Weltalls«, »Raketenforscher des Jahrhunderts«, »Vater der Mondfahrt«.

Doch es gibt auch Menschen, die sich im Jahr 1969 nicht an den Bildern berauschen konnten. Sie haben andere Erinnerungen an Wernher von Braun, an seine Erfindungen, an die ersten Versuche, an die Geburt jener Technik, welche die Saturn V in Marsch setzte.

Das Prinzip stammt von einer Rakete namens V2 – gemeint ist »Aggregat 4«, eine von Hitlers so genannten Vergeltungswaffen. Es war die erste kriegstaugliche Großrakete – und Wernher von Braun war federführend bei ihrer Entwicklung. Sie kostete Tausende Menschen das Leben, in London, Paris, Antwerpen und an vielen anderen Orten, wo ihr Sprengkopf detonierte. Noch mehr Menschen aber starben – von der Außenwelt weithin unbemerkt – bei der Fertigung der Waffe in düsteren Stollen und unterirdischen Höhlen des thüringischen Harzes. Der Holländer Albert van Dijk war damals KZ-Häftling im so genannten Dora-Mittelbau bei Nordhausen, in der Raketenfabrik, und musste unter schlimmsten Bedingungen bei der Serienproduktion der V 2 schuften. Noch immer hat er dieses Kapitel seines Lebens nicht bewältigen können, und er ist verbittert: »Wernher von Braun sagte später immer wieder, er habe von den Zwangsarbeitern, ihren Qualen und von den vielen Toten nichts gewusst. Das ist unvorstellbar – er war verantwortlich, er war vor Ort!« Van Dijk beurteilt das Lebenswerk des berühmten Ingenieurs anders als viele seiner Zeitgenossen: »Mir lief es kalt den Rücken herunter, als ich mitbekam, dass von Brauns Raketen die Menschen auf den Mond bringen.«

Es gibt noch andere Orte in Deutschland, die aus der Geschichte der Rakete nicht wegzudenken sind – einer liegt auf der Ostseeinsel Usedom: Peenemünde. Einige Farbaufnahmen wurden erst jüngst in einem Archiv entdeckt. Sie zeigen einen Besuch Heinrich Himmlers in der Raketenschmiede 1943. Zu sehen sind auch Tests der V 2, und inmitten einer Gruppe von SS-Männern und Ingenieuren steht der strahlende Wernher von Braun. 1969 war man auf beiden Seiten des Atlantiks noch sehr zurückhaltend damit, über solche Zusammenhänge zu berichten, über die düstere Vorgeschichte des Triumphes. Erst nach dem Tod des Raumfahrtpioniers 1977 wurden immer mehr Details öffentlich, die Schatten auf das bislang so lichte Lebensbild des Technikers warfen. Zuvor war weithin kolportiert worden, was Wernher von Braun selbst zu seiner Vergangenheit zu sagen hatte: Es sei ihm als Forscher nicht um militärische Ziele gegangen – er habe immer den Mond im Blick gehabt. Und er habe nichts von den menschenunwürdigen Bedingungen bei der Herstellung seiner Raketenwaffen gewusst.

Wie hoch aber war der Preis, den Wernher von Braun zu zahlen bereit war, um seine großen Pläne voranzutreiben – in einer Zeit, da Krieg und Terror herrschten? Welche Umwege, Abwege nahm er um seiner Ziele willen in Kauf? Wo lagen die Wegscheiden? Wie weit ließ er sich als Manager in Hitlers Reich verstricken? Daran scheiden sich bis heute die Geister bei Verehrern und Kritikern des Technikidols.

Die von Brauns waren ostelbische Junker. Tradition war, dass der älteste Sohn das Gut erbte und alle weiteren Söhne entweder Offizier oder Pfarrer wurden oder in die Staatsverwaltung gingen. Oder aber sie heirateten eine Gutserbin. Wernher, mein Vater und der dritte Bruder haben alle drei mit dieser Tradition gebrochen. Mein Vater wurde Diplomat. Wernher, der zweite, studierte Maschinenbau. Das war absolut unüblich, dass man so was tat. Und der dritte Bruder machte auch etwas Technisches.
Christoph von Braun, Neffe

Als Wernher von Braun am 23. März 1912 im posischen Wirsitz geboren wurde, schien ein anderes Leben wie ein Maßanzug für ihn bereitzuliegen. Er war das Kind einer wohlhabenden Aristokratenfamilie. Es fehlte nicht an Vermögen und schon gar nicht an beruflicher Perspektive. In jener Epoche, die man »die gute alte Zeit« nannte, lag es für Söhne seines Standes nahe, eine Laufbahn beim Militär einzuschlagen oder ein wichtiges öffentliches Amt zu bekleiden, vielleicht sogar Ländereien zu erwerben und zu verwalten. Aber »Techniker und Ingenieur«, dergleichen kannte die Familie von Braun bis dahin nicht, betont der Neffe des Raketenbauers, Christoph.

Wernher hatte einen älteren Bruder (Sigismund) und einen jüngeren

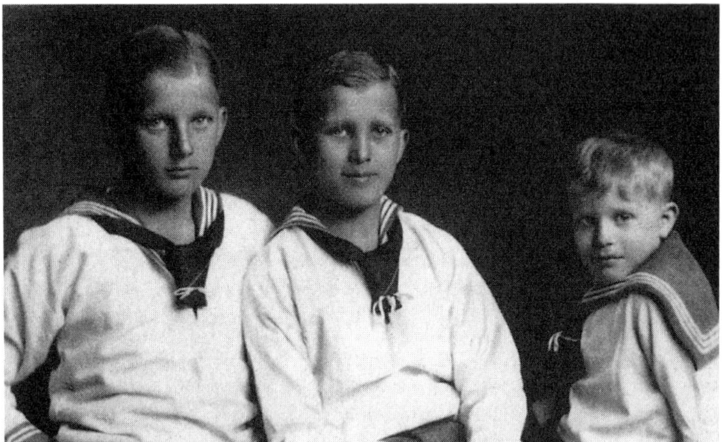

»Aufgeweckter Junge«: Wernher von Braun (Mitte) mit seinen Brüdern Sigismund (links) und Magnus (rechts) Anfang der Zwanzigerjahre

(Magnus). Er, der mittlere, war und blieb der Muttersohn: »Sie war immer sein erster Halt. Wernher lag der Mutter besonders am Herzen. Sie sah in ihm immer etwas Besonderes. Sie behütete ihn, denn er wirkte immer ein bisschen kränklich«, sagt die Schulkameradin Gertrud Oeste.

> **Er baute unter anderem kleine Raketenwagen, und einige dieser unbemannten Raketenwagen richteten Unheil an. Einer fuhr in den Garten seines Nachbarn und zerstörte ein Gewächshaus. Sein Vater musste dann das Glas bezahlen und sagte dann: »Jetzt ist es aus mit deinen Raketen!« Aber es war doch nicht aus.**
>
> Ernst Stuhlinger, Raketeningenieur

Dafür war der Junge umso aufgeweckter und wissbegieriger: »Seine Fragen nahmen kein Ende«, berichtete seine Mutter Emmy später. Sie erzog den Jungen warmherzig und verständnisvoll – ganz im Gegensatz zum Vater: Der sah seine Aufgabe darin, dem jungen Wernher »elterliche Führung« zuteil werden zu lassen. Das gestaltete sich zuweilen schwierig. Schon sehr früh hatte Wernher von Braun seine technische Ader entdeckt: Als Schüler des Französischen Gymnasiums in Berlin schwänzte er den Unterricht, nutzte die Zeit lieber, um zu tun, was ihm Spaß machte – zum Beispiel an selbst konstruierten Vehikeln basteln. So jagte er als Sechzehnjähriger einen Bollerwagen, angetrieben von Feuerwerkskörpern, durch den Berliner Tiergarten. Während das Gefährt völlig unkontrolliert durch den Park schepperte und die Spaziergänger erschreckte, spiegelte sich in Wernher von Brauns Augen der Stolz über den technischen Erfolg: »Ich war überwältigt«, erinnerte er sich später. Doch die Polizei hatte wenig übrig für die himmelstürmenden Pläne des Jungen – und verhaftete ihn. Nur weil der Vater, damals Direktor der Deutschen Raiffeisenbank, einschritt, blieb Wernher eine Bestrafung erspart. Er war vielleicht zum ersten, aber ganz gewiss nicht zum letzten Mal an eine Grenze gegangen. Neffe Christoph von Braun fragte seinen Vater Sigismund einmal, warum er nicht so berühmt wie sein Bruder Wernher geworden sei. Der antwortete: »Anfangs haben wir die Raketenstreiche gemeinsam gemacht, einmal aber haben wir einer Frau die Strümpfe verbrannt, die mussten ersetzt werden. Ein anderes Mal krachte der Wagen in ein Gewächshaus und wirbelte dort einige Salatköpfe auf. Vater sagte dann, das sei's gewesen mit der Raumfahrt für uns beide. Ich habe aufgehört, der Wernher machte weiter.«

Danach sah es zunächst allerdings nicht aus: Schlechte Noten ausgerechnet in Mathematik und Physik hatten dem ambitionierten Tüftler die Versetzung verhagelt. Sein Vater, womöglich irritiert von so viel technischer Experimentierfreude in einer Familie von preußischen Bürokraten und Militärs, schickte Wernher daraufhin in ein Internat in der Nähe von Weimar. Als Sechzehnjähriger wechselte er in ein Internat auf Spiekeroog.

»Elterliche Führung«: Emmy und Magnus von Braun mit ihren Söhnen Sigismund, Magnus und Wernher (von links)

Dass er dort aufblühte und bald zum Klassenprimus avancierte, lag allerdings wohl weniger an den modernen Erziehungsmethoden, mit denen die Hermann-Lietz-Internate warben. Vielmehr hatte Wernher von Braun zur Konfirmation 1925 von seiner Mutter ein Fernrohr geschenkt bekommen, sein erstes. Es markiert eine Zäsur in seinem Leben. Ernst Stuhlinger, später selbst Raketeningenieur und Freund der Familie, sagt: »Das Ge-

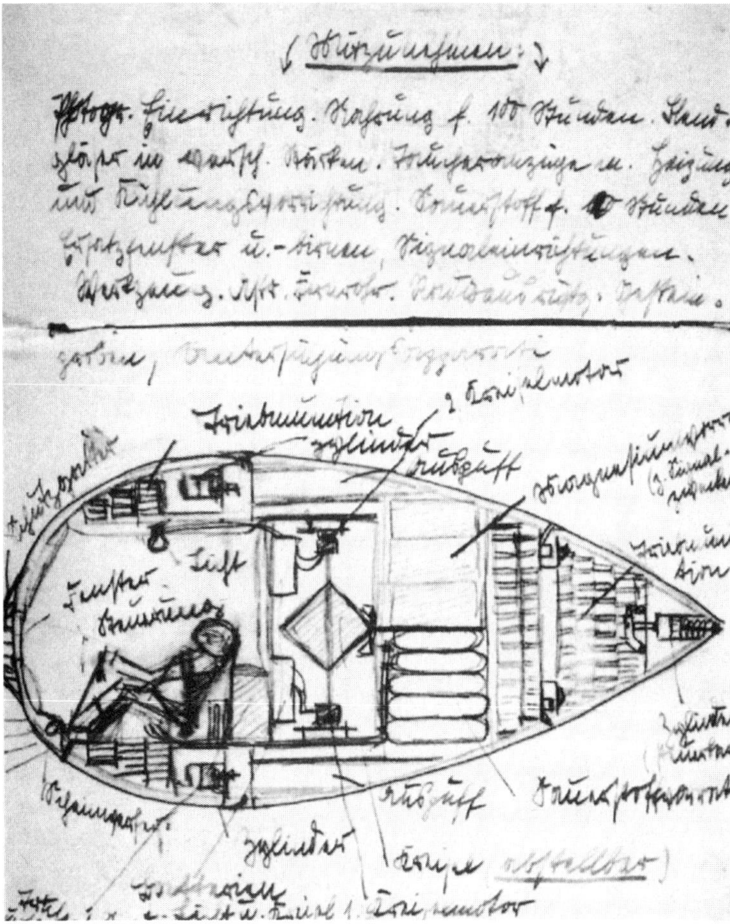

»Nicht nur zu den Sternen aufschauen, sondern auch hinfahren«: Skizze einer bemannten Rakete des jungen Wernher von Braun

schenk der Mutter ebnete ihm den Weg in den Weltraum. Er wurde ein richtiger Amateurastronom und starrte ständig auf die Himmelskörper, vor allem auf Mond und Mars. Und der Junge sprach mit seiner Mutter und sagte ihr: ›Wir sollten nicht nur zu ihnen hinschauen, wir sollten auch hinfahren.‹ Und sie hat ihn ermutigt, das zu tun.« Mutter Braun spürte offenkundig die besondere Begabung ihres Sohnes.

Er war fast ein Sorgenkind, um das man sich mehr kümmern musste. Das ging in einer Privatschule besser, da dort auf den Einzelnen Rücksicht genommen wurde.

Hedwig Oeste, Schulfreundin

Ich tat nur das, was mir Spaß machte, und das waren meist Dinge, die nicht auf dem Lehrplan unserer Klasse standen.

Wernher von Braun

Wernher von Braun war fasziniert von den Theorien von Hermann Oberth, sodass er beschlossen hat, sein Leben diesem Thema zu widmen. Das, was heutzutage als solide, gute Theorie überall anerkannt wurde, war zu Oberths Lebenszeit nicht von Anfang an geglaubt worden. Erst Wernher von Braun hat das, was Hermann Oberth auf dem Papier als machbar beschrieben hatte, tatsächlich in die Realität umgesetzt.

Ulf Merbold, deutscher Astronaut

Im Internat bekam der jugendliche Schwärmer das damalige Grundlagenwerk der Weltraumfahrt, Hermann Oberths »*Die Rakete zu den Planetenräumen*« aus dem Jahr 1923, in die Hände. Reichlich mit mathematischen und physikalischen Formeln versehen, weckte die Abhandlung bei Wernher den Ehrgeiz, »wenigstens die Hälfte des Buches« zu begreifen. Zielstrebig und hoch motiviert paukte er von nun an Mathematik – bis er schließlich als Klassenbester im April 1930 zur vorgezogenen Abiturprüfung zugelassen wurde.

Von Braun mochte manchem als Sonderling erscheinen, wie seine Mitschülerin Gertrud Oeste berichtet: »Es war ihm vollkommen wurscht, wie er aussah, er hatte keine Zeit für Äußeres, und manche Mitschüler sagten: ›Wernher, du musst dich doch auch mal kämmen.‹ Das war ihm aber vollkommen gleichgültig. Das war ihm nicht wichtig.«

Ein Eigenbrötler war er deshalb noch lange nicht – ganz im Gegenteil offenbarte sich bereits früh seine Fähigkeit, andere zu begeistern: Auf Spiekeroog baute er zusammen mit Mitschülern ein kleines Observatorium, um die Sterne zu beobachten. Im Alter von 15 Jahren fertigte er Skizzen von Raumschiffen an, trat kurz darauf dem Verein für Raumschifffahrt (VfR) bei und veröffentlichte zwei Jahre später seinen ersten Zukunftsaufsatz in der Schülerzeitung. Die Art und Weise, wie er dort eine Weltraumstation beschrieb, gibt einen tiefen Einblick in sein Selbstverständnis als Techniker: Er war mit einem unerschütterlichen Vertrauen in die Machbarkeit gigantischer Großvorhaben ausgestattet. Über den tatsächlichen Nutzen etwa in wirt-

Einmal gab es eine Mondfinsternis. Aus diesem Anlass hat er seinen Schulkameraden von seinen Ideen erzählt, dass es möglich sein müsste, auf den Mond zu fliegen. Da haben damals natürlich alle gewiehert und gelacht. Uns Fünfzehn-, Sechzehnjährigen erschien das einfach unmöglich. Aber Wernher hat fest daran geglaubt.
Hedwig Oeste, Schulfreundin

Oben: »Inspiration für Weltraumträume«: Szenenbild aus dem Fritz-Lang-Film »Die Frau im Mond«
Unten: »Von der Vision zur Wirklichkeit«: Rudolf Nebel und Wernher von Braun (rechts) auf dem Raketenflugplatz in Berlin-Reinickendorf, 1930

schaftlicher Hinsicht dachte er nur wenig nach. Visionen in die Wirklichkeit umzusetzen, war für ihn erst einmal vor allem Selbstzweck.

Wernher von Braun absolvierte 1930 die Reifeprüfung. Der erfolgreiche Abiturient hätte sich nun für eine militärische oder administrative Karriere entscheiden können. Doch sein Traum, die Mondrakete zu bauen, ließ ihn nicht ruhen. So machte er sich zielstrebig daran, die nächste Hürde zu nehmen: Er schrieb sich an der Technischen Hochschule in Berlin zum Ingenieurstudium ein, wohl wissend, dass dies allein die Basis war, von der sich höhere Ziele ansteuern ließen. Und so suchte er sogleich mit Beginn seines Studiums die Nähe zum Kreis um Hermann Oberth und Rudolf Nebel – sie waren die wichtigsten Raketenforscher ihrer Zeit.

In aller Welt wurde in jenen Jahren an raketenartigen Gebilden getüftelt, Filmaufnahmen aus vielen Ländern zeigen die illustren Auswüchse jener Basteleien, bei denen sich so mancher die Finger und mehr verbrannte. Ein Kinofilm aber geriet besonders nach dem Geschmack des Wernher von Braun: Fritz Langs »Die Frau im Mond« aus dem Jahr 1929. Der berühmte Regisseur hatte sich dabei am Buch Hermann Oberths orientiert.

Nun folgte Experiment auf Experiment. Der junge Ingenieur fiel den Raketenpionieren auf durch seinen Scharfsinn, vor allem aber durch sein nimmermüdes Engagement. Im Sommer 1930 kam es zu einem entscheidenden Durchbruch bei den Berliner Raketenbauern. Die Gruppe um Oberth und Nebel zündete erstmals erfolgreich ihren Flüssigkeitsraketenmotor. Für eine Dauer von 90 Sekunden gelang es, einen Schub von sieben Kilogramm zu erzeugen. Beflügelt von diesem Erfolg, mieteten die Raketenamateure vom Heereswaffenamt (HWA) ein verlassenes Munitionslager in Reinickendorf an. Am 27. September 1930 eröffneten sie dort ein Testgelände, das die Presse mit dem verheißungsvollen Namen »Raketenflugplatz Berlin« bedachte.

Von nun an war Wernher von Braun dort ständiger Gast. Studium und Hobby gingen nahtlos ineinander über. Doch gab es auch Zeit für Abwechslung, vor allem für das Fliegen und den Wassersport. Viel mehr als früher achtete er nun auch auf sein Äußeres und hatte sich aufgrund seines Aussehens und charmanten Wesens bald den Ruf als »Sonnyboy« vom Raketenflugplatz erworben. Bei einem Segelkurs lernte er 1932 die hübsche und abenteuerlustige Hanna Reitsch kennen. Reitsch, ebenfalls Jahrgang 1912, wurde

Durch Zufall kam er nach Berlin und hat neben dem Studium dort schon Experimente gemacht. Er hat scheinbar überall Eindruck erweckt und unbewusst auf sich aufmerksam gemacht.

Gustel Friede, von Brauns Sekretärin in Peenemünde

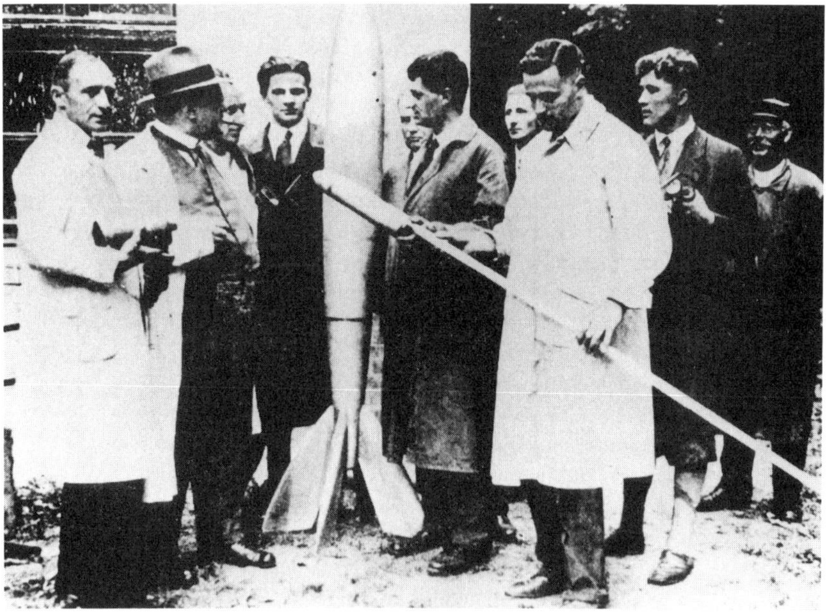

»Wetterbeobachtung, Postbeförderung oder Reise zum Mond?«: Deutsche Raketenforscher im Jahr 1930. Zweiter von rechts: Wernher von Braun

später zur berühmtesten Fliegerin Deutschlands – mit den entsprechenden Schattenseiten. So flog sie in einer halsbrecherischen Aktion ihren Geliebten, den Luftwaffenchef Robert Ritter von Greim, im April 1945 zu Hitler in den Kessel von Berlin und wieder heraus. Hanna Reitsch und Wernher von Braun sollte eine lebenslange Freundschaft verbinden.

Doch das Fliegen mit herkömmlichen Fluggeräten war Wernher von Braun zu wenig. Er wollte endlich einen sichtbaren Erfolg. 1931 starteten die Bastler vom Raketenflugplatz ihre erste kleine Flüssigkeitsrakete, die »Mirak«. Die Vorführung war in mehrfacher Hinsicht lehrreich. Von Braun schaute sich bei seinem Lehrmeister Rudolf Nebel jene Strategie ab, mit der er Jahre später auch für eigene Konstruktionen werben sollte: Es half, wenn die Raketen spektakulär abhoben, donnernd und fauchend, und schließlich mit einem langen Feuerschweif gen Himmel zischten. Ganz gleich, wie groß der potenzielle Nutzen

Raketenantrieb und die Idee des Weltraumfluges… waren der eigentliche Grund gewesen, warum ich überhaupt beschlossen hatte, das Ingenieurstudium aufzunehmen.
Wernher von Braun

war – zunächst einmal ging es um den Beweis des Machbaren und den Showeffekt. Nur so ließen sich Spenden von Unternehmen eintreiben und Eintrittsgelder von Zuschauern des Raketenflugplatzes abverlangen.

Werbung war es auch, als von Braun 1932 einen populärwissenschaftlichen Artikel in der Zeitschrift *Umschau* veröffentlichte, in dem er die Funktionsweise der Flüssigkeitsrakete allgemein verständlich erklärte. Seine Versprechungen zur Leistung der Raketen gingen freilich weit über den Stand der Technik hinaus. Als möglichen Einsatzzweck nannte von Braun die Forschung, die Wetterbeobachtung und die Beförderung von Post. Dann spannte er den Bogen zur bemannten Luftfahrt, zu Interkontinentalflügen und zur Reise zum Mond.

Schon während des Sommers 1931, als er ein Semester lang an der Eidgenössischen Technischen Hochschule in Zürich studierte, führte er in seinem Studentenzimmer »Vorexperimente« durch: Er befestigte Mäuse auf einer quergestellten Fahrradfelge und prüfte deren Belastbarkeit bei großer Fliehkraft – ähnlich würde es den Astronauten beim Start und bei hohen Geschwindigkeiten in der Erdatmosphäre ergehen.

Wer aber sollte in dieser Zeit wirklich Interesse an diesen Forschungen haben? Wer sollte die riesigen Summen aufbringen, die für die Fortsetzung nötig waren? Noch immer stand die Industrie im Zeichen der Weltwirtschaftskrise. Millionen Menschen waren Anfang der Dreißigerjahre arbeitslos. Unternehmen hatten keine Mittel für Investitionen. Und welches Geschäft konnte man mit Raketen schon machen?

Und doch gab es eine Institution, die damals über entsprechende Finanzmittel verfügte. Sie begann sich für die Projekte der Raketenbastler zu interessieren. Es war das Heereswaffenamt.

Das HWA hatte vor allem ein Ziel, der Reichswehr trotz der militärischen Restriktionen des Versailler Vertrags die Aufrüstung zu ermöglichen. Zu den Einschränkungen zählte nicht nur die Festlegung auf ein 100 000-Mann-Heer. Auch Flugzeuge durften nicht gebaut werden und keine weit reichende Artillerie.

Schon 1930 hatte das HWA der Gruppe um Hermann Oberth und Rudolf Nebel 5000 Reichsmark überwiesen. Die Experimente wurden von den Militärs genau beobachtet. Die Entwicklung stand nun an einem Scheideweg. Oberst Karl Becker, Leiter der ballistischen Versuchsabteilung und später des gesamten HWA, sah mit Skepsis, dass sich die Techniker immer lautstärker in der Öffentlichkeit exponierten, auch von Brauns *Umschau*-Aufsatz sorgte für Unbehagen. Außerdem wollte Becker nun de-

»Raketenbasteleien«: Hermann Oberth beim Aufbau einer Versuchsanordnung zum Test einer Rakete

Becker war ein fabelhafter Kerl – nicht nur General, sondern auch ein ausgesprochener Techniker. Ich weiß noch, wir begegneten General Becker irgendwo auf freiem Feld, ich war mit Braun zusammen. Und Braun machte ein mieses Gesicht, weil er einen Misserfolg gehabt hatte. Und Becker sagte: »Ach was, das wird schon besser. Sie haben wenigstens bewiesen, dass die Rakete pfeilstabil ist!« Das war typisch Becker. Er hatte Vertrauen in uns.
Gerhard Reisig, Raketeningenieur

finitiv wissen, wie tauglich die bisherigen Modelle wirklich waren. Unter Ausschluss der Öffentlichkeit wurde deshalb die neueste Errungenschaft der Bastler, die Mirak II, auf einem Armeegelände in Kummersdorf bei Berlin einem Test unterzogen. Die Prüfung geriet zum Debakel. Unmittelbar nach dem Start vollführte die Rakete eine unbeabsichtigte Seitwärtsbewegung und stürzte in knapp anderthalb Kilometer Entfernung ab.

Die Rakete hatte offensichtlich beim Transport über Waldwege gelitten. Doch Oberst Becker erkannte das Potenzial, denn die Flugbahn des Gebildes blieb zunächst stabil. Auch Wernher von Braun dämmerte etwas. Er war voll Bewunderung für die Testgeräte des Heeresamts, das »gewaltige Aufgebot von Photo-Theodoliten, ballistischen Kameras und Chronographen« – welch eine Ausrüstung, um die Sache voranzutreiben. Insgeheim plagte ihn die Furcht, seine Raketenbasteleien könnten nach dem Fehlstart ein jähes Ende nehmen.

Oberst Becker und von Braun kamen ins Gespräch. Obwohl erst 20 Jahre alt, besuchte der junge Ingenieur im Juli 1932 eigenmächtig den Militär im HWA. Die beiden Männer verstanden sich. Becker verlangte von den Raketenbastlern mehr nüchterne »wissenschaftliche Fakten«, kein dilettantisches Herumhantieren mit »Spielzeugraketen« und vor allem keine »Effekthascherei« – so berichtete Wernher von Braun später. Er selbst habe erwidert, es fehle den Konstrukteuren an Messinstrumenten und Ausrüstung. Becker bot an, von Brauns Forschungen zu unterstützen – sofern sie unter Geheimhaltung in Armee-Einrichtungen stattfänden.

Der junge Forscher musste eine Entscheidung fällen. Der Oberst wollte die Rakete als Waffe neuen Typs. Sie war ideal geeignet, Bestimmungen des Versailler Vertrags zu umgehen. Der Arm der Artillerie konnte damit erheblich verlängert werden – denn von solch revolutionären Waffen wie »Raketen« stand in den Friedensbestimmungen selbstverständlich nichts.

Wernher von Braun entschied sich. Er nahm das Angebot an. Das war nicht selbstverständlich. Rudolf Nebel hatte kein Interesse, sich der Kontrolle des Heereswaffenamtes zu unterwerfen, und hoffte weiterhin, private Sponsoren für die Weltraumfahrt aufzutreiben. Er sollte damit keinen Erfolg haben. Der Verein für Raumschifffahrt stellte seine Aktivitäten 1934 ein. Es war das Ende der privaten Raumfahrtbemühungen.

Von Braun bekam 1932 einen Auftrag vom Militär – ein halbes Jahr, bevor Hitler an die Macht kam. Bei der Reichswehr waren schon seit 1928 Raketenversuche gemacht worden. Diese Leute hatten von Brauns Experimenten gehört und waren von ihm beeindruckt. Sie boten ihm an, an der Entwicklung dieser Militärraketen mitzuarbeiten, und von Braun nahm diese Einladung an.
Walter Jacobi, Raketeningenieur

Wernher von Braun hingegen wurde am 1. Dezember 1932 Zivilangestellter bei der Reichswehr. Er erhielt monatlich etwa 300 Reichsmark und durfte die Einrichtungen auf dem Armeegelände in Kummersdorf für seine Forschungszwecke mitbenutzen. Dort konnte er ungestört arbeiten und seine Doktorarbeit über »Konstruktive, theoretische und experimentelle Beiträge zu dem Problem der Flüssigkeitsrakete« verfassen.

Nach dem Krieg wird Wernher von Braun betonen, es sei ihm keineswegs darum gegangen, an explizit militärischen Forschungen mitzuwirken, er habe nur keinen anderen Weg gesehen, die eigenen Pläne voranzubringen. Sein langjähriger Mitarbeiter und Freund Ernst Stuhlinger bestätigt: »Niemand dachte damals, dass es in nächster Zeit wieder zum Krieg kommen würde, dass die Raketen tatsächlich als Waffe eingesetzt werden könnten. Und wenn überhaupt, dann nur zur Verteidigung. An einen deutschen Angriff war doch nach Versailles überhaupt nicht zu denken.« Gab es also keine Skrupel?

Stuhlinger sagte: »Von Braun sah, dass die Entwicklung der Raketen mit privaten Mitteln nicht möglich war. Und da kam eben die Reichswehr und mit ihr das Geld. Wernher sagte denen, die Zweifel hatten: ›Es ist für uns eine einfache Frage von Sein oder Nichtsein.‹«

Das frühe Bündnis mit dem Militär wird in der Memoirenliteratur der Raketenbauer heruntergespielt. Dabei war die militärische Aufgabenstellung von Anfang an klar – und dass sich die Anstrengungen am Rande der Legalität bewegten, ebenfalls. Für den damals Zwanzigjährigen stand das nicht im Vordergrund, als er sich fest in den Dienst des Heeres stellte. Er war nun Akteur in einem geheimen Raketenprojekt.

Die Armee war die Kraft, die Geld hatte, um Teststände zu bauen, um Raketentests zu machen.
Walter Jacobi, Raketeningenieur

Es war die Zeit, in der das Ende der ersten deutschen Republik heraufdämmerte. Doch der Staat war nicht die Welt des begabten Technikers.

> **Sein Vater war natürlich nicht umsonst Landwirtschaftsminister – er war Landbesitzer. Die Ostelbier hatten damals einen großen Einfluss auf die Landwirtschaftspolitik. Unter Hitler war er aber nur noch sechs Tage Minister, dann hat er sich grollend auf sein Gut zurückgezogen mit der Haltung: Mit diesem Flegel kann man nicht regieren.**
>
> Christoph von Braun, Neffe

Seine Einstellung war eher unpolitisch. Von Braun war Aristokrat von Haus aus und dachte im damaligen Sinne »deutschnational«. Die Weimarer Republik taugte in seinen Augen nicht viel, die Nazis waren für den gebildeten und weltläufigen jungen Mann vor allem Pöbel. Sein Vater war als Landwirtschaftsminister im Kabinett Papen einer jener konservativen Antidemokraten, die nichts gegen den Untergang der Weimarer Republik unternehmen wollten und meinten, Hitler kontrollieren zu können.

Wernher von Braun glaubte ganz generell an die Berufung der Techniker. In deren Arbeit sah er den wahren Antrieb der Menschheit. Ingenieure und Wissenschaftler, allen voran die Raumforscher, waren in seinem Weltbild die Gralshüter, welche die Zukunft gestalten und vorbereiten. Technischer Fortschritt war für ihn ein Selbstwert an sich. Die Wahl der Mittel erschien da zweitrangig, die Politik eher wie eine Spielmasse, die es zu instrumentalisieren galt, um voranzukommen.

Dies war auch die Haltung, als Hitler an die Macht kam. Die Frage war vor allem die nach den künftigen Rahmenbedingungen für die Raketenforschung. Hauptsache, die Ingenieure blieben ungestört, oder besser noch – das neue Regime ließe sich gewinnen. Man hatte was zu bieten: 1933 wurde erstmals ein Triebwerk getestet, das für die Dauer von 60 Sekunden 140 Kilogramm Schub erzeugte. Während Hitler die Republik abschaffte und mit der Gleichschaltung von Volk und Staat begann, wurden die Pläne für das Aggregat 1 (A 1) fertig gestellt, das 300 Kilogramm Schub liefern sollte. Das Projekt nahm von Braun völlig in Anspruch, die Rakete explodierte jedoch beim ersten Test, was das HWA veranlasste, Veränderungen an der Konstruktion anzuordnen. Bei einem ähnlichen Unfall kamen später drei Mitarbeiter ums Leben.

Am 21. September 1933 besuchte Hitler erstmals die Raketenbauer von Kummersdorf. Er erkannte offenbar deren brachliegende Möglichkeiten, jedenfalls profitierte von Brauns Team erheblich von der Erhöhung des Wehretats im Zuge der Wiederaufrüstung. Das Ergebnis, die A-2-Rakete, entstand in zweifacher Ausfertigung und wurde »Max und Moritz« getauft. Kurz vor Weihnachten 1934 kamen sie auf der Insel Borkum zum Start. Die Flugkörper erreichten eine Gipfelhöhe von 1700 Metern und erfüllten damit die Erwartungen.

»Die Seele an das Böse verkauft?«: Hitler im Frühjahr 1934 in Kummersdorf. In der vorletzten Reihe in der Mitte Wernher von Braun

Mit Recht wird das Hitler-Regime als politischer Rückfall in die Barbarei apostrophiert – doch gelang es dem Diktator, sich Pioniere der technischen Moderne dienstbar zu machen. Anders, als die Peenemünder nach dem Krieg immer wieder glauben machen wollten, stellten Raketenforschung und NS-Regime keineswegs zwei voneinander getrennte Welten dar. Von 1935 an war unverkennbar, dass es Hitler um massive Aufrüstung ging. Wernher von Braun machte sich die Situation zunutze.

Sein Neffe Christoph versucht sich in die Situation seines Onkels hineinzuversetzen: »Er war ein sehr junger Mann zu dieser Zeit. Und jemand bietet ihm diese Mittel. Da greift er zu. Dass das militärisch ist, dass das

1935 wurde entschieden, nach Peenemünde zu gehen. Es war klar, dass man von Kummersdorf, nahe Berlin, keine Großrakete abfeuern konnte.

Konrad Dannenberg, Raketeningenieur

fragwürdig ist, das ist für ihn kein Kompromiss. Ich glaube, das war für ihn schlicht Mittel zum Zweck, seine Vision zu erfüllen. Das hat was Faustisches. Er verkauft eigentlich seine Seele an das Böse. Aber das war ihm vielleicht gar nicht bewusst. Er war wohl naiv in der Hinsicht. Von seinem Standpunkt aus wurde er nicht ausgebeutet, sondern er beutete aus.«

Und der Erfolg schien ihm Recht zu geben. Es gelang ihm einmal mehr, Ressourcen zu bündeln und Interessen notfalls gegeneinander auszuspielen. Das zeigte sich auch im Umgang mit den Waffengattungen. Es gab ja nicht nur das Heer. Hermann Görings Luftwaffe war besonders finanzstark. Also schlug von Braun bei einem Treffen am 27. Juni 1935 in Kummersdorf vor, das Raketenflugzeugprojekt der Luftwaffe (Heinkel He 112) und die Entwicklung der Flüssigkeitsrakete des Heeres (A 4) zusammenzufassen. Es sollte ein weiträumiger, abgeschiedener Ort sein, mit einem großen Schussfeld für die Testserien. Die Idee von Peenemünde war geboren. Der Vorschlag für den Standort aber kam weder von den Ingenieuren noch von den Militärs – er kam von der Mutter Wernher von Brauns, was der in einem US-Interview der Sechzigerjahre wie folgt beschrieb: »In Peenemünde hat mein Großvater mal früher Enten geschossen, und meine Mutter sagte mir: ›Fahre doch mal rauf und sieh dir das an.‹ Wir brauchten einen Platz an der Ostsee, wo man die Küste lang schießen konnte und wir Vermessungsbasen aufbauen konnten. Ich kann nur sagen, das war Liebe auf den ersten Blick. Das war ein bisschen so wie in der Frühzeit der Fliegerei. Man wusste, dass hier eine neue Technik kommen würde mit unendlichen Möglichkeiten auf militärischem Gebiet, aber auch auf dem Gebiet des Verkehrs, der Transportmittel.«

Peenemünde – offenbar hatte dieser Ort für von Braun auch nach Jahrzehnten nichts Beklemmendes. Der Name stand seit Ende der Dreißigerjahre für eine Forschungseinrichtung, in der handverlesene, hoch motivierte Spitzenwissenschaftler an einem streng geheimen Projekt arbeiteten. Die Anlage war hermetisch abgeriegelt, die Lebens- und Arbeitsverhältnisse vergleichsweise luxuriös. Im Westteil wurde für die Luftwaffe konstruiert, im Ostteil für das Heer. Die Kosten beliefen sich auf die gigantische Summe von 300 Millionen Reichsmark. Von Braun behielt sich vor, auch weiterhin zwischen beiden Waffengattungen hin- und herzulavieren: Als ihm der Leiter der Luftfahrtforschung, Dr. Adolf Bäumler, fünf Millionen Reichsmark anbot, damit er intensiver an Raketenflugzeu-

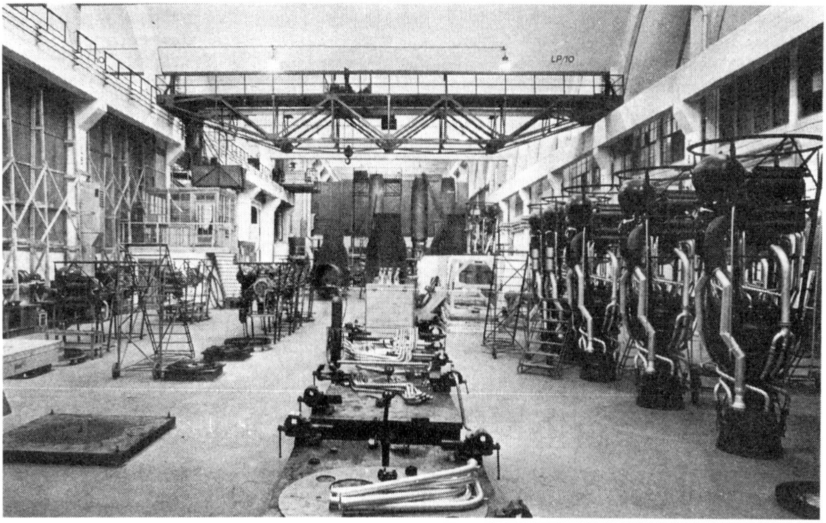

»Luxuriöse Arbeitsverhältnisse«: Blick in die Werkhallen der Raketenversuchsanstalt Peenemünde

gen mitarbeitete, konterkarierte Oberst Becker, einer der Vorgesetzten von Brauns beim Heer, das Angebot der »Emporkömmlinge aus der Luftwaffe« mit zusätzlichen sechs Millionen Reichsmark.

Das Heeresprojekt A 4 bedeutete dem Forscher ohnedies mehr, gab es ihm doch das Gefühl, weiterhin an etwas mitzuwirken, das ihm vor allem am Herzen lag: Trägersysteme zu entwickeln, die auch für die zivile Raumfahrt tauglich waren.

Der Aufbau von Peenemünde hatte im Spätsommer 1936 begonnen und war auf Jahre angelegt. Im Mai 1937 fand die Eröffnung statt. Am 15. Mai wurde Wernher von Braun zum Technischen Leiter der »Heeresversuchsanstalt« auf Usedom ernannt. Anfangs unterstanden ihm 350 Mitarbeiter. Bereits in Kummersdorf war er Chef einer Gruppe von 90 Fachleuten gewesen. Schon bald aber sollte sein Stab auf mehrere tausend Mitarbeiter anwachsen. Und er war gerade 25 Jahre alt – ein Shootingstar. Mit dem System hatte er sich arrangiert. Doch neben herausragenden fachlichen besaß er auch bemerkenswerte persönliche Eigenschaften, wie zahlreiche Menschen, die ihn

Von nun an floss eine Million nach der anderen, genau wie wir es brauchten.
Wernher von Braun

kennen lernten oder ihm nahe standen, betonen: »Er hatte Charisma«, »er war eine strahlende Erscheinung«, »er sprach mit jedem.« Frühere Kollegen beschreiben ihn noch heute als beeindruckende Führungskraft: »Er merkte sich alle Namen«, »er kümmerte sich auch um Details.« Raketeningenieur Walter Jacobi, der mit Wernher von Braun zusammenarbeitete, sagt: »Er war in der Lage, die kompliziertesten Dinge in der einfachsten Form darzustellen oder zu erklären, was viele andere Leute überhaupt nicht konnten. Er hat die Sprache gefunden, die man versteht, und konnte eigentlich jeden für seine Sache gewinnen, ob es Einzelne waren oder ganze Gruppen. Er hat den Menschen einfach klargemacht, warum etwas so oder so sein muss.« Wernher von Braun verband die Fähigkeit, seine Leute zu begeistern, mit Kollegialität und zugleich doch unangefochtenem Autoritätsanspruch. Die technischen Fragen standen für ihn stets im Mittelpunkt. Er feuerte seine Mitarbeiter unaufhörlich an, schwor sie regelrecht auf ihre Aufgaben ein. Und er zeigte unermüdlichen Einsatz. Geschlafen wurde häufig in den Labors – auf Feldbetten. Erholung gab es nur selten. Die meiste Zeit verbrachten die Forscher miteinander. Die Peenemünder waren ein verschworener Männerbund, für den es zur Selbstverständlichkeit wurde, die aufgerichteten Testraketen mit Pin-up-Girls zu bemalen. Doch nicht alle Raketenmotive waren so harmlos. Später im Krieg wurde gar Churchill mit gespaltenem Schädel dargestellt.

Gleichzeitig beeindruckte Wernher von Braun selbst Spezialisten immer wieder durch großen Scharfsinn und Sachverstand und ließ damit keinen Zweifel daran, dass er auch fachlich die Autorität und der junge Patriarch der Raketenbauer war.

Es war eine steile Karriere, und sie hatte ihren Preis. Wernher von Braun war bereit, ihn zu zahlen: Am 12. November 1937 beantragte er rückwirkend zum 1. Mai des Jahres die Parteimitgliedschaft in der NSDAP. Für herausragende Funktionsträger in Hitler-Deutschland war das fast selbst-

Eines Tages kam ein junger Mann in unser Labor. Mein Chef und er kamen sofort in ein sehr intensives Gespräch über die technischen Fortschritte, die wir gemacht hatten. Irgendwann stand der junge Mann dann wieder auf, schüttelte meinem Chef die Hand, wünschte viel Glück mit der Arbeit und war verschwunden. Ich war sehr beeindruckt und fragte, wer das gewesen ist, und er sagte: »Das war Professor von Braun!« Ich war darüber sehr erstaunt.

Ernst Stuhlinger, Raketeningenieur

verständlich. Wernher von Braun behauptete stets, dass Druck auf ihn ausgeübt wurde; Beweise dafür existieren nicht. Der junge Ingenieur war aber auch nicht der Typ, der sich selbst mit einer Weigerung Hürden in den Weg gestellt hätte. Er hatte sich arrangiert. Und das galt nicht nur auf dem politischen Sektor, sondern genauso auf seinem ureigensten Feld: dem Raketenbau. Schon im März 1936 waren in einer Besprechung mit seinem direkten Vorgesetzten beim HWA, Walter Dornberger, die Eckdaten der A-4-Rakete, der späteren »Vergeltungswaffe 2«, festgelegt worden. Von Braun beteuerte nach dem Krieg stets, die A 4 sei nicht als Waffe konzipiert worden, »mit der einmal London verwüstet werden sollte«. Aber unverkennbar ist: Das Anforderungsprofil, das 1936 festgelegt wurde, sah bereits vor, dass die Rakete »1 t Sprengstoff auf die doppelte Entfernung der Pariser Kanone, also 250 km, schleudern« sollte. Die »Pariser Kanone« war das am weitesten reichende Geschütz im Ersten Weltkrieg gewesen. Zwar wurde über einen Einsatz der V 2 als Waffe gegen zivile Ziele konkret erst 1941 nachgedacht. Aber schon bevor die ersten Blaupausen des Projekts fertig waren, stand die Bestimmung fest.

Ich konnte nach diesem Besuch in Kummersdorf voraussehen, dass wir sehr großen Problemen gegenüberstanden. Wer Hitler nicht auf seiner Seite hatte, musste sich auf alles gefasst machen. Woher sollten wir künftig Geld und Unterstützung bekommen, wenn Hitler unsere Raketen mehr als skeptisch betrachtete?

Wernher von Braun

Ein halbes Jahr vor Beginn des Krieges, Ende März 1939, besuchten Hitler und der Generalstabschefs des Heeres, Walter von Brauchitsch, Kummersdorf. Wernher von Braun, den seine Mitarbeiter auch als »Büttenredner der Weltraumfahrt« bezeichneten, versuchte in seiner gewohnt werbenden Art, mit einem packenden und gut verständlichen Vortrag Hitlers Begeisterung für den Raketenbau zu wecken. Die Raumfahrt sparte er dabei allerdings sorgsam aus und versprach eine militärisch nutzbare Rakete. Doch Hitler ließ sich nicht von donnernden Flugkörpern, die weit jenseits der Schallgeschwindigkeit durch die Luft jagen, beeindrucken – er stellte die entscheidende Frage nach der Nutzlast, dem möglichen Gewicht eines Sprengkopfes. Und da hatte Wernher von Braun kaum etwas anzubieten. Eine Tonne war zu wenig. Vor allem aber fand Hitler eine Entwicklungszeit von vier Jahren viel zu lang. Dennoch – Mittel wurden nicht gestrichen.

Anfang 1939 hatten die Arbeiten an der A 4 (V 2) begonnen. Am 1. September geschah, was die Raketenbauer für unvorstellbar gehalten hatten, als sie sich in den Dienst des Militärs stellten: der Ausbruch eines Krieges in Europa.

Nach dem Einmarsch in Polen drängte das Heereswaffenamt, endlich eine einsatzfähige Rakete herzustellen. Die zentrale Figur in Peenemünde war Oberst (später General) Walter Dornberger, militärischer Chef der Heeresversuchsanstalt und von Brauns Vorgesetzter. Dornberger verfolgte schon seit 1937 Pläne für die Serienproduktion der A 4 (V 2). Anfang 1939 hatte er den Bau einer regelrechten Raketenfabrik auf Usedom veranlasst. Sie sollte bis spätestens 1943 fertig gestellt sein – mit einem jährlichen Ausstoß von 1500 Stück. Es begann das Ringen um die »Dringlichkeitsstufen«.

Das Oberkommando der Wehrmacht musste abwägen. Hatten die Raketenbauer bisher förmlich im Geld geschwommen, so nahm der Legitimationsdruck mit Kriegsbeginn schlagartig zu: Kostbare Rohstoffe, qualifiziertes Personal sowie enorme Finanzmittel sollten in eine Entwicklung fließen, deren Eignung noch gar nicht erwiesen war. Und das in einem Krieg, der täglich enorme Mengen an Material, Munition und Menschenleben verschlang.

Im März 1940 war Fritz Todt zum Rüstungsminister ernannt worden. Hitler hatte offensichtlich das Vertrauen in das HWA verloren. Dessen Chef, General Karl Becker, nahm sich daraufhin das Leben – und das Peenemünder Raketenforschungszentrum verlor einen seiner wichtigsten Förderer. Todt blickte auf die hohen Kosten und kritisierte später auch den Luxus, den Wernher von Braun sich und seinen Mitarbeitern in dem abgeschotteten Forscherparadies gönnte.

Es herrschte Enttäuschung bei den Peenemündern. Der Kriegsherr ließ ihrer Erfindung nicht jene Begeisterung zuteil werden, die sie ansonsten gewohnt waren. Aber Hitler stoppte das Raketenprojekt auch nicht, wie es später immer wieder behauptet wurde. Ganz im Gegenteil vervielfachte sich der Personalbestand von 400 Mitarbeitern Anfang 1938 auf 3500 Ende 1941. Dafür gelobten die Raketenbauer, alles zu tun, um baldmöglichst mit der Serienproduktion beginnen zu können. Walter Dornberger suchte nach neuen Verkaufsargumenten für die A 4. Er wartete auf einen günstigen Moment, um bei Hitler vorstellig zu werden. Die Voraussetzung dafür war ein Misserfolg: die Luftschlacht um England. Der Kriegsherr hatte nach den Siegen über Polen und Frankreich seine erste Niederlage einstecken müssen. Die Illusion, die Briten zum Einlenken zu bewegen, war endgültig geplatzt. Bomber beider Seiten klinkten ihre tödliche Fracht über den

Hitler hat sehr lange überredet werden müssen von Speer, Braun und Dornberger zum Vortrag zu empfangen. Und Braun war eben sehr geschickt, Dinge darzustellen – man möchte fast sagen: Märchen zu erzählen, obwohl es keine Märchen waren. So ist es ihm gelungen, mit einem Film von einem V-2-Start Hitler zu beeindrucken.

Gerhard Reisig, Raketeningenieur

»Terrorwaffe gegen England statt Reise zum Mond«: Eine V 2 wird für einen Teststart aufgerichtet

Großstädten des »Feindes« aus. Vor diesem Hintergrund unterbreitete General Dornberger Hitler einen Vorschlag. Die A 4 (V2) sollte als Terrorwaffe gegen britische Städte eingesetzt werden.

Am 20. August 1941 fanden sich Walter Dornberger und Wernher von Braun im Hauptquartier des Kriegsherrn ein. Dieser zeigte nun sehr viel mehr Interesse an der neuen Technik als im früheren Gespräch. Mehr noch, er wurde geradezu überschwänglich. In einem Anfall von Größenwahn verstieg er sich gar zu der Forderung, »diese Entwicklung von revolutionierender Bedeutung für die Kriegführung« müsse nicht in Stückzahlen von Tausenden, sondern von Hunderttausenden eingesetzt werden. Das war fernab jeder Möglichkeit.

Doch erging am 15. September 1941 der »Führer«-Befehl, dass der Entwicklung der V2 und den Vorbereitungen für die Serienproduktion nunmehr die höchste Dringlichkeitsstufe einzuräumen sei. Das hieß, dass künftig wieder mehr Geld, Material und Personal zur Verfügung standen. Den Befehl ließen nach dem Krieg viele ehemalige Peenemünder – auch von Braun und Dornberger – in ihren Memoiren unerwähnt. Galt es doch offenbar die Behauptung aufrechtzuerhalten, bis 1943 kaum ins militärische Geschehen einbezogen worden zu sein.

Der Traum vom Flug zum Mond fand nur noch in den Nischen des militärischen Alltags statt. Von Braun bemühte sich um Freiräume für seine »futuristischen« Pläne, woraufhin er von Dornberger kritisiert wurde, dass er zu häufig in der Zukunft schwelge.

Damit sollte jetzt Schluss sein. Hitler hatte »hunderttausende« V 2 verlangt, Dornberger legte das jährliche Produktionsziel der zu bauenden Anlagen auf immerhin 5000 Stück fest, und das war schon mehr als verwegen.

Am 8. Februar 1942 kam Rüstungsminister Fritz Todt bei einem Flugzeugabsturz ums Leben. Hitler ernannte Albert Speer zu dessen Nachfolger. Speer hielt zwar nichts von den Produktionsvorbereitungen, die Dornberger in Peenemünde getroffen hatte, war aber prinzipiell sehr angetan von der Raketentechnologie, zumal die Entwicklung, nach mehreren erfolglosen Anläufen, nun sichtbare Fortschritte erkennen ließ: Im März 1942 fand der erste Test der V 2 statt – Fehlschlag. Ebenso die Tests vom Juni und August 1942. »Wernher von Braun raufte sich die Haare, trommelte seine Mitarbeiter zusammen. Stundenlang wurde debattiert, was wieder schief gegangen war«, erinnert sich seine Sekretärin Dorette Schlidt. Für den Oktober 1942 war ein erneuter Test angesetzt. Die Sekretärin begleitete ihn auch diesmal. Sie musste Kommentare mitnotieren, die ihr Chef während der Vorführung zum Besten gab: »Also, am 3. Oktober '42 war der große Start der A 4. Davon hing schon sehr viel ab nach den vorherigen Rückschlägen. Und ich musste neben Wernher von Braun stehen mit meinem Block und jede einzelne Wahrnehmung, die er mir fast im Sekundentakt diktierte, aufschreiben. Ich war ungeheuer aufgeregt.«

Der mit großer Spannung erwartete Versuch gelang. Die Rakete flog mit einer Spitzengeschwindigkeit von etwa 5500 Stundenkilometern

Dornberger erklärte, es sei das erste Mal, dass ein von Menschen gebautes Gerät von einem Punkt auf der Erde zu einem anderen Punkt auf der Erde durch den Weltraum geflogen sei. Das war natürlich ein Durchbruch.

Konrad Dannenberg, Raketeningenieur

Am 3. Oktober 1942 standen wir alle auf dem Messdach, das war das höchste Haus, und General Dornberger und all die Koryphäen kamen zu Besuch. … Das war sehr aufregend.

Dorette Schlidt, von Brauns Sekretärin in Peenemünde

Wenige Tage nach meiner Ankunft sah ich den ersten gelungenen Start einer A-4-Rakete. Das war der dritte Start der Rakete überhaupt. Der Eindruck war natürlich gewaltig. Und ich sah schon damals ganz deutlich, dass hier wirklich eine entscheidende Entwicklung für die Zukunft vorlag, dass man in der zukünftigen Welt zweifellos mit Raketen rechnen musste.
Ernst Stuhlinger, Raketeningenieur

85 Kilometer hoch und 190 Kilometer weit. »Es wurde gejubelt, so eine Freude«, erinnert sich Dorette Schlidt. »Und Wernher von Braun konnte so schön lachen, wenn er sich freute, es ist ein herrlicher Anblick gewesen. Wirklich, ich kann es gar nicht mehr beschreiben. Es war einfach überwältigend, jeder hat den anderen beglückwünscht.«

Voller Begeisterung über den Erfolg erklärte Walter Dornberger, das »Tor zum Weltraum« sei aufgestoßen. Denn die Rakete hatte diesen auf ihrem parabelförmigen Flug gestreift. Das wurde gefeiert, und es floss Bier in Strömen. Die Erleichterung war zu greifen. Für die Ingenieure und Techniker, die mittlerweile in Peenemünde arbeiteten, war es auch eine Frage der eigenen Zukunft: »Wenn dies kein erfolgreicher Schuss gewesen wäre, wäre Peenemünde vielleicht wenig später abgeschaltet worden; so dachten wir damals«, sagt Konrad Dannenberg.

Die Raketenmänner wurden bald auf den Boden der Tatsachen zurückgeholt. Am 22. November 1942 verlangte Hitler von Rüstungsminister Speer, nun die Massenproduktion in die Wege zu leiten. Es kam hinzu, dass das Blatt im Krieg sich endgültig zu wenden begann, die Gegenoffensive der Roten Armee bei Stalingrad signalisierte den Beginn einer militärischen Katastrophe. Hitler war nun immer empfänglicher für potenzielle »Wunderwaffen«, die ihm von Peenemünde in Aussicht gestellt wurden.

In drei Werken – auf Usedom, bei Friedrichshafen und Wiener Neustadt – sollten jeweils 300 Raketen monatlich gefertigt werden. Wie war das zu leisten? Von Brauns Mitarbeiter standen kurz vor der Meuterei: Walter Thiel, Leiter der Antriebsgruppe, bat nach völliger Erschöpfung um seine Entlassung. Andere folgten seinem Beispiel. Nur mit großem persönlichem Einsatz gelang es von Braun und Dornberger, die Disziplin wiederherzustellen. Die Taktik, Peenemünde möglichst hoch in Hitlers Gunst zu halten, zeigte ihre Schattenseiten. Einerseits trug das intensive

Oben: »Büttenredner der Weltraumfahrt«: Wernher von Braun mit Rüstungsminister Fritz Todt (mit dem Rücken zur Kamera) in Peenemünde, 1941
Unten: »Himmler wollte die gesamte Fertigung übernehmen«: Besuch des »Reichsführers SS« in der Versuchsanstalt, rechts neben ihm Walter Dornberger

Werben dazu bei, dass die Arbeit an der Raketentechnik fortgesetzt werden konnte. Andererseits überschritten die Forderungen des Regimes die Grenzen der Machbarkeit. Lieber hätte von Braun die Entwicklungsarbeit fortgesetzt. Jetzt galt es, sich auf Massenproduktion umzustellen.

Dornberger geriet in Verlegenheit. Die Herstellung der Kriegsrakete erforderte auf jeden Fall eine große Anzahl Arbeitskräfte. Diese waren aber seit Kriegsbeginn immer rarer geworden, vor allem bedingt durch die hohen Verluste der Wehrmacht seit dem Winter 1941/42. Zudem galt es sicherzustellen, dass von dem Geheimprojekt nichts nach außen drang. Dies war die Stunde der SS. Heinrich Himmler war nicht entgangen, dass in Peenemünde ein Apparat entstand, der zum Machtfaktor geriet. Sein Einfluss auf die Rüstungswirtschaft war ohnedies erheblich gewachsen, da die SS über ein schier unerschöpfliches Reservoir an Arbeitskräften verfügte: das Millionenheer der KZ-Häftlinge. Auch wirtschaftlich und aufgrund ihrer Infrastruktur war die Organisation mächtig in Hitlers Reich.

Von Braun selbst war am 1. Mai 1940 dem »schwarzen Orden« beigetreten – aus Opportunismus oder unter Druck? Sein Mitarbeiter Gerhard Reisig berichtet: »Ich weiß es noch genau, ich war zufällig bei Braun mit zwei oder drei anderen Mitarbeitern, da hatte er gerade den Brief von Himmler bekommen. Der bot ihm also irgendeinen niedrigen SS-Rang an und Uniform. Und Braun fragte: ›Was soll ich denn jetzt machen?‹ Und wir haben hin und her beraten. Ist es gut anzunehmen, oder ist es schlecht? Dann sagte ich: ›Das kann bloß der Dornberger entscheiden.‹ Dornberger war auch ein guter Diplomat. Der sagte: ›Annehmen ist sehr schlecht. Aber ablehnen ist noch schlechter.‹« Man wollte es sich offenbar nicht mit Himmler verscherzen.

Wo auch immer die Motive zu suchen sind, es war ein weiterer Schritt der Verstrickung in das System. Zwar trug von Braun die Uniform selten – sie wirkte wie ein Fremdkörper an ihm –, doch er wurde regelmäßig befördert. So war es Himmler gelungen, Braun ein Stück weit zu binden.

In Peenemünde gab es Generäle vom Heereswaffenamt und Ingenieure – und einen SS-Mann in schwarzer Uniform. Ich war zunächst etwas verblüfft und sagte leise, der stramme SS-Führer könnte auch mal für ein Weilchen nach Russland gehen. Ein strafender Blick traf mich. »Den können wir nicht entbehren.« – »Ja, warum?« – »Das ist unser technischer Direktor von Braun, Wernher von Braun!«
Kurt Bornträger, Adjutant im Heereswaffenamt

Am 11. Dezember 1942 besuchte der »Reichsführer-SS« Peenemünde erstmals persönlich und bekam das übliche Werbeprogramm zu sehen: Raketenstart, Informationsfilm, Vortrag von Wernher von Braun. Dornberger hoffte damit, einen weiteren Verbündeten gewonnen zu haben, mit direktem Zugang zu Hitler und als Gegengewicht zu Speer, mit dem der Chef von Peenemünde hin und wieder in Konflikt stand. Es war ein gewagtes Spiel. Himmler wollte sich nicht mit dem kleinen Finger, der ihm gereicht wurde, begnügen. Er wollte die ganze Hand und sich den Zugriff auf das Raketenprojekt so umfassend wie möglich sichern. Dieses Ansinnen traf sich mit dem weiter steigenden Bedarf der Peenemünder nach Arbeitskräften.

Im April 1943 griff der Chefingenieur des Versuchsserienwerks, Arthur Rudolph, den Gedanken auf, KZ-Insassen in der Massenproduktion einzusetzen. Rudolph war damals – und später in den USA – Entwicklungsleiter, erst der V2 und in den Sechzigerjahren des Saturn-Programms. 1984 musste er Amerika verlassen, um einer Anklage wegen mutmaßlicher Verbrechen gegen die Menschlichkeit zu entgehen.

Am 2. Juni 1943 wurde aus dem Vorschlag Wirklichkeit. KZ-Insassen wurden angefordert: Zunächst handelte es sich um 1400, später um 2500 Häftlinge. 1100 wurden tatsächlich nach Peenemünde geschickt. Schon Mitte Juni trafen die ersten Transporte dort ein. Mancher behauptete später, den Zwangsarbeitern sei es an diesem Ort besser ergangen als anderswo. Tatsächlich aber war die Behandlung der Menschen in Peenemünde genauso schlecht wie in anderen KZs: Hungerrationen, brutale Wachen, schwerste körperliche Arbeit waren an der Tagesordnung. Nicht einmal Baracken existierten zunächst, sodass die Häftlinge in den Fabrikhallen schlafen mussten. Doch die Produktion auf Usedom markiert nur den Anfang einer langen Tragödie der Zwangsarbeiter unter dem Joch des Raketenprogramms.

Die Raketen erweckten zunehmend die Aufmerksamkeit des Kriegsherrn. Am späten Abend des 7. Juli 1943 kam es erneut zu einem Treffen Dornbergers und von Brauns mit Hitler. Von Braun zeigte den Film vom ersten erfolgreichen Start der V2. Nun überschlug sich der »größte Feldherr aller Zeiten« vor Begeisterung: Er erkannte die Rakete als jene Wunderwaffe, mit der er die Kriegswende herbeiführen wollte. Von Braun berichtete später: »In seiner Fantasie schoss er Tausende Raketen auf einmal ab, wobei er geräuschvoll Explosionen imitierte. Diese Aussicht schien ihm zu gefallen. Auf einmal wurde die V2 seine persönliche Entdeckung.«

»Wir waren sauer auf die Engländer«: Luftaufnahme der Heeresversuchsanstalt nach dem britischen Bombenangriff im August 1943

Als die Flieger sich Peenemünde näherten, nahmen wir an, dass sie wie an den anderen Tagen nach Berlin fliegen würden und dass die Hauptstadt bombardiert werden würde.

Konrad Dannenberg, Raketeningenieur

Hitler wollte die Nutzlast unbedingt hochschrauben, auf mindestens zehn Tonnen, und die monatliche Stückzahl auf 2000. Als Dornberger und Wernher von Braun ihn diesbezüglich auf den Boden der Tatsachen zurückholten, schrie er: »Ich will vernichtende Wirkung!« Anders als in von Brauns Memoiren kam es jedoch nicht erst bei diesem Treffen zum »Durchbruch«. Schon vorher galt für Peenemünde die »höchste Dringlichkeitsstufe«. Allerdings wurde dem Ingenieur ein zusätzlicher Titel zuteil. Auf Empfehlung von Albert Speer schickte Hitler Wernher von Braun eine von ihm selbst unterzeichnete Ernennungsurkunde zum Professor.

Das Leben in Peenemünde sollte sich bald gravierend verändern: durch ein Bombardement. Seit 1939 besaßen die Alliierten erste, unklare Hinweise auf die deutschen Raketenpläne. Aber erst im Juni 1943 waren die Peenemünder Anlagen auf Fotos entdeckt worden. Churchill befahl einen Großangriff. Am 17. August machten sich die britischen Geschwader auf den Weg. Damit einher ging ein Täuschungsmanöver. Die Royal Air Force ließ die deutsche Luftabwehr an einen erneuten Angriff auf Berlin glauben und lockte die deutschen Jäger dorthin. Auch die Peenemünder schöpften keinen Verdacht. Wie oft schon waren Bomberverbände über ihre Köpfe hinweg in Richtung Reichshauptstadt geflogen. Dorette Schlidt: »Die Herren schauten in den hellen Himmel und machten Witze.« Dann begannen die Detonationen. »Plötzlich lief alles in den Bunker«, sagt die ehemalige Sekretärin, »General Dornberger verlor seine Pantoffeln, Wernher von Braun kam reingestürzt, einer nach dem anderen. Und wir saßen dort, es knallte. Man hatte das Gefühl, der Bunker ging rauf und runter. Das Licht ging an und aus. Es war laut, ich hatte Angst, es war ganz schlimm.« Es sollte Wernher von Braun nicht lange auf der Holzbank halten.

»Als es dann draußen ruhiger wurde, immer weniger Bomben fielen, nur noch ein paar Nachzügler, rief er: ›Alle Männer raus und helfen! – Akten raussuchen!‹«

Es hätten sich keineswegs alle Männer gemeldet, sagt Schlidt: »Ich sprang sofort auf. Ich hatte ja bis spät gearbeitet und den Panzerschrankschlüssel bei mir. Der Schrank stand in Haus 4. Wir liefen dorthin. Da gab es eine große Halle mit einer breiten Treppe – links davon brannte schon alles. Wir tasteten uns an der Wand entlang, von Braun nahm meine Hand, zog mich hinterher nach oben. Unser Büro war im zweiten Flur. Ein Teil davon war halb weg, verbrannt und abgerissen. Wir zählten die offenen Türen: eins, zwei, drei, vier, fünf. Die fünfte Tür, das war unser Büro. Da sind wir rein. Alles brannte lichterloh. Gardinen und Möbel. Zuerst haben wir die Akten genommen, sind die Treppen rauf und runter gerannt – dann war da noch der Panzerschrank. Einige Männer kamen dann doch, die haben den Schrank aus dem Fenster herausgewuchtet. Wir sind dann noch mal alle rauf, es ging nicht mehr. Wir schafften es gerade noch rauszukommen, bevor der Giebel, die Treppen, alles in sich zusammenbrach. Plötzlich lag da ein abgerissenes Bein mit einer Soldatenhose, und alles war blutig. Aber man war abgestumpft, hatte überhaupt keine Empfindungen.«

Braun hatte für die Akten und den Inhalt des Panzerschranks sein Leben und das anderer riskiert – so war er eben. 735 Menschen kamen bei diesem Luftangriff um, vor allem Kriegsgefangene und Zwangsarbeiter. Bei dem massiven Bombardement wurden die mit Stacheldraht umzäunten Lager voll getroffen, während Teile der Produktion völlig unzerstört blieben. Die Insassen waren schutzlos, versuchten den Detonationen auszuweichen. Am Zaun bot sich ein grauenvoller Anblick: »Ich sah dort viele Menschen in den Maschen des Zaunes hängen, die raus wollten und nicht konnten. Es war ein grauenhafter Anblick« – auch daran erinnert sich Dorette Schlidt.

Die Verantwortung für den Tod dieser Menschen wies von Braun auch noch Jahrzehnte später den Briten zu – kein Wort über jene, die sie zur Arbeit gezwungen und eingepfercht hatten.

Ein Großteil der Peenemünder Anlagen blieb intakt, vor allem die Labors und Prüfstände waren kaum beschädigt. Nur wenige Wochen lang waren die Raketenforscher außer Gefecht gesetzt. Von Braun kannte weiter nur ein Ziel: »Alles schnell wieder zusammentrommeln und weitermachen. Wenn da eine Schwäche aufgetreten wäre, wäre das Programm womöglich abgebrochen worden«, gibt Raketeningenieur Dannenberg die Stimmung damals wieder.

Trotzdem wurde die Serienfertigung von Peenemünde wegverlegt, weil sie auf Usedom nicht effektiv genug geschützt werden konnte. Himmler machte Hitler deshalb den Vorschlag, eine

Es war furchtbar – dieser Phosphorregen und das Maschinengewehrfeuer auf See. Viele sind ja ins Wasser gelaufen, dachten, sich dort retten zu können.

Gustel Friede, von Brauns Sekretärin in Peenemünde

Wir waren natürlich sauer auf die Engländer. Manche waren sogar der Meinung, denen geschieht es recht, wenn die jetzt einige Angriffe mit V 1 und V 2 erfahren müssen, nach den ganzen Bombenangriffen auf Deutschland.

Konrad Dannenberg, Raketeningenieur

»Das Leben im Stollen war fürchterlich«: Einer der Eingänge des Mittelwerks im Kohnstein bei Nordhausen im Harz

»Außerordentlich deprimierender Eindruck«: Häftlinge bei Montagearbeiten im Mittelwerk

unterirdische Fabrik errichten zu lassen. Der Reichsführer-SS sah darin einmal mehr die Chance, seinen Einfluss zu erhöhen. In großem Maßstab sollten KZ-Häftlinge zum Einsatz kommen, diese seien schnell verfügbar, und die Geheimhaltung sei garantiert. Hitler stimmte zu. Leiter des Bauprojekts unter Tage sollte Hans Kammler sein, ein Menschenverächter mit denkwürdigem Hintergrund. Die Krematorien im Konzentrationslager Auschwitz waren unter seiner Aufsicht entstanden. Neben der V2 wurde im Mittelwerk, so hieß die Fabrik, die im Harz unweit von Nordhausen in Thüringen errichtet wurde, später auch die V1, die »Flugbombe« der Luftwaffe, gefertigt. Die Konkurrenz der fliegenden Bombe mit der Rakete schürte den Ehrgeiz der Techniker und erhöhte den Druck.

Den Zwangsarbeitern war es gleichgültig, für welche der beiden Waffen sie bis zu völliger Erschöpfung schuften mussten. Bis zu 32 500 Menschen waren im KZ Mittelbau zusammengepfercht – unter katastrophalen Bedingungen und ohne ausreichende Ernährung. Anfangs mussten die Häftlinge mit einfachstem Gerät Stollen in den Berg treiben. Kammler weigerte sich, Unterkünfte zu bauen. Es gab keine Toiletten und keine Waschgelegenheiten. Der feine Staub des Kalksandsteins schwebte in der Luft. Menschen urinierten aus Verzweiflung in die Hände, um sich das Gesicht zu waschen. Innerhalb von sechs Monaten starben hier 3000 Häftlinge. Weitere 3000 KZ-Insassen wurden in die Vernichtungslager gebracht und dort ermordet, weil sie nicht mehr arbeiten konnten. Was wusste Wernher von Braun davon?

»Ihm kann nicht entgangen sein, was im Mittelwerk vor sich ging«, sagen heute Überlebende von »Dora«. Zu den Aufgaben von Brauns zählte die Qualitätskontrolle. Deshalb war er regelmäßig im Mittelwerk. Als Walter Dornberger zu den Raketen-Einsatztruppen, also vom Produktionsort weg, versetzt wurde, stieg er ohnehin faktisch zum wahren Chef des Waffenprojekts auf. Dokumente, welche die Wissenschaftler Rainer Eisfeld und Michael Neufeld fanden, belegen außerdem, dass er in dieser Funktion stets über alle Vorgänge informiert war.

Wir mussten zwölf Stunden am Tag arbeiten bei minimaler Verpflegung – eindreiviertel Liter Wassersuppe, ein paar Kartoffeln, mitunter noch mit Schale. Dann bekamen wir eine Scheibe Brot für Frühstück und Abendessen, ein wenig Margarine und Marmelade, ab und zu eine Scheibe Blutwurst.
Ewald Hanstein, Zwangsarbeiter in Mittelbau-Dora

Albert van Dijk war damals Zwangsarbeiter in Dora-Mittelbau: »Von Braun kam ab und zu für technische Besprechungen. Kam durch den Tunnel mit seinen Ingenieuren und Assistenten. Sie müssen uns einfach wahrgenommen haben, dort arbeiteten zwischen 12 000 und 13 000 Menschen. Und vorne am Eingang, da war ein Leichenberg, den konnte man schon aus der Ferne sehen – es gab elektrisches Licht. Man musste, um die Leichen zu passieren, an ihnen vorbeigehen. Man kann uns nicht einfach sagen, das habe man nicht gesehen, diese schrecklichen Dinge.«

Im Tunnel sah ich Häftlinge in gestreifter Häftlingsbekleidung, die schwere Steine schleppen mussten. Beleuchtet wurde die Szenerie mit Fackeln – es hat wirklich gespenstisch ausgesehen. Und ich dachte: Wo sind wir denn hier gelandet? Ist das die Hölle?

Albert van Dijk, KZ-Häftling in Buchenwald und Nordhausen

Im Vergleich zu Buchenwald war »Dora« etwas ganz anderes, denn die allgemeine Leitung des Lagers Dora war Gefangenen einer Sonderstufe anvertraut, und zwar Verbrechern. Verbrecher waren unsere Blockleiter, und Verbrecher verteilten unsere Suppe und bekümmerten sich um uns.

Alfred Balachowsky, Häftling in »Dora«

Aus den Reihen der Peenemünder Ingenieure war später immer wieder zu hören, den Arbeitern in der Raketenproduktion sei es besser ergangen als anderswo. Von Braun selbst fuhr sogar eigens in die Kommandantur des KZ Buchenwald, um geeignete und entsprechend vorgebildete Häftlinge für das Mittelwerk auszusuchen. Zeigt diese Tatsache zunächst, wie absurd die Behauptung war, nichts oder kaum etwas von den KZ-Häftlingen gewusst zu haben, so diente der Tatbestand später als Beschwichtigung, die Häftlinge in der V-2-Fertigung seien ja so einem schlimmeren Schicksal entgangen. Van Dijk widerspricht: »Sicher waren einige nicht so schlecht dran, weil die Direktoren erkannt haben, wenn man solche Spezialisten und gelernte Arbeiter verhungern und verkümmern lässt, dann kommt dabei nichts Gescheites raus. Aber es ist nur ein ganz kleiner Teil von den Häftlingen gewesen, die unter besseren Verhältnissen gearbeitet haben. Die meisten haben die Stollen ausgebaut, und Tausende kamen dabei um.«

Unverkennbar ist: Die angeblich »saubere« Raketenforschung in Peenemünde und die Verbrechen des Regimes in Dora-Mittelbau spielten sich in Wahrheit nicht in Paralleluniversen ab, sondern waren – auch in der Person Wernher von Brauns – aufs Engste miteinander verknüpft. Nach dem Krieg wollte sich der Raketenmann daran nur allmählich erinnern: Von Braun bedauerte stets die unmenschliche Behandlung der Zwangsarbeiter, wies aber jede persönliche Mitverantwortung dafür zurück. Er sah

Wenn Wernher von Braun irgendwelche Dinge sah, die ihm nicht gefielen, dann hat er weggeguckt, um sein Ziel zu erreichen. Gewisse »Nebensächlichkeiten« haben ihn in diesem Moment gar nicht interessiert.

Gustel Friede, von Brauns Sekretärin in Peenemünde

Meine einzige Rolle bestand darin zu überprüfen, dass exakt nach unseren Zeichnungen und Konstruktionen gearbeitet wurde und die Raketen, die das Werk lieferte, auch wirklich funktionieren konnten.

Wernher von Braun

Die ganze Sache mit dem Mittelwerk ist für mich eine grauenhafte Geschichte, ohne jede Entschuldigung. Sie war sinnlos, sie war grausam, ja mehr als grausam. Sie war unbegreiflich.

Ernst Stuhlinger, Raketeningenieur

sich als Techniker, der es »bis Ende 1943 erfolgreich vermied, in das politische Netz hineingezogen zu werden«. In den Fünfzigerjahren war er zu mehr Eingeständnissen bereit, damals beschrieb er seine Situation als Dilemma: »Die Geräte, die wir voller Enthusiasmus für einen ehrenhaften Zweck bauten, wurden eingesetzt, um andere Menschen zu beherrschen oder zu versklaven.« In den Sechzigerjahren schließlich räumte er ein, von den Vorgängen in Mittelbau gewusst zu haben: »Es war für mich natürlich jedes Mal ein außerordentlich deprimierender Eindruck, wenn ich in das unterirdische Werk hineingehen und dort die Häftlinge bei der Arbeit sehen musste. Diese Hungergestalten lasteten schwer auf der Seele jedes anständigen Mannes.« Er habe aber keine Möglichkeit gehabt, die Situation zu ändern.

Die früheren Ingenieure von Peenemünde sagen, der Druck der SS sei enorm gewesen, ein Damoklesschwert, »ein Schreckgespenst«, so Dannenberg. Wer sich nicht gefügt habe, sei in Gefahr geraten, selbst inhaftiert zu werden – was später mit von Braun auch geschah. Zudem habe man sich selbst mehr und mehr als Bestandteil eines Krieges gesehen, in dem es um alles oder nichts ging. Die Produktion dieser Waffe sei der eigene Beitrag gewesen zum Dienst am Vaterland.

Auch von Braun sah sich offenbar in der Pflicht, selbst wenn ihm manchmal gewahr wurde, dass er und seine Kollegen einer Sache dienten, »deren Rechtschaffenheit sie bezweifelten«. Braun hatte die Einstellung, Wissenschaft an sich besitze »keine moralische Dimension« – im Krieg galt das offenbar umso mehr. Und Widerspruch lag dem Raketenbauer ohnehin nicht – jedenfalls so lange nicht, bis ureigenste Interessen tangiert

Ich habe dieses Lager besucht und war eigentlich sehr angetan von der Anlage. Sah alles blitzsauber aus, ich kann ja keine Präzisionsfertigung im Dreck machen. Es war auch erträglich warm und bombensicher. Das war natürlich ein unerhörter Vorzug. Unsere deutschen Vorarbeiter und Ingenieure sind oft freiwillig im Werk geblieben, wenn irgendwelche Angriffe zu befürchten waren.

Kurt Bornträger, Adjutant im Heereswaffenamt

»Ende mit Schrecken«: Leichen von Häftlingen aus dem KZ Mittelbau-Dora nach der Befreiung im April 1945

waren. Als die Armeeführung 1944 versuchte, seine umfangreichen Kompetenzen zu beschneiden, verhinderte er das erfolgreich, indem er mit Rücktritt und einem Gesuch um den Einsatz bei der Truppe drohte. Das gibt Zeitzeugen wie Albert van Dijk zu denken. Hätte gezügelter Eifer beim Bau der Raketen und Zurückhaltung bei der Werbung für die Waffe manchem KZ-Häftling das Schicksal erleichtern oder Leben retten können? Von Braun hatte andere Prioritäten.

In dem mir übertragenen Gebiet möchte ich aber volle Verantwortung und Handlungsfreiheit haben und eine klare Aufteilung der Befehlsbefugnisse und Zuständigkeiten.

Wernher von Braun, April 1944

Am 19. Oktober 1943 war der Auftrag für 12 000 Raketen zu einem Stückpreis von 40 000 Reichsmark ergangen. Fakt ist, dass der Ingenieur vor der Massenfertigung gewarnt hatte – die Technik sei noch nicht ausgereift. Doch letztlich fügte er sich, denn ohne erkennbaren militärischen Zweck hätte das Regime der Heeresversuchsanstalt Mittel entziehen können.

Welch prominenter Rang dem Raketenprojekt inzwischen in Teilen der NS-Führung zukam, veranschaulicht ein Machtkampf, den Heinrich Himmler entfesselte. Er unterbreitete von Braun das Angebot, vom Heer zur SS zu wechseln. Der lehnte jedoch ab, und die Konsequenzen dieser Weigerung blieben nicht lange aus. Himmler ließ von Braun, seinen Bruder Magnus (der unter anderem als Pilot in Peenemünde tätig war), Klaus Riedel und Helmut Gröttrup (leitende Ingenieure) am 22. März 1944 morgens von der Gestapo verhaften. Der Vorwurf: Sie hätten Zweifel am Endsieg geäußert und heimlich an unnützen Raumfahrtprojekten gearbeitet. Wernher von Braun soll darüber hinaus die Flucht nach Großbritannien vorbereitet haben. Das hätte für die Todesstrafe genügt. Aber war das die Absicht Himmlers?

»Der wirkliche Grund war, dass von Braun SS-Chef Himmler verärgert hatte. Himmler hatte ihm ja angeboten, ganz Peenemünde mit allen Angestellten von der Wehrmacht zu übernehmen. Und er wollte Wernher von Braun dann natürlich zu einem Topmann in der SS machen – aber der lehnte ab«, so Dannenberg.

Ein anderer Mitarbeiter von Brauns, Gerhard Reisig, spekuliert, dass auch Denunziation im Spiel war: »Nach unseren 16-Stunden-Tagen haben wir hin und wieder auch mal einen über den Durst getrunken. Und da wurde auch mal lose geredet, und da sagte von Braun zum Spaß, er wolle mit seinen Raketen ›nicht nach London, sondern auf den Mond‹ und fügte hinzu: ›Wir schaffen unsere ganzen Instruktionen nach England, denn das wird ja eh nichts mehr hier‹ – so ungefähr in dem Stile. Das war freilich bloßer Übermut, Angeberei, aber hochgefährlich. Und da muss jemand geredet haben. Denn daraufhin wurden die drei nachts abgeholt und von der Gestapo nach Stettin ins Gefängnis gebracht.«

Es war General Dornberger, der sich sofort bemühte, von Braun wieder aus der Haft zu befreien. Doch er brauchte einen Verbündeten. »Das war Rüstungsminister Speer, und der ist zu Hitler gegangen und hat gesagt, es sei eine Schweinerei,

Nachdem die SS in die Sache eingestiegen war, hat sie versucht – und dies auch zum Teil durchgezogen –, alles zu übernehmen, was normalerweise im Bereich der Armee lag. Auch die Fertigung in Dora-Mittelwerk ist von der SS gesteuert worden und nicht mehr von der Armee.

Walter Jacobi, Raketeningenieur

Es wurde behauptet, dass Wernher von Braun und seine Mitarbeiter sich zu viel um die Raumfahrt kümmerten und dass sie nicht hundertprozentig hinter der Fertigstellung der V 2 stehen würden. Das war der offizielle Grund, warum von Braun und einige seiner Leute verhaftet wurden. Der wirkliche Grund war aber, dass sich von Braun SS-Chef Himmler verweigert hatte.

Konrad Dannenberg, Raketeningenieur

was die SS da mache. Speer konnte sich das erlauben. Und jedenfalls hat Hitler sich dann überreden lassen und gesagt, von Braun sei vorübergehend frei, aber er würde die Sache weiter beobachten.« Gerhard Reisig erinnert sich an die Rückkehr Dornbergers nach dem Gespräch: »Er kam daraufhin nach Peenemünde, ging in den Versorgungsraum und fragte nach einer Flasche Schnaps. Dann machte er sich auf zum Gefängnis von Stettin. Da saß von Braun gerade bei einem ganz unangenehmen Verhör der SS. Da ist der Dornberger einfach reingeplatzt und hat gesagt: ›Der ist frei, geben Sie her!‹ Und der SS-Mann, der konnte nicht viel machen. Und auf die Weise ist der Braun also wieder rausgekommen – aber nur unter Beschränkungen. Er kam zurück und befand sich sozusagen in Stubenarrest.«

Die Vorwürfe sind so schwer wiegend, dass die Verhaftung erfolgen musste. Es geht um den Kopf der Herren. Mir ist es einfach unverständlich, wie Leute in diesen Stellungen sich zu solchen Äußerungen haben hinreißen lassen.

OKW-Chef Keitel zu Dornberger

Dabei blieb es bis Kriegsende. Himmler wollte von Braun vermutlich nicht aufs Schafott bringen, sondern wohl eher den widerspenstigen Raketenbauer unter Druck setzen, um ihn doch noch zum Wechsel zu bewegen. 14 Tage war von Braun in Haft. Speer und Dornberger hatten ihn deshalb so schnell freibekommen, weil sie argumentierten, ohne von Braun werde das Raketenprojekt unweigerlich Schaden nehmen. Das wog schwer. Für Himmler war es eine Niederlage, das Raketenteam blieb beim Heer. Von Braun stand weiter unter strikter Beobachtung der SS.

Für die Zukunft war von Brauns kurze SS-Haft politisches Kapital. Die zwei Wochen verschafften ihm in der Nachkriegszeit eine Art Persilschein – ließ sich doch damit Distanz zum Regime belegen und sogar Gefahr für Leib und Leben durch NS-Schergen.

Der Einsatz der Raketenwaffe V 2 rückte indessen immer näher. In der Nähe von Krakau übten die Raketentruppen unter dem Kommando von Dornberger. Dabei gelang es polnischen Widerstandskämpfern am 20. Mai 1944, zentrale Bauteile einer abgestürzten Rakete zu entwenden und außer Landes zu bringen, was aber ohne Folgen blieb.

Technisch machte die V 2 von Braun immer noch zu schaffen: Die Zahl der »Luftzerleger«, die während des Fluges, vor allem beim Wiedereintritt in die Atmosphäre, explodierten, war noch zu groß. Er begab sich bei Tests selbst ins Zielgebiet, um all das persönlich in Augenschein zu nehmen, und entging dabei einmal nur knapp dem Tod.

Der Krieg ging in sein fünftes Jahr. Im Juni 1944

Die V 1 und die V 2 kamen oft nach »Dora« zurück, weil sie nicht richtig funktionierten .

Alexander Samila, Zwangsarbeiter in Mittelbau-Dora

setzten die Westalliierten an zum Sprung auf die »Festung Europa«. Die erfolgreiche Landung in der Normandie läutete unwiderruflich das Ende der Nazi-Herrschaft über den Kontinent ein, obwohl Goebbels die NS-Propaganda auf »Vergeltung«, »Kriegswende« und »Wunderwaffen« trimmte. Geheimnisvolle Vernichtungsmittel sollten nun den Weg zum »Endsieg« bahnen.

Am 13. Juni 1944 schlug die erste V1 in London ein. Die Flugbombe der Luftwaffe (Fi 103) war militärtechnisch eine Parallelentwicklung zur V2, kam jedoch drei Monate vor der Rakete von Brauns zum Einsatz. Auch die V1 konnte einen Sprengsatz von einer Tonne Gewicht über eine Entfernung von 250 Kilometer transportieren. Allerdings bewegte sie sich nicht in einer ballistischen, parabelförmigen Flugbahn, sondern wie ein Flugzeug parallel zur Erde in einer Höhe von 2000 Metern. Und sie war mit ihren 600 Stundenkilometern nicht so schnell wie die V2, die eine mehrfache Schallgeschwindigkeit erreichte. Fast jede dritte V1 wurde von der Flugabwehr oder von Jagdflugzeugen abgefangen. Insgesamt wurden von den 33 000 produzierten »Fi 103« fast 23 000 verschossen, mehr als 13 000 erreichten ihr Ziel.

Von der V2 versprach sich das Regime eine noch höhere Schockwirkung. Die ersten Attacken trafen am 7. und 8. September 1944 die beiden Hauptstädte London und Paris. Die Detonationen sorgten in der Tat für Angst und Schrecken. Es gab keine Abwehrmöglichkeit. Der Einschlag war aufgrund der hohen Geschwindigkeit nicht vorhersehbar. Insgesamt wurden 3170 Raketen abgeschossen, von denen 2438 ihr Ziel erreichten. Die übrigen V2 versagten beim Start oder in der Luft. Mehr als 5000 Menschenleben forderten die Angriffe.

Am schlimmsten traf es die belgische Hafenstadt Antwerpen, die für den Nachschub der Alliierten von größter Bedeutung war. Fast 600 Raketen schlugen im Stadtgebiet und über 660 im Umland ein. Etwa 3500 Tote und 6000 Verletzte, fast 100 000 zerstörte oder beschädigte Häuser lautete die Schreckensbilanz, welche die V-Waffen (V1 und V2) in der Stadt hinterließen. Am 19. Dezember tötete eine V2 im voll besetzten Rex-Kino 561 Besucher auf einen Schlag. Der kriegswichtige Hafen selbst erlitt kaum nennens-

Der Hauptvorteil der V 2 war ihre Genauigkeit und dass es gegen eine Rakete zu der Zeit keine Gegenmaßnahmen gab. Denn nachdem die Engländer gelernt hatten, die V 1 zu bekämpfen, sind die meisten nicht mehr an ihr Ziel gelangt.

Konrad Dannenberg, Raketeningenieur

Die V 2, das war mir und uns allen klar, war eine Waffe für den Kriegseinsatz und kein Gerät, um zum Mond zu fliegen.

Walter Jacobi, Raketeningenieur

Oben: »Keine Abwehrmöglichkeit«: Bergung von Toten und Verwundeten in London nach einem V-2-Angriff am 8. März 1945
Unten: »Terror aus der Luft«: Nach dem Einschlag einer V-2-Rakete in der belgischen Hafenstadt Antwerpen

Die Raketen waren für uns produktionstechnisch eine sehr kostspielige Angelegenheit, und ihre Wirkung war im Verhältnis zu dem Aufwand eine minimale. Infolgedessen hatten wir kein großes Interesse daran, diese Sache in größerem Umfange zu fertigen. Derjenige, der es am meisten forderte, war in diesem Falle Himmler, der einen Obergruppenführer Kammler damit beauftragt hatte, das Verschießen dieser Raketen nach England vorzunehmen. In den Kreisen des Heeres war man derselben Meinung wie ich, nämlich dass diese Raketen zu teuer sind, und auch in den Kreisen der Luftwaffe war man ähnlicher Meinung. ... Es ist klar, dass es viel besser für uns gewesen wäre, wenn wir uns diesen Unsinn nicht geleistet hätten.
Aussage von Speer in Nürnberg

werte Schäden. Dies zeigte die fragwürdige »Qualität« der Waffe. Für den Verlauf des Krieges hatte sie keine Bedeutung, sie war zudem nicht zielgenau – was blieb, waren vor allem Terrorschläge aus der Luft.

Dorette Schlidt kann sich an den Abend im September 1944 erinnern, als von Braun vom ersten Einsatz der Waffe sprach: »Da ging Wernher mit uns raus und sagte mit nachdenklicher Miene, dass in diesem Moment England beschossen wird. Und er meinte: ›Das habe ich nicht gewollt.‹ Er war sehr, sehr bedrückt. Und das war echt. Das habe ich miterlebt. Was aus dem Traum seiner Mondrakete geworden war, das war für ihn wirklich schlimm.« Weiter berichtet sie, von Braun habe immer gehofft, der Krieg würde vorbei sein, »bevor eine A 4 gegen ein lebendes Ziel startet«. Mehr als zehn Jahre später sollte Wernher von Braun dazu sagen, seine Rakete habe leider »den falschen Planeten getroffen«.

Hatten solche Fragen jemals zuvor das Handeln des Raketenpioniers bestimmt? Wie etliche andere geistige Väter von Vernichtungswaffen war auch Wernher von Braun meist nur mit technischen Problemen befasst gewesen. Die Frage nach der Verwendung und den möglichen Folgen seiner Erfindungen war nachrangig, dafür waren andere zuständig.

Es ist bekannt, dass von Braun selbst später immer wieder sagte: »Der schlimmste Tag in meinem Leben war der Tag, an dem die A 4 gegen London geschossen wurde. Es war der traurigste Tag in meinem Leben. Ich hätte nie gedacht, dass dieser Tag eintreten würde.«
Ernst Stuhlinger, Raketeningenieur

Nach dem gescheiterten Attentat auf Hitler am 20. Juli 1944 ging die Entscheidung über den Raketeneinsatz vollständig auf die SS über. Von Braun versuchte zwar weiterhin, Peenemünde dem Zugriff zu entziehen, doch längst dachte er in anderen Zeitdimensionen. Mit der sich ab-

»Gute Miene zum bösen Spiel«: General Dornberger und Wernher von Braun Ende1944

zeichnenden Niederlage verlor das Regime für ihn an Bedeutung. Was würde nach Hitler kommen?, fragten sich die Peenemünder.

Sie suchten schon ab Herbst 1944 die wichtigsten Papiere des Raketenprojekts zusammen. Die Ostfront rückte unaufhaltsam näher. Es wäre ein »Verbrechen am Fortschritt der Menschheit gewesen, dieses Potenzial zu zerstören«, schrieb von Braun später. Allerdings: Sein »wissenschaftliches Erbe« sollte in die richtigen Hände fallen, und dafür wollte er selbst sorgen. Es gab ein schlichtes Kriterium: »Mein Land hat zwei Weltkriege verloren. Diesmal möchte ich auf der Seite der Sieger sein.« Und der aussichtsreichste Favorit waren zweifellos die USA. Bezeichnenderweise gehörten zum Erbe die Pläne für eine zweistufige Langstreckenrakete, die Richtung Nordamerika abgeschossen werden sollte. Doch das würde bald niemanden mehr interessieren.

Der Krieg war für uns verloren. Für uns drehte sich alles um die Frage, in welche Hände wir unser wissenschaftliches Erbe legen sollten. Nach Lage der Dinge erschien uns die beste Lösung, uns den Amerikanern zu stellen.

Wernher von Braun

Am 17. Februar 1945 begann die Evakuierung von Peenemünde. Die Produktion von Mittelwerk ging allerdings noch einige Wochen weiter. Bis Ende März 1945 wurden dort fast 6000 Rake-

Als wir hörten, dass die Franzosen die Gegend übernehmen wollten, wurde Magnus von Braun losgeschickt, um zu versuchen, Amerikaner zu finden. Und das tat er auch. Der Erste, den er traf, hatte natürlich keine Ahnung, aber dessen Vorgesetzte wussten Bescheid. Zwar wussten sie nicht, dass wir in Süddeutschland waren – die dachten, wir wären noch in Peenemünde.
Konrad Dannenberg, Raketeningenieur

ten gebaut. Bei der Produktion der vermeintlichen »Wunderwaffen« starben mehr als 10 000 Menschen. Für 30 000 KZ-Insassen und Zwangsarbeiter war die Leidensgeschichte noch nicht zu Ende. Vor den heranrückenden alliierten Truppen wurde das KZ »Dora« geräumt. Die Häftlinge wurden entweder in Viehwaggons gepfercht oder zu Fuß auf den Todesmarsch zum Lager Bergen-Belsen geschickt. Tausende starben unterwegs an Entkräftung, Hunger, Krankheit oder infolge der Brutalität der Wachen. Eines der schrecklichsten Massaker in den letzten Kriegstagen ereignete sich bei Gardelegen in der Nähe von Magdeburg: Dort trieb die SS 1000 Häftlinge in eine Scheune und legte Feuer. Die Menschen verbrannten bei lebendigem Leib.

Am 5. Mai 1945 wurde Peenemünde von der Roten Armee erobert. Doch die Deutschen hatten nichts Brauchbares zurückgelassen. Von Braun hatte mit Dornbergers und wohl auch Kammlers Erlaubnis gleichsam bei Nacht und Nebel wichtige Dokumente in einem stillgelegten Stollen im Harz deponieren lassen – als Faustpfand für Verhandlungen mit den Alliierten. Der Kern des Raketenteams selbst wurde nach Süddeutschland verlegt. Die SS und das Speer-Ministerium planten dort ursprünglich, die Raketenentwicklung fortzusetzen – nahe der angeblichen »Alpenfestung« im Gebiet um Berchtesgaden. Bei Ebensee war dafür ein Stollensystem ausgebaut worden. Doch die Fortsetzung der Raketenproduktion war zumindest für die deutsche Seite pure Illusion.

Denn noch vor Kriegsende setzte eine wahre Hatz der Amerikaner und der Russen auf das Geheimnis der V 2 ein. Es ging um Waffen, um Fabriken, Labors, Versuchsanlagen, Dokumente und Berichte. In erster Linie aber waren die Wissenschaftler selbst im Visier. Nicht von ungefähr sah auch SS-Offizier Hans Kammler in dem Raketenteam um von Braun einen »Schatz«, der in Verhandlungen mit den Alliierten viel wert sein konnte. Deshalb ließ er 500 Peenemünder in die bayerischen Alpen, nach Oberammergau, bringen. Dort wurden sie zwar in einer Kaserne von der SS bewacht, aber eigentlich warteten sie nur auf die nächstbeste Gelegenheit zum Überlaufen. Bald durften sich die Raketenforscher auf die umliegenden Dörfer verteilen. Von Braun kam im »Haus Ingeburg« in Oberjoch unter. Er genoss mit seinen Gefährten das Frühlingswetter, die bayerische Küche und die Weinkeller der Hotels. Während überall sonst in Deutschland das alltägliche Leben zusammenbrach, überstand von Braun hier das Kriegsende wie in einem Urlaub von unbekannter Dauer. Das einzige Unglück, das dem Raketenpionier widerfuhr, war ein schwerer Autounfall. So lag sein linker Arm zur Stunde der Gefangennahme in Gips.

Am 1. Mai 1945 um 21.30 Uhr meldete der »Großdeutsche Rundfunk« den Tod Hitlers. Gleich am nächsten Morgen schickte Wernher von Braun seinen jüngsten Bruder Magnus los, um Kontakt zu den nächsten US-Truppen zu knüpfen. Von Braun rechnete bei den Amerikanern mit den besten Bedingungen für ihn und seine Mitstreiter. Sie waren selbst nicht Opfer der V2 und repräsentierten die größte Supermacht; außerdem tobte noch der Krieg im Pazifik – sicher waren sie an seinem Wissen interessiert.

Seine Rechnung ging auf. Längst war das Interesse der Amerikaner an von Brauns Raketen geweckt. Unter Bruch sämtlicher alliierter Abkommen hatte Oberst Holger Toftoy, später Leiter der Raketenabteilung im amerikanischen Army Ordnance Department, bereits zuvor im Mittelwerk den größeren Teil der verwertbaren Raketenteile, insgesamt 341 Güterwaggons, in Richtung Antwerpen abtransportieren lassen, von wo aus sie in die USA verschifft wurden.

Nachdem sich die Raketenforscher in die Obhut der Amerikaner begeben hatten, wurden sie nach Garmisch-Partenkirchen gebracht. Dort musste von Braun einen Bericht über die Peenemünder Projekte verfassen. Getreu dem Motto »Wissen ist Macht« geizte er dabei mit technischen Details. Zukunftsvorhaben aber stellte er wie eh und je ganz groß heraus: Mondflug, Hyperschall-Flugzeuge, gigantische Weltraumspiegel. Und natürlich war auch vom Einsatz als Kriegswaffe die Rede – im üblichen werbenden Ton.

Von Braun war klug genug, sämtliche Dokumente mitzunehmen – alle Zeichnungen, aber auch Berichte über Laborergebnisse und Abschüsse. Sie wurden in einer Höhle im Harz versteckt und nach Kriegsende in die USA gebracht.

Konrad Dannenberg, Raketeningenieur

Mittelwerk wurde russisches Besatzungsgebiet. General Toftoy hat es geschafft, noch ganze Raketen und Raketenbauteile rauszuholen.

Gerhard Reisig, Raketeningenieur

Für uns junge Deutsche war Amerika ein Traumland, nicht nur eine andere Nation wie etwa England, Frankreich oder Italien. Amerika war sozusagen ein nächster Schritt in der Entwicklung der Zivilisation.

Ernst Stuhlinger, Raketeningenieur

»Wie ein Kongressabgeordneter, der die Front abschreitet«: Wernher von Braun und sein Bruder Magnus (rechts) bei ihrer Gefangennahme am 3. Mai 1945

Was von Braun zu diesem Zeitpunkt noch nicht wissen konnte: Die Amerikaner waren damals im Begriff, jene Waffe fertig zu stellen, die in Verbindung mit Raketen die künftige Weltordnung prägen sollte – die Atombombe. Mithilfe der Kernspaltung ließ sich eine gewaltige, bis dahin nicht gekannte Vernichtungskraft in einen kleinen Sprengkopf bannen.

Doch das sollte erst Jahre später virulent werden. Aus Angst, die führenden deutschen Wissenschaftler könnten zu den Russen überlaufen oder von ihnen gekidnappt werden, starteten die Amerikaner im Herbst 1945 das »Project Overcast« (Verdunklung): 127 ehemalige Peenemünder, handverlesen durch von Braun, wurden, wie auch eine Reihe anderer deutscher Forscher, in die USA gebracht, um dort die erbeuteten Unterlagen zu übersetzen und die Beuteraketen zu montieren und starten zu lassen – unter größter Geheimhaltung. Denn hätte die amerikanische Öffentlichkeit davon erfahren – es wäre ein Skandal gewesen: Keine fünf Monate nach dem teuer erkauften Sieg über die Deutschen durften deren wichtigste Waffenentwickler auf keinen Fall in Diensten der freien Welt stehen.

Würde die Vergangenheit die Peenemünder einholen? Oder war ihr Wissen so viel wert, dass die Sieger und Befreier auch künftig darüber hinweggingen? Diese Frage dürfte sich so mancher von ihnen gestellt haben. Von Braun gab sich selbstbewusst. Schon bei der »Gefangennahme« war er aufgetreten »wie ein Kongressabgeordneter, der die Front abschreitet«.

Die Deutschen wurden nach El Paso in den Westen von Texas gebracht. Weniger als ein Jahr nach Kriegsende, als in Deutschland noch große Not herrschte, hatten über 100 Männer aus Peenemünde den Zusammenbruch des NS-Regimes, dem sie so lange gedient hatten, weitgehend unbehelligt überstanden: Sie bauten die erbeuteten V2 zusammen und erklärten ihren neuen Dienstherren die Funktionsweise. Am 16. April 1946 stieg auf dem Raketentestgelände White Sands nördlich von El Paso die erste V2 nach Kriegsende auf. Mehr als 70 weitere folgten. Dabei wurde auch ein neuer Höhenrekord von 390 Kilometern aufgestellt: Er kam durch die Kombination einer V2 mit der deutlich kleineren amerikanischen WAC Corporal zustande. Außerdem entwickelten sie gemeinsam mit US-Wissenschaftlern einen Marschflugkörper, der auf eine V2 gesattelt werden sollte (Hermes II).

Doch die üppigen Zeiten von Peenemünde, als von Braun nach eigenem Ermessen und Belieben schalten und walten konnte, waren vorerst vorbei. Das Pentagon setzte damals zunächst auf Langstreckenbomber, die weni-

»Auf der Seite der Sieger«: Von Braun startet seine neue Karriere in den USA (Foto von Ende 1946)

ger Kosten und mehr Effektivität versprachen als irgendeine Rakete. Einer der engsten Mitarbeiter von Brauns, Ernst Stuhlinger, schildert die Lage damals so: »Wir waren erstaunt und enttäuscht darüber. Und von Braun ging zum kommandierenden Offizier und sagte: ›Ihr habt uns rübergeholt mit großem Aufwand und habt uns hier stationiert. Und wir sitzen hier auf unseren Kenntnissen vom Raketenbau – mitten in der Wüste, ohne dass wir was machen können. Das ist verlorenes Geld für euch. Warum lasst ihr uns nicht was tun? Deshalb sind wir hier.‹«

Die ganze Sache war zunächst geheim, auch in Amerika: dass da Deutsche so kurz nach Ende des Krieges nach Amerika herübergebracht wurden.

Ernst Stuhlinger, Raketeningenieur

Wir hatten einen Acht-Stunden-Arbeitstag und die Fünf-Tage-Woche – so war noch genug Freizeit. Wir hatten genügend Zeit, noch nebenher zu machen, was uns Spaß machte.

Walter Häussermann, Raketeningenieur

Die Antwort der Militärs sei gewesen: »No, we keep you on ice – wir legen euch auf Eis. Wir werden euch schon noch brauchen.«

Bei allem Respekt vor seiner technischen Kompetenz – die Anwesenheit von Brauns in den USA war ein heißes Eisen. Die Öffentlichkeit erfuhr von der eigenwilligen Rekrutierungspraxis Ende 1946. »Nazi-Größen helfen den Vereinigten Staaten«, war ein provokanter Artikel mitsamt Bild in der Illustrierten *Life* überschrieben. Dabei hatte sich die US-Armee sehr bemüht, den Transfer zu vertuschen. Im Zuge der »Operation Paperclip« (Büroklammer) wurden Hunderte deutscher Wissenschaftler in die USA geschleust. Alle Hinweise deuteten darauf hin, dass die Amerikaner einen Daueraufenthalt der Deutschen vorbereiteten. Dokumente belegen, dass die US-Armee im Herbst 1947 dafür sogar Akten fälschte. Von Braun galt nun nicht mehr als »Sicherheitsrisiko«, jetzt hieß es nur noch, »möglicherweise keine Bedrohung« – das kam einem Persilschein auf dem kurzen Dienstweg gleich. Zugleich behinderte das Army Ordnance Department Ermittlungen im Nürnberger Kriegsverbrecherprozess, sodass von Braun von einer Anklage verschont blieb. Da er illegal in die USA gekommen war, wurde 1949 eine Einreise über Mexiko fingiert. Nun konnte er die US-Staatsbürgerschaft beantragen, die er nach der gesetzlichen Mindestwartezeit von fünf Jahren 1955 erhielt. Die Familien der Peenemünder waren längst nachgezogen.

Wir wurden gefragt, wie weit wir uns für die Vereinigten Staaten einsetzen würden und ob wir willens wären, für sie zu kämpfen. Wir konnten jedoch sagen, dass wir nicht gegen unser früheres Vaterland kämpfen, das wurde akzeptiert.

Walter Häussermann, Raketeningenieur

Schon im März 1947 hatte von Braun in Landshut seine Cousine Maria von Quistorp geheiratet. Die erst 18 Jahre junge Adlige war allerdings nicht die erste Frau, mit welcher der Raketenmann den Bund fürs Leben schließen wollte. Während des Krieges hatte er eine Verlobte in Berlin, Dorothee Brill, eine Heilgymnastin. Die Bekanntmachung aus dem Januar 1943 existiert noch. Jedes Mal, wenn von Braun sie besucht hatte, herrschte gute Stimmung in Peenemünde. Die Mutter aber riet ihm zu einer Partie aus besserem Hause. Womöglich war es ihr zu verdanken, dass die alte Liaison beendet wurde. Die Ehe mit Maria von Quistorp galt als glücklich, auch wenn Frau von Braun gelegentlich klagte, sie fühle sich, als sei sie mit einer Rakete verheiratet.

Nur drei Jahre nach der Hochzeit 1947 wandelte sich das Klima in den USA. Wernher von Braun war nun wieder ein gefragter Mann. Am 29. August 1949 ließ Stalin die erste sowjetische Atombombe zünden. Und am 25. Juni 1950 überfiel das kommunistische Nordkorea den Süden des Landes und forderte die westliche Welt heraus. »Aufrüstung« war das Wort

»Verheiratet mit einer Rakete«: Die Hochzeit von Brauns mit Maria von Quistorp 1947

der Stunde. »Und da kam eines Tages aus Washington ein Befehl an von Braun und die Gruppe: ›Bitte baut uns eine Rakete, so wie eure A 4, wie eure V 2 in Peenemünde, nur ›bigger and better‹, größer und besser und genauer und mit mehr Reichweite‹«, erinnert sich Ernst Stuhlinger.

Daher arbeiteten die Raketenleute ab April 1950 an einem neuen Standort, auf dem Redstone Arsenal in Huntsville, auch »Peenemünde-Süd« genannt. Die US-Army hatte 1951 den eindeutigen Auftrag erteilt, eine atomare Mittelstreckenrakete zu entwickeln. Wie in alten Zeiten war von

Seine Frau und seine Kinder hätten gerne mehr von ihm gehabt. Und er hätte gerne mehr Zeit für sie gehabt. Wenn die Familien manchmal am Wochenende zum Baden an einen See fuhren, setzte er sich aufs Dach seines Hausboots und las seine Berichte, die er lesen musste. Und nach einiger Zeit war die Familie wieder an der Reihe.
Ernst Stuhlinger, Raketeningenieur

»Amerika war unser Traumland«: Von Braun und seine Mitarbeiter werden USA-Bürger, 1955

Braun als »technischer Direktor« die unangefochtene Autorität, sein Team war praktisch das gleiche, auch die hierarchischen Strukturen ähnelten sich, ebenso die Formen des Managements. Wieder ging es um eine Waffe und wieder um Expansion. Zunächst hatte das Redstone Arsenal 1000 Mitarbeiter, wenig später schon doppelt so viele. Nur fünf Jahre nach Kriegsende konnte der deutsche Raketenmann da weitermachen, wo er 1945 aufgehört hatte – mit neuem Geld und neuen Perspektiven. Und wieder machte er sich die Eifersüchteleien und Rivalitäten zwischen den Teilstreitkräften zunutze. Von Braun half der US-Armee, die Zuständigkcit für die Boden-Boden-Raketen gegenüber der Air Force zu verteidigen. Die »Redstone« war von Brauns erstes Großprojekt nach der V2, und es war die erste funktionsfähige strategische Atomrakete der Welt. Ihr Jungfernflug fand am 20. August 1953 statt. Sie konnte einen nuklearen Sprengkopf mit einem Gewicht von drei Tonnen über 320 Kilometer weit tragen. Dreieinhalb Jahre später präsentierte von Braun die »Jupiter«. Sie beförderte eine Nutzlast von 1,3 Tonnen über 2400 Kilometer hinweg. Als meh-

> **Er war Realist und freute sich, dass er noch eine Rakete bauen durfte. Er wollte nicht argumentieren, ob das richtig wäre oder nicht. Er war dankbar, dass er eine Rakete bauen durfte nach seinem Geschmack – und ich persönlich halte die Redstone-Rakete für eine der besten, die wir je gebaut haben.**
>
> Gerhard Reisig, Raketeningenieur

rere Batterien dieser Waffe 1962 in der Türkei und in Italien in Position gebracht wurden, befahl Chruschtschow, sowjetische Atomraketen auf Kuba zu stationieren – ein gefährlicher Raketenpoker begann, der im Herbst 1962 in der Kubakrise gipfelte und die Welt für 13 Tage an den nuklearen Abgrund führte.

Die ehemaligen Peenemünder nannten die »Jupiter« später eine Weltraumrakete. Denn auch dieses Kapitel ihrer Geschichte bereitete ihnen Unbehagen. Wann endlich durften sie Raketen für Ziele außerhalb der Erde bauen?

Anders als in Hitlers Reich konnte von Braun in den USA lautstark für seine Weltraumpläne Reklame machen. Immer wieder mobilisierte er die Öffentlichkeit: In Zeitschriften wie dem *Colliers Magazine* warb er allgemein verständlich und begeisternd für die Idee des Fluges zum Mond oder zum Mars. Auch Walt Disney interessierte sich für die spektakuläre Idee. Am 9. März 1955 ging ein Raumfahrerfilm im US-Fernsehen auf Sendung – mit dem Titel »Man in Space«. Noch zwei weitere Streifen gestalteten der Trickfilmer und der Raumfahrtpionier gemeinsam. Wernher von Braun wurde allmählich berühmt.

In der Doppelrolle als Ingenieur und Weltraumtrommler erwies sich der Mann aus Deutschland einmal mehr als Workaholic. Er verblüffte nicht nur seine Mitarbeiter mit seiner schier unerschöpflichen Energie. Von Braun hielt sich abends stundenlang mit Kaffee und Zigaretten wach, beobachtete die Sterne und schwelgte in Zukunftsszenarien: »Nach einem Tag anstrengender Besprechungen ist es eine vergnügliche Entspannung, sich auf die Mondoberfläche zu versetzen und mit einer bunten Beschreibung all der aufregenden Abenteuer, die einen Astronauten dort erwarten, anzufangen. Ich mixe mir einige Martinis, lege eine Platte mit Brandenburgischen Konzerten auf und schreibe und schreibe.« Auch sein Neffe Christoph war immer wieder beeindruckt: »Wenn Sie das mal erlebt haben, dass jemand so zu seinem Traum steht. Dass er gar nicht anders konnte eigentlich. Ich glaube, im Wachen und im Schlafen war das immer präsent bei ihm: der Mond. Die Reise zum Mond. Die bemannte Weltraumfahrt.«

> **Er hat von Anfang an sehr viel getan, um das öffentliche Interesse an der Raumfahrt und vor allem an der Erforschung des Mondes und der Planeten aufrechtzuerhalten. Das war ein großer Teil seiner beinahe täglichen Bemühungen. Er hat sehr viele Vorträge gehalten, sehr viel geschrieben, auch populäre Sachen.**
>
> Ernst Stuhlinger, Raketeningenieur

Doch um die Wende von militärischen zu zivilen Raketenprojekten vollziehen zu können, war bezeichnenderweise wieder ein Krieg nötig – diesmal der Kalte. Dort ging es eben nicht nur um Rüstungswettlauf und Abschreckung, sondern auch um den Wettstreit der Systeme. Wer ist leistungsfähiger, die kapitalistische oder die kommunistische Welt? Wer bringt die Menschheit voran mit neuen Superlativen? Der Ost-West-Konflikt war auch einer des Images, und es konnte nur eine Frage der Zeit sein, wann die Weltraumfahrt in den Sog des Wetteiferns geriet.

Es hieß: Schwarz gegen Weiß. Das war uns vollkommen klar, denn der Kalte Krieg war ausgebrochen.
Gerhard Reisig, Raketeningenieur

Schon lange existierte bei Wissenschaftlern in aller Welt der Plan, 1957, in einem Jahr mit besonderer Sonnenaktivität, einen Forschungssatelliten zu starten, um mehr über die Erde und das Universum zu erfahren. Von Braun hoffte, mit einer Spezialausführung seiner Redstone den ersten künstlichen Trabanten starten zu können. Es sei für das Prestige der USA verheerend, wenn nicht diese, sondern die Sowjetunion den ersten Schritt in den Weltraum wage. Doch die »Beute-Deutschen« durften das Projekt nicht in Angriff nehmen. Zu groß war die Sorge, die sowjetische Propaganda könne in von Brauns Vergangenheit wühlen und die USA bloßstellen. Amerika sollte den ersten Satelliten ohne deutsche Hilfe starten. Wie erst heute bekannt ist, gab es auch noch andere Überlegungen: Washington befürchtete, Moskau könne sich provoziert fühlen und das freie Überflugsrecht im All infrage stellen, wenn die USA den ersten Schritt vollführten. Schließlich wurde der Luftraum auch zum Hoheitsgebiet der Staaten gezählt und nicht als frei zugängliche Sphäre. US-Präsident Dwight D. Eisenhower ordnete deshalb kein Crash-Programm an, um

Von Brauns Idee war, die Redstone-Rakete zu nutzen, um einen Satelliten in die Umlaufbahn zu bringen. Doch das amerikanische Militär hatte daran kein Interesse. Dann kamen das geophysikalische Jahr und der Sputnik. Eisenhower war damals Präsident, und es war für ihn eine peinliche Sache, dass die Russen das zuerst geschafft hatten. Es musste also sofort etwas geschehen. Nachdem unsere Konkurrenz von der Marine damit scheiterte, einen amerikanischen Satelliten zu starten – das Ding platzte auseinander –, hieß es, dass die Redstone-Rakete so schnell wie möglich abgeschossen werden sollte. Und dabei haben wir unheimliches Glück gehabt. Der Satellit ging auf Anhieb in die Umlaufbahn, die vorgesehen war.
Gerhard Reisig, Raketeningenieur

Wir hätten nie geglaubt, dass die Russen uns voraus sind. Wir hatten alles fertig, um eine Rakete mit Nutzlast in die Erdumlaufbahn zu bringen. Wir hatten alles dafür in der Hand, wenn wir die Genehmigung bekommen hätten, diesen Schuss auszuführen.

Walter Häussermann, Raketeningenieur

Der Start war am 4. Oktober 1957. In der Welt hat es eine Begeisterung verursacht, die wir – ehrlich gesagt – gar nicht erwartet hatten. Wir alle hatten so viel mit der Technik und der Wissenschaft zu tun, dass wir kaum daran dachten, welche Reaktionen unser Sputnik hervorrufen wird.

Boris Chertok, Raumfahrtexperte, UdSSR

Amerika schnell in den Weltraum zu bringen. Wie sehr er sich verschätzte, bekam er am 4. Oktober 1957 zu spüren.

Die Sowjets setzten den ersten künstlichen Erdtrabanten in die Umlaufbahn, den »Sputnik«. Das historische »biep, biep, biep« erschütterte die westliche Supermacht bis ins Mark. Nach dem Start von Sputnik II vier Wochen später, der eine Hündin in einer Kapsel mitführte, erbebte das Land unter panikartigen Wellen. Amerika erlebte den »Sputnik-Schock«. Von Brauns Kollege Ernst Stuhlinger sagt: »Das schlug ein wie eine Bombe. Viele Politiker, Wissenschaftler, Medienleute griffen sich an den Kopf und sagten: ›Wieso können diese Russen das, die zu nichts fähig sind, wie können die das nur? Das ist ja schrecklich!‹«

Die Angst ging um, das »Reich des Bösen« könne in Zukunft den guten US-Amerikanern gleichsam auf den Kopf spucken – oder schlimmer noch: mit Sprengköpfen werfen. Gefragt war nun ein Retter in der Not. Dieser Retter aber sollte zunächst nicht Wernher von Braun sein. Die US-Navy erhielt den Auftrag, Amerikas Ehre wiederherzustellen. Deren Rakete hieß »Vanguard«. Es kam zum Debakel, denn der Flugkörper zerlegte sich in einem wahren Feuerzauber in seine Bestandteile. Und nun schlug die Stunde des Deutschen. Das Navy-Desaster verschaffte ihm die Chance seines Lebens. Man fragte ihn, ob er in der Lage sei, die Schmach wieder wettzumachen – nur schnell müsse es gehen. Und von Braun sagte etwas übermütig: »Es ist zu schaffen, in 60 Tagen.«

Jetzt machte es sich bezahlt, dass er und seine Vorgesetzten nicht auf das Pentagon gehört hatten: Zwei Jupiter-C-Raketen lagen eingemottet in Huntsville. Entgegen dem ausdrücklichen Verbot des Verteidigungsministers hatten sie Voraussetzungen für den Start geschaffen. In Windeseile wurde alles für die große Mission vorbereitet und ein neuer Satellit gebaut. Keine zwei Monate nach der Vanguard-Katastrophe wurde am 31. Januar 1958 die in »Juno 1« umgetaufte Jupiter-C-Rakete in Cape Canaveral gestartet. Sie trug den »Explorer«-Satelliten in die

Es war eine Kunst, aus so einem Rückschlag einen Vorteil zu machen. Er sagte gewissermaßen: »Wir haben zwar ein Tor kassiert, aber jetzt wollen wir sehen, dass wir das Spiel noch gewinnen!«

Christoph von Braun, Neffe

Oben: »Das schlug ein wie eine Bombe«: Start des sowjetischen »Sputnik«-Satelliten am 4. Oktober 1957
Unten: »Eine peinliche Sache für Eisenhower«: Mit dem Start der »Juno 1«gelang es von Braun, die angekratzte Ehre der Vereinigten Staaten wiederherzustellen

Wir legten den Schnellgang ein und bauten alles zusammen, und nach etwa drei Monaten hatten wir unseren Satelliten fertig – das war im Januar '58. Der erste Start gelang bereits, dann hatten wir den Explorer I im Orbit.

Ernst Stuhlinger, Raketeningenieur

Umlaufbahn. Die Mission wurde zu einem vollen Erfolg, und Wernher von Braun war der Held.

Das Rennen zwischen den USA und der Sowjetunion um die Vorherrschaft in der Raumfahrttechnologie war damit noch nicht entschieden. Die Frage nach dem tatsächlichen Nutzen wurde immer bedeutungsloser. Hauptsache, man konnte die internationale Führungsrolle unterstreichen.

1958 gründete die Eisenhower-Administration die NASA als zivile

Die maßgeblichen deutschen Raketenexperten in den USA (von rechts nach links): Robert Lusser, Wernher von Braun, Hermann Oberth, Ernst Stuhlinger. Im Hintergrund links General Holger Toftoy

Raumfahrtorganisation. Von Braun wollte bei der Armee bleiben, doch Eisenhower überwies 1959 die militärische Raumfahrt ins Aufgabengebiet der Air Force. Von Brauns Flüssigkeitsraketen waren wegen der langen Auftankzeiten inzwischen ohnehin für Kriegseinsätze ungeeignet. Also fügte er sich. Am 1. Juli 1960 wurde das gesamte Raketenforschungsinstitut mit 4669 Mitarbeitern der NASA unterstellt.

Bekanntermaßen war Juri Gagarin am 12. April 1961 der erste Mensch im Kosmos. Gagarins Flug begeisterte die ganze Welt als ein Fortschritt der ganzen menschlichen Zivilisation.

Boris Chertok, Raumfahrtexperte, UdSSR

Die Organisation musste den Wettlauf ins Weltall mit den Sowjets gewinnen – das war ihr Auftrag und vorrangiges Ziel. Wenn die NASA schon nicht mit dem ersten Satelliten oder dem ersten Astronauten im All aufwarten konnte, dann wollte sie wenigstens die ersten Menschen auf den Mond bringen. Von Braun witterte Morgenluft. Doch als US-Präsident Eisenhower vernahm, was das Unternehmen kosten sollte, nämlich Dutzende Milliarden Dollar, legte er – völlig fassungslos über die Unsumme – sein Veto ein.

Anderthalb Jahre mussten vergehen, bis die Sterne in der großen Politik für die Mondsüchtigen wieder günstiger standen: Seit Januar 1961 war John F. Kennedy Präsident der Vereinigten Staaten. Er wollte die Nation mit großen Ideen zu neuen Horizonten führen. Doch zunächst ließ sich der junge Hoffnungsträger im April 1961 auf das Abenteuer in der kubanischen »Schweinebucht« ein: Mit Unterstützung der CIA landeten Exilkubaner an der Küste der Zuckerinsel, um den widerspenstigen Fidel Castro zu stürzen. Das Unternehmen scheiterte kläglich, Kennedy war blamiert. Noch dazu hatte die Sowjetunion weniger als eine Woche zuvor, am 12. April 1961, den russischen Major Juri Gagarin auf eine Umlaufbahn um die Erde gebracht und wohlbehalten zurückgeholt.

Von Braun vertrat den Standpunkt: »Wenn wir sie wirklich überholen wollen, dann müssen wir gleich die Landung auf dem Mond anpeilen. Dann könnten wir gewinnen. Wenn wir das grüne Licht bekommen.«

Am 25. Mai 1961 erklärte Kennedy in einer feierlichen Rede die Landung eines Amerikaners auf dem Mond innerhalb von zehn Jahren zum nationalen Ziel der USA. Stuhlinger erinnert sich an einen entscheidenden Kennedy-Besuch in Huntsville im Herbst 1962: »Die beiden waren einfach auf derselben Wellenlänge. Sie fuhren gemeinsam im offenen Cadillac durch unser Marshall-Center.

Kennedy hatte damals mit einer Reihe von Misserfolgen zu kämpfen – die Kubakrise und so weiter. Er fragte: »Was können wir tun, um die Russen zu schlagen? Um zu zeigen, dass Amerika nicht im Hintertreffen steht und im Schatten steht und die Russen die großen Erfolge haben. Was können wir machen?« Eine Sache war die Raumfahrt.

Ernst Stuhlinger, Raketeningenieur

Jetzt ist es an der Zeit, längere Schritte zu machen; Zeit für ein großes, neues amerikanisches Unternehmen; Zeit für diese Nation, eine eindeutig führende Rolle im Weltraum einzunehmen, der in vieler Hinsicht auch der Schlüssel für unsere Zukunft auf der Erde ist. … Ich glaube, diese Nation sollte sich dem Ziel verschreiben, noch vor Ende dieses Jahrzehnts einen Menschen auf dem Mond zu landen und sicher zur Erde zurückzubringen. Kein Raumfahrtprojekt dieser Periode wird eindrucksvoller für die Menschheit oder wichtiger für die längerfristige Erkundung des Weltraums sein, und keines wird schwerer oder mit mehr finanziellem Aufwand auszuführen sein.
Rede Kennedys, 25. Mai 1961

Und da sah Kennedy die Raketen stehen, die halb fertigen und die fertigen. Er wurde von Wernher in die Halle geführt, wo tüchtig gebaut wurde. Und da strahlten die beiden wie zwei glückliche Jungs. Die haben gelacht und fröhlich gestikuliert und waren sofort die dicksten Freunde.«

Beide hatten vieles gemeinsam: jugendlichen Optimismus, Charisma, die Fähigkeit, Probleme sofort anzupacken und nach Lösungen zu suchen.

Was Wernher von Braun jahrzehntelang erträumt hatte, sollte nun Wirklichkeit werden. Endlich wurde jene gigantische mehrstufige Großrakete benötigt, die genug Leistung besaß, um ein paar Männer über die Distanz von mehr als 350 000 Kilometern zum Mond und wieder nach Hause zu befördern. Und Wernher von Braun, der »Beute-Deutsche«, würde den Bau dieses technischen Meisterwerks leiten: 120 Tonnen Nutzlast, 2750 Tonnen Startgewicht, 110 Meter lang – länger als die Freiheitsstatue in New York. Unter dem Namen »Saturn V« würde sie als die größte und stärkste Rakete, die jemals konstruiert wurde, in die Geschichte eingehen. Fünf

Über den Lautsprecher hörten wir den Countdown. Erst mal sahen wir die Flammen, und dann startete diese Rakete: Wir haben zunächst gar nichts gehört, denn durch die Entfernung brauchte der Schall eine Weile. Aber wir haben das Beben der Erde gespürt, weil sich der Schall über den Boden schneller fortpflanzte. Wir haben die ungeheure Kraft, die da freigesetzt wurde, in den Füßen gespürt. Und dann stieg diese Rakete ganz langsam hoch. Eine ganze Weile konnten wir die Rakete selbst noch sehen und gleichzeitig den Schatten der Rakete auf den Wolken, der dann seitwärts wegflog.
Christoph von Braun, Neffe

Jahre sollte ihre Entwicklung dauern. Die NASA konzentrierte all ihre Mittel auf das Programm. Dafür erhielt sie im Jahr fünf Milliarden Dollar. Mehr als 400 000 Menschen gab das Projekt Arbeit, in der Raumfahrtorganisation und in der Zulieferungsindustrie.

Wie ein Countdown schraubte sich das Apollo-Projekt Jahr für Jahr näher an das erklärte Ziel. Der Flug zum Mond, der am 16. Juli 1969 startete, war nicht nur der Aufbruch in das Universum, er sollte auch das erste weltumspannende Medienereignis werden. 600 Millionen Menschen wurden Zeuge. Am 20. Juli schwenkte die Raumfähre in die vorgesehene Umlaufbahn über dem Erdtrabanten ein. Mit der Präzision eines Uhrwerks trennte sich das Mondlandefahrzeug »Eagle« vom Mutterschiff. Am 21. Juli um 3.40 Uhr öffnete sich die Ausstiegsluke. Dann setzte Neil Armstrong im »Meer der Ruhe« als erster Mensch seinen Fuß in den Mondstaub – und sprach das legendäre Jahrhundertwort: »Dies ist ein kleiner Schritt für einen Menschen, aber ein riesiger Sprung für die Menschheit.« Nur knappe drei Stunden sollte der Ausflug dauern. Ein Teil der Mondlandefähre blieb zurück. An der Unterseite war eine Metallplatte mit einer Inschrift angebracht. »Hier setzten Menschen des Planeten Erde ihren Fuß zum ersten Mal auf den Mond. Wir kamen in friedlicher Absicht für die ganze Menschheit.« Das klang selbstlos. Doch die Mondlandung war keine globale Pioniertat, sondern eine amerikanische. Es war die heiß ersehnte Revanche für die ewigen Ersterfolge der Sowjets im All – und Balsam für den verletzten amerikanischen Nationalstolz. Und einer der Väter des Erfolges war der Deutsche Wernher von Braun.

Doch es war eine Euphorie auf Zeit. Die NASA hatte es als ihr Ziel betrachtet, die Überlegenheit der freien gegenüber der kommunistischen Welt zu beweisen. Dieser Beweis war am 21. Juli 1969 erbracht und der Auftrag damit erfüllt. Es folgte das Debakel von Apollo 13, als die gesamte Besatzung allein durch großes Glück unverletzt zur Erde zurückkehren konnte. Von insgesamt zehn Ausflügen zu dem Trabanten wurden drei kurzerhand aus Kostengründen gestrichen. Vietnamkrieg, Bürgerrechts- und Umweltbewegung, atomares Wettrüsten, die Ölkrise, aber auch die öde Mondlandschaft selbst, die den Astronauten nichts weiter als nackten, kalten Stein und Staub zu bieten hatte, warfen den Blick der Öffentlichkeit zurück auf den Blauen Planeten und seine hausgemachten Probleme.

Diesem Meinungsumschwung vermochte Wernher von Braun nichts entgegenzusetzen. Zum Mars wollte ihm niemand folgen. Die Luft war raus. NASA-Chef Thomas Paine bat von

Es war eine geradlinige Entwicklung von Peenemünde bis zur Mondrakete.
Ernst Stuhlinger, Raketeningenieur

Er hat weitergearbeitet. Aber irgendwie war vielleicht ein bisschen die Luft raus. Der Höhepunkt war vorbei. Er hat diesen Tag als den Höhepunkt seines Lebens empfunden.

Christoph von Braun, Neffe

Die Methode der NASA, um von Braun von uns zu entfernen, war, ihn zu einem hohen Posten nach Washington zu versetzen. Damit waren wir führerlos. Das war der erste Schritt. Und von Braun ist dort in einer Weise behandelt worden wie der dümmste Junge.

Gerhard Reisig, Raketeningenieur

Braun, seine Position als Leiter des geliebten Raketenforschungszentrums in Huntsville aufzugeben und nach Washington zu kommen. In der US-Hauptstadt sollte er als Planungsdirektor der NASA weiterhin die Werbetrommel rühren. Aber seine Zukunftsträumereien fanden keine Resonanz mehr. Vielen erschien er nun als Relikt vergangener Zeiten, als Dirigent, dem das Orchester abhanden gekommen war. »Auf einmal wurde er wie ein dummer Junge behandelt«, erinnert sich sein Mitarbeiter Gerhard Reisig.

Enttäuscht verließ von Braun 1972 die NASA und wurde stellvertretender Chef bei einem Unternehmen, das einen Kommunikationssatelliten bauen sollte. Erstmals war er nicht an einem staatlichen Forschungsinstitut beschäftigt. Doch schon 1973 wurden Krebstumore bei ihm entdeckt. Zunächst schien er die Krankheit zu besiegen, aber 1975 trat sie erneut auf. Am 16. Juni 1977 erlag der Raketenpionier im Alter von 65 Jahren seinem Krebsleiden. Kurz vor seinem Tod beschlichen ihn offenbar erste Zweifel an seinem Lebenstraum: »Es gibt so viel Elend in der Welt, das bekämpft werden muss. Haben wir wirklich das Richtige gemacht?«, fragte er. Für eine Antwort war es zu spät. Wernher von Braun wurde auf dem Ivy Hillside Cemetery in Alexandria im US-Bundesstaat Virginia beigesetzt.

Was ihm durch das frühe Ableben erspart blieb, war eine schonungslose Auseinandersetzung mit seiner Vergangenheit. Diese nahm erst später ihren Anfang, und sie fiel deutlich aus. Es war eine Reaktion auf Jahre der Verherrlichung. Vor allem jüngere Studien lassen das einst so glanzvolle Bild in einem anderen Licht erscheinen.

Das, was im Zweiten Weltkrieg geschah, ist von geringerer Bedeutung als das, was die Deutschen für die Vereinigten Staaten im Bereich der Raumfahrt und der Raketentechnik leisteten. Ich glaube, dass jeder in den USA so denkt.

Thomas Foster, Raketeningenieur in Huntsville ab 1955

Das Dunkelste, würde ich sagen, war wahrscheinlich diese Naivität: die mangelnde Erkenntnis der politischen Realitäten.

Christoph von Braun, Neffe

»Von Braun ist ein Mittäter«, spitzt der KZ-Häftling Albert van Dijk sein Urteil über Wernher von Braun zu, »er hat nicht persönlich gemordet, aber das haben andere Schreibtischtäter, selbst Hitler, auch nicht. Von Braun wollte mithilfe von Sklavenarbeitern sein Ziel erreichen, und das macht ihn schuldig.«

Freilich gibt es auch heute noch Stimmen wie

»Haben wir wirklich das Richtige gemacht?«: Wernher von Braun in den Siebzigerjahren

die von Thomas Foster. Er war von 1955 an Raketeningenieur in Huntsville und meint, für viele Amerikaner sprechen zu können. »Die Geschichte von Brauns im Zweiten Weltkrieg ist von geringerem Gewicht, wenn man betrachtet, was die Deutschen im Bereich der Raumfahrt für die USA geleistet haben. Wir sollten die alten Zeiten ruhen lassen und uns den größeren Dingen zuwenden. Ich meine, viele Menschen in den USA denken so.«

Zwischen diesen beiden konträren Aussagen variieren die Ansichten, und das wird vielleicht so bleiben. Doch die Fakten liegen heute auf dem Tisch. Die Zeit der Mythen ist vorüber, die Jahre der Vertuschung und Verdrängung sind passé. Lange herrschte das Trugbild, das allein den Erfolg und die Leistungen des Wernher von Braun reflektierte. Doch zum Kult um seine Person besteht kein Anlass mehr. Zu sehr stehen die historischen Sternstunden in Zusammenhang mit Erfindungen, die als Vernichtungswaffen dienten, zu sehr ist der Werdegang des Pioniers mit dem Leiden und Sterben von Tausenden für die Fertigung einer Technik verknüpft, die dem Terror diente.

Wernher von Braun war kein Wissenschaftler im Elfenbeinturm. Er war ein Macher. Der Drang, dass seine Vision unter allen Umständen Wirklichkeit werden sollte, machte ihn schließlich zum Opportunisten. Es ging nicht um das Wohl des Menschen, sondern um die Sache an sich. Wie hätte der Werdegang des jungen Himmelsstürmers in einer anderen Zeit ausgesehen? So aber ließ sich der Nichtnazi Wernher von Braun in ein Regime verstricken, das ihm für einen verhängnisvollen Preis alle Mittel bot. Auch er wurde zu Hitlers Manager. Faust hatte den Pakt mit Mephisto geschlossen. Und selbst als der Verführer sein wahres Gesicht offenbarte, vermochte der Verführte den Pakt nicht zu lösen.

Der General

> **Jodl war jemand, der gegen besseres Wissen und Gewissen das tat, was Hitler ihm sagte.**
>
> Winrich Behr, Generalstabsoffizier

In Zelle 6 wurde es nie dunkel. Auch nachts strahlte das grelle Licht eines Scheinwerfers den Gefangenen an. Nie durfte er sich ganz unbeobachtet fühlen. Alle paar Minuten warf ein Posten auf dem Gang einen prüfenden Blick durch eine kleine Türklappe in das Innere des zwei mal vier Meter großen Raumes – schließlich hatte er strengen Befehl zu verhindern, dass der Angeklagte sich dem Urteil des alliierten Militärgerichts in Nürnberg durch Selbstmord entzog. Aus diesem Grund hatte der Insasse auch Schnürsenkel, Hosenträger und Rasierzeug abgeben müssen, nachdem es einem anderen mitangeklagten »Hauptkriegsverbrecher« gelungen war, sich mit dem abgerissenen Saum eines Handtuchs in der Toilettennische der Zelle zu strangulieren. Ab und zu weckte ein übereifriger Posten den Schlafenden, wenn dieser sich verbotenerweise auf den Bauch gelegt hatte und sein Gesicht und eindeutige Lebenszeichen von draußen nicht mehr zu erkennen waren – eine Vorsichtsmaßnahme, die der Aufgeweckte in seinem Tagebuch übel vermerkte: »16.4. Die ganze Nacht Schikanen des Postens. Ein besonders roher Kerl von 8.20 Uhr, 10.30 Uhr und 2.30 bis 3.40 Uhr. 23.4.: Posten weckt mich viermal durch Anrufen und sagt dann ›sleep well‹.«

In der Monotonie der monatelangen Einzelhaft, die nur durch gelegentliche Verhöre, Treffen mit seinen Verteidigern und einsame Gänge im Gefängnishof unterbrochen wurde, kreisten die Gedanken des 56-Jährigen unablässig um sein vergangenes Leben. Tagsüber schrieb er an einem kleinen Tisch, der gegenüber der schmalen Pritsche an der Wand stand, stundenlang Briefe an seine Frau, dazu Berichte und Rechtfertigungen, in denen er die Stationen seines Lebens noch einmal an sich vorüberziehen ließ: seine Jugendjahre als Zögling im bayerischen Kadettenkorps in München, die glücklichen Fähnrichsjahre in Augsburg, der Erste Weltkrieg und der Sturz der Monarchie, den er im Unterschied zu vielen Offizieren begrüßt hatte, sein zäher Aufstieg in der Reichswehr der neuen Republik, die »Machtergreifung« Hitlers, die er erst skeptisch, dann aber mit wachsendem Enthusiasmus verfolgt hatte, und schließlich sein Aufstieg zum engsten militärischen Berater des Diktators, der so gerne auch Feldherr sein wollte. Mehr als fünf Jahre, den gesamten Krieg, hatte er an der Seite Hitlers verbracht, an über 5000 militärischen »Lagebesprechungen« im »Führer«-Hauptquartier teilgenommen – ein Manager des Krieges, der die Front kaum sah, von seinem Schreibtisch aus jedoch die mündlichen Entscheidungen seines obersten Feldherrn in militärische Befehle goss. Ein Krieg, der am Ende 50 Millionen Menschen das Leben gekostet und den er persönlich durch seine Unterschrift in einem Schulgebäude in Reims beendet hatte – ein Krieg, für dessen Ausbruch und Grausamkeiten er laut Anklage der alliierten Sieger eine Mitschuld trug, die, sollte sie ihm nachgewiesen werden, seine Hinrichtung bedeuten würde.

Immer wieder gingen seine Gedanken zurück zu dem Mann, der sein Schicksal geworden war: »Ich kann mich nicht erinnern, je in meinem Leben in meinen Gefühlen so zerrissen gewesen zu sein wie gegenüber Hitler«, schrieb er zur Vorbereitung seiner Aussage vor Gericht. »Die Schwankungen gingen von Verehrung und Bewunderung bis zum Hass. Seine zersetzende und ätzende Kritik an vielem, was mir lieb und wert war – des Generalstabs, des Bürgertums, des Adels, der Reichswehr –, stieß mich besonders in der zweiten Hälfte des Krieges mehr und mehr ab. … Seine Persönlichkeit blieb gewaltig – eine infernalische Größe.« Für viele Schandtaten des »Dritten Reiches« hatte die Anklage erdrückende Beweise vorgelegt. Vor allem dafür, dass es abseits von Hitlers Hauptquartier und den Schlachtfeldern Parallelwelten gab, in denen Millionen Zivilisten systematisch getötet wurden. Der Angeklagte fühlte sich nicht schuldig, allenfalls getäuscht von einem »Führer«, der ihm noch immer faszinierend und rätselhaft blieb: »Kenne ich diesen Mann überhaupt, an dessen Seite ich lange Jahre ein so dornen- und entsagungsvolles Leben geführt habe?«, grübelte er in seiner Zelle: »Hat er nicht auch mit meinem Idealismus gespielt und ihn nur benutzt zu Zwecken, die er in seinem Innern verbarg?«

Kurz vor seinem Tod hat er geschrieben: »Kenne ich diesen Mann überhaupt, mit dem ich jahrelang gearbeitet habe, oder habe ich etwas ganz Falsches gesehen, und er war eine teuflische Entartung?« Er ist sich selbst bis zum Schluss nicht ganz klar geworden über Hitler.

Luise Jodl, Ehefrau

Alfred Joseph Ferdinand Jodl wurde am 10. Mai 1890 in Würzburg geboren. Seine Geburt umgab ein Familiengeheimnis, das erst nach seinem Tod bekannt wurde: Bis zum achten Lebensjahr trug Alfred den Namen seiner Mutter – Baumgärtl –,

»Scharfe elterliche Zucht«: Der kleine Alfred Jodl mit seiner Mutter

denn seine Eltern waren nicht verheiratet. Sein Vater, der wie sein ältester Sohn Alfred hieß, war Berufsoffizier und kommandierte zur Zeit der Geburt als Hauptmann eine Batterie des königlich-bayerischen 2. Feldartillerieregiments in Würzburg. Er war das dritte von sechs Kindern einer bay-

Ein Urgroßvater von mir war Offizier, mein Vater war Offizier, mein Onkel war Offizier, mein Bruder wurde Offizier, mein späterer Schwiegervater war Offizier. Ich kann wohl sagen, der Soldatenberuf lag mir im Blute.

Aussage von Jodl in Nürnberg

erischen Beamtenfamilie aus München, die sich aus bescheidenen Verhältnissen emporgearbeitet hatte. Eine Fotografie zeigt ihn als würdevollen Offizier mit Spitzhelm, Kneifer und Vollbart, eine Respektsperson, die sich nur schwer mit der Vorstellung von einer »wilden Ehe« vereinbaren lässt. Dass er sie wider die Moralvorstellungen seiner Umwelt über Jahre hinweg dennoch führte, war dem Offiziersdünkel seiner Zeit geschuldet. Seine Lebensgefährtin Therese Baumgärtl, eine Müllerstochter aus der Nähe von Vilshofen in Niederbayern, galt in Jodls Regiment als nicht standesgemäß. Schon ihre einfache Herkunft wurde als Makel erachtet, aber auch die von einer Offiziersfrau geforderte Mitgift vermochte die mittellose junge Frau nicht vorzuweisen. Die notwendige Heiratserlaubnis seiner Vorgesetzten konnte Alfred Jodl unter diesen Umständen nicht erwarten. Um Therese zu ehelichen, hätte er seinen Abschied nehmen müssen, wozu er sich aus Liebe zum Militär und vermutlich auch mangels beruflicher Alternativen nicht entschließen konnte. Jahrelang lebten die beiden daher ohne Trauschein – ein belastender Umstand, der durch den Tod von drei Töchtern im Kindesalter noch weiter überschattet wurde. Die Sorge um die Zukunft seiner beiden überlebenden Söhne – 1896 hatte Alfred einen jüngeren Bruder Ferdinand bekommen – dürfte Jodl senior schließlich bewogen haben, nach 18 Dienstjahren seinen Abschied zu nehmen und das »Verhältnis« und seine Kinder zu legitimieren. Am 5. März 1899 wurde er als Oberstleutnant aus der Armee entlassen, bereits drei Wochen später, am 25. März, ehelichte er seine Lebensgefährtin und zog mit ihr und den Kindern in seine alte Heimatstadt München.

Leicht ist Jodl senior die Trennung vom Militär nicht gefallen. Wie sehr sein Vater darunter litt, konnte Alfred Jodl als kleiner Junge bemerken, als er sah, wie dieser beim Anhören einer Militärkapelle am Chinesischen Turm im Englischen Garten in Tränen ausbrach. Dass er diesen Schritt aus Fürsorge für seine Frau und seine Kinder dennoch tat, hat ihm sein ältester Sohn zeitlebens hoch angerechnet. Finanziell bedeutete der Schritt in die Legitimität eine Beschränkung für die kleine Familie. Von nun an lebte sie von einer Offizierspension, die Jodl senior nach seinem Abschied erhielt und die er durch eine Nebenbetätigung als Versicherungsvertreter bei der Münchener »Allianz« aufstockte. Trotz der knappen Familienkasse hat Alfred Jodl seine Kindheit und die Eltern in guter Erinnerung behalten: Sein Vater, schrieb er später, sei ein »echter Soldat« gewesen, »kräftig, gewandt, wagemutig, ein guter Turner, Reiter und Tänzer mit einer ausgeprägten Logik und einem stark entwickelten Rechtsgefühl, ein durch und durch nationalliberaler Mensch im besten Sinne des Wortes, ehrenhaft, ausgleichend, großdeutsch und volksverbunden.« Die Mutter habe durch ihr lebhaftes Temperament die Gelassenheit des Vaters auf das Beste ergänzt und sei eine Hausfrau gewesen, »wie man sie in dieser Vollkommenheit kaum mehr trifft. Sie machte jede Arbeit mit, nichts entging ihren kritischen Augen, ihr Arbeitstempo war gewaltig«. In der gehobenen Gesellschaftssphäre ihres Ehemannes habe sie sich nie ganz wohl gefühlt, sondern sei eine »Frau aus dem Volke« geblieben. »So waren mein jüngerer Bruder und ich einer scharfen Zucht unterworfen, der wir unendlich viel für das Leben verdanken: die Verwurzelung im Volke, die Hilfsbereitschaft, Freude an der Arbeit, Sauberkeit und Ordnungsliebe.«

Bereits früh entschieden die Eltern, dass ihr ältester Sohn wie sein Vater einmal Offizier werden sollte – eine Berufswahl, zu der sie ihren allem Anschein nach schon damals militärbegeisterten Sohn nicht einmal drängen mussten. Im Herbst 1903, mit 13 Jahren, trat Alfred in das königlich-bayerische Kadettenkorps ein, in dem bereits sein Vater und ein Onkel erzogen worden waren. Die Anstalt, 1756 gegründet, war in einem langgestreckten rot-gelben Backsteinbau am Münchener Marsplatz untergebracht, in unmittelbarer Nachbarschaft der Kriegsschule und der Kriegsakademie. Schon diese Umgebung machte deutlich, welchem Ziel sich die Anstalt verschrieben hatte: den zukünftigen Berufsoffizier heranzubilden. Der Kadett trug Uniform und galt als Soldat. Exerzierstunden mit und ohne Gewehr standen ebenso auf dem Stundenplan wie Deutsch, Geschichte, Mathematik und Physik, die zu Lieblingsfächern des fleißigen Schülers wurden. Glockenschläge trieben die Schüler zum »Dienst«, der Vor- und Nachmittage bis auf knappe Pausen ausfüllte und für Kinderspiele weder Zeit noch Raum ließ. Die Schule war zugleich Internat; nur am Wochenende bekamen die Schüler – bei gutem Betragen – einige Stunden Ausgang, um ihre Eltern zu besuchen. Im Übrigen besaß die Schule, die den bayerischen Realgymnasien glich, auch in nichtmilitärischen Fächern einen ausgezeichneten Ruf. Bekannte Professoren lehrten an ihr. Ihr geistiger Einfluss milderte den rauen Kasernenton, der ansonsten durch das Haus wehte. Die Anstalt forderte absolute Disziplin und Gehorsam, aber sie förderte im Gegenzug auch geistige Interessen und Fähigkeiten.

In dieser militärischen Atmosphäre, die ihn früh zu strenger Disziplin erzog, scheint sich der junge Alfred Jodl von Anfang an wohl gefühlt zu haben. Robust und unverwöhnt, hatte er offensichtlich die üblichen Rohheiten des Kadettenlebens, in dem ältere Schüler die ihnen anvertrauten jüngeren »Schützlinge« abzurichten und nicht selten zu quälen pflegten, unbeschadet überstanden. Ohne Widerwillen ertrug er die strenge Schuldisziplin. Sein noch erhaltener Strafbogen zeigt für die gesamte Schulzeit nur zwei Einträge, einmal für den 1. Oktober 1905, »weil er nach dem Abendtisch durch ein Gangfenster in den Hof ausstieg und rauchte«. Sein sofortiges Geständnis wurde als strafmildernd gewertet, sodass der 15-jährige Missetäter mit 24 Stunden Arrest und »Kostbeschränkung« davonkam. Insgesamt war sein Betragen vorbildlich und bescherte ihm die Einstufung in die »Sittenklasse 1« und damit gewisse Privilegien, die untadeligen Schülern gewährt wurden. Seine schulischen Leistungen waren in den ersten Jahren nicht so vorbildlich. Im Turnen, Fechten und Exerzieren gehörte er zu den Besten, in anderen Fächern schwankten seine Noten, obwohl ihm von den Lehrern großer Fleiß bescheinigt wurde. 1906 blieb er sogar sitzen und musste eine Klasse wiederholen – eine Schmach, die er in seinen in der Haft geschriebenen Jugenderinnerungen als »Wendepunkt« bezeichnete. In der neuen Klasse schloss er rasch zur Spitzengruppe auf und bestand das Abitur als einer der Besten. Seiner Schule hat er ein dankbares Andenken bewahrt: »Ich hatte dem Kadettenkorps, als ich es 1910 mit 20 Jahren verließ, viel zu bedanken«, schrieb er 35 Jahre später in einer Gefängniszelle: »Erfüllt von einem hohen Idealismus, innerlich ernst und gefestigt, mit Freude an jeder geistigen Tätigkeit ausgestattet, körperlich hart und genügsam erzogen, mit einem durchtrainierten Körper, ging ich mit Freude und Selbstbewusstsein an die große Aufgabe heran, Teile der deutschen Jugend zu Soldaten zu erziehen.«

Schon der junge Kadett zeigte einen ausgeprägten Charakter. Ohne Außenseiter zu sein, war Alfred Jodl persönlich sehr zurückhaltend, ruhig und beherrscht. Der Zug ins Introvertierte lag offenbar in der Familie, im »schweren bajuwarischen Blut, das uns Jodls die Ruhe und gute Nerven schenkt«, wie es Alfred Jodl gegenüber seiner späteren Frau einmal ausdrückte. Auch sein um sechs Jahre jüngerer Bruder Ferdinand, der ihm äußerlich sehr ähnelte und in der Wehrmacht später ebenfalls zum General (der Gebirgstruppe) avancierte, schlug in diese Art. Die »zwei großen Schweiger« wurden die Gebrüder Jodl im Familienkreis genannt. Spätere Vorgesetzte beurteilten Alfred Jodl als »ruhigen, sachlichen, verlässlichen Arbeiter«, auch als selbstständigen und selbstbewussten Charakter mit guten Umgangsformen, der sich in Gesellschaft auffällig zurückhielt, ohne dabei unsicher zu wirken. Wie seine Lehrer im Kadettenkorps schätzten sie zugleich seine Sportlichkeit, die ihn für den militärischen Beruf zusätzlich empfahl. Schlank und kräftig, war der mit 1,75 Metern mittelgroße junge Mann nicht nur ein ausgezeichneter Turner und Leichtathlet, sondern auch ein guter Reiter und Pferdenarr. Seine psychische und physische Stabilität, die er ererbt und antrainiert hatte, sollte ihn sein ganzes Leben lang begeleiten.

Seine größte Leidenschaft aber wurden und blieben die Berge. Sie boten einen Ausgleich für die ernste Welt aus Pflicht und Etikette, die den Offiziersanwärter in spe umgab. Obwohl er in München aufwuchs, hat Alfred Jodl nach eigenem Bekunden von »allen Lockungen und Entartungen der Großstadt« in der Jugend nicht viel mitbekommen. Jeden Urlaub verbrachte er mit seinen Eltern in einem Bauernhaus bei Reichenhall, wo er das einfache Landleben kennen und schätzen lernte. Gemeinsam mit seinem Jugendfreund Rudolf Konrad, der es später bis zum General der Gebirgsjäger brachte, unternahm er lange Touren in die umliegenden Berge und entwickelte sich zum begeisterten Skifahrer und Alpinisten. Bald hatte er die meisten Gipfel der östlichen Kalkalpen bezwungen. Die Städte, in denen er aufwuchs und diente, blieben ihm zeitlebens ein ungeliebter Arbeitsort. Weit mehr als an München, Augsburg oder Berlin hing er an den bayerischen und österreichischen Alpen. Vor allem die Gegenden um Königssee und Chiemsee hatten es ihm angetan. Sie waren ihm Rückzugsorte, von denen er noch in der Einsamkeit seiner Nürnberger Gefängniszelle schwärmte.

Die nächsten Jahre sollten die glücklichsten seines Lebens werden. »Die Jugend und die Freiheit lag vor mir wie ein Berggipfel in der Morgensonne«, schrieb er später aus der Erinnerung. Zuerst erfüllte sich sein Berufswunsch. Sein exzellentes Abitur im Kadettenkorps verschaffte ihm noch im Herbst 1910 eine Stelle als Fähnrich im 4. bayerischen Feldartillerie-Regiment in Augsburg. Sein Kommandeur war niemand anderer als der jüngere Bruder seines Vaters, Ferdinand Jodl. In dessen Haus begegnete er nach wenigen Monaten auch seinem privaten Glück in Gestalt der fünf Jahre älteren Irma von Bullion. Deren Vater, Oberstleutnant a. D. Graf Arthur von Bullion, kannte Jodls Vater noch aus der gemeinsamen Schulzeit im Kadettenkorps, und dieser hatte sich auf Bitten seines alten Kameraden bereit erklärt, den jungen Fähnrich gesellschaftlich unter seine Fittiche zu nehmen – eine Aufgabe, die er dann offenbar an seine 25-jährige Tochter delegierte. Schon bei der ersten Begegnung war Jodl begeistert von der gebildeten und gesellschaftlich gewandten jungen Frau, die ihm wie »aus einer anderen Welt« schien. »Sie machte keine Konversation, sie suchte einen Menschen«, erinnerte er sich viele Jahre später nach ihrem unglücklichen Tod. »Sie fragte

»Der Soldatenberuf lag mir im Blute«: Jodl als junger Leutnant im Jahr 1912

nach meinen Bergtouren, nach meinen Zielen und Träumen, und dann bat sie mich zur Tanzstunde in ihr Elternhaus. Bald saß ich, statt zu tanzen, in dem kleinen Salon der Komtesse, und wir sprachen und sprachen.«

Es wurde eine Liebesgeschichte mit Hindernissen. Zunächst hatte die Romanze eine längere Trennung zu überstehen. Auf Wunsch ihrer Eltern ging Irma nach England, um dort zu unterrichten. Als sich Alfred Jodl nach ihrer Rückkehr ein Herz fasste und um ihre Hand anhielt, gab es ernste Einwände aus beiden Familien. Alfreds Onkel, der Regimentskommandeur Ferdinand Jodl, schrieb an Irmas Vater, den alten Grafen Bullion, und riet dringend von der Heirat ab: Sein Neffe sei zu jung, um sich schon zu binden. Bullion hatte ähnliche Bedenken. Alles spreche gegen die Ehe, setzte er dem verzweifelten jungen Mann bei einem sonntäglichen Gespräch sachlich auseinander – der Altersunterschied, die Ungewissheit seiner

»Im Rausch der Kriegsbegeisterung«: Ein deutsches Artilleriegeschütz an der Front in Lothringen, wo Jodl bis zu seiner ersten Verwundung kämpfte

Karriere, die finanziellen Schwierigkeiten, denn eine große Mitgift konnte er seiner Tochter nicht mitgeben. Der gesellschaftliche Rangunterschied zwischen einer Grafentochter und einem bürgerlichen Fähnrich mag dem Abkömmling einer alten französischen Adelsfamilie noch zusätzliche Argumente eingeflößt haben, auch wenn im Hause Bullion kein Adelsdünkel gepflegt wurde. Obwohl er die Hoffnung fast schon aufgegeben hatte, bat Alfred Jodl seinen Vater noch einmal um Hilfe – und das Wunder geschah. Zwei Tage später erhielt er ein Telegramm: »Erwarte dich zum Mittagessen. Graf Bullion.« Noch am selben Tag verlobte sich das Paar, wenig später, am 23. September 1913, wurde geheiratet. Alfred Jodl, mittlerweile Leutnant, war 23, seine Braut 28.

Viel Zeit hatte das junge Paar nicht für sich. Knapp ein Jahr später, im Juli 1914, brach der Erste Weltkrieg aus. Trotz seiner eher nüchternen Natur scheint auch Alfred Jodl dem Rausch der anfänglichen Kriegsbegeisterung erlegen zu sein. Als der Transportzug seines Regiments die Bahnhofshalle in Augsburg verließ, schlug ihn seine »kämpferische soldatische Natur« stärker in ihren Bann als der Schmerz über die Trennung von seiner jungen Ehefrau und über das »Ende eines der schönsten und glücklichsten Jahre meines Lebens«, wie er später schrieb. Der 24-jährige Leutnant kam zunächst an die Front nach Lothringen, wo er als Artilleriebeobachter und Zugführer eingesetzt wurde. Als seine Batterie im August 1914 bei Azerailles zusammengeschossen wurde, durchschlug ein Granatsplitter seinen rechten Oberschenkel, was ihm einige Monate Lazarett einbrachte und später – da der Splitter nicht entfernt werden konnte und eine Vereiterung hervorrief – fast sein Bein gekostet hätte. Ende 1916 wurde er zum Führer einer Batterie befördert und an die Ostfront verlegt. Im November 1917, nach dem militärischen Zusammenbruch Russlands, kam er als Adjutant des Artilleriekommandeurs der 8. bayerischen Infanteriedivision an die Front in Flandern zurück, wo er das Kriegsende erlebte. Er hatte sich in diesen Jahren als umsichtiger und tapferer Offizier bewährt, der von seinen Vorgesetzten sehr geschätzt und mit dem Eisernen Kreuz erster und zweiter Klasse ausgezeichnet wurde. Im Gegensatz zur Mehrheit der führenden Militärs im Zweiten Weltkrieg sammelte er im Ersten noch keine Generalstabserfahrung. Er blieb bis zum Schluss bei der Truppe und teilte die Gefahren und Mühseligkeiten des einfachen Soldaten.

Wie bei vielen Soldaten scheinen die Jahre des Krieges und vor allem die Erfahrung der Niederlage einen inneren Umbruch in Jodl in Gang gesetzt zu haben. Der Weltkrieg lockerte Bindungen, die er aus dem konservativen Elternhaus und dem Kadettenkorps wie selbstverständlich übernommen hatte, die Niederlage begrub viele von ihnen endgültig. Die Suche nach den Ursachen des Zusammenbruchs, der alle Siege und Anstrengungen der letzten Jahre vergeblich gemacht hatte, führten den königstreuen Kadetten und Berufsoffizier zu »revolutionären« Gedanken, die seinen konservativen Schwiegervater Bullion entsetzten. Nicht die Stärke der Gegner, sondern die innere Zerstrittenheit des Reiches machte der 28-Jährige für den Zusammenbruch verantwortlich: Die Monarchie und der Kaiser persönlich hatten in seinen Augen versagt, da sie keine »einheitliche Volksführung durch den Staat« zustande gebracht hatten. Sie hätten es nicht vermocht, das in Bundesstaaten zersplitterte Reich und das nach Schichten und Parteien gespaltene Volk wirklich hinter sich zu einen – damit hätten sie die Niederlage heraufbeschworen. Ohne die Mitwirkung der deutschen Arbeiterschaft, dessen war er sich nun sicher, war ein so hoch industrialisiertes Land wie Deutschland künftig nicht mehr zu regieren. Von allen Parteien aber schien ihm nur die SPD in der Lage, die deutschen Arbeiter für sich zu gewinnen. Aus diesem Grunde begrüßte er den Sturz der Monarchie und setzte seine Hoffnung auf die Regierung des Sozialdemokraten Friedrich Ebert: »Ich glaubte, dass

Der deutsche Offizier ist nicht zur Revolution erzogen.

Jodl

Ein passionierter Soldat, ein sehr kluger Kopf, fleißig, im Urteil sachlich, nüchtern, auf dem Boden der Wirklichkeit stehend, kurzum: eine sehr schätzenswerte Persönlichkeit.

Beurteilung Jodls aus den Zwanzigerjahren

Oben: »Ein kommender Mann«: Alfred Jodl (2. von rechts) 1926 als Hauptmann der Reichswehr. Links neben ihm sein Bruder Ferdinand
Unten: »Wir sprachen und sprachen«: Alfred Jodl mit seiner Frau Irma, rechts Jodls Mutter Therese und sein Bruder

Die Nationalsozialistische Partei habe ich vor dem Münchener Putsch kaum gekannt und kaum beachtet. Erst dieser Putsch zog die Reichswehr zwangsweise in diese innenpolitische Entwicklung. Sie hat damals, mit wenigen Ausnahmen, diese Gehorsamsprobe bestanden, aber es trat nach diesem Putsch doch eine gewisse Spaltung der Auffassung des Offizierskorps ein. Es gab verschiedene Auffassungen über den Wert oder Unwert Hitlers. Ich war nach wie vor äußerst skeptisch und ablehnend. Beruhigt war ich erst, als Hitler damals im Leipziger Prozess die Versicherung abgab, dass er jede Zersetzung der Reichswehr ablehne.
Aussage von Jodl in Nürnberg

es ihr nach Beseitigung der überlebten Fürstenhäuser gelingen würde, ein wirklich einheitliches Reich zu schaffen, vielleicht sogar unter Einbeziehung von Österreich, und dass sie einen erträglichen Frieden erreichen würde. … So diente ich in den kommenden Jahren der Regierung Ebert mit durchaus lauterer Absicht und nicht als dem kleineren Übel.«

Der Versailler Friedensvertrag mit seinen harten Bedingungen, den Gebietsabtretungen und der Beschränkung auf ein 100 000-Mann-Berufsheer, hat Jodl wie die meisten Deutschen tief enttäuscht. Für ihn wie für viele andere war und blieb das »Versailler Diktat« eine Schmach und im Rückblick der Hauptgrund für den Aufstieg Hitlers und den Ausbruch des Zweiten Weltkriegs. Gleichwohl ließ die erzwungene Annahme des Friedensvertrags Jodl nicht zum Feind der Republik werden. Anders als der fast gleichaltrige Hitler gehörte er nicht zum Millionenheer der Soldaten, die das Kriegsende in eine ungewisse Zukunft entließ und die zum Reservoir der rechten Agitation gegen die neue Republik wurden. Aufgrund seiner Ausbildung und seiner Leistungen während des Krieges wurde Alfred Jodl Ende 1919 in das kleine Berufsheer der Weimarer Republik übernommen und machte dort Karriere. Er wurde Hauptmann und nahm als einer der acht besten Offiziere seiner Division an einem zweijährigen »Führungsgehilfenlehrgang in München« teil – eine getarnte Ausbildung für den Generalstab, der den Deutschen laut Versailler Vertrag verboten war. Er absolvierte sie mit Bravour und kam als einer der zehn Jahresbesten *aller* Divisionen zum dritten Ausbildungsjahr nach Berlin. Die Grundlage für eine gute, vielleicht sogar glänzende Karriere war gelegt. Nach seiner Rückkehr und erneutem Truppendienst bildete er in München nun selbst neue »Führungsgehilfen« aus. 1932 folgte der entscheidende Karrieresprung: Der mittlerweile 42-jährige Major erhielt einen Posten als Gruppenleiter der Operationsabteilung des Heeres im Berliner Reichswehrministerium. »Ein klarer, nüchterner Kopf, ein heißes Herz, ein eiserner Wille. Ein kommender Mann«, beurteilte ihn sein Lehrer und Förderer General Wilhelm Adam.

Ich habe dieser Republik ehrlich, meinem Eide getreu, ohne jeden Vorbehalt gedient. Wenn ich das nicht gekonnt hätte, dann hätte ich meinen Abschied genommen.
Aussage von Jodl in Nürnberg

Persönlich fühlte sich Alfred Jodl fern der geliebten Berge in der Großstadt Berlin zunächst einmal »kreuzunglücklich«, wie er einer neuen Bekannten, Luise von Benda, gestand. Kennen gelernt hatten beide sich bei einer der jährlich stattfindenden Generalstabsreisen, die Luise von Benda als Sekretärin von Generalstabschef Ludwig Beck begleitete, dem Vorgesetzten von Alfred Jodl. Insgeheim schwärmte die 27-jährige Adelstochter aus Pommern gegenüber einer Freundin für den sportlichen Major, den »Sohn der Berge« mit den »hellen Augen in dem braun gebrannten Gesicht« und den »gelassenen und zugleich leichten Bewegungen«. Trotz des Altersunterschiedes wurde Luise von Benda in Berlin bald zur engsten Freundin und Vertrauten von Alfred Jodl und seiner Frau Irma. Die Ehe der Jodls war kinderlos geblieben, und Irma, mittlerweile 47 Jahre alt, war froh, in Berlin eine jüngere Freundin zu finden. Als Luise 1934 schwer erkrankte, luden die Jodls sie zur Erholung an den Chiemsee ein, wo das Ehepaar den Sommerurlaub verbrachte. Aus dieser Zeit erwuchs eine große Nähe; im Leben der Jodls, vor allem in Alfreds, sollte Luise von Benda noch eine bedeutende Rolle spielen.

Politisch hielt sich Alfred Jodl in den Jahren der Weimarer Republik ganz an die Vorgabe des führenden Kopfes der neuen Reichswehr, General Hans von Seeckt. Dieser verlangte von Offizieren und Soldaten strikte Abstinenz von politischen Aktivitäten und schottete die Armee zugleich von der parlamentarischen Kontrolle ab. Die Reichswehr sollte ein überparteilicher Ordnungsfaktor sein, ein »Staat im Staate«, der sich weniger der konkreten Weimarer Republik als vielmehr einem übergeordneten deutschen Vaterland verpflichtet fühlte. Man liebte den demokratischen Parteienstaat nicht, versah aber loyal seinen Dienst. Der Forderung, sich politisch zu enthalten, kam Alfred Jodl gerne nach. Es entsprach seinem Wesen und der ihm eigenen Auffassung vom Beruf des Soldaten, sich ganz auf seine militärischen Aufgaben zu konzentrieren. Im Unterschied zu vielen Offizierskameraden, die innerlich dem alten Kaiserreich nachtrauerten, scheint er gleichwohl der »Vernunftrepublikaner« geblieben zu sein, zu dem ihn die Niederlage im Ersten Weltkrieg gemacht hatte. Auch wenn er sich von der Sozialdemokratie sicher in vielen Punkten enttäuscht fühlte – er wollte weder das alte Kaiserreich zurück, noch empfand er Sympa-

»Dieser Scharlatan«: Jodls Meinung zu Hitler war zunächst zwiespältig. Der neue Reichskanzler und Reichspräsident Hindenburg am »Tag von Potsdam«, 21. März 1933

thien für die rechten Feinde der Republik, wie die erstarkende NSDAP unter ihrem »Führer« Hitler.

Der »Machtergreifung« Hitlers im Januar 1933 stand Jodl denn auch ablehnend gegenüber. Nach Aussage eines damaligen Untergebenen, des späteren Generals Vormann, lehnte Jodl seinerzeit »Hitler und die Partei völlig ab«. Die Ernennung Hitlers zum Reichskanzler, so Vormann weiter, habe Jodl »bestürzt und erstaunt« und veranlasst, seine Offiziere zu einer Besprechung zusammenzurufen. In einer Rede, »in der schwere Sorge und Besorgnis um die kommende Entwicklung der Dinge« mitschwangen, ermahnte Jodl seine Untergebenen allerdings zu strikter Loyalität gegenüber dem neuen Mann: »Hitler ist der bestehenden Verfassung und den geltenden Gesetzen nach an die Spitze des Reichs berufen. Eine Kritik darüber, insbesondere eine Kritik an dem Verhalten des Reichspräsidenten, des Feldmarschalls von Hindenburg, steht uns nicht zu. Wir haben zu gehorchen und als Soldaten unsere Pflicht zu tun. Auch eine Kritik an den neuen Maßnahmen des neuen Kanzlers in der bisherigen Form hat als unvereinbar

Von der Ernennung Hitlers zum Reichskanzler wurde ich völlig überrascht. Als ich an diesem Abend mit einem Kameraden durch die bewegten Massen nach Hause ging, da sagte ich zu ihm: Das ist mehr als ein Regierungswechsel, das ist eine Revolution.
Aussage von Jodl in Nürnberg

mit seiner und unserer Stellung in Zukunft zu unterbleiben.« Er persönlich hielt sich allerdings nicht so strikt an den selbst verordneten Maulkorb. Als Luise von Benda nach dem Staatsakt in der Potsdamer Garnisonkirche im Kasino des Kriegsministeriums begeistert die Begegnung zwischen Hitler und Hindenburg schilderte, rief Jodl ihr vom Nebentisch ein wenig spöttisch herüber: »Fallen Sie doch bloß nicht auf diesen Scharlatan hinein!«

Trotz dieser Vorbehalte setzte er seine Karriere unter dem neuen Regime bruchlos fort. Die Errichtung der Diktatur Hitlers, die Auflösung aller nichtnationalsozialistischen Parteien, Gewerkschaften und Verbände, die Entfernung jüdischer Offiziere, selbst die Mordaktion im Umfeld des »Röhm-Putsches« nahm er einspruchslos hin, weil sie unter dem Deckmantel der Legalität erfolgte und von Erfolgen begleitet wurde. Die sinkenden Arbeitslosenzahlen, die Rückkehr des Saarlandes in das Deutsche Reich, die Wiedereinführung der allgemeinen Wehrpflicht in der zur »Wehrmacht« umgetauften Reichswehr – mit jedem neuen Triumph schmolzen Jodls Vorbehalte gegenüber Hitler dahin. Ohne innere Einschränkung leistete er den Treueid auf Hitler, den Kriegsminister von Blomberg nach dem »Röhm-Putsch« aus freien Stücken angeordnet hatte. Während die neue Wehrmacht sprunghaft anwuchs, kletterte er selbst die Karriereleiter weiter empor. 1935, nach drei Jahren als Gruppenleiter in der Operationsabteilung, wurde Jodl – mittlerweile Oberst – Chef der Abteilung Landesverteidigung im neu geschaffenen Wehrmachtsamt, dem Vorläufer des späteren Oberkommandos der Wehrmacht (OKW).

In seiner neuen Stellung geriet Jodl in den Mittelpunkt eines heftigen Streits, in dem es um die zukünftige Führung und Struktur der Wehrmacht ging. Die Abteilung Landesverteidigung unterstand Kriegsminister von Blomberg und dem Chef des neuen Wehrmachtsamts, Wilhelm Keitel – Letzterer sollte von nun an bis Kriegsende Jodls direkter Vorgesetzter bleiben. Offiziell war das Wehrmachtsamt zuständig für alle administrativen Aufgaben des

Der damalige Major i. G. Jodl war 1933 mein Gruppenleiter. Er schwamm völlig im Fahrwasser des damaligen Chefs der Heeresleitung, des Generals von Hammerstein, und lehnte Hitler und die Partei völlig ab.
General Nikolaus von Vormann

Reichskriegsminister Blomberg (Mitte) und der Chef des Wehrmachtamtes Wilhelm Keitel waren die wichtigsten Förderer Jodls in den Dreißigerjahren. Hier mit Hitler während eines Manövers im Jahr 1937

Kriegsministers, der als »Oberbefehlshaber der Wehrmacht« zugleich die Gesamtführung der Streitkräfte beanspruchte. Tatsächlich aber führten die drei Teilstreitkräfte, das Heer, die Luftwaffe und die Marine, ein vom Ministerium weitgehend unbehelligtes Eigenleben. Es waren keineswegs nur persönliche Machtansprüche, die Blomberg und Keitel auf eine Einschränkung dieser Eigenständigkeiten zugunsten einer einheitlichen Führung drängen ließen, sondern durchaus auch militärische Notwendigkeiten: Die Wehrmacht befand sich mitten in einer Umbruchphase, die alle Armeen damals durchliefen. Hatten noch im Ersten Weltkrieg die Heeresoperationen zu Lande den Kern jeder operativen Führung ausgemacht, so zeichnete sich jetzt mit den Fortschritten der Rüstungstechnologie immer mehr die Notwendigkeit einer kombinierten Führung aller Waffengattungen ab. Vor allem die Luftwaffe, bis 1918 eher exotisches Beiwerk der Landstreitkräfte, war zum entscheidenden Faktor geworden.

Doch die Einrichtung eines gemeinsamen Oberbefehls über Land-, See- und Luftstreitkräfte, wie sie Blomberg und Keitel forderten, stieß innerhalb der Wehrmacht auf hartnäckigen Widerstand. Der Generalstab des Heeres unter seinem Chef Ludwig Beck verteidigte verbissen die traditionelle Vorrangstellung des Heeres. Beck und seine Mitarbeiter waren keineswegs gegen koordinierte Aktionen aller Wehrmachtteile, aber sie wollten Marine und Luftwaffe in diesen Fällen gleichsam als »Hilfstruppen« unter die Führung des Heeres stellen. Ein übergeordneter »Wehrmachtsgeneralstab« schien ihnen entbehrlich, ja unnötig. Die neu gegründete Luftwaffe wiederum wollte ihre Autonomie weder an das Heer noch an Blomberg oder Keitel verlieren. Ihr Chef, Hitlers »zweiter Mann« Hermann Göring, spöttelte bissig, es sei ihm gleichgültig, ob unter einem Befehl »Feldwebel Meier« oder »General Wilhelm Keitel« stünde – er nehme nur von Hitler persönlich Weisungen entgegen. Das Problem der Spitzengliederung der Wehrmacht, das sich hier auftat, sollte sich den ganzen Krieg hindurchziehen und zu heftigen Spannungen zwischen dem späteren Oberkommando der Wehrmacht auf der einen und dem Oberkommando des Heeres (OKH) auf der anderen Seite führen.

In seiner neuen Funktion als Leiter der Abteilung Landesverteidigung im neuen Wehrmachtsamt geriet Jodl fast zwangsläufig in die vorderste Front dieses Streits. Die Abteilung Landesverteidigung war eingerichtet worden, um nach Maßgabe der politischen Führung operative Pläne zu erarbeiten, Manöver anzulegen und »das Problem der Wehrmachtsführung zu studieren und zu klären«. Nach den Wünschen von Blomberg und Keitel sollte sie die Keimzelle des neuen »Wehrmachtsgeneralstabs« werden. Niemand Geringerer als General Ludwig Beck, der Chef des Generalstabs des Heeres, hatte Alfred Jodl für diesen Posten empfohlen, wie sich Becks damalige Sekretärin Luise von Benda später erinnerte: Beck hatte gehofft, Jodl werde in seiner neuen Stellung die traditionelle Vormacht des Heeres in der neuen Wehrmacht sichern helfen. Doch es kam anders. Kaum im Amt, erwärmte sich Jodl leidenschaftlich für die Idee einer zentralen Lenkung der drei Wehrmachtsteile Heer, Marine und Luftwaffe und wurde zum entschiedenen Mitstreiter Blombergs und Keitels im Kampf für eine einheitliche Kommandostruktur. Nach einiger Zeit kam es darüber zu einer tiefen Entfremdung zwischen Jodl und Beck. Wenn der Chef des Generalstabs seinem einstigen Schützling auf den Gängen des Kriegsministeriums begegnete, übersah er ihn und verweigerte jeden Gruß. Seinen Untergebenen verbot Beck den Umgang mit dem Abtrünnigen und allen anderen Offizieren des Wehrmachtsamtes. Jodl seinerseits nannte in einem Brief von 1939 den Heeresgeneralstab unumwunden die »Feindseite«. Ein Riss

Die Befehlsgewalt über die gesamte Wehrmacht übe ich von jetzt an unmittelbar persönlich aus.

Erlass Hitlers, 4. Februar 1938

Der ganze Jammer ist, dass im OKH die stärkeren Persönlichkeiten sitzen. Wenn Fritsch, Beck und Sie im OKW wären, würden Sie anders denken.

Jodl im Gespräch mit Erich von Manstein, März 1938

ging durch das obere Offizierskorps, der sich nicht wieder kitten ließ. Die »Traditionalisten« im Generalstab des Heeres standen gegen die »nationalsozialistischen Neuerer« im Wehrmachtsamt.

In diesen Jahren erhielt Jodl ein überraschendes Angebot. Zweimal, 1936 und 1938, stellte man ihm den Posten des Generalstabschefs der neuen Luftwaffe in Aussicht. Die Karriere lockte, doch am Ende lehnte er ab. Er fühlte sich dem Heer verbunden und hoffte auf eine Fortsetzung seiner Laufbahn bei der Truppe oder auch bei einem übergeordneten Wehrmachtsgeneralstab. Dessen Chancen schienen zu steigen, als Hitler Anfang 1938 in der so genannten Blomberg-Fritsch-Krise die Wehrmachtsspitze in einem Doppelschlag enthauptete. Blomberg und der Oberbefehlshaber des Heeres, Werner von Fritsch, hatten sich Ende 1937 gegen die Kriegspläne Hitlers ausgesprochen und wurden nun unter fadenscheinigen Vorwürfen zum Rücktritt gezwungen. Ohne Gegenwehr der paralysierten Wehrmachtsführung installierte sich der Diktator am 4. Februar 1938 selbst als Oberbefehlshaber der Wehrmacht und setzte an die Stelle von Fritsch den gefügigen und blassen Walter von Brauchitsch. Einen Kriegsminister gab es fortan nicht mehr. Die administrativen Aufgaben des Ministeriums übernahm das in »Oberkommando der Wehrmacht (OKW)« umgetaufte einstige Wehrmachtsamt, zu dessen »Chef« Hitler den bisherigen Leiter Wilhelm Keitel ernannte, den er in den Rang eines Reichsministers erhob. Das OKW unterstellte Hitler unmittelbar seinen Befehlen. Es war der endgültige Abschluss der »Machtergreifung«, erst jetzt verfügte der Diktator über die volle totalitäre Gewalt – und die nötigen Erfüllungsgehilfen.

Im Zuge dieser Umbildung wies Hitler dem neuen OKW neben administrativen Aufgaben auch die Rolle als sein »persönlicher militärischer Stab« zu, den er als neuer Oberbefehlshaber beanspruchte. Bei Jodl, dessen bisherige Abteilung »Landesverteidigung« im Zuge dieser Umbildung im neuen »Wehrmachtsführungsamt des OKW« (ab 1940 »Wehrmachtsführungsstab«) aufging, weckte dies Hoffnungen, dass dieses zur Keimzelle des schon lange geforderten obersten »Wehrmachtsgeneralstabs« werden konnte. Bald aber zeigte sich, dass Hitler unter seinem »persönlichen militärischen Stab« mehr eine Art gehobener Adjutantur verstand. Eine wirklich vereinte oberste militärische Instanz, wie etwa das amerikanische »joint chiefs of staff«, gab es weiterhin nicht. Die Ursachen lagen jedoch

Führer äußert nach Einverleibung Österreichs, dass ihm die Bereinigung der tschechischen Frage nicht eilt. Man muss erst Österreich verdauen. Trotzdem sollen Vorbereitungen »Fall Grün« energisch weitergetrieben werden. Sie müssen aufgrund der veränderten strategischen Lage durch Eingliederung Österreichs neu bearbeitet werden.

Jodl, Tagebucheintrag, Frühjahr 1938

nicht, wie Jodl weiterhin glaubte, nur in der anhaltenden Renitenz der Teilstreitkräfte. Verantwortlich war vor allem Hitler selbst. Wie auf allen Gebieten des Staates und der Verwaltung vermied es der Diktator auch in der Armee, klare Machtstrukturen aufzubauen. Die Rivalität seiner Satrapen förderte natürlich die eigene Machtstellung. Nur der »Führer« selbst traf die letzte Entscheidung – als Schiedsrichter und einzige verbindliche Instanz für sämtliche Paladine und Organe seiner Diktatur. Auf militärischer Ebene sollte das die Ausschaltung des »Sachverstands« und ungeheure Verluste an der Front mit sich bringen.

... unterschreibt der Führer die Weisung »Grün«, die seinen Entschluss, die Tschechei in Bälde zu zerschlagen, endgültig festlegt und damit die militärischen Vorbereitungen auf der ganzen Linie auslöst. ... Noch einmal tritt der ganze Gegensatz auf, der sich ergibt aus der Erkenntnis des Führers, wir müssen noch in diesem Jahre, und der Auffassung des Heeres, wir können noch nicht, da sicherlich die Westmächte eingreifen und wir ihnen noch nicht gewachsen sind.

Jodl, Tagebucheintrag 30. Mai 1938

Das Jahr 1938 markiert den Abschluss des inneren Umbruchs im politischen Denken Alfred Jodls. Spätestens jetzt war er zum unbedingten Gefolgsmann Hitlers geworden. Nie wird die innere Wandlung deutlicher, die er seit 1933 durchlaufen hatte, nie werden aber auch die Gräben sichtbarer, die ihn als bewussten Nurfachmann von einem zusätzlich in politischer Verantwortung denkenden Militär wie Beck trennten, als in der Sudetenkrise des Jahres 1938. Am 20. März 1938, kurz nach dem Anschluss Österreichs, befahl Hitler Keitel »generalstabsmäßige Vorarbeiten« für einen Angriff auf die Tschechoslowakei: Das Problem müsse einmal gelöst werden, nicht nur wegen der unterdrückten Sudetendeutschen, sondern mehr noch wegen der kommenden Auseinandersetzung im Osten. Er wolle, betonte Hitler, nicht sogleich einen Krieg entfachen, es sei denn, eine besonders günstige Konstellation trete ein. Auf Weisung Keitels formulierte daraufhin Jodl bis zum 25. Mai einen ersten Angriffsentwurf. Als Generalstabschef Beck von diesem erfuhr, war er entsetzt. Noch war in seinen Augen die eilig aufgebaute Wehrmacht viel zu schwach, um in die Tschechoslowakei einzumarschieren, wenn diese von Frankreich und womöglich noch von England unterstützt wurde. Auch Jodl kannte die Schwächen der Wehrmacht und rechnete in seinem Entwurf mit Frankreich und Russland als möglichen Gegnern. Doch er unterwarf sich am Ende blind und bedingungslos der politischen Einschätzung Hitlers und wies die im Laufe der nächsten Monate immer dringlicher werdenden Einwände Becks empört zurück: »Es ist tieftraurig«, notierte er am 13. September in sein persönliches Tagebuch, »dass der Führer das ganze Volk hinter sich hat, nur nicht die führenden Generale des Heeres. Sie können

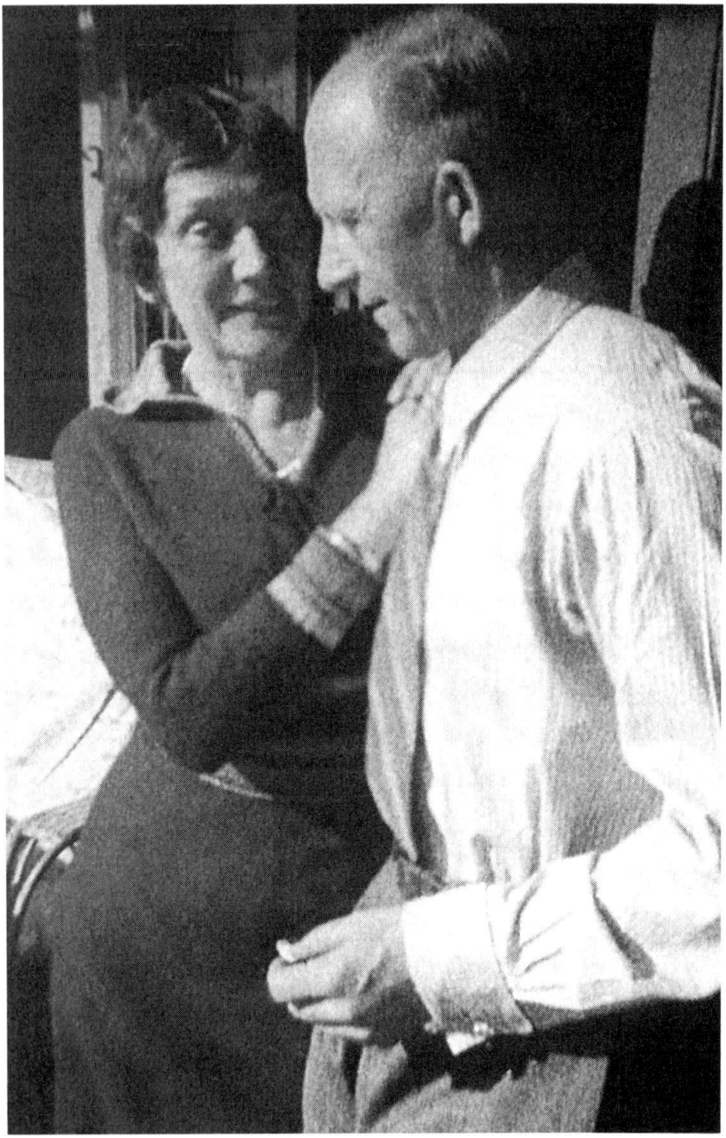

»Helle Augen im braun gebrannten Gesicht«: Jodl und seine Frau Irma im Jahr seiner Versetzung nach Berlin, 1932

»Leidenschaft für die Berge«: In der Natur fühlte Jodl sich am wohlsten – die Großstadt blieb ihm zeitlebens fremd

Beck stellte das moralische Vorgehen Hitlers verhältnismäßig bald in Zweifel – nicht gleich, das sieht man an einer Rede in der Kriegsakademie, aber er hat eben seine Kriegspläne vorzeitig erkannt, und das hat Jodl nicht so erkannt.

Luise Jodl, Ehefrau

meines Ermessens nur mehr durch die Tat gutmachen, was sie durch mangelnde Seelenstärke und durch Mangel an Gehorsam gesündigt haben. ... Sie können nicht mehr glauben u[nd] nicht mehr gehorchen, weil sie das Genie des Führers nicht anerkennen, in dem sie zum Teil sicher noch den Gefreiten des Weltkriegs sehen, aber nicht den größten Staatsmann seit Bismarck.«

Zu diesem Zeitpunkt war die Sudetenkrise kurz davor, einen Konflikt mit Waffengewalt auszulösen. Keineswegs gewillt, eine günstige Konstellation geduldig abzuwarten, hatte Hitler die Sudetendeutschen zu immer ausufernderen Forderungen an die Prager Regierung ermutigt und seine öffentliche Einforderung ihres Selbstbestimmungsrechts mit Manövern an der Grenze drohend unterstrichen. Um Hitlers Hasardspiel zu verhindern, forderte Beck einen kollektiven Rücktritt der Heeresführung. »Es stehen hier«, so schrieb er an den Oberbefehlshaber des Heeres, General von Brauchitsch, »letzte Entscheidungen über den Bestand der Nation auf dem Spiel. Die Geschichte wird diese Führer mit einer Blutschuld belasten, wenn sie nicht nach ihrem fachlichen und staatspolitischen Wissen und Gewissen handeln. Ihr soldatischer Gehorsam hat dort eine Grenze, wo ihr Wissen, ihr Gewissen und ihre Verantwortung die Ausführung eines Befehls verbieten.« Als er sich nicht durchsetzen konnte, trat Beck am 18. August demonstrativ zurück. Am Ende gewann noch einmal Hitler: England und Frankreich waren nicht bereit, für die Tschechoslowakei einen Krieg zu riskieren. Im Münchener Abkommen vom 29. September wurde die Tschechoslowakei verpflichtet, die sudetendeutschen Gebiete an Deutschland abzutreten. Triumphierend notierte Jodl am selben Tag in sein Tagebuch. »Das Genie des Führers und seine Entschlossenheit, auch einen Weltkrieg nicht zu scheuen, haben erneut und ohne Gewaltanwendung den Sieg davongetragen. Es bleibt zu hoffen, dass die Ungläubigen, Schwankenden und Schwachen bekehrt sind und bekehrt bleiben.«

Dieser Gesinnungswandel wirft Fragen auf. Gewiss haben Jodl die zahlreichen inneren und äußeren Triumphe Hitlers sehr beeindruckt, wie er überhaupt wie so viele andere der suggestiven Kraft des Demagogen erlag. Als Berufsoffizier wurde er zudem mitgerissen von dem unerhörten militärischen Aufschwung, der das 100 000-Mann-Heer der Weimarer Republik binnen weniger Jahre in die Millionenarmee Hitlers verwandelte. Aber dennoch: Wie konnte gerade er, der im Unterschied zu vielen Weltkriegssoldaten die Weimarer Republik innerlich akzeptiert hatte, der zu-

»Der größte Staatsmann seit Bismarck«: Der friedliche Einzug Hitlers ins Sudetengebiet im Oktober 1938 markiert einen Umbruch im politischen Denken Jodls

mindest zeitweilig zum Sympathisanten der Sozialdemokratie geworden war und Hitlers »Machtergreifung« abgelehnt hatte, nun zum Anhänger des diktatorischen Führerstaates und zum enthusiastischen Gefolgsmann Hitlers werden? Vielleicht darf man die scheinbaren Gegensätze nicht zu sehr betonen: Seine Sympathien für die Weimarer Republik und die Sozialdemokratie waren kein Bekenntnis zum demokratischen Parteienstaat gewesen. Er war lediglich Vernunftrepublikaner geworden, der von der Sozialdemokratie eine Überwindung der sozialen Gegensätze und der föderalistischen Ordnung zugunsten einer starken einheitlichen Volksführung erhofft hatte. In gewisser Hinsicht hatte Hitler diese Wünsche unter ganz anderen Vorzeichen erfüllt. Er hatte den bundesstaatlichen Föderalismus durch Gleichschaltung der Länder aufgehoben, Arbeitnehmer und Arbeitgeber zwangsvereinigt und damit in Jodls Augen ein starkes, einiges Reich geschaffen. Dass dies, wo nötig, mit brutaler Gewalt geschehen war, dass das neue Regime viele Gegner ermordet oder ins KZ geschickt hatte, dass es jüdische Mitbürger aus der Gesellschaft ausgrenzte, scheint Jodl nicht betroffen zu haben. Er hielt dies wohl für die unvermeidlichen Begleitumstände einer jeden Revolution, über die ihm als Offizier kein Urteil zustand, solange die äußere Legalität gewahrt blieb.

Oben, im Brennpunkt der Ereignisse und Entschlüsse, hört und weiß man alles, ist aber doch ein namenloses Rädchen, von dessen Tätigkeit und Bedeutung nur wenige wissen. An der Spitze einer Division weiß man nichts, aber die ganze Division weiß von einem, und für sie ist man alles, Glück oder Unglück, Erfolg oder Misserfolg.

Jodl 1939

Das nächste Jahr wurde nach Jodls eigenem Bekunden zu einem der schönsten seines Lebens. Nach sechs Jahren Dienst im Berliner Kriegsministerium beziehungsweise im OKW wurde er im Oktober 1938 Kommandeur in Wien. Auch wenn er manchmal bedauerte, nicht mehr am Rad der Geschichte zu drehen, war er doch andererseits froh, der Berliner Nervenmühle entronnen zu sein. Am 20. April 1939, einen Monat nach dem deutschen Einmarsch in Prag, erhielt er die Beförderung zum Generalmajor. Keitel gratulierte und teilte ihm mit, dass er nicht vergessen sei, aber als neuer Chef des Wehrmachtsführungsstabes sei ab 1. Oktober 1939 Generalmajor Georg von Sodenstern vorgesehen. Jodl war kaum enttäuscht, zumal ihm eine lockende Alternative präsentiert wurde: Lief alles glatt, so sollte er im Herbst des nächsten Jahres Kommandeur der 4. Gebirgsdivision werden. »Sie ist«, schrieb er voller Freude, »die schönste aller Gebirgsdivisionen. Von Salzburg reicht sie über den Hochalpenkamm (Großglockner) bis an die italienische Grenze nach Lienz und Spittal. In ihr liegt der Obersalzberg, in ihr liegt die ganze köstliche Erinnerung einer romantischen Jugend, in ihr liegen die köstlichen Erinnerungen aller Kadettenferien, das erste Bergsteigererleben, die erste Schwärmerei für das weibliche Geschlecht, kurz: In ihr liegt meine ganze Jugend, und ich wüsste keinen sehnlicheren Wunsch, als diese Division zu bekommen.« Er wollte nicht zurück nach Berlin.

Umso härter traf es Alfred Jodl und seine Frau Irma, als er am 23. August 1939 nach Berlin beordert und von Keitel in seine mobilmachungsmäßige Verwendung als Chef des Wehrmachtsführungsstabes eingewiesen wurde. Eine Woche später sollte der deutsche Angriff auf Polen den Zweiten Weltkrieg eröffnen. Wäre der Krieg einen Monat später ausgebrochen, hätte General von Sodenstern Jodls Posten eingenommen und dieser – vielleicht als Kommandeur der 4. Gebirgsdivision – einen ganz anderen Krieg mitgemacht. Der Rückruf nach Berlin scheint Jodl überrascht zu haben, offenbar war er fern der Hauptstadt über den Ernst der Lage nicht unterrichtet gewesen. Luise von Benda, die treue Freundin der Jodls und mittlerweile Sekretärin von Becks Nachfolger Halder, traf das Ehepaar kurz nach seiner Ankunft in Berlin: Jodl sei tiefernst gewesen, erinnerte sie

Ich hatte in diesem Sommer bereits die Schiffskarten, um eine Reise ins östliche Mittelmeer anzutreten am 23. September 1939.

Aussage von Jodl in Nürnberg

Mir scheint, und ich fürchte, diesmal wird es ernst.

Jodl, 23. August 1939 zu Luise von Benda

Eines Abends ... trat General Alfred Jodl in mein Zimmer. Er kam, soweit ich mich erinnern kann, von einem Urlaub und wollte auf der Durchreise ein Telefongespräch mit dem Kriegsministerium in Berlin führen. Während er auf den Anschluss wartete, unterhielt er sich mit mir über die bedrohliche militärpolitische Lage. Hierbei äußerte er sich kritisch und beinahe abfällig über die politische Führung. Hauptsächlich aber beklagte er, eine so verantwortungsvolle Stellung im Oberkommando der Wehrmacht antreten zu müssen. Viel lieber wolle er die Führung eines Truppenverbandes übernehmen. Ich hatte damals von ihm den Eindruck eines Nur-Soldaten, der geradezu Angst vor der politischen Verantwortung hatte, die ihn in seiner Position im OKW erwartete.
Rudolf Freiherr von Gersdorff, »*Soldat im Untergang*«

sich später, und habe diesmal nicht an einen friedlichen Ausgang der Krise geglaubt. Irma Jodl sei der Verzweiflung nahe gewesen und habe Tränen in den Augen gehabt: »›Hätten wir das geahnt, wären wir im vorigen Herbst gar nicht erst nach Wien umgezogen.‹ Aus ihrer Handtasche holte sie Fahrscheine hervor, Karten für eine Mittelmeerreise. ›Im September sollte es losgehen, unsere erste Auslandsreise. Und was wird nun, was soll ich allein in Wien?‹ Sie sah sehr blass aus und blickte ihren Mann immerfort aus weit geöffneten, erschreckten Augen an.«

Mit dem deutschen Überfall auf Polen am 1. September 1939 trat Jodl in die unmittelbare Umgebung Hitlers. Bislang hatte er diesen noch nie persönlich getroffen, hatte ihn nur im großen Kreise reden hören, aber noch an keinem Vortrag bei ihm teilgenommen. Noch kannte ihn Hitler nicht. Erst jetzt, am 3. September 1939 im »Führer«-Zug auf dem Weg zur polnischen Grenze wurde er von Keitel Hitler vorgestellt. Von diesem Tag an bis zum 23. April 1945, als er einen gebrochenen Diktator in den Ruinen Berlins zurückließ, blieb Jodl in Hitlers engster Umgebung. Die Aufnahme war reserviert. Der »Führer« begrüßte ihn mit festem Händedruck, aber ohne ermunternde Wärme. Wie alle Generalstabsoffiziere, die aus dem Heer hervorgegangen waren, betrachtete er Jodl zunächst einmal mit Misstrauen. Viel zu melden hatte der neue Mann ohnehin nicht, auch

Ich bin dem Führer durch den Feldmarschall Keitel vorgestellt worden im Befehlszug, in dem wir am 3. September 1939 an die polnische Ostfront fuhren. Jedenfalls habe ich an diesem Tage das erste Wort mit ihm gesprochen.
Aussage von Jodl in Nürnberg

Ich war der Auffassung, dass man einen geeigneteren Mann für diesen Posten nicht finden könnte.
Aussage von Keitel in Nürnberg

»Noch in der zweiten Reihe«: Jodl mit Keitel und Hitler im »Führer«-Zug während des Feldzuges gegen Polen

wenn ihm sein Vorgesetzter Keitel von Anfang an am Kartentisch den Vortritt ließ, während Keitel selbst sich mehr auf administrative Aufgaben konzentrierte. Bei den täglichen Lagebesprechungen, die im rollenden Hauptquartier stattfanden, berichtete meist der Oberbefehlshaber des

Heeres von Brauchitsch über die Fortschritte in Polen. Für Jodl blieb nicht mehr, als über die Untätigkeit im Westen zu berichten. Als er wenige Wochen später zum ersten Mal wagte, eine mündliche Beurteilung der Lage im Großen zu geben, schnitt Hitler ihm rüde das Wort ab und diktierte seine Wünsche. Sein persönlicher Arbeitsstab sollte ihn nicht beraten, sondern seine Befehle umsetzen. Nicht einmal der Bericht über den Polenfeldzug, den Jodl nach dem »Blitzsieg« zusammenstellte, fand die Zustimmung des »Führers«. Hitler erachtete ihn als viel zu nüchtern, veränderte ihn nach »propagandistischen Gesichtspunkten« und äußerte dabei, »dass man die Generalstabsoffiziere nicht einmal zu einer solchen Aufgabe brauchen« könne.

Ich gehörte nicht zu seinem [Hitlers] privaten Kreis, und er wusste von mir nicht mehr, als dass ich Jodl heiße und vermutlich deswegen aus Bayern stamme.

Aussage von Jodl in Nürnberg

Gleichwohl blieben Jodl und Keitel auch nach der Rückkehr Hitlers nach Berlin in der engsten Umgebung des Diktators. Während Jodls Untergebene im Wehrmachtsführungsstab wieder die alten Räumlichkeiten im Bendlerblock bezogen, wies Hitler Jodl und Keitel Arbeitsräume in der Alten Reichskanzlei zu, um sie für die fortgesetzten täglichen Lagebesprechungen bei sich zu haben. Mit Keitel nahm Jodl nun regelmäßig an der Mittagstafel teil, bei der sich die Großen des »Dritten Reiches« zahlreich einzufinden pflegten. Diese räumliche Trennung von Jodl und seinem Stab, der von seinem späteren Stellvertreter Walter Warlimont geführt wurde, sollte sich in den nächsten Jahren in den verschiedenen Feldhauptquartieren fortsetzen und nicht ohne Folgen bleiben. Zum einen frustrierte er die Offiziere seines Stabes, die sich im Unterschied zu ihrem Chef vom raschen und direkten Zugang zu Informationen und Entscheidungen abgeschnitten sahen. Zum anderen förderte er die bei Jodl ohnehin vorhandene Neigung, die Befehle Hitlers gleich selbst in die geeignete Fassung umzuformulieren und erst dann an seinen Stab weiterzureichen. Jodl habe sie ebenso behandelt, wie er von Hitler behandelt worden sei, klagte Warlimont später: »Im Gegensatz zu aller Tradition des Generalstabs des Heeres wollte Jodl nämlich – auch hierin Hitler folgend – in den Offizieren seines Stabes nur die Organe zur näheren Ausarbeitung von Befehlen, nicht aber die zu eigenverantwortlichem Denken, zu Anregung und zu Beratung berufenen Mitarbeiter sehen.« Die offenbare Unwilligkeit Jodls, wichtige Aufgaben zu delegieren, beschränkte seine Rolle in den

Eine Reihe von Amtschefs im gleichen Range mit Jodl unterstanden Keitel, aber sie und ihre Ämter waren weniger wichtig und weniger einflussreich in Planung und Durchführung militärischer Angelegenheiten als Jodl und Jodls Stab.

Eidesstattliche Erklärung von General Franz Halder, 1945

nächsten Jahren. Er bürdete sich damit ein immenses Arbeitspensum auf und verbaute sich jene Freiräume, welche er benötigt hätte, um über die operativen Einzelheiten hinaus stets das große Ganze im Auge zu behalten. Im Grunde blockierte er damit selbsttätig die Entwicklung seines Wehrmachtsführungsstabs zu einem obersten Wehrmachtsgeneralstab, an dem Hitler allerdings auch nicht gelegen war.

Gleichwohl erhielt das OKW jetzt seine erste Bewährungsprobe. Ende 1939 war Skandinavien in das Visier Hitlers geraten. Am 12. Dezember 1939 warnte der Oberbefehlshaber der Marine, Großadmiral Erich Raeder, den Kriegsherrn vor einer Besetzung Norwegens durch die Briten: Diese würde, so Raeder, Deutschland von der Zufuhr der kriegswichtigen schwedischen Eisenerze abschneiden, die über den norwegischen Hafen Narvik auf dem Seeweg nach Deutschland gelangten. Die Gefahr eines britischen Festsetzens in Norwegen schien Raeder besonders dringlich geworden, seit die Sowjetunion in konsequenter Ausnutzung des Hitler-Stalin-Pakts am 30. November 1939 Finnland angegriffen hatte und auf britischer Seite Stimmen laut geworden waren, den bedrängten Finnen militärische Hilfe zu leisten. Da diese kaum anders als durch das neutrale Norwegen an ihr Ziel gelangen konnten, erachtete es Raeder als nahe liegend, dass die Engländer den Krieg zwischen Russen und Finnen ausnutzen würden, um Norwegen zu besetzen und damit gleichzeitig die schwedische Erzausfuhr nach Deutschland zu unterbinden. Hitler, der bis dahin ein neutrales Norwegen als die beste Lösung angesehen hatte, war beeindruckt. Umgehend wies er die bei der Besprechung Anwesenden, Keitel und Jodl, an, im OKW eine Studie zu erarbeiten, wie man den Briten zuvorkommen und sich notfalls selbst in den Besitz Norwegens bringen könne. Während der Überfall auf Polen vom Oberkommando des Heeres geplant und ausgeführt worden war, sollte ein eventueller Feldzug im Norden nach dem Willen Hitlers unter seinem persönlichen Kommando durch das OKW geführt werden. Diesmal wollte er persönlich den Feldherrn spielen und die erhofften Lorbeeren ernten.

Von Anfang an war den Verantwortlichen klar, dass sich eine erfolgreiche Okkupation Norwegens und Dänemarks – die Besetzung des Letzteren war Voraussetzung für die des Ersteren – nur durch ein exaktes Zusammenspiel der drei Wehrmachtsteile Heer, Marine und Luftwaffe bewerkstelligen ließ. Der Zwang zu einer »triphibischen Operation« forderte geradezu ein vereinigtes Oberkommando der Wehrmacht, wie es Keitel und Jodl schon lange propagiert hatten. Endlich war die Gelegenheit da, ihrer Idee zum Durchbruch zu verhelfen. Merkwürdigerweise aber scheint Jodl die Chance, die sich ihm eröffnete, nicht als eine solche betrachtet zu haben. Statt die ihm und dem OKW angebotenen Zügel fest in die Hand zu nehmen, dachte er sofort daran, die Planung und Durchführung der Operation in die Hände der Luftwaffe zu legen und die Beteiligung des OKW auf allgemeine Direktiven zu beschränken. Offenbar, so vermutete sein direkter Untergebener Warlimont, hielt er seinen eigenen Stab für zu klein und schwach, um diese Aufgabe zu bewältigen. Ganz offensichtlich fehlte dem charakterlich bescheidenen Mann der Machthunger oder der Durchsetzungswille, um ernsthaft zu versuchen, den von ihm geführten Wehrmachtsführungsstab endlich aus seiner Schattenrolle als persönlicher Arbeitsstab Hitlers herauszuführen und als oberstes Führungsorgan der Wehrmacht zu etablieren. Nur weil Hitler gegen eine Führung durch Görings Luftwaffe opponierte und forderte, »den Fall Norwegen nicht aus der Hand zu geben«, kehrte der Auftrag an Jodl zurück. Am 5. Februar 1940 wurde im OKW und unter Jodls unmittelbarer Führung ein Sonderstab eingerichtet, in den Heer, Marine und Luftwaffe je einen Offizier abkommandierten und der einen ersten Operationsentwurf ausarbeitete.

Wenig später überschlugen sich die Ereignisse. Am 16. Februar 1940 griff der britische Zerstörer »Cossack« im Jössingfjord das deutsche Schiff »Altmark« an. Mitten in norwegischen Hoheitsgewässern und in Sichtweite untätiger norwegischer Kriegsschiffe enterten die Briten das Schiff und befreiten ihre darauf befindlichen gefangenen Landsleute. Für Hitler war damit der Beweis erbracht, dass die Briten nicht geneigt waren, die norwegische Neutralität zu achten, und daran dachten, das Land in Kürze zu besetzen. Umso wichtiger schien es ihm, den Präventivschlag zu planen. Auf Vorschlag des ebenfalls alarmierten Jodl übertrug er die Leitung des Unternehmens »Weserübung« wenige Tage später dem Chef des Generalkommandos XXI, General von Falkenhorst. War es ohnehin schon eine unerhörte Nichtachtung des OKH, dass Hitler einen Heeresbefehlshaber ohne Konsultation seiner Vorgesetzten unter dem Dach des OKW mit der Gesamtführung beauftragte, so setzten Keitel und Jodl noch einen drauf, indem sie gleichsam über die Leitung des Heeres hinweg die Divisionen auswählten, die sie für »Weserübung« als besonders geeignet erachteten. Der Chef des Generalstabs des Heeres Halder, der erst jetzt Näheres über die Besetzung von Dänemark und Norwegen erfuhr, notierte empört: »Über diese Angelegenheit ist zwischen dem Führer und dem Oberbefehlshaber des Hee-

Wir gewinnen diesen Krieg, und wenn er hundertmal einer Generalstabsdoktrin widerspricht, wie wir die bessere Truppe, die bessere Ausrüstung, die besseren Nerven und eine geschlossene, zielbewusste Führung haben.

Jodl, Tagebucheintrag
15. Oktober 1939

Führer spricht sich sehr scharf über die Notwendigkeit aus, rasch und stark in N[orwegen] aufzutreten. Keine Verzögerung durch Wehrmachtsteile. Größte Beschleunigung ist erforderlich.

Jodl, Tagebucheintrag 3. März 1940

res kein Wort gewechselt worden. Das muss für die Kriegsgeschichte festgehalten werden.«

Moralische Skrupel – immerhin plante man den Überfall auf zwei neutrale Länder – scheinen Jodl ebenso wenig geplagt zu haben wie die anderen beteiligten Generäle. Als sich Anfang März mit dem überraschenden Ende der Kämpfe zwischen Finnland und der Sowjetunion die Gefahr einer britischen Landung in Norwegen verringerte, reagierte er mit gemischten Gefühlen. Am 10. März notierte er in sein Tagebuch: »Die Nachricht über die Verhandlungen Finnland–Russland ist politisch sehr erfreulich. Die frz. Presse tobt darüber, da sie es für notwendig hält, Deutschland vom schwedischen Eisenerz abzuschneiden. Für uns ist die Lage militärisch störend, da [durch] sie, falls ein Friedensschluss bald zustande kommt, die Motivierung für die vorbereitete Aktion der Gruppe Falkenhorst schwierig wird.« Drei Tage später schrieb er: »Führer gibt Befehl zur Weserübung – Deckname für die geplante Operation – noch nicht. Er ist noch auf der Suche nach einer Begründung.« Offenbar akzeptierte und billigte er, dass der ursprüngliche präventive Gedanke längst in Eroberungslust umgeschlagen war und Hitler mittlerweile mehr nach einem Vorwand als einem Grund für die Besetzung Norwegens suchte. Auch Großadmiral Raeder drängte auf den Beginn der Operation, obwohl er an die akute Gefahr einer alliierten Landung in Norwegen nicht mehr glaubte. Am Ende gab Hitler grünes Licht für den Angriff. »So wie aus dem Jahr 1866 das Reich Bismarcks entstand, so wird aus dem heutigen Tag das Großgermanische Reich entstehen«, verkündete er am Abend des Angriffstags, des 9. April 1940, seinem Chefideologen Alfred Rosenberg.

Vor dem Nürnberger Gerichtshof sagte Jodl aus, die deutschen Truppen seien mit ihrem Angriff einer alliierten Invasion gerade noch zuvorgekommen. Diese Behauptung, die sich in manchen Büchern bis heute hartnäckig hält, ist freilich nicht ganz richtig. Zwar hatte das britische »War Cabinet« tatsächlich geplant, Expeditionsstreitkräfte in Narvik landen zu lassen und ein Durchmarschrecht zu fordern. Doch der sowjetisch-finnische Friedensschluss am 12. März kam dem Einsatzbefehl zuvor. Die französische Regierung forderte weiterhin in London, keine Rücksicht auf die norwegische Neutralität zu nehmen, sondern die norwegischen Hoheitsgewässer zu kontrollieren und hierfür erforderliche Stützpunkte an der norwegischen Küste zu besetzen. So könne die alliierte Seeherrschaft in der Nordsee gefestigt und die schwedische Erzzufuhr nach Deutschland unterbro-

> **Nachmittags lange Konferenz mit General Jodl, der mir Bericht über die geplanten militärischen Operationen gibt. Das Unternehmen beginnt 5.15 h. Es ist dazu fast die gesamte deutsche Flotte eingesetzt. Das kühnste Wagnis der modernen Kriegsgeschichte.**
>
> Goebbels, Tagebucheintrag 9. April 1940

chen werden. Der britische Premier Chamberlain zögerte jedoch, etwas zu unternehmen, was in den Augen der Welt die Rechte unbeteiligter Parteien verletzen könne. Am 5. April stimmte er zu, vor Narvik Minen zu legen, allerdings ohne Inbesitznahme von norwegischen Küstenpunkten. Das erste britische Kreuzergeschwader, das in Rosyth bereits Truppen für eine Landung in Norwegen an Bord hatte, bekam am 8. April 1940 von der Admiralität den Befehl, diese wieder auszuschiffen und zur »Home Fleet« zu stoßen. Insgeheim jedoch hofften einflussreiche Männer in London und Paris, dass es aufgrund deutscher Gegenreaktionen auf das Narvik-Unternehmen zu einem weitergehenden militärischen Engagement in Skandinavien kommen werde. Zwar wurden am Morgen des 8. April vor Narvik Minen gelegt, aber ein britisches Expeditionskorps stand nicht mehr bereit.

Zu diesem Zeitpunkt war die Operation »Weserübung« bereits angelaufen. Der deutsche Plan setzte eine absolute Geheimhaltung voraus, da die britische Flotte die deutschen Verbände leicht hätte vernichten können, wenn sie von ihrer Absicht und ihrem Auslaufen Wind bekommen hätte. Die Operation sah eine gleichzeitige Anlandung in den wichtigsten Häfen Norwegens – Oslo, Christiansund, Stavanger, Bergen, Trondheim und Narvik – vor. Um zur gleichen Zeit an weit entfernten Orten zu sein, mussten die Schiffe zu unterschiedlichen Zeiten auslaufen. Am Morgen des 7. April machten sich von Schillig Reede in der Jademündung auch zehn deutsche Zerstörer auf den Weg nach Narvik. Auf ihnen waren 2000 Mann eines Gebirgsjägerregiments unter dem Befehl von General Dietl, wie »Ölsardinen« verstaut für den weiten Weg über den Polarkreis hinaus. Die Soldaten, von denen einige in ihrem Leben noch kein Meer gesehen hatten, wurden bei der schweren See sofort seekrank und waren erleichtert, als sie plangemäß am Morgen des 9. April in Narvik von Bord gehen konnten. Dort verlief ihre Anlandung ebenso reibungslos wie in den anderen Häfen. Die Norweger, völlig überrascht, leisteten kaum Widerstand und übergaben die Stadt. Danach aber ging alles schief. Schon bald stellte sich heraus, dass die Geschütze und alles schwere Material, das auf den engen Zerstörern keinen Platz gefunden hatte, auf den schon zuvor ausgelaufenen Frachtern durch Torpedierung verloren gegangen waren. Ebenso wurde einer der beiden Tanker, deren Öl die Rückkehr der Zerstörer nach Narvik ermöglichen sollte, unterwegs versenkt. Dadurch verzögerte sich das Betanken der Zerstörer, die nicht wie geplant noch am Abend wieder auslaufen konnten. Sie

»Man soll eine Sache erst verloren geben, wenn sie verloren ist«: Deutsche Soldaten vor Narvik im Frühjahr 1940

lagen dort noch vor Anker, als am Morgen des 10. April im Schutz eines Schneetreibens unbemerkt fünf britische Zerstörer in den Fjord eindrangen. Diesen gelang es auf Anhieb, zwei deutsche Zerstörer zu versenken, bevor sie selbst sich unter Verlust von zwei Schiffen wieder zurückziehen mussten. Ein deutscher Ausbruchversuch noch in derselben Nacht scheiterte am Ölmangel und an den überlegenen britischen Kräften. In dem tief eingeschnittenen Fjord saßen die deutschen Schiffe nun wie in einer Mausefalle und warteten auf das Ende. Am Mittag des 13. April stießen die Engländer mit dem Schlachtschiff »Warspite« und neun Zerstörern auf Narvik vor und vernichteten die restlichen deutschen Zerstörer, soweit diese sich nach Aufbrauchen der Munition nicht bereits selbst versenkt hatten. Die 2500 Mann Besatzung konnten sich an Land retten, wo sie Dietls Truppen verstärkten. Ohne schwere Geschütze und ausreichenden Nachschub war Dietl in einer heiklen Situation, während die Briten ihrerseits Landungskräfte in Marsch setzten, um den Deutschen Narvik wieder zu entreißen.

In Berlin war in diesen Tagen der Teufel los. In der alten Reichskanzlei standen Keitel und Jodl einem »Führer« gegenüber, der sichtlich die Nerven verloren hatte. Die brenzlige Lage in Narvik hatte Hitler in eine »fürchterliche Aufregung« versetzt. »Wir haben Pech gehabt!«, brüllte er Jodl an. Umgehend wollte er persönlich in die Lage eingreifen, retten, was noch zu retten war. Am 17. April gab der selbst ernannte Feldherr Narvik endgültig verloren. Vehement forderte er, dass Dietl die Stadt räumen und sich nach Süden durchschlagen solle – falls ein Abtransport der Truppen per Flugzeug nicht möglich wäre. Er wollte ihm sogar erlauben, sich im nahen neutralen Schweden internieren zu lassen – ein bei Hitler einmaliger Vorgang. Es war Jodl, der, unterstützt von Mitgliedern seines Stabes, in diesem Augenblick Ruhe bewahrte und Hitler widersprach. In »schärfster Form« vertrat er, dass: »a) ein Abmarsch nach Süden unmöglich ist; b) auch ein Abtransport nur ganz geringe Teile befördern kann, zum Verlust zahlreicher Flugzeuge führt und der Gruppe Dietl das moralische Rückgrat bricht. Sie wird noch lange an der schwedischen Grenze kämpfen. Man soll eine Sache erst verloren geben, wenn sie verloren ist.« Hitler schwankte, konnte sich nicht entschließen. Jodls Stellvertreter Warlimont, der in diesen Tagen in die Reichskanzlei kam, sah einen Hitler, der »unbeachtet auf einem Stuhl in der Ecke hockend und in dumpfem Brüten vor sich hinstarrend, das Heil

Jodl will auch mehr Nachrichten, auch wenn sie unerfreulich sind. Das deutsche Volk kann das schon vertragen. Man muss ihm nur zu gegebener Zeit die Wahrheit sagen.

Goebbels, Tagebucheintrag 18. April 1940

anscheinend nur noch von neuen Nachrichten erwartete«. Bis zum Abend hatte Jodl ihn so weit umgestimmt, dass Hitler einen Befehl an Dietl unterschrieb, so lange wie möglich in Narvik auszuharren.

Tatsächlich konnte sich Dietl in Narvik halten, obwohl er unter dem Druck weit überlegener alliierter und norwegischer Truppen die Stadt zeitweilig räumen musste. Als Anfang Juni 1940 die erste Verstärkung auf dem Landweg bei ihm eintraf, waren die Kämpfe bereits vorüber. Angesichts der verheerenden Niederlagen in Frankreich, das die Wehrmacht am 10. Mai angegriffen hatte, zogen die Alliierten ihre Landungstruppen aus Norwegen ab, das am 10. Juni offiziell kapitulierte. Im südlichen Norwegen und Dänemark stand der Sieg der Wehrmacht bereits Ende April fest. Am 30. April 1940 konnte Jodl Hitler melden, dass nun auch zwischen Oslo und Drontheim die Landverbindung hergestellt war. »Führer ist außer sich vor Freude. Ich muss mittags neben ihm sitzen«, notierte er in sein Tagebuch. Zwei Jahre lang durfte er nun am Mittagstisch direkt an der Seite des »größten Feldherrn aller Zeiten« Platz nehmen, danach nie wieder. Seine ruhige, energische Haltung hatte das Vertrauen Hitlers in sein militärisches Urteil endgültig gefestigt. In den nur acht Monaten, die der Diktator ihn nun persönlich kannte, war es dem Chef des Wehrmachtsführungsstabes geglückt, vom misstrauisch beäugten Befehlsempfänger zum engsten militärischen Berater des Kriegsherrn aufzusteigen. Am 19. Juli 1940, nach der Kapitulation Frankreichs, wurde er von Hitler mit sofortiger Wirkung und unter Überspringung des Ranges eines Generalleutnants zum General der Artillerie ernannt. Nie war sein Verhältnis zu Hitler besser, nie stand er höher im Ansehen des Diktators als in diesen Monaten des Sieges. Der 50-Jährige hatte den Zenit seines Lebens erreicht.

Vor dem Kriege und in der ersten Zeit des Krieges war das Verhältnis zwischen Oberkommando der Wehrmacht und Oberkommando des Heeres mit einer starken Spannung belastet. Der Grund war aber ausschließlich ein intern-militärischer, weil durch die Schaffung des Oberkommandos der Wehrmacht eine Generalstabsgruppe entstanden war, die sich außerhalb der Befugnisse des Chefs des Generalstabs des Heeres befand und, ich möchte sagen, beinahe über den Generalstab des Heeres gestellt, diesem Befehle gab. Und diese Konstellation wurde natürlich vom Generalstab des Heeres mit einem außerordentlichen Misstrauen betrachtet.
Aussage von Jodl in Nürnberg

Der schnelle Sieg überdeckte manche Schwächen der deutschen Führung, die im Laufe des Norwegenfeldzuges offen zutage getreten waren. Einer militärischen Krise, wie sie in Narvik eingetreten war, hatte sich Hitler nicht gewachsen gezeigt. Zum ersten Mal war hier zudem seine Neigung hervorgetreten, sich in militärische Einzelheiten einzumischen. Jodl selbst hat in einem Tagebucheintrag vom 19. April 1940 von »Führungschaos« gesprochen, »da in alle Einzelheiten hineindisponiert wird und jede geordnete Arbeit der zuständigen militärischen Führung zunichte gemacht wird«. Mit beachtlicher Courage hatte er dem Ansinnen Hitlers widersprochen und damit Verdienste um den Sieg erworben. In gewisser Weise trug er jedoch eine Teilschuld an den Vorgängen, die er kritisierte. Er selbst hatte mitgeholfen, den Anspruch Hitlers auf eine unmittelbare militärische Führung durchzusetzen, indem er gemeinsam mit Keitel über die Köpfe des OKH disponiert hatte und die Rolle des Wehrmachtsführungsstabes als »persönlichen Arbeitsstab« Hitlers akzeptierte. Damit stellte er diesem das geeignete Instrument für ein direktes Eingreifen in das Kriegsgeschehen vor Ort zur Verfügung. Wie die negativen zeitigten im Übrigen auch die positiven Erfahrungen der »Weserübung« keine nachhaltige Wirkung. Die erste kombinierte Aktion aller drei Wehrmachtsteile blieb in der deutschen Kriegführung eine Episode, während auf alliierter Seite im Laufe des Krieges derartige Operationen immer weiter perfektioniert wurden. Jodls früherer Traum von einem vereinigten obersten Wehrmachtskommando blieb unerfüllt. Er selbst scheint ihn im ewigen Gerangel der Kompetenzen und unter der Last der täglichen Kleinarbeit nicht energisch weiterverfolgt zu haben.

Hitler konnte sich sicherlich auf Jodl in allen Führungsdingen weit mehr verlassen als auf jeden anderen Heeresgeneral. Schließlich war er über die gesamte Zeit des Krieges an seiner Seite.

Bernd Freytag von Loringhoven, Generalstabsoffizier

Im Unterschied zum Unternehmen »Weserübung« hatte der Westfeldzug, der am 10. Mai 1940 begann, kaum Anlass zu Streitigkeiten gegeben. In nur sechs Wochen war der Angstgegner Frankreich, den das deutsche Heer im Ersten Weltkrieg vier Jahre lang vergebens in die Knie zu zwingen versucht hatte, überrannt. Der Sieg über Frankreich, an dem das OKW kaum Anteil hatte, führte Jodls Bewunderung für Hitler in neue Höhen. Hatte er ihn bis dahin vor allem als politisches Genie bewundert, so verehrte er den »Führer« jetzt auch als großen Strategen – trotz der Nervenschwächen in der Narvik-Krise und seiner Neigung, in Einzelheiten der operativen Führung vor Ort hineinzuregieren. Über alle Bedenken des

»Der Krieg ist gewonnen«: Jodl (Mitte) während der Waffenstillstandsverhandlungen mit Frankreich im Wald von Compiègne

OKH hinweg, so urteilte er nicht ganz zu Unrecht, hatte Hitler den Angriffsplan des dazu unberufenen Generals Erich von Manstein durchgesetzt: Der schnelle Panzervorstoß durch die Ardennen, die rasche Bogenbewegung hin zur Atlantikküste waren seine persönliche Entscheidung gewesen und hatten zum militärischen Triumph geführt. Ob er das Wort vom »größten Feldherrn aller Zeiten«, das sein Chef Keitel in diesen Tagen prägte, in den Mund nahm, mag man bei dem nüchternen Jodl bezweifeln. Doch scheute er sich von nun an nicht, das »Feldherrentum« Hitlers zu preisen. Im Siegesrausch schien ihm wie auch vielen anderen der Kampf bereits entschieden. Nur England blieb jetzt noch als ernsthafter Gegner übrig und musste durch Angebote oder durch Gewalt an den Verhandlungstisch gebracht werden. Der Sieg aber war Deutschland nicht mehr zu nehmen. »Der Krieg ist gewonnen, er braucht nur noch beendet zu werden«, sagte er zu einem Untergebenen im Wehrmachtsführungsstab.

Die französische Regierung möge entscheiden, ob sie den Krieg fortsetzen will oder kann.

Jodl während der Waffenstillstandsverhandlungen mit Frankreich, Juni 1940

Es kann nicht geleugnet werden, dass Jodl Hitler zumindest bis nach dem Frankreichfeldzug bewundert hat, seine Führungsfähigkeit.

Luise Jodl, Ehefrau

Der deutsche Endsieg, auch über England, ist nur mehr eine Frage der Zeit.

Jodl, 30. Juni 1940

Wie er zu beenden war, darüber hatte er seine eigenen Gedanken. Am 30. Juni 1940, vier Tage nach dem Waffenstillstand mit Frankreich, legte er Hitler eine Denkschrift vor »für die Weiterführung des Krieges gegen England«: Eine verlustreiche Landung, so sein Fazit, sei nur als letztes Mittel einzusetzen. Luftwaffe und Kriegsmarine konnten Englands Nachschub und Rüstungsindustrie auch ohne sie tödlich treffen. Dies zusammen mit »zeitweiligen Terrorangriffen« gegen die englischen Bevölkerungszentren – »als Vergeltung erklärt« – würden den Widerstandswillen des britischen Volkes brechen und seine Regierung zur Kapitulation zwingen. Moralische Skrupel, Bomben wahllos auf Städte und Zivilisten abzuwerfen, hatte Jodl offenbar nicht, obwohl die britische Luftwaffe zu diesem Zeitpunkt mit ihren Angriffen gegen Deutschland noch kaum begonnen hatte. Doch der Diktator winkte ab. Noch wollte er keine Terrorangriffe gegen britische Zivilisten, da er auf eine Verständigung mit Großbritannien hoffte. Überhaupt trug er sich bereits mit ganz anderen Plänen: Sein wahres Ziel, der wirkliche Gegner, lag für ihn im Osten. Am 29. Juli 1940 erfuhr Jodl auf dem Berghof bei Berchtesgaden als einer der Ersten von den neuen Plänen seines Herrn: Nach einer Lagebesprechung hielt Hitler ihn allein zurück. Er sei entschlossen, so der Kriegsherr, durch einen überraschenden Angriff auf die Sowjetunion die Gefahr des Bolschewismus »ein für alle Mal« aus der Welt zu schaffen. Der Wehrmachtsführungsstab solle einen ersten Entwurf für den Aufmarsch im Osten vorbereiten.

Vor dem Nürnberger Militärgerichtshof verteidigte Jodl den Krieg gegen die Sowjetunion vehement als »reinen Präventivkrieg«: Nie habe Hitler in seiner Gegenwart von Lebensraum und Eroberungskrieg gesprochen. Nur im sicheren Gefühl, dass Russland einen Überraschungsangriff mit übermächtigen Kräften vorbereite, habe der Kriegsherr sich unter großen Bedenken zu einem Angriff durchgerungen. Doch die Aufzeichnun-

Es ist zu erwarten, dass die russische Armee, wenn sie einmal angeschlagen ist, einem noch größeren Zusammenbruch entgegengeht als Frankreich 1940.
Hitler am 5. Dezember 1940

gen aus dieser Zeit reden nicht davon, Stalin zuvorkommen zu müssen. Eher vermitteln sie den Eindruck der Verlockung durch eine günstige Gelegenheit, der Hitler und auch andere erlagen. Im Überschwang des deutschen Sieges im Westen erblickten die meisten deutschen Spitzenmilitärs in der Roten Armee keinen ebenbürtigen Gegner. Die offenkundigen Führungsmängel und schweren Verluste der Sowjettruppen im Winterkrieg gegen Finnland waren noch in aller Munde, und dazu war bekannt, dass Stalin in einer blutigen Säuberungswelle nur wenige Jahre zuvor seine besten Generalstabsoffiziere hatte liquidieren lassen. Auch Jodl scheint die Rote Armee damals unterschätzt zu haben: »Der russische Koloss wird sich wie eine Schweinsblase erweisen, in die man nur hineinzustechen braucht, um sie zum Platzen zu bringen«, erklärte er im Januar 1941 seinem Stellvertreter Warlimont. Er war zu nüchtern, um das Wagnis eines Zweifrontenkriegs zu befürworten und den schon sicher geglaubten Sieg wieder zu gefährden, aber er sah sich auch nicht mit einer unmittelbaren und tödlichen Bedrohung durch Stalins Rote Armee konfrontiert. Er gehorchte und baute blind und bedingungslos auf die vermeintlich überlegene Einsicht des »Führers«.

In die militärische Vorbereitung des »Unternehmens Barbarossa« wurde das OKW samt Jodl lediglich zu Beginn und dann auch nur sporadisch eingebunden. Trotz des Erfolges einer kombinierten Führung im Norwegenfeldzug blieb sein Wehrmachtsführungsstab ein persönlicher Arbeitsstab Hitlers und kein »joint chiefs of staff«. Die Autorität, die Jodl zweifellos zugestanden wurde, bezog er nicht aus seiner Funktion als Chef des Wehrmachtsführungsstabes, sondern aus seiner Zugehörigkeit zur ständigen und engsten Umgebung Hitlers. Die Entwicklung der Mammutoperation lag erneut beim Generalstab des Heeres, der allein über die notwendigen personellen Ressourcen verfügte. Doch im Vorfeld des Krieges überschritt Jodl endgültig die Schwelle zum Mitwisser und Mittäter im Unrechtsregime Hitlers. Auch er war unter den etwa 250 hohen Offizieren, die Hitler am 30. März 1941 in die Neue Reichskanzlei lud, um sie auf den neuen Krieg einzuschwören. In einem großen Saal, den die Teilnehmer, in langen Sitzreihen nach Rang und Würden geordnet, im ganzen Umfang ausfüllten, machte Hitler in einem mehr als zweistündigen Monolog deutlich, dass er den Krieg gegen die Sowjetunion nicht nur als einen militärischen Schlagabtausch betrachtete, sondern auch und vor allem als einen Eroberungs- und Vernichtungskrieg: »Der Krieg wird sich sehr unterscheiden

»Ich darf neben ihm sitzen«: Neben OKW-Chef Keitel war Alfred Jodl ab Anfang 1940 Hitlers engster Berater im »Führer«-Hauptquartier

vom Kampf im Westen. Ein Krieg gegen Russland kann nicht ritterlich geführt werden. Es handelt sich um einen Kampf der Weltanschauungen und rassischen Gegensätze und ist daher mit nie dagewesener erbarmungsloser Härte zu führen. Alle Offiziere werden sich überlebter Anschauungen entledigen müssen. … Wir müssen von dem Standpunkt des soldatischen Kameradentums abrücken. Der Kommunist ist vorher kein Kamerad und nachher kein Kamerad.«

Am 1. April und nicht früher, am 1. April stand sein Entschluss fest, den Angriff zu führen, und am 1. April hat er befohlen, ihn etwa für den 22. Juni vorzusehen.

Aussage von Jodl
in Nürnberg

Wie die anderen Anwesenden nahm Jodl den Aufruf zur Unmenschlichkeit ohne zu protestieren zur Kenntnis. Mochte er die Bedeutung der Worte zunächst nicht begriffen oder es vorgezogen haben, sie mit Schweigen zu übergehen, so wurde dies unmöglich, als er am 13. Mai 1941 einen Befehlsentwurf des OKH vorgelegt bekam, der Hitlers mündliche Ausführungen vom 30. März aufgriff: »Politische Hoheitsträger und Leiter (Kommissare)«, so hieß es darin, »bedeuten

Man kann nicht sagen, dass es grundsätzlich unmöglich war, dem Führer zu widersprechen. Ich habe viele, viele Male und in der schärfsten Form widersprochen; aber es gab Momente, wo man tatsächlich keinen Ton erwidern konnte. Ich habe ebenfalls den Führer von vielen Dingen durch Widerspruch abgebracht!

Aussage von Jodl
in Nürnberg

Diese Absicht des Führers, die in diesem Befehlsentwurf niedergelegt war, ist übereinstimmend von allen Soldaten abgelehnt worden. Es gab darüber sehr erregte Auseinandersetzungen auch mit dem Oberbefehlshaber des Heeres. Diese Wiederstände endeten mit dem charakteristischen Satz des Führers: »Ich kann nicht verlangen, dass meine Generale meine Befehle verstehen; aber ich verlange, dass sie sie befolgen.«
Aussage von Jodl in Nürnberg zum »Kommissarbefehl«

eine erhöhte Gefahr für die Sicherheit der Truppe und die Befriedung des eroberten Landes.« Sie seien daher nach ihrer Gefangennahme sofort einem Offizier vorzuführen, der – nach kurzer Prüfung ihrer Identität – verpflichtet sei, »die Erschießung sogleich anzuordnen und durchführen zu lassen«. Es war der erste Entwurf für den später berühmt-berüchtigten »Kommissarbefehl«. Jodl las ihn durch und versah ihn am Ende handschriftlich mit der Notiz: »Mit der Vergeltung gegen deutsche Flieger müssen wir rechnen. Man zieht daher die ganze Aktion am besten als Vergeltung auf. J[odl].« Danach reichte er den Entwurf weiter an Keitel und Hitler. Machte er sich damit zum Befürworter eines Kriegsverbrechens?

Vor dem Nürnberger Militärgerichtshof stritt Jodl diese Vermutung entschieden ab. Er habe, so beteuerte er, mit seiner Randbemerkung keineswegs einen Rat erteilen wollen, wie das Verbrechen zu tarnen sei, sondern vielmehr Keitel einen Weg zeigen wollen, wie man den von Hitler geforderten, aber von allen Soldaten abgelehnten Befehl umgehen könne. Das Wort »aufziehen« sei von ihm nicht im Sinne von »etwas vortäuschen« benutzt worden, sondern vielmehr im Sinne von »etwas anpacken«, wie man im militärischen Sprachgebrauch oft gesagt habe: »Wir müssen die Operation ganz anders *aufziehen*.« Mit seiner Randbemerkung sei also gemeint gewesen, man müsse »zunächst in der Praxis abwarten, ob die Kommissare sich so verhalten, wie es der Führer von vornherein erwartet«, und wenn sich das bestätigte, dann könne man »mit Repressalien einschreiten«. Die Richter vermochten seiner individuellen Sprachwendung nicht zu folgen, und in der Tat wirkte Jodl hier wenig überzeugend. Auch sein weiteres Verhalten bot keinen Anlass, ihn zu entlasten. Was auch immer seine Hintergedanken gewesen sein mögen, er entschärfte den Befehlsentwurf weder, noch lehnte er ihn vollends ab, obwohl dieser eindeutig gegen das Kriegsrecht verstieß. Auf der anderen Seite hat er ihn freilich weder initiiert, verschärft oder gefördert. Überhaupt war er nur am Rande

»Verstrickung ins Unrechtsregime«: Jodl mit Hitlers Heeresadjutant Gerhard Engel (links) und Hitlers Marineadjutant Karl Jesko von Puttkamer (Mitte), April 1941

mit dieser Angelegenheit befasst, die weitgehend in Keitels Aufgabenbereich fiel. Doch er widersprach nicht und machte sich damit schuldig – wie die meisten anderen Generäle auch. Die Tatsache, dass kein höherer Offizier Konsequenzen zog oder im Vorfeld gegen den Befehl energisch protestierte, veranschaulicht, wie tief das OKW und die Spitzen des Heeres schon in das Unrechtsregime verstrickt waren.

Mit dem deutschen Überfall auf die Sowjetunion am 22. Juni 1941 füllten der Krieg und der Dienst bei Hitler das Leben Jodls völlig aus, sein privates Leben hörte praktisch auf zu existieren. Am 24. Juni 1941, zwei Tage nach dem Beginn des Angriffs, zog er mit Hitler in das neue »Führer«-Hauptquartier »Wolfsschanze« in Ostpreußen, um näher an der Front zu sein. Dort, in einem Waldstück einige Kilometer östlich von Rastenburg, verlebte Jodl einen guten Teil der letzten vier Kriegsjahre. Zu Beginn des Krieges bestand die Wolfsschanze nur aus gut einem Dutzend niedriger, lang gestreckter Häuser aus Eisenbeton, im Laufe der Jahre aber ließ das Bedürfnis

Der überraschende Angriff vom 22. Juni 1941 ist eine historische Tatsache, begründet dadurch, dass die Politiker der Auffassung waren, dass die Sowjetunion sich nicht an diesen Pakt gehalten hätte.

Aussage von Jodl in Nürnberg

nach mehr Licht und Luft eine ganze Barackenstadt entstehen. Wege und Fahrstraßen durchzogen die weitläufige Anlage, die zum Schutz gegen Luftangriffe in einen dichten Baumbestand eingebettet war. Wie die anderen Feldhauptquartiere war sie in einen Sperrbezirk I und II unterteilt: Im Letzteren befanden sich unter anderem Jodls Stab unter Führung von Warlimont, dazu der Kommandant des »Führer«-Hauptquartiers, ein Kasino und eine Kurierstelle. Nordöstlich des Sperrbezirks II und nur durch ihn zu erreichen lag der Sperrbezirk I. Hier waren Hitler und die engste Führung in diversen Bunkern und Backsteinhäusern untergebracht. Neben Keitel und Jodl gehörten auch der Leiter der Parteikanzlei Martin Bormann sowie Reichspressechef Otto Dietrich mit ihren Mitarbeitern zu ständigen Bewohnern des Sperrbezirks I, daneben Hitlers Ärzte, Schreibkräfte und diverse Einheiten zum Schutz des Hauptquartiers.

Die tägliche Routine Jodls im Hauptquartier folgte einem genauen Ritual. Jeden Vormittag zwischen elf und zwölf Uhr erschien sein Stellvertreter Warlimont in Jodls Baracke, um ihm eine vom Stab erarbeitete Zusammenfassung der neuesten Meldungen von allen Kriegsschauplätzen zu überbringen. Meist gegen zwölf Uhr fanden sich daraufhin Hitler und ein größerer Kreis von Offizieren zur ersten Lagebesprechung des Tages, der »Mittagslage«, im Kartenzimmer Jodls ein. Hier trug Jodl Hitler die neuesten Entwicklungen an den Fronten vor und nahm – oft nach mehrstündiger Beratung – dessen mündliche Entscheidungen entgegen. Im Anschluss oder noch während der Lagebesprechungen fasste er diese in einem Nebenzimmer in schriftliche Befehle, die er – nach Genehmigung durch Hitler – von seinem Stab an die zuständigen Stellen weiterleiten ließ. Mittags und abends aß Jodl mit Hitler und den übrigen Bewohnern des Sperrbezirks I. Sofern nicht Ehrengäste anwesend waren, saß Jodl hierbei links neben Hitler, dem gegenüber Keitel Platz nahm. Spätabends zwischen 22 und 23 Uhr begann im kleineren Kreis der zweite tägliche Lagevortrag, die »Abendlage«. Auch sie dauerte oft zwei Stunden, in deren Anschluss Jodl nicht selten noch bis drei Uhr morgens weiterarbeitete. Wie andere beklagte er die »ungeheuerliche Zeitverschwendung«, die Hitler seiner Umgebung durch endlose Monologe und seine Einmischungen bis in die kleinsten Details aufnötigte. Um sie dennoch pflichtgemäß weiterzugeben, bewältigte Jodl ein gewaltiges Arbeitspensum, das auch denen Respekt abnötigte, die ihn als Instrument der ständi-

Ich erinnere mich an eine Unterhaltung mit Jodl, ob man für den russischen Winter gerüstet sei. Jodl lehnte es ab, sich mit diesen Dingen zu befassen; man sei allgemein der Auffassung, Ende 1941 sei der Krieg in Russland zu Ende.

Heinrich Hunke, Mitarbeiter des Propagandaministeriums

Ich habe eine lange Aussprache mit General Jodl und Oberst Schmundt. Beide sehen nun ein, dass die Militärs sich über das Potenzial der Bolschewisten getäuscht haben und dass meine Prognose der ihren gegenüber die richtige gewesen ist. Keiner versucht irgendetwas zu verdecken oder zu verschleiern, sondern jedermann gibt offen seinen Irrtum zu. Das ist außerordentlich erfreulich und eine gute Basis zur Verständigung.
Goebbels, Tagebucheintrag 18. Dezember 1941

gen Einmischungen des Diktators in die Truppenführung wenig schätzten. An über 5000 Lagebesprechungen nahm Jodl nach eigener Zählung während des gesamten Krieges teil, redigierte ungezählte Befehle und empfing Unmengen von Meldungen – ein fleißiger und gewissenhafter Manager des Krieges, der den Schreibtisch nur selten mit der Front vertauschte.

Die für Hitler erfreulichen Meldungen wurden freilich immer rarer. Nach riesigen Anfangserfolgen verlor sich die Offensivkraft der deutschen Wehrmacht in der Weite des russischen Raumes. Am 5. Dezember kam es vor Moskau zu einem überraschenden Gegenangriff der Roten Armee, der die deutsche Front fast zum Einsturz brachte. Hitler reagierte mit sturen Durchhalteweisungen und übernahm am 19. Dezember persönlich den Oberbefehl über das Heer. Der Befehl zum Ausharren im Schneesturm vor der russischen Hauptstadt kostete zehntausende deutsche Soldaten das Leben, am Ende aber hielt die deutsche Front dem sowjetischen Ansturm stand. Mit dem Traum von einem schnellen Sieg war es freilich vorbei, zumal Hitler in diesen Tagen auch den USA nach einem Überfall der verbündeten Japaner auf Pearl Harbor den Krieg erklärte. Die Wende des Krieges markierte auch eine Wende in den Aufgaben Jodls. Durch die Übernahme des Oberbefehls über das Heer war neben dem OKW nun auch der Generalstab des Heeres Hitler direkt unterstellt. Anstatt nunmehr die konkurrierenden Stäbe Jodls und Halders miteinander zu verschmelzen, setzte Hitler eine geografische Arbeitsteilung durch. Den Generalstab des Heeres beschränkte er auf den Krieg im Osten. Das bedeutete andererseits, dass der Wehrmachtsführungsstab unter Jodl grundsätzlich nicht mehr für die gesamte Wehrmacht und alle Kriegsschauplätze zuständig war, sondern auf die so genannten OKW-Kriegsschauplätze im Westen beschränkt wurde.

Ich kann nur sagen, die Ausdehnung vom Nordkap bis nach Tobruk und von Brest bis nach Rostow am Don, die war größer, als mir lieb war.
Aussage von Jodl in Nürnberg

Das Verhältnis zwischen Jodl und dem jeweiligen Chef des Generalstabes war immer gespannt. ... Jeder wollte so viel wie möglich bekommen, es wurde bis zum Letzten um einzelne Einheiten gerungen. Es war ein Unsinn. Der systematische Aufbau der Wehrmacht wurde durch die zwei Konkurrenzunternehmen zerstört.

Bernd Freytag von Loringhoven, Generalstabsoffizier

Zu diesen gehörte neben den von der Wehrmacht besetzten Ländern in Nord-, West- und Südosteuropa auch Nordafrika, wo seit dem Frühjahr 1941 das Afrikakorps unter Rommel kämpfte. In seinem Vortrag bei den täglichen Lagebesprechungen konzentrierte sich Jodl fortan auf die OKW-Kriegsschauplätze, während Halder die Lage im Osten schilderte. Der Gedanke einer einheitlichen obersten Wehrmachtsführung war damit von Hitler endgültig ad absurdum geführt worden. Von nun an balgten sich OKW und OKH um die besten Heereseinheiten für »ihre« Kriegsschauplätze im Osten oder Westen. Nicht nur die Einheit der Wehrmacht, sondern auch die Einheit des Heeres war damit nur noch in der Person des Oberbefehlshabers Hitler gegeben. Sein Prinzip des »Teilens und Herrschens« hatte endgültig über die militärische Rationalität triumphiert. Jodls Traum von einem obersten Wehrmachtsgeneralstab war damit endgültig geplatzt.

In der ewigen Tretmühle des »Führer«-Hauptquartiers, in der Hetze von einer Lagebesprechung zur nächsten, will Jodl nichts von den ungeheuerlichen Verbrechen mitbekommen haben, die den Überfall auf die Sowjetunion von Anfang an begleiteten. Er habe niemals, beteuerte er vor dem Nürnberger Gericht, »mit keiner Andeutung, mit keinem Wort, mit keinem Schriftstück von einer Vernichtung von Juden gehört«. Nie habe er von Hitler zum Wirken der Einsatzgruppen hinter der Front eine andere Erklärung gehört, als dass sie notwendig seien, um Aufstände, Rebellionen, Partisanenkrieg in der Entstehung zu verhindern. Die Geheimhaltung der Ver-

Die Geheimhaltung über die Vernichtung der Juden, über die Ereignisse in den Konzentrationslagern, war ein Meisterstück der Geheimhaltung und ein Meisterstück der Täuschung durch Himmler, der uns Soldaten gerade über diese Dinge irreführende Fotografien vorlegte, Erzählungen über seine Gartenanlagen und Gartenkulturen in Dachau und über das Ghetto in Warschau und Theresienstadt brachte, die in uns Soldaten den Eindruck erweckten, als ob es sich um hochhumane Einrichtungen handeln würde.

Aussage von Jodl in Nürnberg

nichtung der Juden sei ein »Meisterwerk« Himmlers gewesen, der ihn auch über den wahren Charakter der ihm bekannten Konzentrationslager in Dachau oder Theresienstadt getäuscht habe. Erst nach dem Krieg, so beteuerte er seiner Frau, habe er die schreckliche Wahrheit erfahren: »Diese Tatsachen sind das furchtbarste Erbe, das das Regime des Nationalsozialismus dem deutschen Volke hinterlassen hat. Das ist viel schlimmer als die zerstörten Städte. Die Ruinen können als ehrenvolle Wunden des Kampfes eines Volkes um seine Existenz gelten. Diese Schmach aber besudelt alles: die Begeisterung unserer Jugend, die ganze Wehrmacht und ihre Führer. ... Ich hätte ein solches Wissen nicht einen Tag ertragen.«

Mir war allerdings bekannt, dass das Judentum nach dem Kriege und in den moralischen Zerfallserscheinungen nach dem Ersten Weltkriege in einer unerhört provozierenden Weise in Deutschland aufgetreten ist. Es war keine antisemitische Propaganda, sondern das waren Tatsachen, die gerade von Juden selbst außerordentlich bedauert wurden. Trotzdem habe ich jegliche staatliche Ächtung, jede Verallgemeinerung, jede Exzesse auf das Schärfste abgelehnt.

Aussage von Jodl in Nürnberg

War Alfred Jodl Antisemit? Er selbst hat dies in Nürnberg entschieden bestritten. Er sei vielmehr stets der Auffassung gewesen, erklärte er dort, dass kein »Volk und keine Rasse, auch die Kannibalen nicht, an sich gut oder böse sind, sondern nur das einzelne Individuum«. In der Tat fehlen antisemitische Äußerungen von ihm fast völlig, einmal abgesehen von floskelhaften Wendungen, wie in einer Rede vom November 1943, in der er vor Gauleitern der NSDAP die Unmöglichkeit eines Europas unter »der Knute amerikanischer Juden oder bolschewistischer Kommissare« als Folge einer deutschen Niederlage beschwor. In gleicher Weise jedoch fehlen bei ihm Worte des Mitleids und der Empörung über die für ihn zweifellos sichtbaren Vorstufen des Holokaust. Kein Wort des Protests über das Entfernen jüdischer Offiziere aus der Reichswehr 1933, über die Nürnberger Rassegesetze 1935 oder über die Pogromnacht vom November 1938 ist von Jodl überliefert. Nirgendwo ist vermerkt, dass er über das Schicksal der dänischen Juden Auskunft erbeten hätte, die nach Mitteilung eines von ihm übermittelten Befehls vom 22. September 1943 durch zwei Polizeibataillone des Reichsführers-SS deportiert werden sollten. Sowenig der Beweis bislang erbracht worden ist, dass er doch in den Holokaust eingeweiht war – es fiel Hitler und Himmler nicht schwer, jemanden zu täuschen, der dem Schicksal der Juden im Ringen des Weltkriegs kein großes Gewicht beimaß.

Ich kann nur im vollsten Bewusstsein meiner Verantwortung hier zum Ausdruck bringen, dass ich niemals, mit keiner Andeutung, mit keinem Wort, mit keinem Schriftstück von einer Vernichtung von Juden gehört habe.

Aussage von Jodl in Nürnberg

Nicht moralische, sondern militärische Diffe-

Oben: »Ewige Tretmühle des Führerhauptquartiers«: Im Verlauf des Krieges nahm Jodl an mehr als 5000 Lagebesprechungen teil
Unten: »Der Führer ist mit der Entwicklung sehr unzufrieden«: Deutsche Gebirgsjäger im Kaukasus, September 1942

renzen waren daher im Sommer 1942 der Auslöser der größten Krise im Verhältnis Hitler und Jodl. Nach den Rückschlägen im Winter 1941/42 hatte die Wehrmacht im Frühjahr 1942 im Süden der Sowjetunion eine neue Offensive begonnen. Ziele waren nicht mehr Moskau, sondern das sowjetische Rüstungs- und Verkehrszentrum Stalingrad an der Wolga und die kaukasischen Ölfelder von Baku, Grosny und Maikop, auf denen die Sowjetunion 90 Prozent ihres Erdöls förderte. Hitler wollte diese »kriegswirtschaftlichen Kraftquellen« den Russen entreißen und der chronisch unterversorgten Wehrmacht sichern. Offensichtlich richtete er sich auf einen langen Krieg ein – einen Krieg auch gegen die mit beinahe unerschöpflichen Ressourcen ausgestatteten anglo-amerikanischen Streitkräfte. Die ersten Anfangserfolge verleiteten Hitler zu einer verhängnisvollen Entscheidung. Anstatt wie ursprünglich geplant zunächst Stalingrad und dann den Kaukasus zu erobern, teilte er im Juli die Heeresgruppe Süd, um beide Ziele gleichzeitig in Angriff zu nehmen. Während die Sechste Armee unter Leitung von General Friedrich Paulus Richtung Stalingrad vorrückte, marschierte die Heeresgruppe A unter Führung von Generalfeldmarschall Wilhelm List in den Kaukasus. Wie ein Jahr zuvor kam der deutsche Vormarsch nach anfänglichen großen Geländegewinnen Anfang September 1942 ins Stocken. Besorgt registrierte Hitler, wie sein Vorhaben, eine schnelle Einnahme der Ölfelder, immer unwahrscheinlicher wurde. Um der Front näher zu sein, hatte er das Feldhauptquartier Mitte Juli 1942 in ein Waldlager nahe der ukrainischen Stadt Winniza verlegt. Ungeduldig drängte er List, Fallschirmtruppen bei Tuapse abzusetzen und die Gebirgsjäger über die Kaukasuspässe zu schicken, um den Durchbruch zum Schwarzen Meer zu erzwingen. Als List dies aufgrund der vorhandenen Kräfte für unmöglich erklärte und vielmehr dafür plädierte, die Hochpässe des Kaukasus als Winterstellung zu beziehen, schickte Hitler Jodl, den er sonst kaum von seiner Seite ließ, in Lists Hauptquartier nach Stalino. Er sollte den vorsichtigen Feldmarschall zur Eile treiben und Hitlers Weisungen Nachdruck verleihen.

Am 7. September 1942 flog Jodl nach Stalino. Doch statt den widerstrebenden Feldmarschall zur Räson zu bringen, wurde er selbst vor Ort von dessen Einwänden überzeugt. Noch am selben Tag flog er zurück nach Winniza, wo er Hitler abends Bericht erstattete. Er erklärte, dass Lists Bedenken berechtigt seien und ein Durchbruch

Der Führer ist mit der Entwicklung der Lage bei der Heeresgruppe A sehr unzufrieden. ... Seine Vorwürfe richten sich nicht gegen den ursprünglichen Ansatz der Kräfte, sondern dagegen, dass die Heeresgruppe nicht umgruppiert habe, als sie sah, dass sie so nicht weiterkomme.

Kriegstagebuch des Wehrmachtführungsstabes, 30. August 1942

»Ich habe Sie nicht losgeschickt, um mir von Ihnen lauter Bedenken melden zu lassen«: Zwischen Hitler und Jodl kam es im Herbst 1942 zur Krise

zum Schwarzen Meer in diesem Jahr kaum noch gelingen könne. Hitler, gereizt, unterbrach ihn und warf List grobe Fehler vor. Jodl hielt dagegen und verteidigte List, der, wie er nachzuweisen suchte, sich peinlich genau an alle »Führer«-Befehle gehalten habe und den an der momentanen Situation keine Schuld treffe. Jetzt fing Hitler an zu toben: »Ich habe Sie nicht losgeschickt, um mir jetzt von Ihnen lauter Bedenken melden zu lassen!«, schrie er Jodl an. »Sie sollten vorne meine Absicht des Fallschirmjägereinsatzes bei Tuapse vertreten. Das war Ihre Aufgabe. Stattdessen kehren Sie von den Frontbefehlshabern völlig beeinflusst wieder zurück und machen sich zum Sprachrohr dieser Herren. Dazu brauchte ich Sie nicht zu entsenden.« Jodl, nun auch aufbrausend, hielt ebenso lautstark dagegen: »Wenn Sie Ihre Fallschirmtruppen verlieren wollen, dann setzen Sie sie bei Tuapse ab. Und ebenso wird es den Gebirgsjägern ergehen, wenn sie in dieser Jahreszeit über die Pässe müssen. Im Übrigen war ich nicht als Befehlsübermittler entsandt, sondern zur Prüfung der Verhältnisse. Um lediglich einen Befehl zu überbringen, hätte es nicht meiner Person bedurft.« Hoch erregt verließ er nach diesen Worten den Raum.

Und wie wollen Sie, Jodl, diesen Krieg ohne das Kaukasusöl gewinnen?
Hitler zu Jodl

Eine eisige Lähmung senkte sich über das

»Durch dick und dünn verfechten, dass wir diesen Krieg gewinnen«: Auch das Ende der deutschen 6. Armee in Stalingrad Anfang 1943 führte bei Jodl zu keinem Umdenken

Hauptquartier. Der Schlagabtausch zwischen Hitler und Jodl erschütterte den innersten Kreis wie keine Krise zuvor. Nur noch bei Dunkelheit, berichtet Warlimont, verließ Hitler fortan sein sonnenloses Blockhaus, und auch dann nur auf verborgenen Wegen. Der Lageraum, die Stätte seiner täglichen stundenlangen Monologe, lag verödet. Fortan fanden die Lagebesprechungen nicht mehr in Jodls Kartenraum statt, sondern in Hitlers enger Wohnhütte, in der kein Wort mehr als notwendig gesprochen wurde. Nie mehr, bis zu seinem Tod, nahm Hitler an den gemeinsamen Mahlzeiten im Sperrbezirk I teil. Seinen Stuhl im Speiseraum, der eine Zeit lang leer blieb, nahm später Bormann ein. Innerhalb von 48 Stunden erschienen acht Reichstagsstenografen, die in der Folge, jeweils zu zweit, an allen militärischen Besprechungen teilnahmen und jedes Wort mitschrieben. Nie mehr, so schimpfte Hitler, sollten seine mündlichen Befehle verdreht weitergegeben werden. Umgehend zog er personelle Konsequenzen an der Spitze des Heeres. Anstelle von List übernahm der Kriegsherr nun persönlich das Kommando über die Heeresgruppe A; der Generalstabschef des Heeres, Halder, wurde ungnädig verabschiedet und durch General Kurt Zeitzler ersetzt. Auch den Auslöser der Krise traf der Bannstrahl des »Führers«. Hitler gab Jodl fortan nicht mehr die Hand und

Der Konflikt entstand aus der Kaukasuskrise. ... Die Spannung war so stark, dass von diesem Augenblick, soweit mir erinnerlich, der Führer sich von dem gemeinsamen Kasino seines Führungsstabes und Oberkommandos zurückzog und auch bei den Mahlzeiten für sich allein blieb, und zweitens, dass er auch eine ganze Zeit lang, für mehrere Monate, den Herren verweigerte, die Hand zu geben. ... Als Nachfolger Jodls war bereits Herr Paulus ausersehen worden, zu dem der Führer besonderes Vertrauen hatte.
Aussage Görings in Nürnberg

ließ ihm erklären, dass er nicht mehr mit ihm arbeiten wolle. Er werde bald durch General Paulus ersetzt werden, sobald dieser Stalingrad genommen habe.

Der Gunstentzug Hitlers traf Jodl tief. Obwohl er sich unbeirrt im Recht fühlte, räumte er gegenüber Warlimont ein, einen Fehler begangen zu haben: »Man dürfe einem Diktator keine von ihm verschuldeten Irrtümer nachweisen, da man sonst das Selbstvertrauen, die stärkste Stütze seiner Person und seines Handelns, beeinträchtige.« Sein Glaube an Hitler war ungebrochen, doch er bemühte sich um eine Versetzung an die Front, um der bedrückenden Atmosphäre des Hauptquartiers zu entkommen, dieser Mischung »zwischen einem Kloster und einem Konzentrationslager«, wie er es später einmal charakterisierte. Doch trotz des Streits ließ Hitler ihn nicht ziehen. Der Diktator wusste, dass er in Jodl einen zwar nicht devoten, aber doch unbedingt loyalen Untergebenen hatte, dessen Kritik sich strikt auf militärische Gebiete beschränkte und die Autorität Hitlers nie grundsätzlich hinterfragte. Zudem war der vorgesehene Nachfolger Paulus unabkömmlich, da die Eroberung von Stalingrad auf sich warten ließ. Die Katastrophe von Stalingrad, in der Paulus mit den Resten seiner Armee in Gefangenschaft ging, machte den Plan endgültig zunichte. Am 30. Januar 1943, einen Tag vor Paulus' Kapitulation, rief Hitler Jodl allein zu sich und verlieh ihm das goldene Parteiabzeichen: »Ich habe mich damals im September furchtbar über Sie geärgert und halte auch jetzt noch Ihr Handeln für falsch«, erklärte er dem völlig überraschten Jodl und fuhr fort: »Ich habe mich aber inzwischen überzeugt, dass Sie ein ausgezeichneter, charaktervoller Offizier sind, der vorbildlich seine Pflicht erfüllt. Ich habe auch gehört, dass Ihr persönliches Leben und Verhalten in dieser Notzeit des deutschen Volkes ein mustergültiges ist. Ich überreiche Ihnen daher das goldene Ehrenzeichen der Partei, die einzige Auszeichnung, die auch ich neben dem eisernen Kreuz trage.« Die Versöhnung blieb äußerlich. Sein Vertrauen zum Führer, schrieb Jodl später, habe seit der Winniza-Krise einen Riss gehabt, der nie wieder ganz gekittet worden sei. Aber er diente dem Mann pflichtbewusst weiter, den er für »unersetzbar und das Schicksal Deutschlands« hielt.

Widerspruch hörte Hitler höchst ungern. Es ist dann vorgekommen, dass er Jodl mehr oder weniger ignorierte und ihm zeigte, dass er ihm böse war. Aber nach einer Weile ist das wieder verschwunden, und Hitler hat wieder realisiert, welchen militärischen Fachmann er da an seiner Seite hatte.

Bernd Freytag von Loringhoven, Generalstabsoffizier

Jeder nahm nach diesem Vorfall an, dass Jodl gefeuert werden würde. Doch er blieb an Hitlers Seite bis zum Ende.

Alfons Schulz, Telefonist in der Wolfsschanze

Körperlich zeigte Jodl in dieser Zeit erstmals Schwächen. Seit November 1942 quälte ihn zunehmend ein Ischiasleiden, das auch in den nächsten Wochen nicht besser wurde. Im Mai 1943, während in Tunis das deutsche Afrikakorps in Gefangenschaft ging, fuhr er deswegen mit seiner Frau nach Badgastein zur Kur, von der er erst Ende Juni zurückkam. Es war sein erster und einziger Urlaub während des gesamten Krieges. Es war ein innerlich veränderter Mann, den die alte Freundin der Familie, Luise von Benda, antraf, als sie die Jodls in dem österreichischen Kurort besuchte. Zwischenzeitlich war es zu einer Entfremdung zwischen den Freunden gekommen, da Jodl sich für Luises Gefühl der Sprache und den Ansichten Hitlers allzu bedenklich genähert hatte. Die Erfahrungen des letzten Jahres hatten diese Entwicklung teilweise revidiert, einiges infrage gestellt. In Badgastein war Jodl aufgeschlossen wie selten und zugänglich für Gespräche, die er sonst mied. »Sag ihm alles, was du hörst«, bat seine Frau Irma die Freundin, »er ahnt nicht, was die Leute so sagen.« Bei einem Spaziergang stellte Luise von Benda Jodl darauf die Frage, die viele nach Stalingrad bewegte: »Meinst du nicht, dass wir den Krieg von uns aus beenden müssten, einfach um mehr Substanz zu erhalten?« Jodl schwieg und wies sie dann mit so viel Schärfe zurecht, dass Irma vermitteln musste, um die Freunde zu versöhnen. Kurz darauf schrieb er Luise einen mahnenden Brief: »Du musst durch dick und dünn verfechten, dass wir diesen Krieg gewinnen. Wer daran nicht glaubt, tut am besten daran, sich gleich zu erschießen. ... Die Masse kämpft nur, solange sie an die Möglichkeit eines Erfolgs glaubt. Sieht sie ihn nicht mehr, sucht sich jeder einen bequemen Ausweg, mit dem er dann seinen niedergebrochenen Willen und seine Feigheit bemäntelt. Wer glaubt, dass man jetzt Frieden machen muss, der erfindet die Ausrede von der Substanz und will damit nicht sehen, dass er überhaupt alles der Vernichtung preisgibt.« Wie Hitler verfocht er den

Solch einen zuverlässigen Nationalsozialisten wie mich wird er unter den Heeresgeneralen kaum wiederfinden.

Jodl, 9. September 1942

Ich leugne nicht die Schuld, die Jodl im Laufe der Kriegsjahre durch seine Nachgiebigkeit und Schwäche gegenüber Hitler und Keitel auf sich geladen hat. Aber er war offensichtlich nur Soldat und in seiner Stellung menschlich und politisch überfordert.

Rudolf Freiherr von Gersdorff, *»Soldat im Untergang«*

Krieg als unbarmherzigen Kampf um das »Sein oder Nichtsein« des deutschen Volkes, der einen Verständigungsfrieden ausschloss.

Sein Brief vermochte die langjährige Freundin nicht zu überzeugen und nährte in ihr den Zweifel, »ob nicht die Arbeit in einer Zentrale, also am grünen Tisch, die Sicht erschweren könne«. Auch andere haben sich gefragt, ob Jodl im Bannkreis des »Führers« und der Isolierung dessen Hauptquartiers einem Wunschdenken erlegen ist. Der Historiker Percy Ernst Schramm, der das Kriegstagebuch des OKW führte und Jodl häufig sah, gelangte zu einem anderen Eindruck: Jodl habe zwar vor der Realität durchaus nicht die Augen verschlossen, sich aber als Chef des Wehrmachtsführungsstabes verpflichtet gesehen, die Sorgen, die ihn quälten, für sich zu behalten, und die anderen, an denen die Zweifel nagten, zu stützen. Ein guter Führer müsse auch etwas von einem Schauspieler haben, habe er einmal in einer Ansprache vor seinen engsten Mitarbeitern gesagt. In der Tat scheint es neben der Zuversicht, die er in Reden vor Offizieren und in öffentlichen Veranstaltungen ausstrahlte, neben den vielen Durchhaltebefehlen, die seine Unterschrift tragen, einen anderen Jodl gegeben zu haben. In einer Denkschrift vom Sommer 1944 räumte er ein, dass der Krieg mit »militärischen Mitteln« nicht mehr zu gewinnen sei. Doch politische Konsequenzen, wie es ein Beck verlangt hätte, forderte er von Hitler nicht. Er hätte das als eine Einmischung in die Politik empfunden, die sich für einen Soldaten verbot. Selbst im engsten Kreis sprach er nicht von dem, was er kommen sah. Es wäre ihm illoyal gegenüber Hitler erschienen, dem er nach wie vor bedingungslos diente.

1944 wurde Jodls Schicksalsjahr. Am 1. Februar wurde er von Hitler zum Generalobersten ernannt, doch seine Freude über die Beförderung währte nur kurz. Zwei Monate später, kurz vor Ostern, wurde seine Frau Irma von dem berühmten Chirurgen Professor Sauerbruch in Königsberg operiert. Die Stadt war bis dahin von Luftangriffen verschont geblieben, und sie lag nicht allzu weit entfernt vom »Führer«-Hauptquartier Wolfsschanze, in das Jodl mit Hitler zurückgekehrt war. Zunächst lief alles nach Plan. Am Karfreitag teilte Jodl der gemeinsamen Freundin Luise von Benda telefonisch mit, dass der Eingriff gut verlaufen und Irma endlich wieder ohne

Schmerzen sei. Drei Tage später, am Ostermontag, rief er wieder an, diesmal mit leiser und bedrückter Stimme: Ausgerechnet in der Nacht nach der Operation hatten alliierte Bomber Königsberg angegriffen. In dem Luftschutzkeller, in den Irma gebracht worden sei, habe sie sich eine Lungenentzündung geholt. Die Ärzte hätten kaum noch Hoffnung. Ob Luise kommen könne – Irma habe darum gebeten. Sie machte sich auf den Weg. In Königsberg erlebte Luise von Benda einen tief erschütterten Alfred Jodl, der für die letzten dramatischen Stunden an das Krankenlager seiner Frau geeilt war: »Die Atemzüge wurden schwächer, ein Arzt kam, fühlte den Puls und ging. Bewegungslos kniete Alfred neben der Sterbenden, die Nachtlampe warf den Schatten seines Kopfes gegen die Wand mit dem Kruzifix. Als alles vorbei war, überkam es mich fast wie Neid, als ich das stille Antlitz der Toten sah.«

Der Tod seiner Frau traf Alfred Jodl hart. In den 30 Jahren ihrer Ehe hatte sie stets voll und ganz zu ihm gestanden, seinen Aufstieg und seine Sorgen begleitet. Ihr Tod in dieser schweren Zeit belastete ihn ungemein. »Sie war eine der edelsten und gebildetsten Frauen, die ich finden konnte«, schrieb er ihr zum Andenken. »Ihr Leben war Liebe und Opfer bis zu einer fast übermenschlichen Größe. Was sie mir versprochen hatte zu sein: ›laborum pericolosum que socia‹ – eine Gefährtin auch in gefährlichen Zeiten –, das hat sie mir bis zum Tode gehalten.« In aller Stille wurde ihr Leichnam in Königsberg eingeäschert, nur Jodl, sein Adjutant und Luise von Benda waren anwesend. Zum ersten Mal fand Hitler persönliche Worte der Anteilnahme für seinen getreuen Gefolgsmann, und vielleicht war es auch er, der für eine besonders ehrenvolle Beerdigung sorgte. Ein Sonderzug brachte die Urne und zahlreiche Gäste zum Chiemsee. Dort, auf dem Friedhof der Fraueninsel, wurde Irma Jodl, geborene von Bullion, im Beisein der nächsten Anverwandten und zahlreicher Ehrengäste beigesetzt, wie sie es sich gewünscht hatte. Wie stets wahrte Jodl auch in diesen Tagen der inneren Erschütterung große Beherrschung – sein Gefühlsleben war für die meisten so undurchdringlich wie immer. Nur gegenüber Luise von Benda öffnete er sich und erzählte ihr bei einem Spaziergang unterhalb des Berghofs, auf dem Hitler in diesen Tagen Mussolini empfing, aus seiner Jugend und seiner Ehe. Viel Zeit zum Verarbeiten blieb ihm nicht, dann hatte der Krieg ihn wieder.

Am 6. Juni 1944 landeten die Alliierten in der Normandie. Die lange gefürchtete zweite Front im Westen war Wirklichkeit geworden. Zwei Wochen später, am 22. Juni 1944, durchbrach die Rote Armee bei Mogilew die Front der Heeresgruppe Mitte und rollte diese von Norden nach Süden auf – 300 000 deutsche Soldaten gerieten in Gefangenschaft. Der Krieg war nun auch für unverbesserliche Optimisten nicht mehr zu gewinnen, doch Hitler weigerte sich, die Realität wahrzunehmen und Konsequenzen daraus zu ziehen. Doch den Gedanken, den Diktator zur Anerkennung der Niederlage zwingen zu müssen oder ihn zu entmachten, hätte Jodl als Hochverrat ausgelegt. Angesichts seiner eindeutigen Haltung kam offenbar auch niemand auf die Idee, ihn für die Verschwörung zu gewinnen,. die in diesen Wochen Gestalt annahm. Die Ereignisse des 20. Juli 1944 trafen Jodl daher völlig unvorbereitet. Erst verspätet war er an diesem glühendheißen Tag in die Lagebaracke in der Wolfsschanze zur »Mittagslage« gekommen. Gerade hatte er sich hinter die Lücke zwischen Hitler und Keitel begeben, um auf die Karte zu sehen, als er mit einem Schlag das Bewusstsein verlor. Unter dem Tisch war die in einer Aktentasche versteckte Bombe des Attentäters Stauffenberg detoniert. Nur die Tatsache, dass die Besprechung nicht wie ursprünglich geplant im Bunker, sondern in der Baracke stattfand, aus welcher der Luftdruck nach draußen entweichen konnte, rettete Jodl wie Hitler und den meisten Anwesenden das Leben. Er kam mit einer leichten Gehirnerschütterung, versengten Haaren und einer Brandblase in der Mitte seines Kopfes davon, um den ihm ein turbanähnlicher Verband gelegt wurde. Größer als der körperliche Schmerz waren seine Wut und sein Unglaube, als im Laufe der nächsten Stunden und Tage das Ausmaß und die Hintermänner des misslungenen Staatsstreichs offenkundig wurden.

Für das moralische Anliegen der Widerstandskämpfer, zu denen auch sein alter Vorgesetzter Ludwig Beck gehörte, empfand er weder Verständnis noch Sympathien, ihre Hinrichtung begrüßte er als gerechte Strafe. Vier Tage nach dem Attentat, am 24. Juli 1944, versammelte er die Mitarbeiter des Wehrmachtsführungsstabes abends zu einer Ansprache, um sie auf Hitler einzuschwören: »Der 20. Juli«, so erklärte er ihnen, »war der schwärzeste Tag, den die deutsche Geschichte bisher gesehen hat, und wird es vielleicht für alle Zukunft bleiben.« Die Attentäter hätten nicht nur ihren Eid gebrochen, nicht nur Hitler, dem »höchsten und wertvollsten Menschen, der nur der Idee diente« nach dem Leben getrachtet, sondern sie hätten auch den Zusammenbruch der Front riskiert. Jetzt werde mit ihnen eine Generalabrechnung durchgeführt. Mitleid sei nicht angebracht, die Zeit für »Laue« sei vorbei. Rücksichtsloser Hass all denen, die entgegenwirken! »Ich hege die Erwartung«, schloss er die Ansprache, »dass unter all den Offizieren, denen ich in die Augen zu schauen habe,

»Der schwärzeste Tag der deutschen Geschichte«: Nach dem Attentat am 20. Juli 1944. Jodl trägt wegen seiner Verletzungen einen Kopfverband

sich nicht ein Lauer befindet. Ich bin überzeugt, dass wir diese Lage durchstehen werden, aber selbst wenn uns das Glück nicht hold sein sollte, dann müssten wir entschlossen sein, uns als die Letzten mit der Waffe um den Führer zu scharen, damit wir vor der Nachwelt gerechtfertigt sind. Für uns Ältere ist das leichter als für die Jüngeren unter uns, aber das ändert nichts daran, dass wir vor der Geschichte und vor der Ewigkeit zu bestehen haben.«

Am 20. Juli war ich in meinem Büro in der Wolfsschanze, und als ich gerade meinen Schlips anbinden wollte, gab es einen lauten Knall. Nach kurzer Zeit klingelte das Telefon, und es hieß, ich sollte mich ohne Waffen im Kasino einfinden. Das habe ich mit einigen anderen dann getan, und plötzlich kam Jodl herein, den Kopf verbunden, die Uniform blutverschmiert. »Meine Herren, es ist ein Attentat auf den Führer begangen worden von einer Gruppe von Menschen, die uns sehr nahe stehen, von Generalstabsoffizieren. Dieses Attentat zeigt mir, wie die Lage ist. Bitte erklären Sie, ob Sie weiter mit uns arbeiten wollen. Ich gebe Ihnen eine Minute Zeit zu sagen, ob Sie hier bleiben wollen oder an die Front versetzt werden wollen.« Nach dieser Minute hat er jeden Einzelnen durch Handschlag für seine Arbeit verpflichtet.

Karl Böhm-Tettelbach, Generalstabsoffzier

Wer an der Lage verzweifelt, der mag sich selbst erschießen, soll aber seinen Eid respektieren.

Ansprache Jodls zu seinen Mitarbeitern, 24. Juli 1944

Inmitten des düsteren Untergangsszenarios, dem Jodl mit stoischem Durchhaltewillen begegnete, gab es für ihn nur einen persönlichen Lichtblick. Mitte Juli 1944, wenige Tage vor dem Attentat, hatte er einen Brief an Luise von Benda geschrieben. In ihm bat der 54-jährige Witwer die um 15 Jahre jüngere Freundin, nach dem Trauerjahr seine Frau zu werden und ab Herbst schon seinen Haushalt in Berlin zu übernehmen. Ohne zu zögern nahm Luise von Benda den Antrag an. Schon seit Jahren, vielleicht schon seit Beginn ihrer Bekanntschaft im Jahr 1932, hatte sie für Alfred Jodl insgeheim mehr als nur Freundschaft empfunden. Irma Jodl selbst scheint der neuen Ehe ihres Mannes den Weg geebnet zu haben. Noch kurz vor ihrem Tod hatte sie Luise gebeten, sich um Alfred zu kümmern, was diese der sterbenden Freundin zugesagt hatte. Mit ihrem Segen und auch dem der Familie Bullion zog Luise im September 1944 in Jodls Wohnung nach Berlin-Dahlem. Knapp ein Jahr nach Irmas Tod, am 7. März 1945, heiratete das Paar standesamtlich in Berlin. Hitler hatte einen Kamelienbaum mit 42 Blüten als Geschenk geschickt. Die »Hochzeitsreise« beschränkte sich auf einen Spaziergang im Grunewald. Kurz darauf erhielt Jodl einen Anruf, der ihn zu Hitler eilen ließ. Die Amerikaner hatten überraschend die Rheinbrücke von Remagen erobert und einen Brückenkopf auf dem östlichen Ufer gebildet. Der Rhein, die letzte große Verteidigungslinie im Westen, war gefallen. Die Niederlage war jetzt nur noch eine Frage von Wochen.

Am 23. April, kurz bevor die Rote Armee Berlin einschloss, sah Jodl seinen »Führer« zum letzten Mal. Dieser hatte beschlossen, dass Keitel und Jodl Berlin verlassen und den Kampf von außen fortführen sollten; er selber wolle in Berlin bleiben und hier das Ende erwarten. Vergeblich bestürmten Jodl und Keitel den Diktator, mit ihnen die Hauptstadt zu ver-

Jodls Frau hatte großen Einfluss auf ihn. Ich traf sie in Nürnberg. Sie war seine zweite Frau. Und ich wusste, dass sie ziemlich viel mit Jodl zu tun hatte. Sie waren ein sehr ungewöhnliches Paar – wie in den zweiten Flitterwochen, weil sie mitten im Krieg geheiratet hatten. Und ich fragte: »Warum haben Sie so kurz nach dem Tod Ihrer ersten Frau geheiratet? Und mitten im Krieg?« Und er sagte: »Nun, wir wussten nicht, was die Zukunft bringen würde. Darum wollten wir die Gelegenheit unseres Glücks am Schopf packen und heirateten.«

John E. Dolibois, Vernehmungsoffizier von Keitel

»Hochzeitsreise in den Grunewald«: Jodl mit seiner zweiten Ehefrau Luise kurz vor Ende des Krieges

Der Führer erwartet von allen Oberbefehlshabern und Befehlshabern, dass sie sich mit dem ganzen Gewicht ihrer Persönlichkeit auf diese Aufgaben einstellen und – ohne auf Befehle und Weisungen zu warten und an Trennungslinien und Kompetenzen zu kleben – den Kampf gegen den in Bewegung geratenen Feind auf das Fanatischste aktivieren. Irgendwelche Rücksichten auf die Bevölkerung können hierbei zurzeit keine Rolle spielen.

Anweisung Jodls vom 29. März 1945

lassen. Von außen versuchten beide in völliger Missachtung der militärischen Lage alles, um das eingeschlossene Berlin und Hitler zu entsetzen. Angefeuert durch Funksprüche aus dem Bunker suchten sie die versprengten Reste deutscher Divisionen auf, um die längst Geschlagenen zur »Befreiung« der Reichshauptstadt zu bewegen. Wie Keitel war Jodl bedenkenlos bereit, das Leben der ihm anvertrauten Soldaten noch in letzter Stunde seiner Treue gegenüber dem »Führer« zu opfern, obwohl der Krieg längst entschieden war. In welcher historischen Endzeitstimmung er sich in diesen Tagen befand, belegt eine Nachricht, die er Ende April an seine noch rechtzeitig nach Berchtesgaden evakuierte Ehefrau durchgab: »Wir haben noch immer Funkverkehr mit Berlin, wo sich der Feind den Weg ins Stadtinnere erkämpft hat. Das Herz blutet bei diesen Gesprächen. Es ist wie der Kampf der Westgoten am Vesuv.« Doch die Appelle der OKW-Führung verpufften angesichts der desolaten Lage und der Unwilligkeit der Truppenführer, ihre Männer für einen unmöglichen Auftrag zu opfern. Am 29. April setzte Hitler einen letzten Funkspruch an Jodl ab. Als rechne er immer noch mit einem Entsatz der Hauptstadt, stellte der Diktator ihm fünf verzweifelte Fragen: »1. Wo sind die Spitzen von Wenck? 2.Wann greifen sie weiter an? 3. Wo ist die 9. Armee? 4. Wohin bricht die 9. Armee durch? 5. Wo sind die Spitzen von Holste?« Die Antwort, die Hitler am 30. April um drei Uhr morgens erhielt, machte seine letzten Hoffnungen zunichte: »Angriffe auf Berlin an keiner Stelle mehr fortgeschritten.« Am Nachmittag desselben Tages beging der Diktator Selbstmord. Der Spuk war zu Ende.

Mit dem Tode Hitlers scheint die apokalyptische Endzeitstimmung, die offenbar nur die Wahl zwischen Sieg oder Untergang ließ, von Jodl gewichen zu sein. Ein Selbstmord nach dem Vorbild seines »Führers« kam für ihn nicht infrage. Pflichtgemäß meldete er sich mit Keitel bei dem von Hitler berufenen Nachfolger Großadmiral Karl Dönitz. Beide akzeptierten widerspruchslos, dass Dönitz nur noch von einem Gedanken beherrscht wurde: den Krieg zu beenden, zuvor aber noch möglichst viele deutsche Soldaten und

Mein Mann eröffnete mir eines Tages: »Morgen geht ein Flugzeug nach Berchtesgaden mit den Offizieren des OKW, ich bitte dich mitzufliegen.« ... Ich habe dann meine Eltern noch mal besucht, habe mich dann von ihnen getrennt und bin nach Berchtesgaden gefahren. Letzten Endes habe ich mich dann furchtbar geschämt, dass ich geflohen bin.

Luise Jodl, Ehefrau

Flüchtlinge dem Zugriff der Roten Armee zu entziehen. Von Dönitz erhielt Jodl den wichtigsten Auftrag seines Lebens, mit dem sein Name und Gesicht bis heute in erster Linie verbunden sind. Am 6. Mai flog er als oberster deutscher Verhandlungsführer nach Reims, um im Hauptquartier des alliierten Oberkommandierenden, General Eisenhower, eine Teilkapitulation im Westen anzubieten. Zwar wurde er von Eisenhowers Generalstabschef Bedell Smith ehrenvoll als Offizier empfangen, aber in der Sache war Eisenhower hart. Er forderte eine Gesamtkapitulation ohne weitere Bewegungsfreiheit des Ostheeres. Mithilfe von Bedell Smith gelang es Jodl, eine 48-stündige Galgenfrist herauszuschinden, dann aber funkte er an Dönitz: »General Eisenhower besteht darauf, dass wir heute noch unterschreiben. Andernfalls werden die alliierten Fronten auch gegenüber denjenigen Personen geschlossen werden, die sich einzeln zu ergeben versuchen, und alle Verhandlungen werden abgebrochen. Ich sehe keinen anderen Ausweg als Chaos oder Unterzeichnung. Erbitte sofortige drahtlose Bestätigung, ob ich Vollmacht habe zu unterzeichnen.« Am 7. Mai, kurz nach Mitternacht, gab Dönitz per Funkspruch die erbetene Vollmacht. Im Sitzungsprotokoll der Reichsregierung steht dazu der lakonische Satz: »Es ging nicht anders.«

Er schien in letzter Stunde die Dinge schärfer zu sehen und aus der Lethargie zu erwachen, die ihn nach der Katastrophe von Stalingrad befallen hatte.

Heinz Guderian, »*Erinnerungen eines Soldaten*«

In dem Schulgebäude in Reims, das Eisenhower als Hauptquartier diente, fand zwei Stunden später der letzte Akt des Zweiten Weltkriegs in Europa statt. An der Spitze der deutschen Delegation betrat Jodl den Saal, in dem sich Korrespondenten und Kameraleute sowie Offiziere und Mannschaften des Hauptquartiers drängten. Keiner wollte den historischen Moment versäumen. Inmitten eines Blitzlichtgewitters unterzeichnete Jodl am 7. Mai 1945 um 2.41 Uhr die Kapitulationsurkunde: Ab dem 8. Mai um 23.01 sollten die Waffen schweigen. Nach ihm setzten die Generäle Bedell Smith, Susloparow und Sevez ihren Namen unter das Dokument: für den Obers-

Während dieser Zeremonie sitzt Jodl kerzengerade auf seinem Stuhl, aber seine Nase wird rot, und sein Gesicht bedeckt sich mit rötlichen Flecken. – »Haben Sie noch etwas zu sagen?«, wendet sich Rooks an Jodl. Der sagt: »Jedes Wort ist überflüssig.«

US-Korrespondent Drew Middleton über die Auflösung der »Geschäftsführenden Deutschen Reichsregierung« und des OKW, 23. Mai 1945

»Eisiges Schweigen der Sieger«: Jodl unterzeichnet die Kapitulationsurkunde in Reims

ten Alliierten Befehlshaber, das sowjetische Oberkommando und die französische Armee. Nachdem die Zeremonie beendet war, stand Jodl auf, um an die Großmut der Sieger zu appellieren. »Mit dieser Unterschrift sind das deutsche Volk und die deutsche Wehrmacht auf Gnade und Ungnade den Siegern ausgeliefert. Beide haben in diesem Krieg mehr geleistet und mehr erduldet als vielleicht je ein Volk dieser Erde. Ich kann in dieser Stunde nur die Bitte aussprechen, dass die Sieger mit ihnen gnädig verfahren mögen.« Seine Worte trafen auf eisiges Schweigen. Es war wohl auch ein Zeichen für mangelndes psychologisches Gespür und die Empfindungen der Alliierten, dass er von diesen angesichts der 50 Millionen Opfer, die der von Deutschland entfesselte Krieg in Europa gekostet hatte, eine Würdigung der Leiden der deutschen Bevölkerung erwartete. Erst nach seinem Abgang brach das Schweigen der Sieger.

Wie kann man überhaupt Soldaten anklagen? Das war etwas völlig Neues, und das hat sie sehr empört.

Luise Jodl, Ehefrau

Jodl saß 100 Prozent zu Recht auf der Anklagebank in Nürnberg, weil er über all die Dinge, die gegen das Militärstrafgesetzbuch verstießen, genau Bescheid wusste.

Carl Dirks, Offizier der Wehrmacht

Zurück in Flensburg, würdigte Dönitz seinen Einsatz, indem er ihm am 7. Mai das Ritterkreuz mit Eichenlaub und Schwertern verlieh. Ironischerweise hatte er von Hitler in den Jahren der Triumphe nie mehr als die Spangen zum Eisernen Kreuz Erster und Zweiter Klasse erhalten, dazu das goldene Parteiabzeichen als Zeichen der Versöhnung nach der Winniza-Krise. Erst sein Nach-

»Was ich getan habe, kann ich reinen Gewissens vor Gott, vor der Geschichte und meinem Volke verantworten«: Jodl und Keitel in Nürnberg

folger übertrug ihm das Ritterkreuz für seine Mitarbeit an der Liquidierung des Krieges. Jodl trug es, als er gemeinsam mit Dönitz am 23. Mai in Flensburg verhaftet wurde.

Seinem kurzen Auftritt auf der Weltbühne folgte ein tiefer Fall. Es war ein unerwarteter Schock für Jodl, dass die Alliierten ihn, einen Soldaten, als einen von 23 mutmaßlichen Hauptkriegsverbrechern auf die Anklagebank des Nürnberger Gerichtshofs setzten. Er sah sich als unschuldig, er habe nur in Gehorsam und gemäß seinem Eid Hitler als dem obersten Befehlshaber Treue gehalten und nach seinem besten Wissen und Gewissen gehandelt. Vom Holokaust habe er nichts gewusst. Die Richter gingen auf seine Verteidigung nicht ein, sprachen ihn in allen vier Anklagepunkten – Planung und Durchführung eines Angriffskrieges, Beteiligung an Kriegsverbrechen und Völkermord – schuldig und verurteilten ihn damit zum Tode. Dieser Schuldspruch wurde schon damals, auch auf alliierter Seite, heftig und konträr diskutiert. In einem Prozess vor der Münchener Hauptkammer, den Luise Jodl 1953 anstrengte, wurde die Schuld ihres Mannes verneint. Besonders beeindruckte die deutschen Richter, dass auch der französische Richter in Nürnberg, Donnedieu de Vabres, Ende 1949 im Falle Jodls von einem Fehlurteil gesprochen hatte. Auf amerikanischen Druck wurde das

Die Beziehung zwischen Hitler und Jodl ist im Grunde bis heute rätselhaft. Jodl hat Hitler im Prozess zwar eine infernalische Größe genannt, aber zugleich hat er kurz vor seinem Tod auch wieder Verständnis für Hitler geäußert.

Luise Jodl, Ehefrau

Urteil freilich zwei Monate später vom zuständigen Amtsgerichtspräsidenten wieder aufgehoben. Ein danach gefundener außergerichtlicher Kompromiss vermied zwar die Revision des Nürnberger Urteils und eine Rehabilitierung Jodls, sprach jedoch der Witwe dafür den Nachlass und Pensionsansprüche zu.

Der »Fall Jodl« entzweit bis heute die Gemüter. Viele halten das Todesurteil im Rückblick für zu hart. Aber war Alfred Jodl unschuldig? Hitlers engster militärischer Berater war kein ideologisch verbohrter Finsterling, auch kein rückgratloser Jasager wie sein Vorgesetzter Keitel. Doch er lebte und propagierte die militärischen Tugenden des Gehorsams und der Pflichterfüllung bis zum Exzess – ohne die notwendigen moralischen und rationalen Grenzen zu ziehen. Für Jodl war Hitler gleichbedeutend mit dem Schicksal Deutschlands. In der Treue zu Hitler glaubte er, Deutschland die Treue zu halten – obwohl er sah, dass der Diktator das Reich in eine militärische Katastrophe führte, obwohl auf seinem Schreibtisch Befehle landeten, von denen er wusste, dass sie gegen das Kriegsrecht verstießen. Dass höchste Stellung auch höchste Verantwortung bedeutet, vermochte er für sich nie zu akzeptieren. Sein unbedingter Treuebegriff zu Staatsoberhaupt und oberstem Befehlshaber ließ eine geistige Auseinandersetzung mit der Verstrickung, in der er sich verfangen hatte, kaum zu. Selbst die nachträgliche empörte Wahrnehmung der Verbrechen des Holokaust genügte nicht, um ihm sein eigenes Handeln fragwürdig zu machen. Er sah sich in Nürnberg als einen Märtyrer der Wehrmacht, die durch ihre Treue zu Hitler bis zuletzt den Ehrenschild des deutschen Soldaten hochgehalten habe und an den Verbrechen des Regimes schuldlos sei. Am Abend vor der Hinrichtung schrieb er Freunden und Kameraden als letzten Gruß: »Nur in Ehrfurcht und Stolz sollt ihr an mich denken, genauso wie an alle Soldaten, die auf den Schlachtfeldern dieses grausamen Krieges gefallen sind, wie das Gesetz es befahl. Für ein mächtigeres Deutschland hat man sie geopfert. Ihr aber sollt glauben, dass sie für ein besseres gefallen sind. Daran sollt ihr festhalten, und dafür sollt ihr arbeiten. Dann werden auch über meinem Grabe Rosen blühen, die in meinem Opfertode wurzeln.« Am 16. Oktober 1946 bestieg Alfred Jodl als Vorletzter den hölzernen Galgen in der Turnhalle des Nürnberger Gefängnisses. »Ich grüße dich, o du mein Deutschland!«, waren seine letzten Worte. Er starb ohne Schuldbewusstsein.

Die Waffenschmiede

Es ist stets die Auffassung der Vereinigten Staaten gewesen, dass die Großindustriellen Deutschlands im gleichen Maße wie seine Politiker, Diplomaten und Soldaten der angeklagten Verbrechen schuldig sind.

US-Hauptankläger Robert H. Jackson in Nürnberg

Alfried Krupp von Bohlen und Halbach saß im Arbeitszimmer in der Villa Hügel. Sie lag oben auf einer der Höhen unweit der Ruhr. Im Tal: Essen – eine Stadt in Trümmern. Es war Mittwoch, der 11. April 1945, 13.20 Uhr. Fallschirmjäger der 9. US-Armee fuhren in ihren Jeeps zur Villa hinauf. »Es ist soweit«, sagte der 38-jährige Inhaber des ehemals größten Industrieimperiums Europas zu seinem Hausverwalter Friedrich Dormann. Alfried Krupp von Bohlen und Halbach war geschäftsmäßig gekleidet: Maßanzug, Manschettenknöpfe, Krawatte, am Finger den Siegelring des Hauses Krupp. Dormann öffnete die Tür: »Meine Herren, Herr von Bohlen erwartet Sie. Darf ich Sie bitten, näher zu treten?« Die Soldaten durchquerten die Halle der Villa, betraten die Bibliothek. »Sind Sie Krupp?«, fragte der US-Kommandant, Oberst Sagmoen. »Ja, ich bin Krupp von Bohlen und Halbach«, antwortete Alfried akzentfrei auf Englisch und deutete eine Verbeugung an. Pflichtbewusstsein, Disziplin und vor allem: niemals die Fassung zu verlieren – diese Grundprinzipien waren dem letzten Krupp-Erben von Kindheit an eingeimpft worden.

Fünf Generationen lang hatten die Krupps ihre Heimatstadt geprägt, seit mehr als einem halben Jahrhundert waren sie die prominenteste und wichtigste Familie Essens. An diesem 11. April 1945 aber wurde Alfried Krupp von Bohlen und Halbach von amerikanischen GIs verhaftet. Sie brachten ihn zu ihrem Jeep. Hausangestellte beobachteten den Vorgang. Der Firmenchef bewahrte Haltung: Ein Foto, das damals entstand, zeigt Gefasstheit, ja fast schon Gleichgültigkeit in den Gesichtszügen des Verhafteten. Erhobenen Hauptes, mit Hut auf dem Kopf, einen US-Soldaten mit Stahlhelm und Waffe im Rücken, wurde er abtransportiert.

Was die amerikanischen Militärs ihm genau vorzuwerfen hatten, blieb lange unklar. Deshalb zeigte sich Alfried Krupp von Bohlen und Halbach

»Deutsche Schutz- und Trutzwaffen«: Eine »Riesenkanone« von Krupp auf der Weltausstellung in Paris 1867

selbstsicher. Als er von einem amerikanischen Offizier verhört wurde, antwortete er auf die Frage, was jetzt seine Ziele seien, er werde seine Werke wieder aufbauen. Er sei Geschäftsmann und kein Politiker. Das wussten die Amerikaner. Aber Krupps Hoffnung, sein Unternehmen bald wieder übernehmen zu können, sollte enttäuscht werden. Denn den Amerikanern galt sein Betrieb als Hitlers Waffenschmiede.

»Krupp« – dieser Name rief Generationen von Deutschen die immer gleichen Bilder vor Augen: donnernde Geschütze, undurchdringbarer Panzerstahl, siegreiche Armeen. Schon im preußisch-österreichischen Krieg 1866 waren Krupps Kanonen zum Einsatz gekommen – auf beiden Seiten. Im Krieg gegen Frankreich 1870/71 hatten Krupp'sche Stahlgeschütze ihre Überlegenheit an einem mit Bronzekanonen ausgerüsteten Gegner demonstriert. Im Ersten Weltkrieg schließlich wurde die Firma, die Friedrich Krupp ein Jahrhundert zuvor gegründet hatte, im Sprachgebrauch der Zeitgenossen zur »Waffenschmiede des Reiches« verklärt. Rund 20 Jahre später ließ Hitler eine ganze Jugend darauf trimmen, so »hart wie Krupp-Stahl« zu sein.

»Krupp« war freilich weit mehr als ein Waffenhersteller. Das Firmenzeichen zeigte nicht etwa Kanonen, sondern drei ineinander verschlungene Ringe, Symbole für die nahtlos gefertigten Eisenbahn-Radreifen, die Krupp Mitte des 19. Jahrhunderts groß gemacht hatten. Und in Arbeiterkreisen stand der Name »Krupp« für ein frühes und umfassendes sozialpolitisches Engagement: Das Unternehmen hatte bereits betriebseigene Arbeitersiedlungen, Krankenhäuser und Konsumanstalten, als sich der Staat noch kaum um das Los seiner werktätigen Untertanen kümmerte. Die Kranken- und Sterbekasse der Firma war später gar eines der Vorbilder für Bismarcks Sozialversicherung. Das Verhältnis zwischen Unternehmer und Belegschaft war bei Krupp patriarchalisch: Krupp sorgte für seine »Kruppianer« und verlangte zugleich absolute Loyalität. Wer bei den Sozialdemokraten aktiv war, wurde entlassen – man wollte »Herr im eigenen Hause« sein.

Solche Etablissements, wie zum Beispiel das von Krupp, unter einer anderen als der monarchischen Verfassung gedacht, unter einer republikanischen, wären nicht möglich.

Bismarck, September 1878

Meine Fabrik ist ja keine Fabrik wie andere, das soll einmal eine große, ganz große Gemeinde werden! Und zu einer solchen Gemeinde, da gehören doch auch Kirche und Schule dazu!

Alfred Krupp

Krupp, das war einmal ein einfaches Gussstahlwerk gewesen. Hier sollte ein Stahl hergestellt werden, der mit den englischen Stählen – den erfolgreichsten der Welt – mithalten konnte. Dieses Ziel hatte Friedrichs Sohn Alfred sich und seinen Nachkommen auferlegt. Aber diese Zeiten waren lange vorbei. In den ersten zwei Jahrzehnten des 20. Jahrhunderts baute Krupp schon Schiffe, Kanonen, Lokomotiven, stellte Eisenbahnschwellen genauso her wie Kriegsmunition oder Motorroller, ja, man lieferte sogar ganze Produktionsstraßen für Fabriken aller Art.

Natürlich war ein solcher Industriegigant mit bis zu 100 000 Beschäftigten für jeden, der in Deutschland regierte, eine wichtige Adresse. Für Hitler allerdings, der einen Angriffskrieg gegen halb Europa plante, hatte der Stahlkonzern eine ganz besondere Bedeutung. Denn Krupp, so glaubte der Diktator, könne seinen Hunger nach Waffen und nach noch mehr Waffen stillen. Und für die siegreichen Alliierten, die nicht nur dem tyrannischen Treiben in Europa ein Ende setzen, sondern auch die Verantwortlichen zur Rechenschaft ziehen wollten, gehörte der ganze Konzern auf die Anklagebank: Er war in ihren Augen der Inbegriff für die unterstellte Kriegstreiberei der deutschen Industriellen. Sie glaubten, das Unternehmen habe von Hitlers Krieg profitiert – also, dachten sie, musste der Stahlriese den Diktator unterstützt, den Krieg befördert, Zwangsarbeiter und KZ-Häftlinge ausgebeutet haben.

Als Repräsentanten des Unternehmens und seiner Familie setzten die Amerikaner 1947 den 40-jährigen Firmeneigentümer Alfried Krupp von Bohlen und Halbach auf die Anklagebank in Nürnberg – und verurteilten ihn als Helfershelfer des NS-Regimes. Bis heute driften die Meinungen über den letzten Krupp-Erben stärker auseinander als über fast jeden anderen Unternehmer im »Dritten Reich«: Hitlers Manager, seine Marionette oder doch nur ein weitgehend machtloser Konzernchef? Darüber ist viel geforscht und noch mehr spekuliert worden.

Wer aber war er wirklich, den ein Milliardenerbe zum reichsten Mann Europas gemacht hatte, der sich im Krieg – eingeschränkt durch Befehle der Staatsführung und Bomben der Alliierten – nie selbst als »Herr im eigenen Hause« zu betrachten vermochte, der die als ungerecht empfundene Verurteilung dennoch mit Fassung ertrug und der später sein gesamtes Vermögen einer Stiftung überschrieb, die heute Jahr für Jahr Millionen für Wissenschaft und Forschung, für Kultur und Soziales ausgibt?

Alfrieds Leben und Schicksal sind untrennbar mit dem seiner Dynastie, namentlich seines Vaters und Vorgängers an der Konzernspitze, verbunden. Gustav von Bohlen und Halbach war ein junger Karrierediplomat, als er Bertha Krupp im Frühjahr 1906 in Rom kennen lernte. Zeitgenossen galt sie, die ältere von zwei Schwestern, als die »beste Partie Deutschlands« – wenn nicht sogar des Kontinents. Der Wunsch nach einem Sohn, einem klassischen Stammhalter, war ihrem Vater Friedrich Alfred und ihrer Mutter Margarethe unerfüllt geblieben.

Im Jahr 1902 starb Friedrich Alfred. Sein Testament machte Bertha faktisch zur Alleinerbin der Krupp-Werke. Seinem letzten Willen zufolge würde sie, sobald sie an ihrem 21. Geburtstag im März 1907 volljährig wurde, auf einen Schlag über Krupp-Aktien im Nennwert von mehr als 160 Millionen Reichsmark verfügen. Vier der Firma und der Familie nahe stehende Personen besaßen je eine Aktie, Bertha erbte die übrigen 159 996 Stück.

Dass eine Frau einen Industriebetrieb lenken könnte, zumal einen Konzern von Weltrang, der für die Rüstung eines ganzen Landes lebenswichtig war – so etwas galt zu Kaisers Zeiten als schlichtweg undenkbar. Bertha als Erstgeborene würde die Herrin über die Villa Hügel werden – so viel stand fest. Doch wie der mächtige Mann an ihrer Seite, der Chef im Krupp'schen Hauptverwaltungsgebäude an der Altendorfer Straße heißen würde – diese Frage beschäftigte um die Jahrhundertwende nicht nur die Klatschpresse, sondern auch die feine Gesellschaft.

»Junger Karrierediplomat«: Gustav von Bohlen und Halbach (links) als Legationssekretär der deutschen Gesandtschaft in China

Auf ihrer ersten Auslandsreise, nur drei Monate nach dem Ende ihrer Schulzeit, lernte Bertha in der preußischen Botschaft beim Heiligen Stuhl den Legationsrat Gustav von Bohlen und Halbach kennen. Innerhalb von nur sechs Monaten heirateten die beiden – er 36 Jahre, sie 20 Jahre alt. Gustav war nicht nur ein gestandener Mann, sondern auch ein erfolgreicher, weltläufiger Diplomat, durfte sich mit dem Doktortitel schmücken und trug ein »von« im Namen. Fleiß, Disziplin und Intelligenz zählten außerdem zum Rüstzeug des »Prinzgemahls«, um sich in der Familie und in der Unternehmensführung seine Stellung zu sichern. Denn ökonomische Kompetenz hatte der vormalige Staatsdiener noch so gut wie keine.

Zur Hochzeit am 15. Oktober 1906 beehrte ein besonders erlauchter Gast das Brautpaar und dessen Gäste: Im von Krupp finanzierten Bahnhof Hügel in unmittelbarer Nähe zur Villa fuhr der Privatzug von Wilhelm II., dem deutschen Kaiser, König von Preußen, ein. Als Trauzeuge beglaubigte »Seine Majestät« diese Verbindung von Geldaristokratie und Dienstadel. Hartnäckig hielten sich die Gerüchte, Wilhelm II. sei nicht ganz unschuldig daran, dass Bertha Krupp in seiner römischen Botschaft ausgerechnet mit seinem ergebenen und fähigen Diplomaten Gustav von Bohlen und Halbach bekannt gemacht worden war. Der Monarch, seine Kanonenbootdiplomatie war berühmt und berüchtigt, hatte durchaus eigene Interessen daran, dass das größte Stahlunternehmen seines Landes in solide Hände kam.

Außerdem war Berthas Vater Friedrich Alfred unter äußerst delikaten Umständen verstorben. Kurz vor seinem Tod hatte der sozialdemokratische *Vorwärts* unter der Schlagzeile »Krupp auf Capri« sein angebliches Doppelleben aufgedeckt: Der Konzernchef sei auf der Mittelmeerinsel nachts in einer Grotte wiederholt mit jungen Männern zusammengetroffen. Es hielten sich die Gerüchte, Friedrich Alfred sei nach dieser Demütigung freiwillig aus dem Leben geschieden. Wilhelm II. musste sich also um den guten Ruf seiner Waffenschmiede sorgen.

Diese Tat mit ihren Folgen ist nichts weiter als Mord, denn es besteht kein Unterschied zwischen demjenigen, der den Gifttrank einem anderen mischt und kredenzt, und demjenigen, der aus dem sicheren Versteck seines Redaktionsbureaus mit den vergifteten Pfeilen seiner Verleumdungen einen Mitmenschen um den ehrlichen Namen bringt und durch die hierdurch hervorgerufenen Seelenqualen tötet.

Wilhelm II., Ansprache zum Tode Friedrich Alfred Krupps, 27. November 1902

Als Trauzeuge und mutmaßlicher Ehevermittler wollte der Kaiser deshalb mit glänzenden Orden als Hochzeitsgeschenk das angekratzte Image der Krupps aufpolieren. Viel kostbarer aber war ein anderes Präsent, ein unscheinbares Blatt Papier. Es handelte sich um einen Erlass, der den umständlichen Titel »Namensvermehrungsbrief« trug. In fast absolutistischer Machtvollkommenheit billigte der Kaiser darin Gustav von Bohlen und Halbach zu, den Namen »Krupp« vor seinem Familiennamen zu führen. Nun war der Fortbestand der Stahldynastie gesichert: Krupp hatte nicht nur einen neuen Mann an der Spitze, sondern dieser trug nun auch den Namen des Unternehmens und war damit schon rein äußerlich auf die fest verbürgten Familienprinzipien verpflichtet. »Staatstreue« würde auch in Zukunft viel bei Krupp zählen.

Mit goldenen Buchstaben stehe das Wort »Pflicht« über den Türen Ihres Heims.

Kaiser Wilhelm II. anlässlich der Hochzeit von Bertha Krupp und Gustav von Bohlen und Halbach

Das Reich werde seinen »Amboss« Krupp immer brauchen, schärfte Wilhelm II. dem Hochzeitspaar ein. »Ohne Pflichten sind keine Rechte denkbar«, sagte der Hohenzollernkaiser – und ließ keinen Zweifel daran, worin für Gustav und Bertha diese Pflicht bestehen würde: »... unserem deutschen Vaterlande auch fernerhin Schutz- und Trutzwaffen zu liefern, welche in Fabrikation sowohl wie in Leistungen nach wie vor von keiner Nation erreicht werden«.

Folgsam ging Gustav Krupp von Bohlen und Halbach, von Dezember 1906 an Aufsichtsratsmitglied bei Krupp, mit eiserner Disziplin und vorbildlichem Pflichtbewusstsein ans Werk: Gussstahl, Maschinen und Geschützbau wurden zu seinem einzigen Lebensinhalt. Er verbrachte mehr Zeit in der Altendorfer Straße als auf dem Hügel. Schnell erwarb er sich die nötige Sachkenntnis. Drei Jahre lang war er Mitglied des Krupp-Aufsichtsrats, bevor er 1909 dessen Vorsitz übernahm.

In der Geschäftsführung machte er sich die überlieferten Grundsätze der Dynastie zu Eigen: Er lebte nach der Uhr, war stets persönlich in den Bü-

Er war ein untersetzter Mann mit einer maskenhaften Starre im Gesicht, die ebenso wohl weltmännische Gewandtheit und diplomatische Undurchdringlichkeit wie ethischen Ernst oder bäuerliche Zurückhaltung ausdrücken konnte. Bis zu seinem dreißigsten Lebensjahr in den Anschauungen und Gewohnheiten eines ostelbischen Grundbesitzers verwurzelt, war er durch seine Heirat mit der Alleinerbin des Stahlmagnaten plötzlich in die erste Reihe der westdeutschen Großindustriellen gerückt. Dieser Übergang war so jäh gewesen und der Luftwechsel so umstürzend, dass eine gewisse Unsicherheit und kompromisslerische Schwäche die Folge waren. Nur schwer konnte er sich in die Rolle schicken, wo es ewig Schwierigkeiten und Aufforderungen zu schnellen Entschlüssen gab.

Erik Reger, 1919–1927 Pressereferent bei Krupp

Er wurde als erwählter, nicht geborener Krupp kruppscher als ein Krupp.

Diana Maria Friz, Enkelin von Gustav Krupp von Bohlen und Halbach

ros der Firma präsent. Mitarbeiter berichteten später, in seinem Arbeitszimmer sei es immer besonders kühl gewesen. Es heißt, der Firmenchef habe dadurch seine Gäste dazu bewegen wollen, möglichst wenig von seiner knappen Zeit in Anspruch zu nehmen.

Als Person blieb Gustav Krupp von Bohlen und Halbach seinem Charakter als Preuße und Diplomat treu: Spontane oder gar unüberlegte Gefühlsregungen sind von ihm nicht bekannt. Er verlor niemals die Fassung, blieb stets sachlich und distanziert – außerdem ungemein arbeitsam: Familienfeste und gesellschaftliche Ereignisse besaßen für ihn nur eine untergeordnete Bedeutung. Abends ging er früh zu Bett – immer zur gleichen Uhrzeit: um 22.15 Uhr. Waren Gäste zum Dinner eingeladen, flüsterte ihnen ein Diener eine halbe Stunde zuvor ins Ohr, die Wagen seien vorgefahren. »Als erwählter, nicht geborener Krupp wurde er ›kruppscher‹ als ein Krupp«, urteilt seine Enkelin Diana Maria Friz heute über ihn.

Trotz Gustavs betonter Distanziertheit und Sachlichkeit war der Bund zwischen ihm und Bertha weit mehr als eine Zweckehe. Das berichten Insider, die Bertha und ihren »Taffy«, wie sie Gustav liebevoll nannte, abseits des Geschäfts erlebten. Im privaten Kreis traten die beiden immerzu als »Herr und Frau von Bohlen« auf. Der bedeutungsschwere Name »Krupp« war den öffentlichen Auftritten vorbehalten, bei denen es galt, die Dynastie und Traditionen der Vorväter würdig zu vertreten.

Rasch und mit größerem Erfolg als sein Schwiegervater Friedrich Alfred löste Gustav Krupp von Bohlen freilich die Frage des Stammhalters: Am 13. August 1907, nur zehn Monate nach der Vermählung mit Bertha, erblickte der erste Sohn, Alfried Felix Alwyn von Bohlen und Halbach, in Essen das Licht der Welt – damals noch ohne den Zusatz »Krupp« im Namen. Der war seinem Vater allein vorbehalten. Dieser telegrafierte kurz nach der Geburt an sein Direktorium: »Hügel, den 13. August 1907 – 2 Uhr 15 Min. nachm. Direktorium Fried. Krupp – Essen – Dem Direktorium drängt es mich, zugleich im Namen meiner Frau, in erster Stunde mitzuteilen, dass uns soeben ein kräftiger Junge geboren wurde, dem wir in Erinnerung an seinen großen Ahnen den Namen Alfried beilegen wollen.« Und dann folgte der Segenswunsch für den Neugeborenen, der mehr einer Last gleichkam: »Möge er in den Krupp'schen Werken aufwachsend in praktischer Arbeit sich die Grundlagen schaffen zu der wichtigen Übernahme der verantwortungsvollen Pflicht, deren Größe ich mit jedem Tag mehr erkenne.«

»Ein kräftiger Junge«: Gustav Krupp von Bohlen und Halbach, seine Frau Bertha und ihr Sohn Alfried, 1910

Alfried war noch nicht eine Stunde alt, da war sein Status als Erbe und zukünftiger Chef des Krupp-Imperiums schon vorgezeichnet. Sieben weitere Kinder sollten folgen, eines starb kurz nach der Geburt. Doch keinem war eine so exponierte Rolle zugedacht wie Alfried. Die Ankunft des Erstgeborenen war erneuter Anlass für hohen Besuch auf dem Hügel: Kaiser Wilhelm II. reiste zum zweiten Mal innerhalb von zwölf Monaten nach Essen. Diesmal wurde er Taufpate des kleinen Alfried. Wieder übernachtete er in der Villa Hügel, der Familienresidenz mit 269 Räumen und einer Wohnfläche von mehr als 8000 Quadratmetern.

Doch es ging zwischen Wilhelm II. und den Krupps um viel mehr als um den Austausch von Freundlichkeiten: Immer stärker zeichnete sich ab, dass der Kaiser das Reich ins außenpolitische Abseits manövriert hatte, aus dem über kurz oder lang nur eine bewaffnete Auseinandersetzung herausführen würde. Es herrschte ein wahnwitziges Hochrüsten auf allen Seiten – und die Krupp-Werke bedienten diesen Markt: Etwa 30 Prozent der Umsätze gingen in den letzten Vorkriegsjahren auf Rüstungsprodukte zurück – davon wiederum etwa ein Drittel auf Exporte ins Ausland.

Zweifel an der »nationalen Zuverlässigkeit« des Krupp-Konzerns brauchte Wilhelm II. dennoch nicht zu haben. Bertha und Gustav Krupp von Bohlen trugen die mitunter skurrile Deutschtümelei dieser Jahre mit. Davon blieb auch Sohn Alfried nicht verschont: Anlässlich des 100-jährigen Jubiläums im Jahr 1912, zu dem wieder einmal kaiserlicher Besuch in Essen erwartet wurde, hatte Gustav Krupp von Bohlen selbst ein Freiluft-Laienspiel geplant. Ritter sollten in blitzenden Rüstungen gegeneinander antreten, Kanonen donnern. Damit sollte jene waffenstarrende Vorstellung nationaler Größe in Szene gesetzt werden, mit der die konservativen Eliten die auseinander driftende Gesellschaft zusammenzuschweißen hofften. Seinem Erstgeborenen, gerade fünf Jahre alt, hatte Gustav die Rolle eines ritterlichen Knappen zugedacht: Der kleine Alfried wurde bei den Proben in ein mittelalterlich anmutendes Kostüm eingeschnürt und auf ein Pony gesetzt.

Doch dann fand die Aufführung wegen eines Grubenunglücks nicht statt. Gleichwohl wurden zum Jubiläum markige Reden geschwungen: »Zu den Tugenden unseres Volkes, die es zu erhalten gilt, gehört auch die alte germanische Wehrhaftigkeit und Waffenfreude.« Diese Worte stammten von Alfred Hugenberg, Krupps damaligem Generaldirektor, einem antisemitisch eingestellten Nationalisten. Später sollte er zum Steigbügelhalter Hitlers werden.

Wo immer in der Welt der Name Krupp genannt wird, verknüpft sich damit unwillkürlich das Bild der Kanonenfabrik.

Alfred Hugenberg zum 100-jährigen Jubiläum von Krupp, August 1912

»Waffenfreude« und »Wehrhaftigkeit« – bald wurde aus den martialischen Worten tragische Realität. 1914 brach der Erste Weltkrieg aus. Der Krupp-Konzern wurde zum zentralen Zahnrad

Oben: »Wehrhaftigkeit und Waffenfreude«: Kaiser Wilhelm II. besucht Krupp anlässlich des 100-jährigen Firmenjubiläums im Jahr 1912
Unten: »Sinnbild der Kanonenfabrik«: Fabrikation von Geschütztürmen bei Krupp (vor dem Ersten Weltkrieg)

»Verheerende Wirkung der Geschosse«: Die »Dicke Berta« 1915 im Einsatz an der Westfront

im Getriebe der Kriegsmaschinerie. Kurz vor Kriegsausbruch hatte er einen schweren 42-Zentimeter-Mörser fertig gestellt, der, kaum getestet, in den ersten Kriegstagen an die Front nach Belgien geschafft wurde. Nachdem nur 400 Schuss damit abgegeben worden waren, waren die Befestigungswerke um Lüttich ausgeschaltet. Des Kaisers Truppen feierten ihren ersten Sieg, und Krupp hatte seinen Weltruf als Kriegskonzern aufs Neue untermauert. Das schwere Geschütz wurde unter dem Namen »Dicke Berta« bekannt – und gefürchtet.

In diesen auch für den Essener Stahlmagnaten stürmischen Zeiten verlebte Alfried seine Kindheit auf dem Hügel. Vor dem Vater habe er Angst gehabt, die Mutter geradezu abgöttisch verehrt, berichteten später Familienangehörige. Emmy Coerper kam als Kindermädchen 1929 zu den Krupps. Über Alfrieds jüngere Geschwister berichtete sie: »Nie vorher hatte ich so ernste, blasse, stille Kinder gesehen, und dabei so ruhig, so wohlerzogen.« Alfried aber war schon in den Augen seiner eigenen Mutter »das ernsteste« der Kinder.

Der Weltruf der Firma Krupp ist aufs Engste verbunden mit der bahnbrechenden Tätigkeit der Firma auf dem Gebiet der Erzeugung von Artilleriematerial.

Fritz Rausenberger, Konstrukteur bei Krupp, 1915

»Hier war keiner frei«: Die pompöse Villa Hügel war der Familiensitz der Krupp-Dynastie

Das riesige Wohnhaus, die Villa Hügel, war auch wenig angetan, um den Geschwistern eine unbeschwerte Kindheit zu bescheren. Emmy Coerper berichtet: »Der Eindruck des Hauses mit der 75 Meter langen Halle war dunkel – wie dunkel! Und in den zehn Jahren, die folgten, hat sich dieser Eindruck nicht erhellt, sondern noch verdüstert.« Den Kindern selbst sei der Mammutbau als preußische Kadettenanstalt vorgekommen, heißt es in der Familie.

Unterrichtet wurde Alfried wie später auch seine Geschwister von einem Hauslehrer. Der Vater hatte den Tag der Kinder exakt durchgeplant: Schulstunden, Reitstunden, Mahlzeiten. Selbst die Zeiten, in denen die Kinder ihre Eltern sehen durften, waren darin genau festgelegt. Bei Tisch galten strenge Regeln – wie bei Hofe: Sobald der Vater sein Besteck auf den Teller legte, war die Mahlzeit beendet.

Es war immer ein Ort der Pflicht, der Verantwortung. Auf Villa Hügel war keiner frei.

Doerte von Bohlen und Halbach, Schwägerin Alfrieds

Meine Mutter hat mir gesagt: Es war eine Atmosphäre zum Fürchten, so eisig, so unmenschlich.

Arndt von Bohlen und Halbach, Sohn Alfrieds, über die Villa Hügel

Dem Ideal eines intakten Familienlebens kamen die Urlaubsaufenthalte auf Schloss Blühnbach im Salzburger Land etwas näher. Die Familie hatte das Anwesen, das dem 1914 in Sarajevo ermordeten österreichischen Thronfolger Erzherzog Franz Ferdinand gehört hatte, 1916 erworben. Auf dem Schloss ging es wesentlich entspannter zu als in Essen. Protokoll und strikte Tagesplanung waren gelockert. Selbst Vater Gustav soll hier aufgetaut sein und unbeschwert seinem Lieblingshobby, der Jagd, nachgegangen sein. Den Kindern war sogar das seltene Privileg gestattet, dem Müßiggang zu frönen und schlichtweg nichts zu tun.

Daheim indes hatte die Kindererziehung im Hause Krupp den ehernen Grundsätzen der Vorväter zu folgen: Pflichtbewusstsein, Disziplin, Fleiß. Dabei plagten Alfried mitunter die gleichen Sorgen wie andere Kinder auch: Im Jahr 1917 sah sich der Hauslehrer gezwungen, den Eltern mitzuteilen, Alfrieds Leistungen ausgerechnet in Staatsbürgerkunde sowie im Turnen seien ungenügend.

In den letzten drei Jahren seiner Schulzeit durfte Alfried von Bohlen und Halbach schließlich das Gymnasium in Essen-Bredeney besuchen. Auch hier war seine Rolle vorherbestimmt. Es heißt, er sei von Mitschülern mit dem Satz begrüßt worden: »Na, Krupp, was macht dein Blechladen?« Besuch von gleichaltrigen Freunden hatte Alfried nur selten. Immerhin gab ihm das Leben als Pennäler etwas mehr Freiheiten: Er wurde Schlagmann der Rudermannschaft seiner Schule, und Vater Gustav spendierte ein neues Boot. So verlebte Alfried außerhalb der Villa Hügel unbeschwerte Stunden. 1924 machte er vorzeitig das Abitur. Wegen seiner inzwischen hervorragenden Noten war er von der mündlichen Prüfung befreit worden.

So pedantisch wie der Vater Alfrieds Tagesablauf geplant hatte, so minutiös hatte er auch die weitere Ausbildung vorbereitet: Alfried sollte – anders als er selbst – das Geschäft »von der Pieke auf« lernen. Schon als Zwölfjähriger hatte er deshalb eine Krupp'sche Kohlengrube besucht. Fünf Jahre später war er bei Direktoriumssitzungen zugegen.

Den frisch gebackenen Abiturienten schickte Vater Gustav nun zunächst zu einem sechsmonatigen Betriebspraktikum ins eigene Unternehmen: Alfried von Bohlen übte sich im Schmiede-, Dreher- und Schlosserhandwerk. Wie jeder andere »Kruppianer« auch musste er seine Arbeitskarte stempeln und wurde gar zweimal wegen Zuspätkommens als »Bummelant« am schwarzen Brett angeprangert.

Doch ganz ohne kleines Privileg musste er dann doch nicht auskommen: Den Weg zur Lehrwerkstatt durfte er sich mit einem Motorroller erleichtern – aus Krupp'scher Produktion natürlich. Nach dem verlorenen Krieg hatte das Gussstahlwerk nämlich erstaunlich schnell auf friedliche

»Na, Krupp, was macht dein Blechladen?«: Alfried von Bohlen und Halbach im Jahr seines Schulabschlusses 1924

Produkte umgestellt: Lokomotiven statt Panzerplatten, Lastwagen statt Feldhaubitzen, Leitungs- statt Geschützrohre. Konzernchef Gustav Krupp von Bohlen hatte die schwierige Situation nach Kriegsende mit Geschick und erheblichen Beihilfen aus Steuergeldern gemeistert: Die vormalige »Waffenschmiede des Reiches« schrieb 1926 wieder schwarze Zahlen – mit zivilen Erzeugnissen. Krupp verkaufte sehr erfolgreich den besten rostfreien, säurebeständigen Stahl dieser Zeit: V2A, auch bekannt unter dem Namen »Nirosta«. Dass er tatsächlich Weltspitze war, zeigt noch heute das Chrysler Building in New York: Die glänzende Spitze des Wolkenkratzers besteht nach wie vor aus dem Essener Qualitätsstahl.

Vollends und endgültig indes wollte das Unternehmen auf das Rüstungsgeschäft dann doch nicht verzichten, auch wenn der Versailler Friedensvertrag genau dies vorschrieb. Laut den Forderungen der Siegermächte durfte Krupp keine Waffen mehr herstellen. Über die Einhaltung des Verbots wachte die Interalliierte Militärkontrollkommission mit Argusaugen. In Essen beaufsichtigten sechs britische und zwei französische Offiziere, was Krupp herstellte, zerstörte, was der Rüstungsproduktion dienen konnte – und behinderten – so mutmaßten manche bei Krupp – mitunter auch Entwicklungen, die britischen und französischen Unternehmen auf dem Weltmarkt gefährlich werden konnten.

Das Jahr 1927 brachte im Gegensatz zu den vorhergehenden Jahren infolge Besserung der wirtschaftlichen Lage eine fortdauernde Steigerung der Belegschaftszahlen.

Jahresbericht der Krupp-Personalabteilung 1926/27

Im Konzern aber wusste man sich zu helfen:

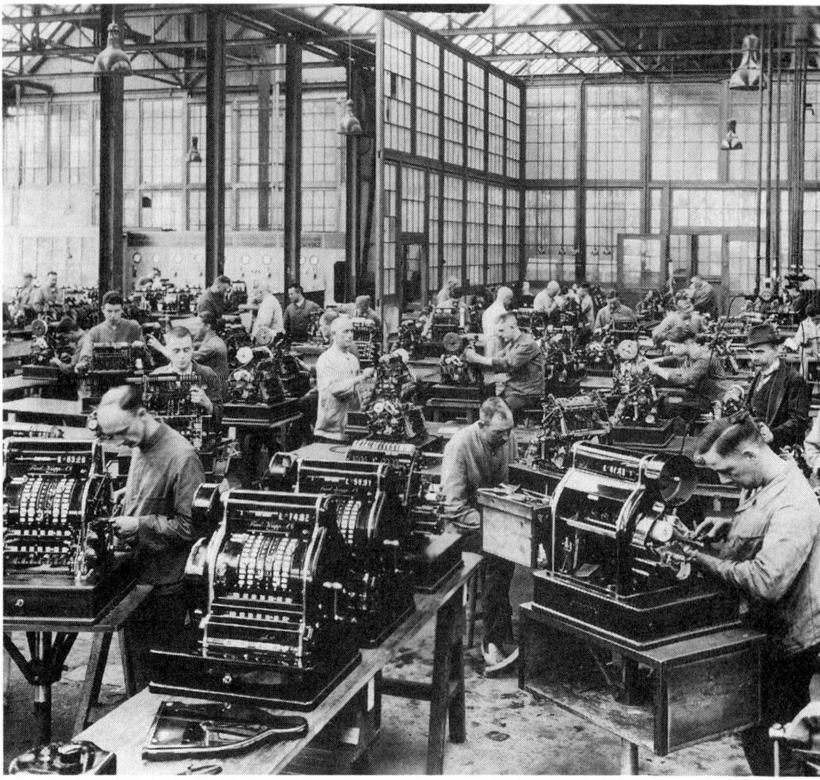

»Registrierkassen statt Riesenkanonen«: Aufgrund der Beschränkungen des Versailler Vertrags musste Krupp auf nichtmilitärische Geschäftsfelder ausweichen

Schon im September 1919 reaktivierte das Unternehmen seine früheren Geschäftsbeziehungen zum schwedischen Stahlunternehmen AB Bofors in Stockholm. Die Niederlande, die im Weltkrieg neutral geblieben waren und nun dem von Bertha verehrten Wilhelm II. Asyl gewährten, hatten bei Krupp 60 Kanonen des Kalibers 7,5 Zentimeter kaufen wollen. Doch das war dem Konzern nicht erlaubt. Also fragte das Unternehmen in Stockholm an: Bofors sollte die Waffen nach Konstruktionszeichnungen aus Essen fertigen. Das Geschäft ging problemlos über die Bühne. Krupp und Bofors kooperierten weiter: Der Essener Stahlgigant gab neueste metallurgische Entwicklungen weiter. Und das Stockholmer Unternehmen stellte den Krupp-Ingenieuren seinen Schießplatz zur Verfügung. So

»Weltspitze im U-Boot-Bau«: Doch erst 1935 liefen in der zum Krupp-Konzern gehörenden Germaniawerft in Kiel wieder offiziell U-Boote vom Stapel

konnte das »wertvolle« Know-how der Kriegsjahre erhalten und weiterentwickelt werden.

Nur wenig später, im Herbst 1922 – Deutschland steuerte gerade auf eine der größten Geldentwertungen aller Zeiten zu –, gründete Krupp im holländischen Den Haag das »Ingenieurskantoor voor Sheepsbouw« (IvS), ein Büro für Schiffsbauingenieure. Beim U-Boot-Bau zählte Krupp zur Weltspitze. Und das IvS sorgte dafür, dass das so blieb – mit internationalen Kontakten: Japan wollte Krupp-U-Boote kaufen. Die durfte Krupp natürlich nicht selbst fertigen. Also verkaufte das IvS einfach die Pläne und schickte kompetente Ingenieure, welche die Fertigung überwachten. Ähnliche Deals liefen mit Spanien, der Türkei und 1930 mit Finnland. Dort gelang es dem IvS sogar, einen Prototyp für die deutsche Kriegsmarine zu entwickeln: Das 250-Tonnen-Boot wurde in Bauelemente zerteilt, die unverdächtig produziert werden konnten und bei Bedarf nur noch in den Rumpf eingesetzt werden mussten. Vier Wochen nach Abschluss des deutsch-britischen Flottenabkommens 1935, das Deutschland wieder den Besitz von Unterseebooten erlaubte, lief auf der

Selbst die alliierten Schnüffelkommissionen ließen sich täuschen. Vorhängeschlösser, Milchkannen, Registrierkassen, Gleisstopfmaschinen, Müllwagen und ähnlicher »Kleinkram« schienen nun wirklich unverdächtig, und auch Lokomotiven und Lastwagen wirkten durchaus »zivil«. Nach der Machtübernahme durch Adolf Hitler hatte ich die Genugtuung, dem Führer melden zu können, dass Krupp nach geringer Anlauffrist für die Wiederwehrhaftmachung des deutschen Volkes ohne Lücken in seinen Erfahrungen bereitstehe.
Gustav Krupp von Bohlen und Halbach, 1942

Krupp'schen Germaniawerft in Kiel das erste deutsche U-Boot vom Stapel. Die gesamte Baureihe, die Boote U-1 bis einschließlich U-24, war auf diesem Weg vorbereitet worden.

Ähnliche Vorarbeiten leistete Krupp auch für das Heer: Im Juli 1925 – die unruhigen Zeiten in Deutschland waren zumindest für einige Jahre vorbei – zog in den neunten Stock eines Hochhauses am Potsdamer Platz in Berlin das Ingenieurbüro »Koch und Kienzle (E)« ein. 19 Personen arbeiteten unter dieser Adresse. Sie alle waren Kruppianer – und der zaghaft eingeklammerte Buchstabe »(E)« stand für »Entwicklung«: Auf den Berliner Zeichentischen ließ der Krupp-Konzern einen »Großtraktor« entwerfen, der 17 Tonnen wog, einen 260-PS-Motor aufwies – und bei Bedarf mit einem Geschützturm von Rheinmetall ausgestattet werden konnte. Die Kundschaft für solch kernige »Nutzfahrzeuge« saß nur einen Steinwurf entfernt im Reichswehrministerium. Dort besaß man eigene Codebücher, um den harmlosen Bezeichnungen ihre tatsächliche Funktion zuordnen zu können. Mitunter ging man jedoch mit der Geheimhaltung eher achtlos um. So fand sich auf einem Papier als Randnotiz die Forderung eines Reichswehroffiziers an das Konstruktionsbüro: »Die technischen Daten für Motorschlepper müssen den Erfordernissen eines Transports auf offenen Güterwagen in Frankreich und Belgien genügen.« Es ging also um Selbstfahrlafetten für einen erneuten Westfeldzug.

Außerhalb von Krupp und Reichswehrministerium wusste niemand etwas von den streng geheimen Papieren und Plänen. Fritz Tubbesing war in der Berliner Dependance tätig. Nach seiner Erinnerung »beachtete uns niemand, störte uns niemand, ja, klopfte niemand an unsere Tür. Da saßen wir nun praktisch über dem Reichstag, und der wusste es gar nicht.«

Eine andere Konstruktion war der »Landwirtschaftliche Ackerbau-Schlepper« mit Raupenketten. Er mutierte binnen kürzester Zeit zum Panzerkampfwagen Typ Ia, der 5,6 Tonnen schwer war, von einem 60-PS-Motor Marke Krupp angetrieben wurde und ebenfalls einen Geschützturm von Rheinmetall besaß. Seit 1930 wurde der »Schlepper« getestet – in Kasan an der Wolga, da die Weimarer Republik mit der Sowjetunion ein Geheimabkommen vereinbart hatte. In der UdSSR wurde die Konstruktion weiterentwickelt. Sobald das politische Signal zum Bau des Panzers erfolgte, konnte begonnen werden. Und dies war der Fall, als Hitler Anfang 1933 an die Macht kam. Ende 1933 war der »Panzer Ia« fertig und wurde anschließend im Konzern zum »Panzer IV« weiterentwickelt. Dieser wurde nach Kriegsbeginn von der Wehrmacht in Stückzahlen von etlichen tausend bestellt – und kam unter anderem ausgerechnet in der Sowjetunion zum Einsatz.

An solches Unheil dachte der junge Alfried von Bohlen nach dem Ende seines Praktikums freilich nicht. Gemäß dem Plan seines Vaters hatte er 1925 in München das Ingenieurstudium aufgenommen. Nicht ganz plangemäß genoss er jetzt allerdings zuerst einmal die neuen Freiheiten fernab von Essen: Nun endlich hatte er Zeit für Hobbys wie Fliegen und Segeln. Es gelang ihm sogar, seinem Vater das Geld für einen Sportwagen abzuknöpfen. Und das, obwohl Gustav Krupp von Bohlen sehr schnell Zweifel am rechten Studieneifer seines Sohnes hatte. Also machte Alfried bald mit einem roten Simson die Münchner Altstadt unsicher. Für das Studentenleben seiner Kommilitonen interessierte er sich allerdings wenig. Die aufgeheizte, politisierte Lage auf dem Campus, wo der Nationalsozialistische Studentenbund immer aggressiver für Hitler warb, schien ihn nicht zu berühren.

In den Hörsälen und Laboratorien erlernte Alfried von Bohlen und Halbach die naturwissenschaftlichen Grundlagen seines künftigen Geschäfts: Physik, Chemie, Metallurgie. Doch es dauerte insgesamt neun Jahre, bis er die Diplomprüfung ablegte: Auf München war ein kurzes Intermezzo in Berlin gefolgt. 1929 wechselte er gleichzeitig mit der Uni auch den fahrbaren Untersatz: Er schrieb sich an der Technischen Hochschule in Aachen ein und kaufte sich einen aufgebohrten Daimler. Heute würde er wohl als »Langzeitstudent« gelten. Aber als er schließlich im November 1934 sein Studium beendete, erhielt er das eines Krupps durchaus würdige Prädikat »Mit Auszeichnung«. Zu diesem Zeitpunkt hatten sich die Verhältnisse bereits grundlegend geändert: Adolf Hitler herrschte in Deutschland.

Anders als Fritz Thyssen, ein anderer bedeutender Stahlbaron von der Ruhr, der Hitlers Lager schon seit 1923 unterstützt hatte, reagierte Alfrieds

Ich wähle Adolf Hitler, weil ich ihn genau kenne und fest überzeugt bin, dass er der Einzige ist, der Deutschland vor dem Abgrund und dem Zerfall zurückreißen kann und wird.

Fritz Thyssen, März 1932

Krupp war anwesend, der alte Herr Gustav. Er stand auf, dankte Hitler und war für ihn damals sehr begeistert.

Hjalmar Schacht über den 20. Februar 1933

Vater Gustav Krupp von Bohlen und Halbach abwartend auf den »Führer« der Nazis: Er stand der rechtsliberalen Deutschen Volkspartei (DVP) nahe. In Ideologie und Stil lag ihm Hitler fern.

Als der Düsseldorfer Industrieclub Anfang 1932 nach anderen Politikern auch Hitler eingeladen hatte, über seine politischen Ziele zu sprechen, fehlte der Krupp-Chef und Präsident des Reichsverbandes der Deutschen Industrie (RDI). Drei Monate später kandidierte Hitler bei der Reichspräsidentenwahl gegen Amtsinhaber Paul von Hindenburg, und Gustav Krupp von Bohlen unterstützte selbstredend den kaiserlichen Generalfeldmarschall und nicht den »böhmischen Gefreiten«. Selbst als ihn Thyssen im Oktober 1932 in sein Haus in Mülheim an der Ruhr einlud, damit er dort endlich Hitler kennen lernte, ließ Krupp durch seinen Privatsekretär absagen – ohne Angabe von Gründen. Für politische Heilsbotschaften hatte der erfahrene und abgeklärte Unternehmer wenig übrig.

Auch Franz von Papen, ehemaliger Reichskanzler, Liebling der Konservativen und später Hitlers Vizekanzler, blitzte bei Gustav Krupp von Bohlen ab: Er hatte die Unterstützung des Stahlbosses erbeten, um Hindenburgs Segen für die Hitler-/Papen-Regierung zu erhalten. Stattdessen ließ Krupp von Bohlen sich für die Gegenseite erwärmen: Die schicksalhaften letzten Januartage im Jahr 1933, an deren Ende Hitler Reichskanzler sein sollte, verbrachte er in einer Kur im Schweizer Engadin. Von dort aus gestattete er in seiner Funktion als RDI-Präsident dem geschäftsführenden RDI-Präsidiumsmitglied Ludwig Kastl, bei Hindenburg wegen der laufenden Intrigen zu intervenieren. Der RDI fürchtete, der Pakt der adlig-großagrarischen Konservativen mit dem vulgären Agitator könne der exportorientierten Schwerindustrie durch Schutzzölle für die Landwirtschaft schaden. Kastl scheiterte mit seinem Vorhaben. Gustav Krupp von Bohlen und Halbach kommentierte die Machtübertragung auf Hitler mit einem Hinweis auf seinen zweitjüngsten Sohn so: »Ich fürchte, Harald hat Recht, der neulich bemerkte, aus Wasserstoff und Sauerstoff entstünde beim Zusammenkommen Knallgas!«

Es ist doch denkbar traurig, wie leichtfertig mit den Interessen eines großen Volkes gespielt wird.

Gustav Krupp von Bohlen und Halbach, 1. Februar 1933

In freudiger Gefolgschaft stehen wir hinter dem Führer unseres geeinten Volkes.

Geschäftsbericht von Krupp, 1932/33

Gustav Krupp von Bohlen und Halbach war an

Oben: »Ich wähle Hitler«: Fritz Thyssen spricht am 27. Januar 1932 während einer Versammlung im Düsseldorfer Industrieclub
Unten: »Freudige Gefolgschaft?«: Der Vorsitzende der Deutschen Arbeitsfront, Robert Ley, im Gespräch mit Gustav von Bohlen und Halbach, 1933

Hitler nicht interessiert, also hatte er ihm auch vor der Machtübernahme kein Geld gespendet. Amerikanische Ermittler werteten für den Kriegsverbrecherprozess gegen Alfried Krupp von Bohlen und Halbach 80 Tonnen Dokumente aus – und entdeckten keinen Beleg dafür, dass Krupp Hitler durch Spenden zur Macht verholfen hätte.

Nachdem Hitler aber erst einmal Reichskanzler war, konnten oder wollten sich Krupp von Bohlen und sein Unternehmen nicht mehr entziehen. Hermann Göring, seit 1932 Reichstagspräsident, hatte ihn per Telegramm zu einer Besprechung am 20. Februar in Berlin eingeladen – »in welcher der Herr Reichskanzler Ausführungen über seine Politik machen wird«. Und Krupp von Bohlen war dort, pünktlich um sechs Uhr abends, zusammen mit 24 anderen Industriellen. Doch Hitler ließ seine hochkarätigen Gäste zunächst warten und »beglückte« sie dann mit anderthalb Stunden Monolog. Um Wirtschaftspolitik ging es kaum – schon eher um Hitlers Lieblingsthema, den »Lebenskampf« des Volkes, und darum, dass die kommende Wahl am 5. März 1933 die »letzte Gelegenheit« sei, den Kommunismus mittels Stimmzettel abzulehnen. Eigentlich hatte Krupp von Bohlen als RDI-Präsident eine Rede vorbereitet, in der er von der neuen Regierung eine exportorientierte Politik fordern wollte. Doch mit seinem unkonventionellen Stil hatte ihn Hitler förmlich überfahren. Krupp von Bohlen stand auf und bedankte sich in improvisierten Worten bei Hitler. Erst als Hitler den Raum verlassen hatte, kam Göring zum Punkt: Die Nazis brauchten Spenden für den Wahlkampf. Doch »das erbetene Opfer« werde der Industrie gewiss leicht fallen, denn es handle sich um die letzte Wahl »sicherlich innerhalb 10 Jahren, voraussichtlich aber in 100 Jahren«. Krupp von Bohlen ließ sich denn auch um einen enormen, nicht näher bekannten Betrag »erleichtern«. Drei Millionen Reichsmark kamen jedenfalls insgesamt zusammen. Für Hitler hatte sich der Abend gelohnt. Der letzte Wahlkampf vor der endgültigen Festigung seiner Diktatur war finanziert.

... es ist vorgeschlagen worden, in weitesten Kreisen der deutschen Industrie einschließlich der Landwirtschaft und des Bankwesens eine Sammlung anzuregen, die dem Führer der NSDAP unter dem Namen »Hitler-Fonds« zur Verfügung gestellt werden soll. ... Ich habe den Vorsitz über den Verwaltungsrat angenommen.

Gustav Krupp von Bohlen und Halbach an Schacht, 30. Mai 1933

Drei Monate später übernahm Krupp von Bohlen schließlich den Vorsitz im Kuratorium der neu geschaffenen »Adolf-Hitler-Spende der deutschen Wirtschaft«. Allein im ersten Jahr flossen von dort mehr als 36 Millionen Reichsmark in die Kassen der NSDAP.

Doch wieso knickte Krupp von Bohlen und Halbach ein? Wurde Hitlers Druck zu groß? Wollte er deshalb sein langes Zögern durch die finanziellen Zuwendungen wieder gutmachen? Oder hatte er sich tatsächlich von Hitlers Programm überzeugen lassen? Erwartete er Profite für sein Unternehmen, wenn Hitler sein schuldenfinanziertes Konjunkturprogramm durchsetzte? Die Motive für sein Spendenengagement blieben unklar, das Verhältnis zu Hitler blieb widersprüchlich. Gustav Krupp von Bohlen und Halbach war kein treuer Vasall Hitlers.

Nach dessen Sieg bei der von SA-Terror begleiteten Wahl vom 5. März 1933 versuchte Krupp zu verhindern, dass auf der Berliner RDI-Zentrale am Berliner Tirpitzufer die Hakenkreuzflagge gehisst wurde. Krupp wollte nur das kaiserlich-ehrwürdige Schwarz-Weiß-Rot wehen sehen. Doch ein SA-Rollkommando bahnte sich den Weg aufs Dach und hisste das Hakenkreuz-Banner.

In diesen Tagen bäumte sich Gustav Krupp von Bohlen zum letzten Mal gegen die neue Regierung auf: Als RDI-Präsident besuchte er den Vorsitzenden des Allgemeinen Deutschen Gewerkschaftsbundes, Theodor Leiphart. Die beiden ansonsten konträren Verbände wollten verhindern, dass Hitler die Wirtschaft nach seinen Vorstellungen neu ordnete. Nach dem Gespräch machte sich Krupp von Bohlen auf den Weg in die Reichskanzlei. Er wurde von Hitler nicht einmal empfangen.

Es war der 1. April 1933 – überall im Land wurden jüdische Geschäfte von SA-Trupps überfallen und blockiert, um einen Boykott zu erzwingen –, als Otto Wagener, »wirtschaftspolitischer Sprecher« der Hitler-Partei, beim RDI-Präsidenten vorstellig wurde. Wenn Krupp eine »Aktion von außen« verhindern wolle, müsse er die Bedingungen, die Wagener im Folgenden diktierte, akzeptieren: Die jüdischen Mitglieder müssten aus dem Verband ausscheiden, und der Geschäftsführer müsse durch zwei »Vertrauensleute« der Regierung »verstärkt« werden. Krupp von Bohlen akzeptierte. Das jüdische Präsidialmitglied Ludwig Kastl musste gehen. Mit dem regierungstreuen »Drei-Mann-Kollegium« an der Spitze hatte der RDI seine Unabhängigkeit aufgegeben. Das Führerprinzip wurde im Verband eingeführt und Gustav Krupp von Bohlen dessen »alleiniger Bevollmächtigter«, ausgestattet mit »außerordentlichen Vollmachten«. Nun schwenkte er auf das Hitler-Regime ein, um »das wirtschaftlich Vernünftige mit dem politisch Notwendigen abzustimmen«.

Angesichts marodierender SA-Horden war Gustav Krupp von Bohlens Widerstand gegen die neue Regierung in völlige Ergebenheit umgeschlagen, soweit es seine Funktion als RDI-Präsident betraf. Von den übrigen Mitgliedern seines Präsidiums wurde er für seine schwer wiegende und ei-

Erstmalig nach jahrelanger Unterbrechung haben wir auch wieder größere Aufträge der deutschen Wehrmacht ausgeführt und sind damit zu einer ehrenvollen Tradition unseres Hauses zurückgekehrt.

Bericht des Krupp-Direktoriums im Geschäftsbericht 1934/35

genmächtige Entscheidung heftig kritisiert. Doch das zählte jetzt nicht mehr: Krupp von Bohlen war nun »Führer des Reichsstandes der Deutschen Industrie«, wie der ehemalige Reichsverband inzwischen genannt wurde. Von »Selbstverwaltung« der deutschen Wirtschaft konnte bald keine Rede mehr sein. Die Hitler-Anhänger wie Fritz Thyssen und der nur halbherzige Widerstand von Industriellen wie Gustav Krupp von Bohlen sorgten dafür, dass die Wirtschaftsverbände keine Macht mehr darstellten, die Hitlers Diktatur im Wege hätte stehen können.

Krupps Einschwenken auf Hitlers Kurs fällt zeitlich eng zusammen mit einem Vorstoß zugunsten seines eigenen Unternehmens: Am 27. März 1933 – eine Woche zuvor erst war es zum Flaggenzwischenfall mit der SA am Berliner Tirpitzufer gekommen – nahm das Unternehmen Kontakt zum Oberbefehlshaber der Marine, Admiral Erich Raeder, auf. Seit dem Ende des Ersten Weltkriegs kam die Germaniawerft in Kiel nicht mehr so recht auf die Beine, seit Mitte der Zwanzigerjahre war sie immer wieder durch Gelder aus Bertha Krupps Privatschatulle am Leben erhalten worden. Ein Verkauf der Werft mitsamt Hunderten von »Kruppianern« verbot sich nach den althergebrachten Regeln im Hause Krupp. Nun machte Krupp von Bohlen bei der Marineleitung Druck: Er müsse »die Frage ernstlich erwägen, ob die Verluste der Germaniawerft auf die Dauer zu tragen« seien, schrieb er dem Admiral. Deshalb gelte es, »die Situation für die Germaniawerft zu verbessern oder einen Weg zu finden, sie noch so lange in Betrieb zu halten, bis ein Umschwung in den Verhältnissen eingetreten« sei. Das Unternehmen erwartete also tatsächlich von Hitler die angekündigte Aufrüstung. Es sollte nur noch eine Übergangslösung gefunden werden. Doch Krupp von Bohlens Intervention bei den Admirälen blieb zunächst folgenlos. Erst 1934 wurde die Germaniawerft damit beauftragt, neue U-Boote und Zerstörer zu bauen. Seine Drohung wahr zu machen, die Werft möglicherweise zu schließen, wagte Krupp nicht.

Ähnlich gehorsam zeigte er sich auch, als es darum ging, Hitlers Aufrüstung zu finanzieren: Reichsbankpräsident Hjalmar Schacht wollte die Tatsache verschleiern, dass Panzer, U-Boote und Flugzeuge auf Pump gebaut wurden. Deshalb ließ er die fünf wichtigsten deutschen Rüstungskonzerne eine Scheinfirma unter dem Namen »Metallurgische Forschungsgesellschaft mbH« (Mefo) gründen. Rüstungsgüter, die ans deutsche Militär gingen, wurden mit Wechseln dieser Briefkastenfirma be-

»Anpassen an die neuen Gegebenheiten«: Die NS-Wirtschaftsführer Gustav Krupp von Bohlen und Halbach, Adrian von Renteln und Albert Vögler (von rechts)

zahlt. Die Wechsel nahm die Reichsbank in Zahlung, löste sie aber niemals ein. So kamen die Rüstungsunternehmen an ihr Geld, und weder die vollen Rüstungsausgaben noch die Neuverschuldung tauchten in einem öffentlichen Haushalt auf. In den Jahren von 1934 bis 1939 ging es immerhin um den Betrag von zwölf Milliarden Reichsmark. So genial der Coup politisch war, so zweifelhaft war er währungs- und finanzpolitisch. Inwieweit der Krupp-Konzern über die Details dieser Kreditmanipulation im großen Stil im Bilde war, ist unklar. Dass die Mefo-Wechsel jedoch keineswegs der übliche Weg zur Bezahlung von Rüstungsgütern waren, hätte in der Unternehmensführung bekannt sein müssen. Dennoch beteiligte sich die »Fried. Krupp AG« neben Siemens, den Deutschen Industriewerken Spandau, der Gutehoffnungs- und der August-Thyssen-Hütte an der Gründung der Mefo im Juli 1933.

Gustav Krupp von Bohlens Übertritt vom abwartenden Skeptiker zum loyalen Gefolgsmann Hitlers war jedoch keine »Bekehrung« zum ideologischen Wahn des Diktators. In seinem Verhalten gegenüber Juden wurde seine Distanz zum Regime deutlich: Arthur Klotzbach, einer der vier Krupp-Direktoren, war nach nationalsozialistischer Lesart »Halbjude«. Dennoch blieb er auf seinem Posten, bis er – zwei Monate vor der Pogromnacht – im September 1938 starb. Den geschassten jüdischen Geheimrat Ludwig Kastl, dessen Entlassung aus dem RDI Krupp von Bohlen unter Druck zugestimmt hatte, unterstützte er weiterhin finanziell.

Carl Goerdeler, ein streng konservativer Gegner Hitlers, musste 1937 seinen Posten als Leipziger Oberbürgermeister aufgeben, woraufhin Gustav Krupp von Bohlen ihn ins Direktorium des Konzerns holen wollte. Er fragte Hitler um Erlaubnis und erhielt zunächst eine ausweichende Antwort. Ein erneutes Gesuch schließlich wurde unmissverständlich abschlägig beschieden: Hitlers Adjutant Fritz Wiedemann teilte mit, »dass ich nach den jüngsten Erfahrungen Ihnen mit Sicherheit sagen kann, dass der Führer den Eintritt des Oberbürgermeisters Goerdeler in den Vorstand der Fried. Krupp AG nicht begrüßen würde«. Auch diesmal beugte sich Gustav Krupp von Bohlen dem Druck. Und wieder nahm er letzte Zuflucht zu seinem Privatvermögen, über das er noch wirklich frei verfügen konnte, um seine Sympathie für Goerdeler zu dokumentieren: Er stattete ihn mit Devisen für eine Auslandsreise aus und sicherte auch weiterhin dessen Auskommen – bis dieser nach dem Hitler-Attentat vom 20. Juli 1944 verhaftet und hingerichtet wurde.

Den freien Direktorenposten in Essen besetzte Krupp von Bohlen schließlich auf Goerdelers Empfehlung hin mit dessen ehemaligem Leipziger Stellvertreter Ewald Löser. Löser war ein Mann ohne nationalsozialistischen »Stallgeruch«. Hätte Krupp demonstrative Nähe zu Hitlers Regime zeigen wollen, hätte das anders aussehen müssen.

Das galt erst recht im Privaten: Im Essener Hauptverwaltungsgebäude in der Altendorfer Straße und auf der Villa Hügel wehten weiterhin nur die schwarz-weiß-roten Flaggen – bis 1935. Von da an schrieb das Reichsflaggengesetz die Hakenkreuzfahne vor. Als auch auf dem Hügel das Hakenkreuz gehisst wurde, sagte Bertha Krupp von Bohlen und Halbach zur Erzieherin Emmy Coerper: »Gehen Sie hinunter und sehen Sie, wie tief wir gesunken sind.« Für Bertha Krupp, eine gebildete, standesbewusste, kaisertreue Grande Dame mit Stil und Stolz, war Hitler ganz einfach ein proletenhafter Emporkömmling, den sie – trotz seiner Macht – ihrer Gesellschaft als nicht würdig erachtete. Beim ersten Besuch Hitlers in Essen im Juni 1934 entschuldigte sich Bertha wenig einfallsreich mit Migräne – und ließ damit recht unverblümt ihre Abneigung durchblicken. Hitler hatte sich den Besuch in der »Kanonenstadt«, den demonstrativen Handschlag mit dem »Waffenschmied des Reiches«, fast schon erschleichen müssen. Er mache, behauptete er, nur auf der Durchreise Halt – und

Besichtigung der Kruppwerke. V. Bohlen hält eine kurze, aber sehr wirkungsvolle Ansprache. Überblick über das Werk. Dann Rundfahrt. Wir bekommen einen großen Ausschnitt zu sehen. Grandiose Anlage. Unvorstellbare Dimensionen.

Goebbels, Tagebucheintrag
28. September 1937

Oben: »Proletenhafter Emporkömmling«: Bertha Krupp (rechts) hält demonstrativ Abstand zu Hitler bei dessen Besuch in Essen am 29. September 1935
Unten: »Grandiose Anlage, unvorstellbare Dimensionen«: Hitler und Mussolini besuchen die Krupp-Werke in Essen, September 1937

wolle eigentlich zur Hochzeit von Josef Terboven, dem Gauleiter in Essen. Zweifellos war dies nur ein Vorwand. Die Krupps hatten Hitler nach fast anderthalb Jahren im Amt noch immer nicht offiziell eingeladen.

Der Diktator hätte gerne in der Villa Hügel genächtigt, und zwar dort, wo schon Wilhelm II. sein müdes Haupt zur Ruhe gelegt hatte. Für Bertha Krupp aber war es ein unvorstellbarer Albtraum, den ungehobelten Aufschneider gleichsam im Bett Seiner Majestät zu wissen.

Also wohnte Hitler im Essener Kaiserhof. Und doch geriet der Besuch zum Triumphzug. Empfangen wurde er im Hauptverwaltungsgebäude. Den Weg dorthin säumten Tausende Menschen, die ihrem Staatschef, der im offenen Wagen vorfuhr, zujubelten. Sogar auf den Dächern der Häuser saßen die Kruppianer, um einen Blick auf den Verführer zu erhaschen.

Berthas älteste Tochter Irmgard, 22 Jahre alt und ähnlich introvertiert wie ihr Bruder Alfried, traf das Unglück, ihre Mutter als Gastgeberin vertreten zu müssen. Ihr Mangel an Charme und Selbstvertrauen war ihr durchaus bewusst, was diesen Tag zum schlimmsten ihres jungen Lebens machte. Sie erwartete Hitler mit einem Blumenstrauß am Portal. Der hatte jedoch nur Augen für ihren Vater: Der Diktator nahm den Strauß in Empfang, quittierte ihn mit einem Lächeln und steuerte auf Gustav Krupp von Bohlen zu. Für die anwesenden Kruppianer schien die Welt nun in bester Ordnung: Der »Führer« des Volkes und der »Betriebsführer« der Firma Arm in Arm – das versprach glorreiche Zeiten fürs Vaterland und eine glänzende Zukunft für Krupp. Doch Gustav Krupp von Bohlen blieb persönlich auf Distanz.

Das war bei Sohn Alfried anders: 1931 wurde er förderndes Mitglied der SS. In einer gezielten Werbeaktion hatte Hitler den Kontakt zu jungen Industrieerben gesucht: Die SS-Fördermitglieder erhielten eine nummerierte Armbinde, die mit dem Hakenkreuz sowie mit der Aufschrift »Dank der SS für Hilfe in der Kampfzeit« versehen war, außerdem ein SS-Mitgliedsbuch und das unvermeidliche Zeitschriftenabonnement. Alfried bezahlte die Mitgliedsbeiträge aus den Alimenten, die er als Student von seinen Eltern monatlich erhielt. Weitere Aktivitäten bei der SS sind indes von ihm nicht bekannt. Was ihn aber genau dazu bewog, der SS als Fördermitglied beizutreten, war von ihm nie zu erfahren: Glaubte er wie so viele junge Menschen seiner Zeit nicht mehr daran, dass die Demokratie den Problemen gewachsen war? Vertraute er tatsächlich auf Adolf Hitler und dessen »Führerprinzip«? Klar ist nur: 1931 war die Zukunft der »Bewegung«, wie sich die Partei gern selbst bezeichnete, mehr als ungewiss.

Mit Opportunismus lässt sich dieser Schritt Alfrieds also nicht erklären. Zumal es nicht bei der SS-Fördermitgliedschaft blieb: 1935, Hitlers Macht war inzwischen gefestigt, wurde er Mitglied im NS-Fliegerkorps (NSFK) und zügig zum Standartenführer befördert.

Seltsamerweise trat er der NSDAP erst 1938 bei: Alfried von Bohlen und Halbach wurde Parteigenosse Nummer 6 989 627. Eine Zahl zum Prahlen war das sicher nicht. Und es passt nicht so recht in das Bild seiner frühen Mitgliedschaft bei anderen NS-Organisationen. Vielleicht schlug sich in Alfrieds spätem Parteibeitritt ein alter Krupp'scher Grundsatz nieder: »Hier wird nicht politisiert!« Schon der erfolgreiche Vorfahr Alfred hatte seinen Erfolg so begründet: »Keine Zeit für Lektüre, Politik und dergleichen. Der Amboss war mein Catheder.« Diese vermeintlich unpolitische Haltung orientierte sich freilich vor allem an den Eigeninteressen des Unternehmens Krupp.

Nach seinem Studienabschluss war Alfried von Bohlen in den Augen seines Vaters noch immer nicht den Herkulesaufgaben gewachsen, die ihn bei den Krupp-Werken erwarteten: Gustav Krupp von Bohlen schickte seinen 27-jährigen Junior nach dem Hochschulstudium nun noch für ein Volontariat zur Dresdner Bank nach Berlin. Aber der Ausflug in die Welt der Hochfinanz reizte ihn nur wenig. Umso reizender fand er eine junge Frau, die er in Berlin kennen gelernt hatte: Annelise Bahr, still und blond. Sie war die Tochter eines Hamburger Großkaufmanns – und hätte damit für Alfrieds Eltern eigentlich eine akzeptable Schwiegertochter abgeben können. Doch sie war zuvor bereits einmal verheiratet gewesen – mit einem anderen Hamburger Großkaufmann. Nun beharrte Alfrieds hochverehrte Mutter Bertha auf ihren Prinzipien: Scheidung kam für sie nicht infrage, und rigoros ging sie mit Alfried ins Gericht. Es heißt, die Eltern hätten Annelise Bahr als »Bar-Mädchen« verunglimpft. Doch Alfried ließ sich nicht beirren. Zum ersten Mal in seinem Leben war der vormals so gehorsame Sohn scheinbar bereit, den offenen Konflikt mit seinen Eltern zu riskieren: Am 11. November 1937 heiratete Alfried von Bohlen und Halbach Annelise Bahr – fernab von Essen in dem märkischen Ort Wiesenburg. Nur sechs Wochen später, am 4. Januar 1938, gebar Annelise in Berlin-Charlottenburg ihrem Alfried einen Sohn: Arndt Friedrich Alfried von Bohlen und Halbach.

Die gemeinsamen Jahre mit Annelise zählten zu den glücklichsten in Alfrieds Leben. Freunde und Verwandte berichteten später, dass er ihnen in dieser Zeit häufig ungewohnt locker, fröhlich, mit einem Lächeln auf den Lippen begegnete – dergleichen sollte später die Ausnahme bleiben. 1936 nahm Alfried von Bohlen an den Olympischen Sommerspielen in Berlin teil: Er gehörte zur Crew der »Germania III«, jener Krupp'schen Segelyacht, die in der Klasse 8-m-R für Deutschland startete und Bronze gewann.

Goldenen Zeiten blickte Alfried beruflich entgegen: Seitdem er 1935 aus Berlin zurückgekehrt war, durchlief er in der Firma seiner Eltern ein hausinternes »Trainee-Programm«. Schon im Oktober 1936 wurde er stellvertretendes Direktoriumsmitglied.

Die fünf Jahre zwischen seinem 32. und 37. Lebensjahr, zwischen 1938 und 1943, sollten für sein weiteres Leben wichtiger werden als alle Zeit zuvor: Im September 1938 starb Arthur Klotzbach, jenes Direktoriumsmitglied, welches als »Halbjude« galt, und Alfried von Bohlen trat im Oktober 1938 dessen Nachfolge an. Zusätzlich zum Bergbau, den Klotzbach geleitet hatte, übernahm er den Geschäftsbereich Rüstung. Wieder leitete also ein Krupp die Essener Waffenschmiede. Neben Alfried von Bohlen saßen im Direktorium nur noch Paul Goerens, der die Stahlfabrikation leitete, und Ewald Löser, dem die Finanzen und die Verwaltung oblagen – und der hinter vorgehaltener Hand als »Generaldirektor« bezeichnet wurde. Alfried von Bohlen war mit 31 Jahren noch vergleichsweise jung und akzeptierte Lösers Führungsposition zunächst anstandslos. Übermäßiger Ehrgeiz oder gar Profilierungssucht wäre dem distanzierten Jungmanager völlig fremd gewesen. Stattdessen fügte er sich ein in die gegebenen Verhältnisse.

Das galt ebenso in politischer Hinsicht: Alfried von Bohlen übernahm als Stellvertreter seines Vaters die Leitung im Kuratorium der »Adolf-Hitler-Spende der deutschen Wirtschaft«. Obwohl noch nicht einmal Direktoriumsmitglied bei Krupp, wurde er gemeinsam mit seinem Vater im August 1937 von Hitler zum »Wehrwirtschaftsführer« ernannt. Zusätzliche Macht bedeutete das allerdings nicht. Mit dem klangvollen Titel sollten die Industriellen lediglich ans Regime gebunden werden. Deshalb mussten Gustav und Alfried von Bohlen schriftlich erklären, sie stünden »rückhaltlos auf dem Boden der nationalsozialistischen Staatsauffassung«. Beide unterschrieben. Im selben Jahr reiste Alfried von Bohlen zum Reichsparteitag nach Nürnberg – jenem perfekt inszenierten Massenspektakel, bei dem sich Hitler als Heilsbringer des Volkes vergöttern ließ. Alfrieds Vater Gustav Krupp von Bohlen bedankte sich umgehend schriftlich beim Reichsleiter der NSDAP, Martin Bormann, für die »gewaltigen und unvergesslichen Eindrücke«, die sein Sohn in Nürnberg gesammelt habe.

Berührungsängste mit überzeugten Nazis kannte Alfried von Bohlen nicht: Eine Reihe von NSDAP-Mitgliedern gehörte seinem Bekanntenkreis, seinen Jagdgesellschaften und seinen Skatrunden an, und seitdem er

»Rückhaltlos auf dem Boden der nationalsozialistischen Staatsauffassung«: Alfried von Bohlen und Halbach wird von Hitler begrüßt, Mai 1939

1938 Direktor geworden war, zählte er selbst zu den Parteigenossen. Trotzdem gehörte er niemals engagiert oder gar begeistert zum Kreis der Parteigenossen. Alfried von Bohlen konzentrierte sich lieber auf das Geschäft und seine Aufgaben dort.

Als Hitler 1939 seinen großen Weltverwüstungskrieg begann, wurde die Krupp-Abteilung Kriegsmaterial von Tag zu Tag wichtiger – und damit auch ihr Leiter Alfried von Bohlen. U-Boote, Kreuzer, Lastwagen, Panzertürme, Kampfpanzer – die Liste der produzierten »Wehrmachtsgüter« war lang und ertragreich: Im Geschäftsjahr 1934/35 hatte der Konzernumsatz etwa 500 Millionen Reichsmark betragen, 1940/41 lag er bei einer Mil-

> *Gerade der Krupp-Konzern ist ein Beispiel dafür, dass ein Rüstungsbetrieb nur einen Bruchteil seiner Fertigung auf Kriegsgerät eingestellt hat. Allerdings muss ich darauf hinweisen, dass gerade die Firma Krupp einer derjenigen Rüstungsbetriebe war, die mit am wenigsten Rüstung in diesem Kriege gemacht haben, prozentual. ... Bis dahin hat Krupp in der Hauptsache sich mit der Neuentwicklung von neuen Waffen beschäftigt und deren Fertigung dann in Lizenzen an andere Firmen ausgegeben.*
> Aussage Albert Speers in Nürnberg, 20. Juni 1946

liarde Reichsmark. Der Anteil der Rüstungsgüter am Umsatz der Essener Gussstahlfabrik stieg von 17 Prozent (1935/36) auf mehr als 50 Prozent (1941/42). Zwar blieb die Rendite beim Kriegsmaterial weit hinter jener bei zivilen Produkten zurück, doch unter dem Strich konnte Finanzchef Johannes Schröder dem Direktorium im Juli 1941 »einen sehr schönen Gewinn« melden.

Dieser Gewinn hatte allerdings seinen Preis: Mehr und mehr regierte die Wehrmacht bei Krupp hinein. Die Wahl, Rüstungsgüter zu produzieren oder nicht, hatte das Regime Krupp ohnehin nie gelassen. Nun ging es aber auch um Details: Anfang 1939 hatte das Oberkommando der Marine die Germaniawerft auf ein festgezurrtes Produktionsprogramm verpflichtet. Beim Kriegsausbruch am 1. September 1939 erklärte das Oberkommando der Wehrmacht (OKW) die Essener Gussstahlfabrik »mit sofortiger Wirkung zum Wehrmachtsbetrieb«. Das Unternehmen stand nun »ausschließlich« dem OKW zur Verfügung; alle »näheren Weisungen« an das Hauptverwaltungsgebäude in der Altendorfer Straße kamen nun direkt aus Berlin.

Zu den ersten Anordnungen zählte die Order, ein Viertel aller in Arbeit befindlichen Rüstungsaufträge einzustellen. Schon in den ersten Kriegstagen hatte sich nämlich erwiesen, dass die Beschaffungsstellen der Wehrmacht an der Wirklichkeit auf dem Schlachtfeld vorbei geplant und bestellt hatten.

Krupp war es von 1940 an verboten, Lastwagen für die Privatwirtschaft zu bauen – in den Augen der Krupp-Direktoren ein »Schulbeispiel wirklichkeitsfremder Wehrwirtschaft«. Entschädigt wurde die Gussstahlfabrik jedoch mit dem Privileg, auf der Basis eines kleinen Geländewagens einen »Spezialwagen für den Führer« zu entwickeln. Ganze 14 Exemplare bestellte die Reichskanzlei. Auf Wunsch des »Führers« musste der Essener Stahlgigant dann auch noch eine monströse Kanone auf Schienen kon-

»Monströses Riesengeschütz«: Das Krupp'sche Eisenbahngeschütz »Dora« (hier bei einer Vorführung für Hitler 1943) konnte wegen seiner Ausmaße nur selten eingesetzt werden

Gemäß einer Entscheidung des Führers und Reichskanzlers muss die Fried. Krupp A.G. Essen wesentlich weiter ausgebaut werden, um sie in die Lage zu versetzen, den im Laufe der Aufrüstung der Deutschen Wehrmacht an sie herantretenden Anforderungen gewachsen zu sein.

Goßadmiral Erich Raeder, Oberbefehlshaber der Kriegsmarine, April 1938

struieren, »Dora«: 50 Meter lang, 1465 Tonnen schwer, ein Rohr des Kalibers 80 Zentimeter – in den Dimensionen ein Weltrekord, im beweglichen Panzerkrieg jedoch kaum von Nutzen. Dennoch kam sie vor der Festung Sewastopol zum Einsatz. Dort führte in Wahrheit aber Görings Luftwaffe den entscheidenden Schlag – mit den viel flexibleren Bombern. Nüchterne Kritik freilich war in diesen Tagen nicht gefragt: Aus Dank für das »Vertrauen« des »Führers« verzichteten die Krupps sogar auf das Geld für das erste, sieben Millionen Reichsmark teure Geschütz.

Die Weisungen aus der Reichshauptstadt entpuppten sich jedoch nicht immer als Schaden für das Unternehmen: Anfang 1936 hatte Görings Reichsluftfahrtministerium um den Bau einer Kurbelwellenfabrik in Hamburg-Reinbek gebeten. Bei Krupp übte man Zurückhaltung und beteiligte sich mit nur sieben Prozent an der Investitionssumme. Als das Reinbeker Unternehmen Jahre später ordentliche Gewinne abwarf, übernahm Krupp das Werk und verschaffte sich nun ein zusätzliches Standbein im Flugzeugbau.

Auch anderswo eröffnete der Krieg ungewöhnliche Gewinnaussichten: Schon 1938, nach dem Anschluss Österreichs, verleibte das Essener Unternehmen sich die »Berndorfer Metallwarenfabrik« ein. Sie war im 19. Jahrhundert von den Krupp-Werken und Alexander Schöller gegründet worden. Als der dortige Erbe Arthur Krupp 1938 starb, investierten die Essener Krupps acht Millionen Reichsmark und erwarben die Aktienmehrheit. Manche kritisierten die Umstände, unter denen diese Transaktion stattfanden – von Schützenhilfe durch NS-Funktionäre war die Rede. Doch Anhaltspunkte für Beanstandungen bot sie aber auch beim Nürnberger Prozess gegen Alfried Krupp von Bohlen nicht.

Zweifelhafter blieben andere »Erwerbungen«: Zu den ersten Gelegenheitskäufen zählten »Beutemaschinen« aus den Niederlanden und Frankreich. Das Nürnberger Kriegsverbrechertribunal beschuldigte Alfried Krupp von Bohlen deshalb unter anderem der Plünderei. Der Vorwurf fußte vor allem auf der Zeugenaussage des bayerischen Kunsthistorikers Arthur Rümann. Er wollte kurz nach dem deutschen Angriff auf Frankreich und dem Überfall auf die neutralen Staaten Belgien, Holland und Luxemburg in einem exklusiven Düsseldorfer Klub eine Unterhaltung von vier Schlotbaronen, darunter Alfried von Bohlen, zufällig mitgehört haben.

Dabei habe er beobachtet, so Rümann, wie sich die Industriellen über eine Landkarte beugten und die Beute verteilten: »Dieses Werk bekommen Sie! – Dieses ist für Sie.« Krupp habe ein Werk in den Niederlanden beansprucht, behauptete Rümann. Etwas anderes hatten die amerikanischen Richter von deutschen Industriellen auch gar nicht erwartet. Krupp von Bohlen wies die Vorwürfe zurück, und so blieb die Glaubwürdigkeit der Aussage bis heute fragwürdig. Zwar war Alfried von Bohlen in der Tat bei Krupp für die Auslandserwerbungen zuständig, doch eigneten sich die Krupp-Werke kein Unternehmen in Holland an. Sie erwarben nur Maschinen – und das, darauf pochen Krupps Fürsprecher, nach Recht und Gesetz der Wehrmacht. Denn die verteilte ihre Beute. Und Maschinen wurden in Deutschland – je länger der Krieg andauerte – mehr und mehr zur Mangelware. Sachzwänge und Gewinnaussichten schienen Hand in Hand zu gehen.

Ähnlich stellt es sich auch im Fall der französischen Austin-Werke in Paris-Liancourt dar. Der Krupp-Konzern soll diese Traktorenfabrik, die Robert Rothschild, einem französischen Juden, gehörte, versucht haben aufzukaufen. Es ging nicht nur um Landmaschinen, sondern auch um das Gebäude der französischen Krupp-Repräsentanz auf dem noblen Boulevard Haussmann in Paris. Rothschild erwies sich jedoch als starrsinnig, weshalb es zunächst bei einem Pachtvertrag blieb. Im Februar 1944 wurde Rothschild in ein Konzentrationslager deportiert: Unter mysteriösen Umständen war er von französischen Faschisten aus dem unbesetzten Teil Frankreichs an die Deutschen ausgeliefert worden. Manche witterten auch hier Krupp am Werk – allerdings ohne Beweise dafür zu haben. Ein halbes Jahr später befreiten die Alliierten Paris. Was in der Zwischenzeit geschah, darüber streiten Krupps Gegner und Sympathisanten bis heute. Auf dem Papier scheint sich der Krupp-Konzern tatsächlich nicht bereichert zu haben. Dennoch dürfte er für den Fall eines deutschen Sieges darauf gesetzt haben, das Vermögen nicht zurückgeben zu müssen. Dafür sprechen jedenfalls die langen Bemühungen um die Austin-Werke.

Im Frühjahr 1943 – alliierte Bomberverbände hatten bereits schwere Schäden bei Krupp in Essen verursacht – sah sich das Unternehmen gezwungen, seine Kraftwagenfabrik ins elsässische Mülhausen zu verlegen. Dort hatte der Stahlgigant bereits ein französisches Unternehmen, die Société Alsacienne pour des Constructions Mechaniques (SACM), gepachtet. Nun wurde diesem Betrieb die Krupp-Tochter ELMAG-Werke (Elsässische Maschinenbau AG) einfach »übergestülpt« – und er damit letztlich vereinnahmt.

Im größeren Maßstab lief Ähnliches im Osten ab: Im Oktober 1939 war die Übernahme polnischer Hüttenwerke im östlichen Oberschlesien noch daran gescheitert, dass Krupp sich nicht mit Göring für die Verteilung der Kriegsbeute zuständiger Behörde, der so genannten »Haupttreuhandstelle Ost«, einigen konnte. Aber nachdem deutsche Truppen auch in die Sowjetunion eingefallen waren, ergaben sich neue Gelegenheiten in der Ukraine. Der Krupp-Konzern übernahm im Gebiet zwischen den Flüssen Dnjepr und Donez die »Treuhandschaft« über mehrere Fabriken: Im Asow-Hüttenwerk in Mariupol, zu dem mit den Iljitsch-Werken ein hochmoderner Maschinenbaubetrieb gehörte, ließen die Krupp-Werke Wehrmachtsöfen, Flak-Schutzschilde und Sämaschinen fertigen. In den Maschinenfabriken in Kramatorsk und der Landmaschinenfabrik in Berdjansk fanden Krupp-Leute nichts Brauchbares vor, das die Rote Armee zurückgelassen hätte. Also mussten Maschinen herangeschafft werden – aus Beutebeständen im Westen. Allein für das Werk in Kramatorsk waren 67 Eisenbahnwaggons nötig. Leere Züge stellten in diesen Tagen eine Seltenheit dar, und so dauerte die Verlegung Monate. Als die Produktion endlich hätte anlaufen können, waren die Werke nicht mehr in deutscher Hand. Die Rechnung musste zwar die Wehrmacht bezahlen, da Krupp ja in ihrem Auftrag gehandelt hatte. Aber knappes Personal und rare Maschinen hatte auch der Essener Konzern investieren müssen.

Solche wirtschaftlichen Misserfolge dienen den Krupp-Sympathisanten stets als Argument zu Alfried von Bohlens Verteidigung: Er habe nicht von diesen Raubzügen profitiert. Doch so klar ist die Lage nicht: Das Asow-Werk warf immerhin 13,5 Millionen Reichsmark ab – in dem einen Jahr, in dem es unter Krupp'scher Kontrolle stand. Außerdem sollten die »Patenunternehmen« – nach einem deutschen Sieg – bei der »endgültigen Regelung der Eigentumsverhältnisse nach Maßgabe ihrer Mitarbeit berücksichtigt« werden. Im Klartext: Wer sich bemühte, die ukrainischen Werke in Gang zu bringen, durfte sie später möglicherweise als sein Eigentum verbuchen. Es erscheint plausibel anzunehmen, dass die Essener Unternehmensleitung genau darauf gesetzt hatte. Dann aber ging das Kalkül nicht auf und machte die »Patenschaften« im Osten zu einem wirtschaftlichen Reinfall.

Aber nicht nur wirtschaftlich wurde der Krieg, je länger er dauerte, für die Krupps zum Desaster: Am 10. Januar 1940 starb Alfrieds jüngerer Bruder Claus, ein Luftwaffenpilot, bei einem Flugzeugabsturz in der Eifel. Zwar war er nicht für Testflüge vorgesehen, als aber ein neues Atemgerät überprüft werden sollte, gemahnten ihn die eingeimpften Familientugenden zur Pflichterfüllung. Claus stieg mit seinem Kopiloten auf. Beide kehr-

Oben: »Waffenschmiede der Nation«: Krupp wird am 1. Mai 1940 »NS-Musterbetrieb«. DAF-Chef Ley, Hitler-Stellvertreter Heß und Gustav von Bohlen und Halbach
Unten: »Sehr schöne Gewinne«: Während des Zweiten Weltkriegs werden bei Krupp Kriegsgüter produziert – jedoch nicht ausschließlich

Aufgrund meiner Anordnung über die Auszeichnung »Nationalsozialistischer Musterbetrieb« vom 29. August 1936 habe ich dem Betrieb Friedrich Krupp AG., Essen, in Anerkennung seiner besonderen Leistungen im Krieg und Frieden am 1. Mai 1940 die Auszeichnung »Nationalsozialistischer Musterbetrieb« verliehen.
Den größten Anteil an dieser Auszeichnung hat durch seinen persönlichen Einsatz der Betriebsführer, Herr Krupp von Bohlen und Halbach, dem ich heute auf Vorschlag des Reichsleiters der Deutschen Arbeitsfront als erstem deutschen Betriebsführer die Auszeichnung Pionier der Arbeit und das Ehrenzeichen hierzu in Gold verleihe.
Anordnung Hitlers, 7. August 1940

ten nicht zurück. Vater Gustav war sichtlich getroffen. Seine Gesundheit wurde zusehends schwächer. Immer mehr Zeit verbrachte er auf dem Feriensitz in Blühnbach. Über das Tagesgeschäft bei Krupp bestimmte zunehmend das Direktorium allein.

Zu einem der letzten Großauftritte Gustavs als Patriarch der Krupp-Werke kam es am 1. Mai 1940 in den Hallen der Gussstahlfabrik: Dem Konzern wurde die »goldene Fahne« der Deutschen Arbeitsfront verliehen – oder im NS-Jargon: das »Ehrenzeichen des Leistungskampfes der deutschen Betriebe«. Unter einem überdimensionierten Adler mit Hakenkreuz in den Krallen hatte sich eine riesige Menge Fahnen und Uniformierter zusammengefunden. Sie blickten auf ein Rednerpult, an dem Hitlers Stellvertreter Rudolf Heß höchstpersönlich eine markige Lobeshymne auf die »Waffenschmiede der Nation« vortrug. Krupp war damit auch in den vermeintlich erlauchten Kreis der »nationalsozialistischen Musterbetriebe« aufgenommen worden.

Ich habe es immer als eine Ehre und eine Verpflichtung zugleich angesehen, Führer eines Rüstungsbetriebes zu sein.
Gustav Krupp von Bohlen und Halbach, 1942

Hinter dem politischen Führer, der die neuen Waffen verlangte, und dem Wissenschaftler, der sie entwarf, verschwand der Fabrikant, der sie nur noch zu produzieren hatte.
Norbert Mühlen, US-Schriftsteller

Kurze Zeit später, an seinem 70. Geburtstag im August 1940, wurde Gustav schließlich auch noch persönlich die höchste Ehrung zuteil: Hitler verlieh ihm das goldene Parteiabzeichen und das Kriegsverdienstkreuz erster Klasse für seine »Verdienste um die Rüstung der deutschen Wehrmacht« – es klang schon etwas wie ein Abgesang auf Gustav Krupp.

Allen Insidern war längst klar, dass Gustavs Nachfolge nun zügig geregelt werden musste. Doch der vorgesehene Erbe Alfried bereitete seinen Eltern noch immer Kummer: Es gab nach wie vor Streit um Alfrieds Ehefrau Annelise. Über die Konflikte hinter den hohen Mauern von Villa Hügel wissen wir wenig. Doch fest steht, dass sich Bertha und Gustav Krupp von Bohlen selbst von der Geburt des Stammhalters, des kleinen Arndt von Bohlen, nicht beeindrucken ließen. Sie wünschten nach wie vor die Trennung. Um ihrer Forderung Nachdruck zu verleihen, waren sie bereit, alle Register zu ziehen – womöglich bis zur Enterbung. Die Verteilung des Milliardenvermögens war ohnehin kompliziert genug. Da konnte Alfried von Bohlen notfalls auch kurzerhand aus der Erbfolge ausgeschlossen werden.

Alfried fügte sich ein weiteres Mal: 1941 ließ er sich von Annelise scheiden. Sie willigte ein, erhielt eine sechsstellige Summe, zog an den Tegernsee und widmete sich dem kleinen Arndt. Für Alfried von Bohlen aber stand jetzt der Weg offen, die Krupp-Werke zu übernehmen.

Bei der Übertragung des gigantischen Besitzes benötigten die Krupps allerdings Hilfe von allerhöchster Stelle: von jenem Adolf Hitler, der Bertha so sehr zuwider war. Im Finanzministerium war die Erbmasse auf 417 Millionen Reichsmark geschätzt worden – nachdem es Abschläge von 56 Prozent berücksichtigt hatte. Hinzu kamen weitere fünf Millionen Reichsmark für das Anwesen auf dem Hügel. Wäre das Unternehmen als normales Privatvermögen weitervererbt worden, so hätte das wohl das Ende des Krupp-Konzerns bedeutet: Der Fiskus hätte so viel Erbschaftssteuer verlangt, dass große Teile des Konzerns hätten verkauft werden müssen, um diesen Abgaben nachzukommen. Doch daran hatte Hitler – mitten in seinem großen Krieg – kein Interesse. Alfried hatte die Angelegenheit mit Hitlers Sekretär Martin Bormann auf dem Obersalzberg erörtert – und der hatte befunden, dass dies Chefsache sei. Gustav Krupp von Bohlen schrieb deshalb am 11. November 1942 an Hitler: »Die Concentrierung der Verantwortung in einer persönlichen Spitze kann gerade in kritischen Zeiten gar nicht hoch genug geschätzt werden.« Krupp adaptierte das Führerprinzip. Hitler müsse, so fuhr Gustav Krupp von Bohlen fort, die Frage entscheiden, »ob die in dem Leiter der Krupp-Werke gesicherte Einheitlichkeit auch für die Zukunft als staatswichtig anerkannt wird«.

Selbstverständlich war Krupp für Hitler »staatswichtig«. Nach Vorbild des Reichserbhofgesetzes, das für die Landwirtschaft galt, ließ er kurzerhand eine »Lex Krupp« entwerfen, ein Gesetz, das speziell auf Krupp zugeschnitten war. Damit hatte er ein Privileg geschaffen, das selbst unter dem Ha-

Der Grundsatz der persönlichen Führung eines Unternehmens durch den in vollem Umfang verantwortlichen Inhaber entspricht der Einstellung unseres nationalsozialistischen Staates sowie unserer eigenen Auffassung.
Gustav Krupp von Bohlen und Halbach, 1943

kenkreuz keinem anderen deutschen Unternehmen zuteil wurde. Der »Führer«-Erlass vom 12. November 1943 begann mit den Worten: »Die Firma Fried. Krupp hat sich als Familienunternehmen in 132 Jahren überragende, in ihrer Art einzige Verdienste um die Wehrkraft des deutschen Volkes erworben. Es ist daher mein Wille, dass sie als Familienunternehmen erhalten bleibt.« Unterzeichnet: »Der Führer. Adolf Hitler.« Inhalt des Erlasses war, dass die Aktiengesellschaft wieder in eine Einzelfirma umgewandelt wurde. Die Frage der Erbschaftssteuer blieb in Verhandlungen zu klären.

Im Alter von 36 Jahren wurde Alfried von Bohlen Alleineigentümer der Krupp-Werke sowie aller Tochterfirmen und Beteiligungen. Als besondere Beigabe erneuerte der »Führer« jene Erlaubnis, welche Alfrieds Vater Gustav dem Kaiser zu verdanken hatte: dem Familiennamen den Namen »Krupp« hinzuzufügen. Von nun an war Alfried von Bohlen auch dem Namen nach ein »Krupp«.

Von der Ehre, den Namen »Krupp« führen zu dürfen, machte Alfried nach dem »Führer«-Erlass allerdings nur selten Gebrauch – wie zuvor schon sein Vater. Alle Dokumente, die er als Firmenchef unterzeichnete, trugen das Kürzel »A. B.«, Alfried von Bohlen, nicht »A. K.«. Schon im Frühjahr 1943 hatte er das Direktorium umgebildet – im Vorgriff auf seine zukünftige Position als Alleineigentümer. »Generaldirektor« Ewald Löser, mit dem es immer häufiger Konflikte um die Zukunftsplanungen des Unternehmens gegeben hatte, hatte früh genug durchschaut, dass sein Stern im Sinken begriffen war – und ließ sich von Krupp senior mit dem »goldenen Handschlag« verabschieden. Von nun an besaß Alfried von Bohlen allein die Verantwortung bei Krupp. Und die nahm er – wie anerzogen – gewissenhaft wahr: Er blieb als einziges Mitglied der Familie selbst dann in Essen, als ab 1943 die Bomben wöchentlich zu Tausenden auf die Stadt fielen und das ererbte Unternehmen zu einem großen Teil in Trümmer verwandelten.

Kruppianer wissen die Waffen nicht nur zu schmieden, sondern auch kraftvoll zu führen.

Gustav Krupp von Bohlen und Halbach, 1941

Es war entsetzlich, aber wir wurden wie andere deutsche Unternehmen auch dazu gezwungen, Sklavenarbeit zu akzeptieren. Unter solchen Bedingungen geschehen schlimme Dinge.

Alfried Krupp von Bohlen und Halbach, 1953

Im Jahr 1942, als Gustav Krupp von Bohlen sich zunehmend aus dem Tagesgeschäft zurückzog und Alfried von Bohlen noch nicht Alleineigentümer war, begann eines der tragischsten Kapitel in der Firmengeschichte des Traditionsunternehmens: Zwangsarbeit.

Nachdem Hitlers Blitzkriegplan gegen die Sowjetunion gescheitert war, wurde die deutsche Belegschaft bei Krupp von Woche zu Woche kleiner: Immer mehr Einberufungen sorgten für große Lücken in der Belegschaft. Im September 1941 standen etwa 8500 Kruppianer der Essener Gussstahlfabrik an der Front. Innerhalb der folgenden zwölf Monate wurden noch einmal mehr als doppelt so viele von den Werkbänken in die Schützengräben geschickt – weitere 18 000 Arbeiter. Und die Zahlen der anderen Krupp-Werke, wie auch der Industrie im Reich insgesamt, sahen ebenso unerquicklich aus. Gleichzeitig nahm aber der verlangte Ausstoß an Geschützen, Panzern, Munition und anderen Rüstungsgütern stetig zu.

Die Wirtschaftsbürokraten in der Reichshauptstadt sahen für den Arbeitskräftemangel nur eine Lösung: Ausländer sollten die fehlenden Deutschen ersetzen – bei Krupp also in die Schächte einfahren, die Hochöfen beschicken und die Walzen und Pressen bedienen. Noch 1941 waren weniger als 1000 Ausländer, in der Mehrzahl Franzosen, in der Gussstahlfabrik beschäftigt gewesen. Damit hatten sie nur einen geringen Teil der insgesamt 53 000 Arbeiter ausgemacht. Aber schon zwei Jahre später arbeiteten fast 25 000 Menschen aus aller Herren Länder in dem Stahlwerk. Aus dem Ideal der nationalsozialistischen »Volksgemeinschaft« war unter dem Druck des Krieges in Essen längst eine Vielvölkergemeinschaft geworden – allerdings nach Wahn und Anordnungen der Nazis eine unfreiwillige und höchst ungerechte: Es gab Kriegsgefangene und angeworbene Facharbeiter, es gab aus ihrer Heimat verschleppte Arbeitssklaven und – kurz vor Kriegsende – sogar KZ-Häftlinge.

Jede Gruppe, jede Nationalität wollte das Regime dem Rassenwahn gemäß anders behandelt wissen: Kamen die Kriegsgefangenen aus westlichen Ländern, so wurden sie nach den Regeln des Völkerrechts eingesetzt und versorgt – anders als die sowjetischen Kriegsgefangenen. Sie sollten zunächst planmäßig durch Hunger und Erschöpfung dezimiert werden, so wollten es die Nazis. Ihre Lebensumstände besserten sich erst, als ihre Arbeitskraft dringend benötigt wurde.

Nach den Anweisungen aus Berlin standen auch bei den zivilen Fremdarbeitern die Holländer, Franzosen und – jedenfalls bis zum Sturz Mussolinis 1943 – die Italiener an der Spitze der Ausländerhierarchie. Sie hatten bei Kriegsbeginn freien Ausgang aus ihren Lagern und erhielten den gleichen Lohn sowie die gleiche Verpflegung wie ihre deutschen Kollegen. Und nach sechs Monaten konnten sie sich frei entscheiden, ob sie blieben oder gingen. Im Mai 1942 jedoch wurde über die Krupp-Werke die Dienstverpflichtung verhängt: Wer seinen Vertrag nicht freiwillig verlän-

»Unterkunft und Verpflegung völlig unzureichend«: Auch bei Krupp wurde die Arbeitskraft so genannter »Ostarbeiter« ausgebeutet

gerte, wurde unter Androhung der Einlieferung in ein Arbeitserziehungslager an seinen Arbeitsplatz gezwungen.

Anders die so genannten »Ostarbeiter«: Zivilisten aus Polen und der Sowjetunion waren von den Schergen des Generalbevollmächtigten für den Arbeitseinsatz, Fritz Saukel, zu Tausenden ins Reich gelockt worden

– häufig mithilfe falscher Versprechungen, sofern man sie nicht gleich unter Androhung von Waffengewalt verschleppt hatte. Sie waren in eingezäunten Lagern unterzubringen und mussten spezielle Kleidung tragen – mit einem Aufnäher, der sie nach den Rasseregeln der Nazis als Untermenschen brandmarkte: »P« für Polen, »Ost« für Menschen aus der Sowjetunion. Sie durften laut den Anordnungen der Behörden die Straßenbahnen nicht benutzen, sondern mussten die oft weiten Wege zur Arbeit zu Fuß zurücklegen. Der Kontakt zwischen Männern und Frauen war verboten – und zu Deutschen ohnehin. Vor allem aber erhielten sie nur einen Hungerlohn: Dem Polen Josip Smaczny zum Beispiel hatte Krupp für 258 Stunden Arbeit ansehnliche 172 Reichsmark gezahlt. Davon wurden ihm jedoch als Sonderabgaben, Steuern und Kosten für Unterkunft und eine Verpflegung, die diesen Namen nicht verdiente, 150 Reichsmark abgezogen. Von einem Monat Schwerstarbeit blieben so nur 22 Reichsmark. Davon profitierte freilich der Arbeitgeber kaum, sondern vor allem der Staat. Das alles entsprach den Weisungen aus Berlin – und lag damit keineswegs im Ermessen der Krupp-Unternehmensführung.

Doch wie ihre detaillierten rassistischen Bestimmungen in Essen in die Wirklichkeit umgesetzt werden sollten, davon machten sich die Berliner Schreibtischtäter kein Bild: Die Stadt war überzogen mit einem Netz aus 350 Fremdarbeiterlagern. Außer in den feinen Villenvierteln befand sich »an jeder Ecke« ein solcher Komplex. Zumeist bestanden die Lager aus eilig zusammengezimmerten Holzbaracken. Doch nicht selten fehlten selbst die: Baumaterial war im dritten Kriegsjahr bereits Mangelware. Und die Zuweisungen von Zwangsarbeitern erfolgte so unregelmäßig, dass die Krupp-Konzernführung häufig erst dann für Unterkünfte sorgen konnte, wenn die Arbeiter schon längst in Essen waren. So musste Krupp 1942 übergangsweise ein riesiges Zeltlager errichten lassen, das monatelang als Behausung für Zwangsarbeiterinnen diente. Selbst Vizegauleiter Schleßmann wunderte sich im Oktober 1942 kopfschüttelnd, wie »man überhaupt noch Menschen bei dieser Jahreszeit in Zelten wohnen« ließ.

Aber standen endlich feste Holzbaracken zur Verfügung, so waren die Probleme nicht beseitigt. Im Krupp'schen Russenlager in der Amalienstraße mussten sich 150 Zwangsarbeiter ein Klosett tei-

Das Essen für die Ostarbeiter war vollkommen unzureichend. Die Ostarbeiter erhielten 1000 Kalorien pro Tag weniger als das Minimum für Deutsche. Während deutsche Arbeiter, die Schwerstarbeit leisteten, 5000 Kalorien pro Tag bekamen, erhielten die Ostarbeiter, die dieselben Arbeiten machten, nur 2000 Kalorien pro Tag. Die Ostarbeiter bekamen nur zwei Mahlzeiten pro Tag und ihre Brotration. Eine der zwei Mahlzeiten bestand nur aus einer dünnen, wässrigen Suppe.

Dr. Wilhelm Jäger, Oberlagerarzt in den Krupp'schen Arbeiterlagern für Ausländer

Flecktyphus war auch unter diesen Arbeitern verbreitet. Läuse, die Träger dieser Krankheit, zusammen mit unzähligen Flöhen, Wanzen und anderem Ungeziefer, plagten die Insassen dieser Lager. Als Ergebnis der schmutzigen Zustände in diesen Lagern hatten fast alle Ostarbeiter Hautkrankheiten. Die mangelnde Ernährung verursachte Fälle von Hunger-Ödem, Nephritis und Shighekruse.
Dr. Wilhelm Jäger, Oberlagerarzt in den Krupp'schen Arbeiterlagern für Ausländer

len. In einem anderen Lager für französische Fremdarbeiter monierte im Sommer 1942 sogar die Gestapo: »Die misslichen Zustände haben ein Ausmaß erreicht, das kaum mehr ubertroffen werden kann.« Es mangelte vor allem an sanitären Anlagen: »Die wenigen bis jetzt fertig gestellten Abort- und Waschgelegenheiten reichten nicht aus, um eine Trennung zwischen den verschiedenen Nationalitäten und vor allem auch zwischen Männern und Frauen durchzuführen.«

Die hygienischen Zustände waren vielerorts unbeschreiblich. Und die 20 mal fünf Meter großen Räume wurden mit je 15 Bettgestellen »möbliert«, manchmal mit mehr. Das förderte Ungeziefer und Seuchen. Krupps Oberlagerarzt Dr. Wilhelm Jäger berichtete über ein Lager an der Humboldtstraße: »Man kann sich nicht in das Lager wagen, ohne von 10, 20 bis 30 Flöhen direkt angefallen zu werden.« Deshalb weigerte sich ein untergebener Krupp-Arzt gegenüber seinem Chef sogar, das Lager zu betreten. Unter den Bedingungen der Kriegswirtschaft war der Krupp-Konzern nicht mehr in der Lage, die Probleme zu beheben.

Verschärft wurde die schlechte Unterbringung im Falle der Zwangsarbeiter aus dem Osten noch durch teilweise unmenschliche Lagerführer. Es handelte sich um Männer, die weder an der Front noch in den Fabriken gebraucht wurden. Sie konnten frei schalten und walten, und ihrer Willkür waren kaum Grenzen gesetzt. Niemand kontrollierte sie. In manchen Lagern wurden Zwangsarbeiter um ihre ohnehin geringe Ration betrogen. Anderswo wurden Brote oder Tabakreste aus Zigarettenstummeln zu irrsinnigen Wucherpreisen verkauft. Im Krupp-Betrieb »Panzerbau IV« in Essen-Borbeck stand ein Lager für knapp 100 Männer

Leider haben sich in der letzten Zeit einige Gefolgschaftsmitglieder gelegentlich zu Übergriffen und Misshandlungen an Kriegsgefangenen hinreißen lassen.
Max Ihn, Krupp-Personaldirektor, 7. Oktober 1942

Es sind reichliche Beweise vorhanden, dass diese Arbeiter in Krupps Gewahrsam und in Krupps Diensten unterernährt und überanstrengt, missbraucht und unmenschlich behandelt wurden.
Anklage gegen Gustav Krupp von Bohlen und Halbach in Nürnberg

und Frauen aus der Sowjetunion, das der 30-jährige Willi L. leitete. Kam es im Lager zu verbotenen Kontakten zwischen Männern und Frauen, so sperrte er die Delinquenten kurzerhand für Stunden in einen Blechspind, der so eng und niedrig war, dass die Betroffenen in ihm weder stehen noch sitzen, sondern nur gebeugt dort hineingezwängt werden konnten. Die Nachricht von dieser Tortur ging um die Welt, als alliierte Soldaten nach der Befreiung Essens sich in diesem Stahlschrank fotografierten.

Das andere Schwerverbrechen war für Zwangsarbeiter Mundraub: Ein sowjetischer Kriegsgefangener musste bei einem Aufräumungstrupp in der zerstörten Krupp-Bäckerei arbeiten. Er steckte sich heimlich ein Brot ein, wurde aber dabei von einem aufmerksamen Wachmann erwischt. Als sich der Kriegsgefangene weigerte, das Brot herauszurücken, tötete ihn der Wachmann mit einem gezielten Brustschuss. Ein Militärgerichtsverfahren blieb folgenlos.

Dennoch waren Misshandlungen und Tötungen wie diese bei Krupp eher die Ausnahme. Überdies gab es bisweilen Krupp-Arbeiter, die ihre Butterbrote mit den Zwangsarbeitern teilten. Auch die unerträglichen Lebensverhältnisse der Zwangsarbeiter waren keine planmäßigen Schikanen, die der Konzernspitze vorgehalten werden konnten. Sie waren vielmehr die generelle Folge einer vor allem auf Effektivität und Rüstungssteigerung zielenden Politik aus Berlin. Sie wurde in Essen von einer Unternehmensführung umgesetzt, welche die grundsätzlichen Probleme nicht zu lösen vermochte und daher möglicherweise auch gelegentlich die Augen davor verschloss.

Immerhin kaufte das Direktorium im Herbst 1942 auf eigene Rechnung große Mengen Pferdemöhren, um die völlig unterernährten »Ostarbeiter« aufzupäppeln. Doch das blieb ein Einzelfall. Auch beantragte Krupp beim Ernährungsamt häufiger Sonderrationen für seine ausländischen Arbeiter.

Aber obwohl sich das Unternehmen mit unlösbaren Schwierigkeiten konfrontiert sah, verlangte die Konzernführung nach immer neuen Zwangsarbeitern. Dabei war längst klar, dass sie eine erträgliche Unterbringung und Verpflegung nicht gewährleisten konnte. Die Ausrede, vom Los der Zwangsarbeiter nichts gewusst zu haben, konnte in Essen jedenfalls niemand bemühen: Schon im März 1943 beklagte sich der Essener Landgerichtspräsident darüber, dass die Fremdarbeiter das Straßenbild in der Stadt beherrschten. In der Chronik des Borbecker Knappenvereins liest sich die Beschreibung der Zwangsarbeiter so: »Junge Menschen, mager und kahl geschoren, die schweigend ihren Weg gingen. Sie trugen

»For Mr. Krupp«: Bis zum Kriegsende waren die Fabrikationsanlagen durch Luftangriffe flächendeckend verwüstet

graue Wattejacken und hatten manchmal ein Brot unter dem Arm, das sie wie eine Kostbarkeit hüteten.«

Noch schlimmer wurden die Lebensumstände der Zwangsarbeiter nach den ersten verheerenden Bombenangriffen auf das Gussstahlwerk am 5. März 1943. Dutzende weitere sollten folgen – Krupp war eben ein Rüstungsbetrieb. Manche alliierte Bomberpiloten hatten ihre Bomben mit einer Widmung versehen: »For Mr. Krupp« stand darauf mit Kreide geschrieben. Die Sprengkörper fielen freilich nicht nur auf die Produktionsstätten – und schon gar nicht auf die Villa Hügel. Stattdessen wurden immer wieder Zwangsarbeiterlager zerstört. Diese hatten eine große Ausdehnung und waren schlecht geschützt, außerdem befanden sie sich in unmittelbarer Nähe der Krupp-Werke. Anfang 1943 zählte man dort 26 000 Schlafplätze für Zwangsarbeiter – innerhalb eines halben Jahres war ihre Anzahl auf die Hälfte reduziert. Obwohl die Konzernführung unaufhörlich Barackenlager errichten ließ, überstieg der Bestand niemals 13 000 Schlafplätze – so groß waren die durch die Bomben verursachten Verwüstungen. Nun mussten viele Ostarbeiter direkt in den Fabrikhallen schlafen. Krupp-Arzt Dr. Jäger dazu: »Eine Ecke des Fabrikgebäudes, in dem sie arbeiteten, wurde durch Bretter abgetrennt: Die Arbeiter der Tagschicht schliefen dort während der Nacht und die der Nachtschicht während des Tages trotz des großen Lärms, der dauernd in den Fabrikhallen herrschte.«

Es ist mir nicht erinnerlich, dass mir gesagt wurde, dass die ausländischen Arbeiter oder die Kriegsgefangenen in einer besonders schlechten Lage sind. Sie waren vorübergehend alle in einer sehr primitiven Lage. Die deutschen Arbeiter haben in Kellern gewohnt in dieser Zeit. … In einem kleinen Kellerraum waren oft sechs bis acht Leute untergebracht.

Aussage Speers in Nürnberg, 21. Juni 1946

Besonders hart traf es die 300 französischen Kriegsgefangenen, deren Baracken zum Großteil dem Luftangriff am 27. April 1944 zum Opfer gefallen waren. Sie wurden in einer Eisenbahnunterführung untergebracht: »Dieser Durchlass ist feucht und für die dauernde Unterbringung von Menschen nicht geeignet«, meldete Lagerarzt Dr. Stinnesbeck seinem Vorgesetzten Dr. Jäger. Als der ein halbes Jahr später das Lager besuchte, hatte sich der Zustand noch nicht verbessert: »Die Leute wohnen in Aschenbehältern, Hundeställen, alten Backöfen und in selbstgefertigten Hütten«, schrieb der Arzt an die Personalabteilung.

Die Konzernführung zog ihre ganz eigenen Schlüsse aus den verheerenden Bombenangriffen. Auf Vorschlag des Oberkommandos des Heeres (OKH) und der SS-Wirtschaftsverwaltung überlegte sie, eine neue Zünderwerkstatt fernab zu errichten – in Auschwitz, ähnlich den IG-Farben-Werken, die in Auschwitz-Monowitz ihr eigenes KZ unterhielten. Doch

KZ-Häftlinge beim Aufbau eines Industriebetriebs in Auschwitz. Auch Krupp hatte vor, ein Werk in der Nähe des Konzentrationslagers zu errichten

als die Krupp-Manager sich diesbezüglich bei der IG-Farben-Führung erkundigten, erfuhren sie, dass es immerzu Unstimmigkeiten zwischen Konzern und SS gab. Also verwarf Krupp diesen Plan; es kam nicht zum Einsatz von KZ-Häftlingen – noch nicht.

Im Frühsommer 1944 schließlich machten die Arbeitsbehörden bekannt, dass es keine neuen Fremdarbeiter geben würde: Kriegsgefangene machte die deutsche Wehrmacht, die sich längst auf dem Rückzug befand, kaum noch. Auch ließen sich nirgendwo neue Fremdarbeiter rekrutieren – weder durch Werbung noch durch Zwang. Das letzte große Arbeitskräftereservoir des untergehenden Reiches befand sich auf dem Weg in die Vernichtungslager: 765 000 ungarische Juden, mit deren Deportation und Ermordung die SS im April 1944 begonnen hatte.

1942 hatte der Krupp-Konzern noch das Angebot abgelehnt, KZ-Häftlinge einzusetzen. Doch während auch jetzt eine Reihe von Unternehmen auf den nicht nur unmenschlichen, sondern auch reglementierten und umständlichen Einsatz verzichteten, benötigte die Gussstahlfabrik dringend weiteres Personal. Deshalb bemühte sich das Unternehmen nun um 2000 männliche KZ-Häftlinge. Kurze Zeit später erhielt die Gussstahlfabrik grünes Licht. Am 21. Juni 1944 informierte der zuständige Krupp-Sachbearbeiter das Direktorium. Doch dann wurde der Konzern davon in Kenntnis gesetzt, es stünden nur 520 Frauen zur Verfügung, die bereits in Gelsenkirchen im Einsatz waren. Das Direktorium schickte einen Beauftragten nach Gelsenkirchen, um sich die Frauen anzusehen. Obwohl dieser erklärte, die Frauen seien nicht für Schwerstarbeit geeignet, entschied der Konzern, das SS-Angebot anzunehmen. 38 junge Krupp-Arbeiterinnen wurden unterdessen nach Ravensbrück beordert, um dort einen zehntägigen Schnellkurs als KZ-Aufseherinnen zu absolvieren. Gleichzeitig wählte Johannes Dolhaine von der Personalverwaltung aus den mehr als 2000 ungarischen Jüdinnen in Gelsenkirchen jene 520 aus, die ihm am geeignetsten erschienen. Später erklärte er: »Der erste Eindruck, den ich von diesen Frauen hatte, war ein sehr bemitleidenswerter. Sie waren vollkommen kahl geschoren, und ihre Kleidung war vollkommen unzureichend.« Dennoch traf er seine Wahl, und die benannten 520 Jüdinnen trafen wenige Tage später in Essen ein. Das Lager in der Humboldtstraße, in dem zuvor italienische Militärinternierte gehaust hatten, war vor der Ankunft nicht gereinigt worden und völlig verwanzt. Die Frauen mussten täglich zwölf Stunden Schwerstarbeit leisten. Elizabeth Roth, die aus Uzhorod stammte, schuftete an den Öfen im Walzwerk II: »Das war der Platz, den wir am meisten fürchteten. Wegen der schlechten Behandlung, die uns dort zuteil wurde, und wegen der Art der Arbeit.« Denn diese wäre normalerweise nur von kräftigen, gut genährten Männern zu leisten gewesen. Am 23. Oktober vernichtete ein schwerer Bombenangriff fast alle Baracken im KZ-Außenlager in der Humboldtstraße. Die Frauen mussten nun in der Küchenbaracke auf nackten Brettern schlafen. Peter Gutersohn, ein älterer Krupp-Arbeiter, erinnerte sich nach dem Krieg: »Bei schlechtem Wetter im Winter mussten die Jüdinnen in ihren nassen Lumpen, mit ihrer auch komplett durchnässten Decke auf den Schultern zur Arbeit kommen.« Darüber hinaus konnten die meisten Frauen wegen der Zerstörungen im Werk nicht mehr in der Produktion eingesetzt werden, sondern mussten die Trümmer aufräumen.

Am 12. Dezember 1944 vernichteten alliierte Bomben schließlich auch noch die Küchenbaracke. Nun blieb den jungen Frauen nur ein feuchter, kalter Keller, in dem es weder Fenster noch Licht gab – ein Loch, in dem sie ein Vierteljahr lang dahinvegetierten. Obwohl die Lagerführung über die Zustände berichtete, änderte sich nichts.

Im Februar 1945 erhielt die Lagerleitung in der Humboldtstraße von der

SS den Befehl, die Jüdinnen auf keinen Fall lebend in die Hände der alliierten Truppen fallen zu lassen. Die SS-Männer drohten ihnen: »Wir werden euch im letzten Moment vernichten.« Die Konzernleitung war darüber informiert worden. Dann erhielt das Essener KZ-Außenkommando von der SS die Weisung, die Jüdinnen ins KZ Buchenwald zu evakuieren. Zeitgleich – und, wie Krupp-Manager später in Nürnberg aussagten, unabhängig davon – fällte die Unternehmensführung eine entsprechende Entscheidung: Die jungen Frauen sollten Essen umgehend verlassen – mit dem Zug in Richtung Buchenwald. Eine unmenschliche, für manche tödliche Tortur – wenige Wochen vor Kriegsende: Teils in Personenwagen, teils in ungeheizten Güterwaggons sowie bei völlig unzureichenden Essensrationen waren sie drei Tage lang unterwegs.

Der Transport kam indes für die Lagerleitung in Buchenwald völlig überraschend. Die Frauen wurden in Weimar erst gar nicht aus dem Zug gelassen und stattdessen – jetzt ganz ohne Verpflegung – ins KZ Bergen-Belsen gebracht. Dort erwarteten Hunger, Typhusepidemien und die Erschießungskommandos der SS die Ungarinnen.

Im Jahr 1959, als der Krupp-Konzern seine ehemaligen jüdischen Zwangsarbeiter entschädigte, meldeten sich beim Jewish Claims Committee 380 Überlebende – von 520. Genauere Angaben darüber, wie viele von ihnen zwischen dem Abtransport aus Essen und dem Kriegsende starben, sind nicht möglich. Es ist ungewiss, ob ihnen dieses Schicksal erspart geblieben wäre, wenn die Konzernführung die Deportation nicht so übereilt veranlasst hätte. Manche vermuten gar, die Unternehmensleitung hätte nach den Drohungen der SS-Männer eine Massenexekution in Essen befürchtet – so wie sie in diesen Tagen von der Polizei am Essener Montagsloch durchgeführt wurde. Ihr fielen 35 sowjetische Zwangsarbeiter aus dem Essener Gefängnis zum Opfer.

Fest steht jedoch, dass sechs der ungarischen Frauen überlebten – und zwar *in* Essen. Kurz vor der Fahrt nach Buchenwald hatte ein überraschender Bombenangriff ihnen, darunter Elizabeth Roth, die Gelegenheit zur unbemerkten Flucht gegeben. Tagelang versteckten sie sich im Keller der zerstörten Leichenhalle auf dem jüdischen Friedhof. Dann wagte sich eine der Frauen völlig entkräftet aus dem Versteck, um bei deutschen Kollegen aus dem Walzwerk, beim Ehepaar Erna und Gerhard Marquardt, Hilfe zu holen. Unter Lebensgefahr versorgten die Marquardts die erschöpften Mädchen mit Lebensmitteln und organisierten bei Kollegen Verstecke für sie – so auch in der Wohnung eines SA-Mannes. Am 11. April 1945 rückten US-Truppen in Essen ein. Die sechs Frauen hatten den

»Ich bin Geschäftsmann und kein Politiker«: Alfried Krupp wird am 11. April 1945 von US-Soldaten verhaftet

Holokaust überlebt – dank der Hilfe von Krupp-Arbeitern, deren Mut und Menschlichkeit wirklich vorbildhaft waren.

Alfried Krupp von Bohlen und Halbach wurde unterdessen von den Siegern verhaftet und tagelang verhört. Zunächst sollte jedoch Alfrieds Vater Gustav vom Nürnberger Hauptkriegsverbrecher-Tribunal stellvertretend für die gesamte deutsche Schwer- und Rüstungsindustrie auf der Anklagebank zur Rechenschaft gezogen werden – neben

Ich werde selbstverständlich meine Werke wieder aufbauen und die Produktion aufnehmen. Wie Sie wissen, bin ich Geschäftsmann und kein Politiker.

Alfried Krupp von Bohlen und Halbach nach seiner Verhaftung zu einem Wachsoldaten

Der Nazi-Partei wäre die Kontrolle über Deutschland nicht gelungen, wenn sie nicht die Unterstützung der Industrie, die sie hauptsächlich durch Krupps Einfluss erhielt, erlangt hätte. Zuerst wurde Alfried Mitglied der Nazi-Partei, und später schloss sich auch Gustav Krupp von Bohlen an. Der Krupp'sche Einfluss bestärkte in weitem Maße den Nazi-Plan, einen Angriffskrieg in Europa zu entfachen.

Anklage gegen Gustav Krupp von Bohlen und Halbach in Nürnberg

Männern wie Reichsmarschall Hermann Göring, Hitler-Stellvertreter Rudolf Heß und dem NS-Außenminister Joachim von Ribbentrop. Doch als die Alliierten Gustav Krupp von Bohlen und Halbach auf Schloss Blühnbach verhaften wollten, fanden sie nur einen senilen Mann vor, der an fortschreitender Altersdemenz litt. Nach einem Autounfall 1944, einem Schlaganfall und dem Verlust eines weiteren Sohnes in Italien kurz vor Kriegsende war er noch nicht einmal der Schatten seiner selbst. Dieser Gustav Krupp konnte sich in Nürnberg wirklich nicht mehr verantworten.

Dennoch blieb das Unternehmen Krupp nach alliierter Meinung das »Symbol der Nutznießer und unheilvollen Kräfte, die den Frieden Europas bedrohten«. Das hatte der amerikanische Ankläger Robert H. Jackson im Hauptkriegsverbrecher-Prozess unmissverständlich zum Ausdruck gebracht.

Das öffentliche Interesse, das allen privaten Erwägungen vorangeht, erfordert aber, dass Krupp von Bohlen nur dann aus dem Verfahren ausscheidet, wenn ein anderer Vertreter der Krupp'schen Rüstungs- und Munitionsinteressen an seine Stelle tritt.

US-Hauptankläger Robert H. Jackson in Nürnberg

Ich weiß nicht, ob es möglich ist, rechtlich möglich ist, den Herrn Alfried Krupp nachträglich in die Liste der Hauptkriegsverbrecher zu setzen, weil gegen seinen Vater nicht verhandelt werden kann. Ich finde darin seitens des Herrn Vertreters der Vereinigten Staaten ein gewisses Spiel, das meines Erachtens seitens des Gerichtshofs nicht gebilligt werden kann.

Dr. Theodor Klefisch, Verteidiger von Gustav Krupp von Bohlen und Halbach in Nürnberg

Über die Frage, ob anstelle Gustavs einfach Alfried Krupp von Bohlen angeklagt werden könnte, kam es zwischen den Alliierten zu Meinungsverschiedenheiten. Für die Briten war er nur ein »farb- und antriebsloser« Charakter, dem sich im Vergleich zu seinen vielen Posten wenig Konkretes vorwerfen ließ. Das diplomatische Tauziehen, die Unklarheit und Ungewissheit dauerten bis 1947. In dieser Zeit war Alfried Krupp von Bohlen entweder in Haft oder interniert. Schließlich ergriff die amerikanische Militäradministration die Initiative und führte auf eigene Faust einen Prozess gegen eine ganze Reihe von Mitgliedern des Krupp-Direktoriums und weitere Spitzenmanager. Dazu zählten auch die bereits Ausgeschiedenen wie Ewald Löser, der als Goerdeler-Vertrauter nach dem Hitler-Attentat am 20. Juli 1944 von der Gestapo verhaftet worden war.

Am 17. August 1947 wurde vor dem III. US-Militärgerichtshof im Fall X der Nürnberger Nachfolgeprozesse gegen Alfried Krupp von Bohlen und elf ehemalige Mitarbeiter in vier Punkten Anklage erhoben wegen der Vorbereitung eines Angriffskrieges, der Verschwörung gegen den Frieden, der Teilnahme an der Plünderung besetzter Gebiete und am Sklavenarbeitsprogramm. Der Prozess fand am 7. November im selben Gerichtssaal statt wie jener gegen die Hauptkriegsverbrecher. Als Angeklagter Nr. 1 musste Alfried Krupp von Bohlen Hermann Görings Platz einnehmen.

Das Verfahren wurde zwar nach amerikanischem Recht und amerikanischer Prozessordnung durchgeführt. Doch sich von einem US-Anwalt verteidigen zu lassen, verweigerte das Gericht Alfried Krupp von Bohlen. Das Tribunal war mit US-Provinzrichtern besetzt – und die waren von ihrer eigentlichen Stellung nur für die Dauer des Prozesses beurlaubt. Daher hatten die Richter große Eile, zu einem Urteil zu gelangen. Zwei Drittel der Entlastungszeugen ließen sie deshalb nicht vor dem Gericht aussagen, sondern durch beauftragte Richter verhören. Auch behinderte die Justiz den Zugang der Verteidigung zu den beschlagnahmten Krupp-Akten. Aus diesen Verhaltensweisen erwuchs nach Meinung neutraler Prozessbeobachter mitunter der Anschein von Siegerjustiz, die gar nicht an einem rechtsstaatlichen Verfahren – und schon gar nicht am Nachweis der persönlichen Schuld der Angeklagten – interessiert sei.

Alfried Krupp von Bohlen verfolgte seinen Prozess stoisch, ja fast teilnahmslos und ließ jegliche Gefühlsregung vermissen. Sein Gesicht war hagerer und ernster denn je. Zur Prozesseröffnung ließ er durchblicken, dass er sich als in »Sippenhaft« genommen betrachte: »Ich stehe hier anstelle meines Vaters.« Immer wieder machte er deutlich, dass er sich allein wegen seines bedeutungsschweren Namens angeklagt sah, »wegen der Vorstellung, die ebenso alt wie irrig ist: Krupp wollte Krieg, und Krupp führte Krieg«. Er selbst sei sich »keiner Verletzung der Menschenrechte bewusst«, erklärte er im Gerichtssaal. Seine Verteidigungsstrategie blieb nüchtern, distanziert, leidenschaftslos. Von der Misshandlung der Zwangsarbeiter habe er nichts gewusst. »Wenn man glaubt, irgendjemand für angebliche Verbrechen der Firma Krupp verantwortlich machen zu müssen, dann sehe ich es als meine Aufgabe an, mich für die Firma zu verantworten« – sogar die Rolle des Angeklagten wurde bei jemandem, der sein Leben lang zur Pflichterfüllung herangebildet worden war, zur reinen Pflichtübung.

Von den ersten beiden Anklagepunkten, Vorbereitung eines Angriffskrieges und Verschwörung gegen den Frieden, wurden alle Angeklagten am 5. April 1948 freigesprochen. Der anderen Vorwürfe wurde Alfried Krupp von Bohlen jedoch für schuldig befunden. Zwölf Jahre sollte er ins

»Ich stehe hier anstelle meines Vaters«: Alfried Krupp vor dem US-Militärtribunal in Nürnberg

Gefängnis – diesen Teil des Urteils nahm er Aussagen von Augenzeugen zufolge noch völlig ungerührt zur Kenntnis, ohne mit der Wimper zu zucken. Dann aber verlas das Tribunal den zweiten Teil der Strafe: Einziehung des gesamten Vermögens. Alfried Krupp von Bohlen wurde bleich. Kein einziges der anderen Nürnberger Urteile hatte diese Strafe vorgesehen – nicht einmal gegen die Hauptkriegsverbrecher.

Das Nürnberger Urteil gegen Alfried Krupp von Bohlen ist bis heute heiß umstritten. Es steht nicht nur der Vorwurf eines unfairen Verfahrens im Raum. Insbesondere von deutschen Kommentatoren und Historikern wird auch geltend gemacht, die Aufgabe von Unternehmern sei es nun einmal, sich an gegebene Verhältnisse anzupassen und trotzdem Gewinne zu erwirtschaften. Ganz gleich, wie sich ein Fabrikbesitzer zu Politikern und ihrem Tun stelle – in seinem Handeln müsse es ihm an erster Stelle immer um das Wohl des Unternehmens gehen – auch der Belegschaft wegen.

Prozesse, gleich meinem, waren Nachkriegserscheinungen. Man konnte sie vorhersehen. Die Gefangenschaft berührte mich hart. Ich war verhältnismäßig jung, und ich bin immer ein Optimist gewesen. … Nein, ich war nicht besorgt um die Zukunft. Ich hoffte, die Zeit würde alles bessern.

Alfried Krupp von Bohlen und Halbach, 1959

Nichtsdestotrotz bleibt die Frage, ob Profite jeden politischen und moralischen Preis wert sind. Gustav Krupp von Bohlen war Hitlers Manager wider Willen – er verweigerte sich nicht, förderte aber Systemkritiker und Juden. Alfried Krupp von Bohlen hingegen hatte offensichtlich überhaupt keine Einstellung zu Hitlers Herrschaft: Er war weder gläubiger Nazi noch ein Gegner des Regimes. Er ging nicht auf Distanz zu führenden Nazis, suchte aber auch nicht deren Nähe. Er erfüllte schlichtweg seine Pflicht – oder besser: das, was er dafür hielt.

Für beide Krupps gilt, was Alfried Krupp von Bohlen zu seiner Verteidigung vorbrachte: »Die Wirtschaft brauchte eine ruhige oder aufwärts steigende Entwicklung. Wir hatten den Eindruck, dass Hitler uns solch eine gesunde Entwicklung bescheren würde. Tatsächlich hat er das getan.« Wurde alles andere dadurch gleichgültig? Gustav und Alfried Krupp von Bohlen jedenfalls versuchten in erster Linie, das ererbte Industrieimperium zu erhalten und zu vergrößern: Unter den gegebenen Verhältnissen des Bombenkriegs war es zum Wohle des Konzerns, Fabriken im Elsass zu übernehmen. In der Erwartung eines siegreichen deutschen Feldzugs lag es im Interesse des Unternehmens, Werke im Osten treuhänderisch zu führen, um sie sich möglicherweise später anzueignen. Unter dem Druck des Arbeitskräftemangels sah die Firma, um Produktionsausfälle zu vermeiden, keine Alternative zum Einsatz von Zwangsarbeitern, in größter Not sogar von KZ-Sklaven. Weder Gustav noch Alfried Krupp von Bohlen und Halbach haben jemanden in den Tod schicken wollen. Aber sie nahmen es hin, dass auch in ihrem Unternehmen Zwangsarbeiter unter unmenschlichen Bedingungen leben – und einige sogar sterben – mussten. Manche kritisierten, Krupp sei für Verbrechen zur Verantwortung gezogen worden, die in jenen Tagen im Ruhrgebiet an der Tagesordnung waren, ohne verfolgt zu werden. Wie Millionen andere Deutsche waren Gustav und Alfried Krupp von Bohlen und Halbach Mitläufer – beide auf ihre eigene Art. Sie allerdings befanden sich an exponierter Stelle, besaßen herausgehobene Verantwortung.

Doch es gibt sie – die Ausnahmen, die zeigten, dass Mut und Courage sogar in einer Diktatur möglich sind. Dazu zählten sicherlich auch jene Krupp-Arbeiter, die Jüdinnen gerettet hatten. Dazu zählte aber auch ein Industriellenkollege Alfrieds, von dem man das nicht erwartet hätte: Fritz Thyssen, jener gläubige Hitler-Jünger, der so lange versucht hatte, Krupp für den Volksverhetzer zu gewinnen. Hunderttausende Mark hatte er Hitler gespendet, schon den gescheiterten Putsch 1923 unterstützt. Doch die Wende kam mit dem Kriegsausbruch: Als einziger Reichstagsabgeordneter protestierte er offen gegen den Überfall auf Polen: »Nach meiner Meinung sollte eine Art Waffenstillstand möglich sein, um Zeit zum Verhandeln zu gewinnen. Ich bin gegen den Krieg.« Er emigrierte in die Schweiz, dann nach Frankreich. Als das Land von Hitlers Truppen erobert worden war, wurde Thyssen ans Reich ausgeliefert. Er wurde in die Psychiatrie eingewiesen, später dann in die Konzentrationslager Oranienburg, Buchenwald und Dachau. 1945 wurde er befreit. Im Gegensatz zum pragmatischen Krupp war Thyssen kein Realist. Sein Unternehmen war schon 1926 in der »Vereinigten Stahlwerke AG« aufgegangen. Insofern war er in einer etwas anderen Situation als die Krupps. Dennoch nahm er das Regime und seine Politik nicht einfach hin, sondern setzte – trotz oder gerade wegen seiner früheren Verblendung – ein mutiges Zeichen gegen das Regime. Der Protest war zwar aussichtslos, gleichwohl zeugt Thyssens Auftreten von einem Verantwortungsgefühl weit jenseits des eigenen Unternehmens.

In den Augen der Krupps hätte ein solches Verhalten freilich gegen die ehernen Grundsätze des Hauses verstoßen müssen. Sein Lebtag hatte Alfried dem Vater und dieser wiederum seinem Schwiegervater nachgeeifert. Und das bedeutete für beide, das Erbe der Vorfahren zu bewahren und zu vermehren: »Wir Kruppianer haben uns nie viel um Ideen gekümmert«, rechtfertigte sich Alfried Krupp von Bohlen später, »wir wollten ein System, das gut funktionierte und das uns eine Gelegenheit gab, ungestört zu arbeiten. Politik ist nicht unsere Sache.«

Ausgerechnet in Landsberg am Lech mussten Alfried Krupp von Bohlen und Halbach und seine Direktoren ihre Haftstrafen verbüßen. Dort hatte auch Hitler nach seinem missglückten Putsch 1923 eingesessen. Häftling Krupp übte sich wieder in den Kardinaltugenden seiner Familie: Pflichterfüllung, Haltung bewahren, Vorbild sein. Niemals mäkelte er übers Essen, beteiligte sich nicht an Gesprächen über die so jäh zu Ende gegangenen »alten Zeiten« und ging stets gewissenhaft seiner Arbeit in der Gefängnisschlosserei nach. Und in der Freizeit schweißte er Kerzenleuchter für eine nahe gelegene Kirche.

In Essen war der Alltag trotz Alfried Krupp von Bohlens Verhaftung nicht stehen geblieben. Auf dem Hügel hatten sich gleich im April die britischen Truppen einquartiert. Deren Kommandant bezog die heiligen Hallen der Kaisersuite, ganz ohne zu fragen. Unterdessen wurde die generalstabsmäßige Einnahme der riesigen Krupp-Areale in Essen und Rheinhausen geplant. Die beiden Operationen »Mustard« und »Peacock« setzten eine ge-

»Hier wird nie wieder ein Schornstein rauchen«: Die zerstörten Krupp-Werke nach dem Ende des Zweiten Weltkriegs

»Mit Krupp für alle Zeit Schluss machen«: Ziel der Alliierten war zunächst die vollständige Zerschlagung des Konzerns. Demontagen im Jahr 1949

waltige Kriegsmaschinerie in Gang: Schwer bewaffnet sollten zwei Infanteriebrigaden auf das Gelände der Gussstahlfabrik und der Friedrich-Alfred-Hütte vorrücken. Vorgesehen waren außerdem die Unterstützung von zwei Regimentern Panzern sowie von Einheiten der Royal Engineers. Man schrieb inzwischen November, und der Krieg war seit sechs Monaten vorbei. Das martialische Spektakel sollte allein der Hebung der Moral in der Heimat dienen – und außerdem den besiegten Deutschen noch einmal demonstrieren, wer der neue »Herr im Hause« war. Der britische Verwalter für den Krupp-Konzern, E. L. Douglas Fowles, konnte die theatralische Einnahme von Hitlers Waffenschmiede im letzten Moment doch noch verhindern – er befürchtete, dass die britischen Truppen sich lächerlich gemacht hätten, mitten im teuer erkauften Frieden Krieg spielen zu wollen. Als Kompromiss wurden am 16. November nur das Hauptverwaltungsgebäude an der Altendorfer Straße und einige ausgewählte Werkstätten im Sturmangriff ge-

> **Da draußen, meine Herren, wird nie wieder ein Schornstein rauchen. Wo einmal das Gussstahlwerk war, werden Felder und Wiesen sein. Die britische Militärregierung hat beschlossen, mit Krupp für alle Zeit Schluss zu machen. Das ist alles, meine Herren.**
>
> E.L. Douglas Fowles, britischer Kommissar, vor dem Krupp-Direktorium im Juli 1945

nommen. Sodann erklärte Fowles, dass der Krupp-Konzern aufgelöst werde und das Essener Werk aufhöre zu bestehen: »Da draußen, meine Herren, wird nie wieder ein Schornstein rauchen.« Fowles wollte, dass die Demontage in Essen gründlich vonstatten ging – zum Wohle des Weltfriedens und, wie manche Kruppianer meinten, der britischen Industrie.

Das Hüttenwerk Borbeck, eines der modernsten Werke Europas, ging als Reparation an die Sowjetunion. Alles Brauchbare wurde abmontiert und gen Osten verschickt. Vom Hochofenwerk blieb nur das massive Betonskelett übrig. Ebenso sorgfältig wurde der Konzern »entflochten«. Tochtergesellschaften und Beteiligungen wurden in die Selbstständigkeit entlassen – auch, um sie der vollständigen Demontage und Liquidierung, die für das Gussstahlwerk beschlossene Sache waren, zu entziehen. In Essen wurden unterdessen große Teile der Werkshallen dem Erdboden gleichgemacht. Der Bombenkrieg hatte die Zahl der intakten Krupp'schen Gebäude zuvor schon auf die Hälfte reduziert, jetzt wurden diese weiter zerstückelt.

Doch das Know-how konnten die Siegermächte nicht demontieren. Als sich die politische Großwetterlage wandelte, begann ein neues Kapitel in der bewegten Geschichte des Hauses Krupp. Der Koreakrieg im fernen Asien machte Briten, Amerikanern und Franzosen unmissverständlich klar, dass sie ein starkes Westdeutschland benötigen würden, wenn Stalins Rote Armee nicht plötzlich am Rhein stehen sollte. Dieser Gesinnungswandel führte schließlich 1951 zu einer Entscheidung, die selbst klassenkämpferisch eingestellte Kruppianer inständig erhofft hatten: Der amerikanische Hochkommissar für Deutschland, John McCloy, begnadigte Alfried und die Krupp-Direktoren. Sie durften das Gefängnis verlassen. Außerdem erhielt Alfried sein Vermögen zurück. Zur Begründung hieß es, Krupp sei keine persönliche Schuld nachzuweisen, die ausreichen würde, ihn über alle in Nürnberg Verurteilten herauszuheben.

Bedingung war allerdings, dass Alfried der Entflechtung zustimmte und garantierte, seine Kohle- und Stahlwerke binnen sechs Jahren abzustoßen. Nach 18-monatigen Verhandlungen stimmte Alfried zu – unter der Bedingung, darüber hinaus volle Handlungsfreiheit zu bekommen. Das Abkommen ging als »Mehlemer Vertrag« in die Geschichte ein. Es bewies ein letztes Mal, welchen Respekt der Krupp-Konzern noch immer in aller Welt genoss: Da handelten Vertreter der Regierungen der Vereinigten Staaten von Amerika, des Vereinigten Königreichs von Großbritannien und Nordirland sowie der Französischen Republik einen Staatsvertrag

Erst die Menschen, dann die Maschinen. Das ist bei uns seit hundert Jahren so üblich.

Alfried Krupp von Bohlen und Halbach nach seiner Rückkehr in die Firma, März 1953

»Die Vergangenheit ruhen lassen und den Blick auf die Zukunft richten«: Entlassung Alfried Krupps aus der Haft in Landsberg, Februar 1951

mit einem deutschen Privatmann aus, der »lediglich« Unternehmer und Inhaber der Krupp-Werke war. So wie schon Hitler Krupp mit einer staatsrechtlichen Besonderheit bedacht hatte, erfanden die drei Staaten für den Stahlmagnaten diese beispiellose völkerrechtliche Sonderkonstruktion.

Wir haben uns bei Sprenger unterhalten, und er hat gesagt: Wollen wir zusammen Abendbrot essen? Dann gingen wir in den Essener Hof. Ich glaubte damals, er wollte von der Iduna Geld haben – genauso wie Daimler-Benz damals von den Versicherungen Geld wollte und auch bekam. Wir haben uns dann wieder getroffen und wieder getroffen. Am 25. September 1952 lud mich Alfried Krupp zum Essen in Hamburg ein und fragte mich, ob ich mit ihm den Krupp-Konzern wieder aufbauen möchte. »Sie kriegen Generalvollmacht und können handeln wie ein Eigentümer«, sagte er. Da habe ich zugestimmt.
Berthold Beitz, 1995

»Nicht verwandt und verschwägert mit der Ruhrindustrie«: Krupps Generalbevollmächtigter Berthold Beitz (rechts) führte den Konzern ab Mitte der Fünfzigerjahre zu neuen Erfolgen

Als pure Wertschätzung konnten die Zeitgenossen den Vertrag freilich nicht interpretieren. Doch seit dem 12. März 1953 war Alfried Krupp von Bohlen wieder »Herr im eigenen Hause«.

Während Krupp um seine Rechte stritt, heiratete er erneut. Die Deutschamerikanerin Vera Hossenfeldt hatte bereits drei Ehen hinter sich. Doch mit dem Krupp'schen Pflichtbewusstsein konnte die mondäne und extravagante junge Frau von Bohlen nichts anfangen: Für ihren Geschmack verbrachte Alfried zu viel Zeit mit dem Geschäft und zu wenig mit ihr. Schon 1957 ließ sich Vera von ihm scheiden.

Nachhaltiger war indessen Alfrieds Begegnung mit Berthold Beitz. Dieser hatte im Zweiten Weltkrieg als junger Manager der Karpaten-Öl AG in Galizien zahlreichen Juden das Leben gerettet, indem er vorgab, sie als Arbeitskräfte zu benötigen. Nach dem Krieg war er von der britischen Militärregierung zum Vizepräsidenten der Versicherungsaufsicht in der britischen Zone ernannt worden. Wenige Jahre später wurde er Generaldirektor der Iduna-Germania-Versicherungen. Und als er für deren Hamburger Firmensitz eine Skulptur beim Essener Künstler Jean Sprenger bestellen wollte, lernte er in dessen Atelier Alfried Krupp von Bohlen kennen. Die beiden Männer waren sich sofort sympathisch.

Aus dem Smalltalk wurde schnell mehr: Alfried Krupp von Bohlen reiste nach Hamburg und lud Beitz ins Hotel Vier Jahreszeiten ein. Völlig überraschend für den 38-jährigen Beitz bot ihm Krupp an, sein Generalbevollmächtigter zu werden. Beitz nahm an und führte den Konzern in den Fünfzigerjahren mit Maschinen- und Anlagenbau zu neuen Höhenflügen. Beitz konnte den Vollzug der alliierten Verkaufsauflagen verhindern. Alfried Krupp von Bohlen vertraute ihm blind. Von nun an war Beitz der »Herr der Ringe«, wie es mit Blick auf das Krupp'sche Unternehmenszeichen hieß. Doch niemals mehr wurden in den Krupp'schen Werkshallen Waffen produziert. Das hatte Alfried Krupp von Bohlen schon bei seiner Haftentlassung klargestellt und selbst auf dem Höhepunkt des Kalten Krieges immer wieder aufs Neue betont.

Im Frühjahr 1967, der Konzern litt gerade unter einer akuten Liquiditätskrise, wurde bei Alfried Lungenkrebs festgestellt. Die Krankheit verschlimmerte sich von Tag zu Tag. Am 30. Juli 1967 starb er im Alter von 59 Jahren an Herzversagen. Wenige Tage zuvor übte er sich ein letztes Mal in der Krupp'schen Kardinaltugend, dem Pflichtbewusstsein: Als er Verwandtenbesuch verabschiedete, schleppte er sich schwer gezeichnet durch das Haus, nur um die Gäste zur Tür zu begleiten, wie es die Gepflogenheiten nun einmal verlangten. Alfried Krupp von Bohlen und Halbach wurde auf dem Krupp-Friedhof an der Meisenburgstraße bestattet. Dort liegt er allein, ohne Frau an seiner Seite, vereinsamt, wie im Leben. Anders als bei den übermächtigen Vorvätern schmückt sein Grab kein großes Monument.

Das Denkmal, das sich Alfried Krupp von Bohlen selbst setzte, war ganz anderer Natur: Er übertrug sein gesamtes Vermögen der von ihm gegründeten »Alfried-Krupp-von-Bohlen- und-Halbach-Stiftung«. Sohn Arndt ließ sich dank des Verhandlungsgeschicks von Berthold Beitz mit einer Leibrente in Höhe von zwei Millionen Mark jährlich abfinden – als »reichster Frührentner« der Nation, befand die Presse neidisch. Die Stiftung aber, an die ein Milliardenvermögen ging,

Es gibt keine Familie Krupp mehr, es gibt nur noch eine Familie von Bohlen und Halbach. Alfried Krupp war der letzte Krupp. Sein Sohn Arndt hieß auch schon Arndt von Bohlen und Halbach, führte also nicht den Namen Krupp. Der Name Krupp mit Bezug auf die Familie Krupp ist mit Alfrieds Tod 1967 erloschen.

Berthold Beitz, 1995

fördert heute Wissenschaft und Kultur, Bildung, Sport und Gesundheitswesen mit Millionenbeträgen. In der Villa Hügel, jener Stein gewordenen Verkörperung Krupp'scher Selbstdarstellung, finden inzwischen Kunstausstellungen statt. Der Mythos von der »Waffenschmiede des Reiches« ist Vergangenheit.

Am Ende brach der »letzte Krupp« doch noch mit dem Vermächtnis seiner Vorfahren: Er beließ den Konzern nicht in der Hand der Familie, sondern setzte das gewaltige Erbe zum Segen der Nachwelt ein. Sein Leben hatte ihn eines gelehrt: Persönlicher Reichtum ist keineswegs gleichbedeutend mit Glück – er kann zur schweren Bürde geraten.

Der Techniker

> **Das größte technische Genie, das Deutschland heute hat, ist bei seinem unscheinbaren Aussehen der Doktor Porsche. Er hat auch den Mut, eine Sache ausreifen zu lassen.**
>
> Hitler

Ferdinand Porsche schien in der Szenerie am Bahnhof Fallersleben völlig fehl am Platz zu sein. Als Einziger inmitten zahlreicher Uniformierter, die sich an der Bahnsteigkante drängten, war er in Zivil erschienen. Der Trenchcoat war ein wenig zu groß geraten, fest geschnürt hielt ihn ein Gürtel über dem »Embonpoint« zusammen. Neben den Vertretern der Deutschen Arbeitsfront (DAF), dem baumlangen Bodo Lafferentz und dem stämmigen Robert Ley, wirkte der Autokonstrukteur nahezu gedrungen. Das schüttere Haar war streng nach hinten gekämmt, der sorgfältig gestutzte Schnurrbart gab ihm ein etwas kauziges Äußeres. Große Auftritte waren seine Sache nicht. Dabei war dies ein bedeutender Tag für Porsche: Heute sollte sein Traum von der Motorisierung des Volkes einen entscheidenden Schritt vorankommen. Heute würde der Grundstein für das »Volkswagenwerk« gelegt werden.

Ein herrlicher, sonniger Tag war dieser 26. Mai 1938, ein Himmelfahrtstag. Nachdem der Sonderzug Hitlers aus München eingelaufen war, begrüßten die Wartenden ihren »Führer«. Weiter ging es in einer Autokolonne durch die mit Fahnen und Wimpeln geschmückten Straßen hin zur Baustelle des künftigen VW-Werkes. 50 000 Zuschauer waren zum Großereignis angereist, darunter Abteilungen von SA, Jungvolk, Hitlerjugend und SS. Zahllose Journalisten vervollständigten einen pompösen Festakt, wie er in diesen Jahren üblich wurde. »Trommler und Fanfarenbläser der Hitlerjugend heben auf der Tribüne ihre Instrumente«, schrieb die *Braunschweiger Zeitung* am nächsten Tag beeindruckt, »eine Welle von Heil-Rufen schlägt über die dicht gedrängten Menschen. Kommandos ertönen, der Präsentiermarsch klingt auf, neben dem Grundstein, von Handwerkern in ihrer typischen Berufstracht umstanden, steigt am Mast die Standarte des Führers empor.«

Und vor der Rednertribüne waren drei Volkswagen aufgefahren. Dunkel glänzten sie in der Sonne. Dass diese drei die Einzigen ihrer Art waren, davon würde im Laufe der Feierlichkeiten allerdings wohlweislich nicht mehr die Rede sein.

Nachdem die Funktionäre nach der lautstarken Begrüßung ihre Plätze eingenommen hatten, ergriff DAF-Chef Robert Ley, vom Volksmund wegen seiner offenkundigen Vorliebe für Hochprozentiges »Reichstrunkenbold« genannt, als Erster das Wort. »Mein Führer! Was hier begonnen wird – dieses Werk und alles, was daraus wird –, das ist allein und ursächlich Ihr Werk.« Und damit nicht genug, schwadronierte er pathetisch weiter: »Wir wissen es, wie Sie bereits vor der Machtübernahme sich mit dem Gedanken getragen haben, dem deutschen Volk dereinst ein billiges und gutes Fahrzeug zu geben.«

Die Zuhörer in Fallersleben und an den zugeschalteten Radiogeräten wussten, was Ley meinte, denn die fragliche Anekdote war bereits zur Genüge verbreitet worden. Vor nicht näher bestimmter Zeit sei Hitler in einer kalten, regnerischen Nacht ein Motorradfahrer begegnet, der in der widrigen Witterung auf seinem Vehikel erbärmlich fror, während der künftige »Führer« warm und wohlig in einem Automobil saß. Damals habe er vollmundig versprochen: »Wenn ich dazu in der Lage wäre, würde ich jedem dieser Leute einen Wagen schenken.«

Nun ging Hitler zum Mikrofon. »Das Problem der Motorisierung« sei ihm stets das vordringliche gewesen, bestätigte er Ley und fuhr fort: »Der Wagen soll den Namen der Organisation tragen, die sich am meisten bemüht, die breitesten Massen unseres Volkes mit Freude und Kraft zu erfüllen. Er soll KdF-Wagen heißen.«

Unter dem Jubel der Zuschauer bestieg Hitler nach seiner Rede ein nagelneues VW-Cabrio. Ferdinand Porsches Sohn Ferry setzte sich ans Steuer, um den »Führer« zum Bahnhof zurückzuchauffieren. Hinten nahmen Robert Ley und Ferdinand Porsche Platz. Adolf Hitler hatte die Veranstaltung sichtlich Spaß gemacht. Ferdinand Porsche, der Erfinder des Volkswagens, war am Ziel.

Der Name »Porsche« genießt heute hohes internationales Ansehen. Porsche steht für Schnelligkeit, für Eleganz und Luxus. Der Sportwagen vom Typ »911«, Wunschtraum pubertierender Jungs, ist ein Klassiker von bleibender Schönheit. Einen Klassiker stellt auch der Wagen dar, der nur für Interessierte mit Porsches Namen verbunden ist: der VW-Käfer, klein und knubbelig, ein pures Gebrauchsfahrzeug und doch heiß geliebt. 20 Milli-

Wir waren entsetzt. Mein Vater meinte, unter diesem Namen sei der Wagen im Ausland unverkäuflich.

Ferry Porsche, Sohn, zur Bezeichnung »KdF-Wagen«

»Ein Kraftwagen für das deutsche Volk«: Ferry Porsche kutschiert Hitler, Ley und seinen Vater zum Bahnhof Fallersleben, 26. Mai 1938

onen Käfer befuhren die Straßen in aller Welt, bis 2003 der letzte seiner Art, von den Fans betrauert, in Mexiko vom Band rollte. Der Mann, der ihn erdachte, konnte seinen Siegeszug nur noch erahnen. Als Ferdinand Porsche 1951 starb, begannen gerade die ersten Schwärme »Käfer« die deutschen Straßen zu bevölkern. Er hat noch erlebt, dass sein Traum von einem einfachen, kleinen und bezahlbaren Wagen Wirklichkeit wurde.

Doch zu diesem Zeitpunkt saß er nicht mehr in der Chefetage des Volkswagenwerks. Er musste das Unternehmen als Gast aufsuchen, wenn er sehen wollte, wie seine Pläne umgesetzt wurden. Zu sehr hatte er sich während der zwölf finstersten Jahre der deutschen Geschichte dem Regime angedient. Zu sehr hatte er von der verbrecherischen Maschinerie profitiert. Aus eigener Initiative hatte Ferdinand Porsche die Nähe zu Hitler gesucht. Im »Führer« sah er das geeignete Vehikel, um an die benötigten Finanzmittel für seine Konstruktionen zu gelangen. Doch seine Verstrickung ging weiter: Im VW-Werk im heuti-

Es war möglich, diese Form über Jahrzehnte beizubehalten, ohne sie zu verändern. Sie war so perfekt, wir verglichen sie in einer US-Werbung mal mit einem Ei. Da kann man auch nichts dran verbessern. Das zeigt, wie großartig die Porsche-Konstruktion gewesen ist.

Carl Hahn, ehemaliger VW-Vorstandsvorsitzender

Dieser überragende Mann war nicht nur Konstrukteur und Ingenieur von Berufs wegen, sondern von ganzem Herzen.

Heinrich Nordhoff, ehemaliger VW-Vorstandsvorsitzender

gen Wolfsburg, wo Porsche als Geschäftsführer die Verantwortung trug, mussten Zwangsarbeiter, Kriegsgefangene und letztlich auch KZ-Häftlinge unter menschenunwürdigen Bedingungen arbeiten – mit Porsches Wissen und teilweise sogar auf seine Veranlassung. Er selbst pflegte den Nimbus des unpolitischen Genies und ließ jegliche Einsicht vermissen, als man ihn nach 1945 zu seinem Tun unter Hitler befragte und schließlich sogar in Haft nahm.

Nach dem Krieg, berichtete sein Sekretär Ghislaine Kaes in einem Fernsehinterview, habe Porsche auf Fragen nach Hitler stets wie ein Mantra den Satz wiederholt: »Der Führer hat von alledem nichts gewusst.« Kaes, Porsches Neffe, suchte nach einer Erklärung für diese Uneinsichtigkeit. Der Onkel habe »sich selbst betrogen«. Zwar sei er »von Amts wegen« in Konzentrationslagern gewesen. Aber er, Kaes, habe ihn »nie leiden sehen«. Dazu habe er doch gar keine Zeit gehabt. Hitlers Herrschaft sei von Porsche hingenommen worden als »gottgewollt« und »schicksalhaft«. Über die Folgen seines Tuns habe er nie nachgedacht.

Ferdinand Porsche als ein Kind des 19. Jahrhunderts zu charakterisieren fällt schwer. Zu untypisch war dieser knorzige Österreicher inmitten der großspurig auftretenden Parteigranden, als dass man ihn ihrer Kategorie zuordnen würde. Tatsächlich sind keinerlei Äußerungen Porsches in irgendeiner politischen Richtung verbürgt. Das von Technokraten in der Nazi-Zeit so oft missbrauchte Adjektiv »unpolitisch« scheint auf ihn tatsächlich zuzutreffen. Doch er akzeptierte die Menschen verachtende Politik der braunen Machthaber und machte sie sich zunutze. Als Techniker und Erfinder kosmopolitisch interessiert, waren ihm die rassistischen Vorbehalte der NS-Ideologie offenkundig fremd. Und doch wurde die Rassenpolitik der Nazis im VW-Werk mit seinem Wissen umgesetzt. Seine politische Gleichgültigkeit enthebt ihn keiner Verantwortung. Wahrscheinlich war es gerade diese Ignoranz, die es Porsche möglich machte, mit den schreienden Widersprüchen zu leben, die zwischen den verheißungsvollen Versprechen des Regimes und der bitteren Realität klafften.

In der Volksschule zu Maffersdorf war Ferdinand ein mittelmäßiger Schüler. Mit seinen Gedanken war er meist außerhalb des Klassenzimmers, in seiner Bastelecke.

Ghislaine Kaes, Porsches Neffe und Sekretär

Ferdinand grübelte und bastelte. Ansonsten war er schweigsam.

Emil Matzig, Schulfreund Porsches

Die Welt, in die Ferdinand Porsche hineingeboren wurde, war eine gemächliche. Maffersdorf am Neißeufer im Nordosten Böhmens zählte kaum

»Händchen für alles Elektrische«: Der junge Ferdinand Porsche vor der von ihm konstruierten Elektroanlage in seinem Elternhaus, 1894

5000 Seelen. Auf der Hauptstraße der Kleinstadt regierten Pferdefuhrwerk und Kutsche wie überall in der k.u.k. Monarchie, als deren Untertan Ferdinand Porsche am 3. September 1875 das Licht der Welt erblickte. Auf das dritte Kind von Anna und Anton Porsche warteten gesicherte Verhältnisse. Vater Porsche genoss einiges Ansehen. Der Spenglermeister beschäftigte 20 Mitarbeiter, engagierte sich in der Lokalpolitik und brachte es zeitweilig sogar bis zum Vizebürgermeister. Als Ferdinands Schulzeit 1889 endete, stand ihm eine Lehre im väterlichen Betrieb bevor. Die Eltern gingen davon aus, dass er die Spenglerei eines Tages übernehmen würde, denn der ältere Bruder Anton – eigentlich als Nachfolger des Vaters vorgesehen – war bei einem Arbeitsunfall ums Leben gekommen.

Wie so oft in gestrengen Elternhäusern waren die Pläne von Vater und Sohn wenig deckungsgleich. Ferdinand Porsche hatte nichts Rebellisches an sich. In der Schule war er eher still und unauffällig gewesen, ein grüblerischer Typ. Jetzt aber trotzte er dem Vater die Erlaubnis ab, neben der Lehre einen Kurs für Elektrotechnik zu besuchen. Die Elektrizität war seine Leidenschaft, von der er nicht lassen wollte, auch wenn Vater Anton die Forschung mit der neuen Energie als Hokuspokus abtat. Erst ein Streich sicherte Ferdinand den Respekt des Vaters für sein technisches Hobby. Als Porsche senior von einer Dienstreise zurückkehrte, wies ihn die Familie an, wie üblich am Abendbrottisch Platz zu nehmen. Er erschrak gründlich, als plötzlich sein gesamtes Haus in gleißendes Licht getaucht war. In seiner Abwesenheit hatte Ferdinand das Haus an der Maffersdorfer Hauptstraße 201 elektrifiziert.

Ferdinands Händchen für alles Elektrische fiel auch den Meistern der Textilfabrik Ginzkey auf, bei denen der junge Porsche oft aushalf. Die Gebrüder Ginzkey bearbeiteten Anton Porsche so lange, bis er schließlich klein beigab: Ferdinand durfte die Spenglerei an den Nagel hängen und nach Wien gehen. Im April 1894 verließ er Maffersdorf und trat in der Hauptstadt eine Lehrstelle bei der »Vereinigten Elektrizitäts AG« an. Die Firma wurde von Ernst Egger geleitet, dem Sohn Bela Eggers, der sich mit der Elektrifizierung von Schloss Schönbrunn einen Namen gemacht hatte. Auch Sohn Egger, der mittlerweile mehrere hundert Angestellte beschäftigte, war Pionier auf dem Gebiet der Stromversorgung. Auf der Wiener Gewerbeausstellung 1880 hatte er mit einer elektrischen Eisenbahn 20 000 staunende Passagiere befördert. Auch wenn solche Aktionen Renommierobjekte blieben, so fand Ferdinand Porsche bei Egger doch ein experimentierfreudiges Umfeld, in dem er sich rasch wohl fühlte. Da er als Lehrling anfing und sich seine Arbeit zunächst auf das Ausfegen der Werkstatt und das Schmieren der Maschinen beschränkte, verblieb ihm noch genügend Zeit, um nach Feierabend an der Technischen Universität Vorlesungen zu hören. Eingeschrieben war er nicht, aber offenbar störte sich niemand an dem »Schwarzhörer«.

Beruflich und privat ging es für Porsche rasch aufwärts bei der »Vereinigten«. Bald durfte sich der kaum 22-Jährige »Leiter des Prüfraums« und »Erster Assistent der Berechnungsabteilung« nennen. Selbstbewusster auch durch die neue Position, fand er den Mut, die Bürokraft Aloisia Kaes anzusprechen, die er schon länger aus der Ferne bewundert hatte. Im Wiener Prater gaben sich die beiden wenig später das Heiratsversprechen.

Im Jahr 1898 ging ein höchst interessanter Auftrag bei Egger ein. Die »k.u.k. Hofkutschenfabrik« Lohner bestellte einen Elektromotor für ein Automobil. Ferdinand Porsche war begeistert. Noch waren es nur eine Hand voll verwegener Pioniere, die auf das Auto setzten. Das Stadtbild Wiens wurde von Pferdefuhrwerken dominiert, die im Fußgängertempo über das Kopfsteinpflaster der Gassen rumpelten. Zwar bimmelten bereits die ersten Straßenbahnen auf den Hauptstraßen, doch ein von der Schiene unabhängiges, individuelles Fahrzeug war für die allermeisten noch ein fernes Hirngespinst, zumal die ersten Entwürfe wenig attraktiv erschienen. Die spuckenden Ungetüme, die unter ohrenbetäubendem Lärm die Straßen unsicher machten, zogen eher Spott als Bewunderung auf sich. Und die allermeisten »Herrenfahrer« verbrachten mehr Zeit mit dem Kopf im Motorraum als auf dem Fahrersitz. Die blütenreinen Kluften der Fahrer waren in der Regel binnen weniger Kilometer ölverschmiert und staubig. Ferdinand Porsche gehörte zu denen, die voraussahen, dass diese Anfangswehen den Triumphzug des Automobils nicht würden aufhalten können. Die Jahrhundertwende taumelte in einem regelrechten Strudel von Innovationsfreude und Aufbruchsgeist, der auf der Weltausstellung in Paris im Jahre 1900 deutlich wurde. Und noch war keineswegs entschieden, dass die Autos der Zukunft mit fossilen Brennstoffen angetrieben würden. Neben den Ideen eines Nikolaus Otto oder Rudolf Diesel setzten viele, darunter auch Ferdinand Porsche, auf das Elektromobil. Es war sauber und leise, seine Reichweite allerdings blieb begrenzt. Vor allem das enorme Gewicht der Batterien bereitete erhebliche Probleme. Über Monate brütete Porsche bei der Elektrizitäts AG über einem Automotor. Auftraggeber Lohner war vom Ergebnis so angetan, dass er dem jungen Erfinder eine Stelle anbot. Porsche zögerte nicht lange und wechselte zur »k.u.k Hof-Wagen- und Automobilfabrik« Lohner.

In den vollkommen geräuschlosen, weich gefederten und behaglich gepolsterten Lohner-Porsche-Automobilen glaubt man eher auf einem Schiff als auf einem Wagen zu sein.

Allgemeine Automobil-Zeitung, 1899

Oben: »Zu viel experimentiert«: Porsche mit seinem »Mixte-Wagen« im Hof der Lohner-Fabrik in Wien, 1902. Stehend: Firmenchef Ludwig Lohner
Unten: »Voller Erfolg«: Der Konstrukteur am Steuer des Wagens auf dem Weg zum Exelberg-rennen

In Rekordzeit bauten Lohner und sein neuer Mitarbeiter eine motorisierte Kutsche, den »Lohner-Porsche«. Porsches erste Konstruktion brachte es immerhin auf 45 Stundenkilometer. Zwei Elektromotoren erzeugten fünf PS, deren Leistung direkt auf die kleineren Vorderräder übertragen wurde. Optisch erinnerte der Lohner-Porsche zwar eher an eine Kutsche ohne Pferde, selbst auf die hölzerne Lakaienbank am Wagenende hatte man nicht verzichtet. In den Augen der Zeit aber war die schnittige Konstruktion zukunftweisend. Auf der Pariser Weltausstellung 1900 bekam der Lohner-Porsche viel Beachtung und einen Grand Prix.

Ferdinand Porsche aber entdeckte über diesen frühen Konstruktionen den Perfektionisten in sich. Der Elektroantrieb war für ein Automobil auf Dauer einfach zu unpraktisch. Zwar hatten auch die Benziner mit erheblichen Schwierigkeiten zu kämpfen. So gab es Sprit nur in der Apotheke, und das Tanken hielt man für derart gefährlich, dass es ausschließlich bei Tageslicht durchgeführt werden durfte. Doch immerhin reichte der Aktionsradius mit ziemlicher Sicherheit bis zur nächsten Apotheke, und das Fahrzeug war nach wenigen Minuten wieder einsatzbereit. Ferdinand Porsche sah die Vorteile der einen wie der anderen Lösung. Seine Antwort auf den Glaubensstreit zwischen Benziner und Elektromobil war der »Mixte-Wagen«, ein Benziner, der allerdings über eine batteriegespeiste Zündung, elektrische Beleuchtung und einen Anlasser verfügte. Der Mixte, den Porsche stetig weiterentwickelte, wurde ein voller Erfolg. 1902 gewann er selbst am Steuer des Wagens das Exelbergrennen und erfuhr kurz darauf eine noch größere Ehrung: Ferdinand Porsche, Reserveinfanterist des Hoch- und Deutschmeister-Regiments, durfte Erzherzog Franz Ferdinand ins Hauptquartier der Westarmee chauffieren. Gemeinsam ratterten sie von Stützpunkt zu Stützpunkt, während der österreichische Thronfolger seine Truppen inspizierte. Seine Majestät zeigte sich beeindruckt von Fahrer und Fahrzeug. Kurz nach dem Manöver ließ sich Franz Ferdinand herab, »Euer Wohlgeboren beiliegend eine Erinnerung an die heutigen Manöver in West-Ungarn übersenden zu lassen. Die Leistung Ihres Automobils sowie Ihre sichere und exakte Führung desselben haben Seine kaiserliche und königliche Hoheit in jeder Beziehung befriedigt.« Es war der erste Kontakt mit den Regierenden und Mächtigen.

Ferdinand Porsche war eine Idealbesetzung in den Pionierjahren des Automobils. Er verfügte über einen überragenden technischen Verstand und ein enormes Durchhaltevermögen. Kaum von gesetzlichen Vorgaben, anspruchsvollen Kundenwünschen oder Änderungen der Mode einge-

»In jeder Beziehung befriedigt«: Porsche als Chauffeur des österreichischen Thronfolgers Franz Ferdinand

schränkt, konnte sich sein Talent ungehemmt entfalten. Allein die Finanzen setzten seinem Erfinderdrang Schranken. Und tatsächlich krachte es an diesem Punkt alsbald mit Geschäftspartner Lohner. Richard Lohner, der Sohn des Fabrikanten, würde sich später erinnern: »Ja, der Herr Porsche hat meinen Vater rund eine Million Goldkronen gekostet. Er hat ihm zu viel experimentiert.« Ob die astronomische Summe den Tatsachen entsprach, sei dahingestellt. Fakt war: Lohner konnte sich Porsches ständige Typenentwicklung auf Dauer nicht leisten. In fünf Jahren hatte Porsche zwar bei zahlreichen Autorennen Lorbeeren geerntet, allerdings gerade einmal 37 Elektroautos an den Mann gebracht. Der noch teurere Mixte-Wagen hatte nur zehn Interessenten gefunden. Porsche interessierten derartige Probleme in der Regel herzlich wenig. Wenn das Automobil Zeit brauchte, um sich als Gebrauchsgegenstand durchzusetzen, dann brauchte es sie halt. Und waren denn nicht immerhin beachtliche Prestigeerfolge erzielt worden? Seit 1904 töffte die Wiener Feuerwehr mit Automobilen aus ihrer Produktion zu ihren Einsätzen. Eine bessere Werbung konnte sich Lohner nicht wünschen. Und tatsächlich schien das Geschäft 1905 in Schwung zu kommen. Bereits die Hälfte des Lohner'schen Jahresumsatzes entfiel auf Autos. Im Folgejahr zeigte sich ein gewisser Emil Jel-

»Auch privat drehte sich alles um Motoren«: Ferdinand Porsche und seine Verlobte Aloisia Kaes im Jahr 1902

linek interessiert an einer Zusammenarbeit mit Lohner-Porsche. Jellinek hatte über Jahre in Cannstatt das Geschäft bei Daimler gesteuert und dem Namen seiner Tochter Mercedes mit der Benennung eines Autotyps zu ewigem Ruhm verholfen. Porsche ließ sich nicht lange bitten und übernahm den Posten des technischen Direktors bei der »Österreichischen Daimler-Motoren-GmbH« in Wiener Neustadt, der nun auch die Lohner-Porsche-Patente zufielen. Lohner ließ seinen Konstrukteur nicht ungern ziehen. Die ständigen Streitereien um die Finanzierung von Porsches Experimentierwut waren beiden lästig geworden.

Für Ferdinand Porsche bedeutete seine Zeit bei Daimler zunächst einmal eine erhebliche Erweiterung seines Aktionsradius, denn die Firma engagierte sich neben dem Auto- auch im Flugzeugbau. Mit dem Antrieb eines von Porsche entworfenen Motors zog der »Stagl-Mannsbarth«, ein dem Zeppelin ähnliches Luftschiff, über Österreich seine Bahnen. Die »Taube«, ein erfolgreicher Flugzeugtyp des böhmischen Flugzeugbauers Etrich, begeisterte mit einem Porsche-Motor beim »Kaiserfliegen« in Wiener Neustadt. Die meisten Erfolge erzielte er aber weiterhin mit dem Automobil. Der durch Porsche verbesserte »Maja-Wagen«, benannt nach Emil Jellineks zweiter Tochter, gewann 1909 beim Bergrennen auf dem Semmering den ersten Platz in seiner Klasse. Im selben Jahr allerdings unterlag Porsche bei der renommierten Prinz-Heinrich-Fahrt, die über eine fast 2000 Kilometer lange Strecke von Berlin über Breslau, Budapest, Wien und Salzburg nach München verlief. Enttäuscht verkündete er vor den wartenden Journalisten, er werde im nächsten Jahr auf jeden Fall den Sieg erringen. Kaum zurück in Wiener Neustadt, verschwand er in den Konstruktionsbüros. Bei der Prinz-Heinrich-Fahrt des Jahres 1910 gingen dann die ersten drei Plätze an Austro-Daimler.

Mit Mitte dreißig genoss Ferdinand Porsche einen ausgezeichneten Ruf als Autokonstrukteur. Auch privat lief alles wie geschmiert. Die Ehe mit Aloisia Kaes galt als harmonisch, zehn Monate nach der Hochzeit war Töchterchen Luise geboren worden, 1909 folgte Stammhalter Ferdinand, genannt Ferry. »Ein strenger Vater war er nicht«, erinnerte sich Ferry Porsche später, »er ließ uns vielmehr eine lange Leine. Er wollte nicht gern erziehen, wenn er schon mal zu Hause war.« Die Familie fühlte sich in Wiener Neustadt wohl, Mitarbeiter und Weggefährten sammelten sich um Porsche, die ihm teilweise sein ganzes Leben treu bleiben würden. Die Villa in der Pottendorfer Straße war den Porsches zur Heimat geworden. Auch das Privatleben drehte sich ganz um Motoren. Alle Freunde waren Techniker. Ferry Porsche erinnerte sich später, er habe als Kind geglaubt, in einem Auto geboren worden zu sein, so sehr hätten die Fahrzeuge den Alltag der Familie geprägt. Sein erstes Auto erhielt der Junge zum vierten

»Idealbesetzung als Pionier des Automobils«: Porsche am Steuer eines Austro-Daimler während der Prinz-Heinrich-Fahrt, 1910

Geburtstag: Es war zwar ein Tretauto, aber immerhin eine originalgetreue Kopie des »Prinz-Heinrich-Wagens«, den sein Vater 1910 entworfen hatte. Doch Ferdinand Porsche war nicht der Typ, der sich auf dem Zenit seines Erfolges zurücklehnen konnte. Zu viele Möglichkeiten warteten noch auf ihn. Die größte bot ihm der Krieg, in dem die königlich-kaiserliche Monarchie, in der er groß geworden war, für immer unterging.

Der Erste Weltkrieg erfasste Europa 1914 in einem nie dagewesenen Ausmaß an Schrecken und Brutalität. Die gegnerischen Seiten bekämpften sich erbittert bis aufs Blut. Mehr denn je gewann die Mobilität von Truppen und Waffen kriegsentscheidende Bedeutung. Todbringende Schwerstgeschütze wie gigantische Mörser, auf die vor allem die Heeresleitungen von Deutschland und Österreich setzten, mussten an die Front geschafft werden. Wo allerdings kein Schienenweg in Frontnähe zur Verfügung stand, hatten die großen Kaliber lediglich Schrottwert. Und allzu oft verliefen die Schienen einfach nicht in die Richtung, in die man das Geschütz abfeuern wollte. Selbst die »Dicke Berta«, der schauerliche 42-Zentimeter-Mörser von Krupp, war praktisch wertlos, sobald die Front außerhalb des Schienennetzes lag. Ferdinand Porsche bot eine Konstruk-

»Eisenbahn ohne Schienen«: Der von Porsche konstruierte und im Ersten Weltkrieg eingesetzte »Landwehr-Train«

tion an, die alle Probleme beseitigen konnte. Der Austro-Daimler-Landwehr-Zug, auch »Tatzelwurm« genannt, war eine originelle Fahrzeugart, die auch größte Gewichte über unwegsames Gelände befördern konnte. Wie eine Eisenbahn ohne Schienen zog eine starke Maschine zahlreiche Transportwagen. Mittels eines ausgeklügelte Deichselsystems folgten alle Wagen exakt der Spur der Zugmaschine. Ein dickes Stromkabel verband die Waggons miteinander und bewegte auf der Straße spielend Gewichte von bis zu 25 Tonnen. Setzte man den »Tatzelwurm« auf Schienen, so verschob er sogar 50 Tonnen. Der österreichische Generalstab war begeistert und orderte die Porsche-Züge unter der Bezeichnung »k.u.k. Kraftbahnen«. Der »C-Zug«, den Porsche 1915 den Militärs präsentierte, trans-

Direktor Porsche hat uns einmal sogar auf den Seeberg-Sattel geschickt, und dieser Berg war damals nicht ausgebaut. … Das komplette Geschütz haben wir hinaufgebracht, obwohl wir es zunächst selbst nicht glaubten. Ich habe dann nachgemessen. In einer Stunde sind wir 400 Meter weit gefahren. Aber der Mörser war auf dem Berg!
Alfred Neubauer, im Ersten Weltkrieg Verbindungsoffizier bei Austro-Daimler

portierte gar 80 Tonnen schwere Geschütze mithilfe eines 150-PS-Motors. Für Porsche lohnte sich das Geschäft nicht nur finanziell. Bereits 1912 hatte Kaiser Franz Joseph »Unseren Lieben Getreuen, den technischen Direktor der Österreichischen Daimler-Motoren Aktiengesellschaft in Wiener Neustadt, zum Ritter Unseres Franz-Joseph-Ordens« ernannt. 1916 schloss sich die Ehrung mit dem »Offizierskreuz des kaiserlich-österreichischen Franz-Joseph-Ordens mit der Kriegsdekoration« an. Ein Jahr später folgte die Verleihung des Doktortitels durch die Technische Hochschule Wien. Der Spenglerssohn aus Böhmen hatte offenkundig Karriere gemacht.

Mit dem Ende des Ersten Weltkriegs stieg Austro-Daimler zunächst aus der Rüstungsindustrie aus. Europa war erschöpft nach dem ersten Weltenbrand, und niemand erwartete, dass der Hass zwischen den Völkern sich so schnell wieder entzünden würde. Aber auch die Produktion von Luxuswagen schien passé. Akuter Treibstoff- und Gummimangel machten das Autofahren mehr denn je zu einem kostspieligen Vergnügen. Den wenigen, die sich noch ein Auto leisten konnten, standen zu viele Anbieter gegenüber. 86 Automobilhersteller brachten in Deutschland 144 Typen heraus. Porsche erkannte die Zeichen der Zeit und legte den Grundstein für einen lebenslangen Traum: ein einfaches Auto – so günstig, dass es große Bevölkerungsteile auch bezahlen konnten.

1921 kreierte er mit dem »Sascha-Wagen« einen der ersten Kleinwagen überhaupt und damit einen Vorläufer des später so legendären Volkswagens. 50 PS genügten, um den kaum 600 Kilo schweren »Sascha« auf 140 Stundenkilometer zu beschleunigen. Eine später entstandene Zwei-Liter-Version brachte es sogar auf 170 »Sachen«. Bei der »Targa Florio«, einem Rennen auf Sizilien, erzielte der Wagen 1922 erste Achtungserfolge. Porsche setzte größte Hoffnungen in das Prinzip der einfachen, Treibstoff sparenden Typen. Henry Fords T-Modell war seit Jahren der Dauerbrenner auf dem amerikanischen Markt, ein einfacher Wagen ohne Schnickschnack, den sich zwar nicht jedermann, aber immerhin eine gut betuchte Mittelschicht leisten konnte. Mit einem Kaufpreis, der 1920 gerade einmal 440 Dollar betrug, war der Ford allen europäischen Autotypen um Lichtjahre voraus. Möglich wurde dieser Dumpingpreis durch eine neue Fertigungsart. Während die Europäer, insbesondere Deutschland, auf individuelle Handwerkskunst setzten, liefen Fords T-Modelle im

Der Zusammenbruch 1918 sah um Porsche alles zusammenbrechen. Ihn selber jedoch nicht. Er machte sofort weiter, er stellte um.

Ghislaine Kaes, Porsches Neffe und Sekretär

»Erster Kleinwagen überhaupt«: Ferdinand Porsche am Steuer seines »Sascha-Wagens«, um 1922

hochmodernen Werk River Rouge im 30-Sekunden-Takt vom Fließband. In Europa dagegen ging man davon aus, dass der europäische Käufer kein Interesse an einem genormten Produkt »von der Stange« habe. Es gebe keinen Massengeschmack, dem die Bauweise eines Fahrzeugs angepasst werden könne. Ferdinand Porsche sah die Sache aufgeschlossener. Wenn das Angebot erst da sei, werde die Nachfrage schon kommen, meinte der Chefkonstrukteur von Austro-Daimler. Der Geschäftsführung aber war das Risiko zu groß. Als zudem der Rennfahrer Fritz Kuhn im September 1922 in einem »Sascha« ums Leben kam und man technisches Versagen für den Unfall verantwortlich machte, schien das Daimler-Kleinwagenprojekt reif für den Schrottplatz der Entwicklungen – zumal Austro-Daimler zunehmend in finanzielle Schieflage rutschte. In einer Sitzung mit den Hauptgeldgebern der Firma wurde dem Chefkonstrukteur vorgeworfen, durch den ständigen Modellwechsel und die ewigen Neuerungen an vorhandenen Typen das Kapital regelrecht verschleudert zu haben. Ferdinand Porsche verabschiedete sich mit einem knappen »Saubagasch« aus der Diskussion. Es war das abrupte Ende einer 16-jährigen Zusammenarbeit.

Trotz seines mittlerweile einschlägigen Rufes als eigensinniger und kompromissloser Konstrukteur musste sich Ferdinand Porsche nicht lange nach einem neuen Arbeitsplatz umsehen. In Stuttgart wartete der Posten des technischen Direktors der »Daimler-Motoren-Aktiengesellschaft«, des deutschen Zweiges der Daimler-Gruppe. Mit Sack und Pack verließen die Porsches Wiener Neustadt und übersiedelten nach Untertürkheim. Porsches Herz hing nicht an Orten, auch wenn ihn der Rausschmiss, denn um einen solchen handelte es sich fraglos, geschmerzt haben dürfte. Er selbst war ebenso mobil wie die Welt, von der er träumte. Mit Feuereifer machte er sich an den Bau eines neuen Hauses für sich und seine Familie in Stuttgart. Sein Sohn Ferry erinnerte sich später in einem SWR-Interview noch gut an den Neuanfang in Deutschland. Der Vater habe alle Schlafzimmer der Villa am Feuerbacher Weg nach der Sonne ausrichten lassen, sodass jedem Schläfer beim Aufwachen die Strahlen auf die Nase schienen. Ebenso viel Ehrgeiz habe er aber, so berichtet der Sohn, darauf verwendet, dass die Garagen hell waren und die davor liegenden Plätze nicht zu lange im Schatten lagen. Jeder Mechaniker sollte bei bestmöglichen Lichtverhältnissen schrauben und feilen können.

Trotz seines hierarchisch hoch angesiedelten Postens blieb Porsche hier, wie auch schon bei Austro-Daimler, dem Tagesgeschäft verhaftet. Ständig durchstreifte er die Werkstätten, kontrollierte, mahnte und griff auch immer mal wieder selbst zum Schraubenschlüssel. Der mittlerweile 47-Jährige wurde zum vertrauten und auch gern gesehenen Gast bei den Mechanikern, wenngleich er durchaus ungemütlich werden konnte, sobald nicht nach seinen Vorstellungen gearbeitet wurde. Er trug meist ähnliche Tweedanzüge in Pfeffer-Salz-Optik, eine weit heruntergezogene Mütze reichte bis an die Ohren. Die hochgeschobene Autobrille, die er an den Rennstrecken trug, vervollständigte das Bild vom bodenständigen Konstrukteur – ein ungewöhnlicher Typ, vor allem in der durchaus versnobten höheren Hierarchie der Daimler-Motoren-Gesellschaft, die sich wenig später mit der Firma Benz zum allseits bekannten Firmennamen »Daimler-Benz« zusammentat. Man gewöhnte sich aneinander, wirkliche Freundschaften entstanden wohl nicht. Ferdinand Porsche eignete sich wenig zum Repräsentieren, dazu wirkte er zu verschroben. Auch die Produktionsabläufe interessierten ihn kaum. Während Opel bereits auf eine Fabrikfertigung à la Ford umgestiegen war und mit dem »Laubfrosch« einen recht erfolgreichen Kleinwagen herausgebracht hatte, blieb bei Daimler alles beim Alten. Porsche wollte konstruieren: immer neue Typen, immer neue Abwandlungen, immer neue Verbesserungen. Und dabei beschränkte er sich keineswegs auf den Automobilbereich. 1927 nahm er einen Geheimauftrag des Heereswaffenamtes an, neue Panzerfahrzeuge zu entwickeln. Das Ergebnis waren wuchtige, 15 Tonnen wiegende Kampfwagen, die von einem starken Daimler-Benz-Flugmotor angetrieben wurden. Die Kontrollkommission der Siegermächte des Ersten Weltkriegs machte dem Treiben ein Ende. Laut Versailler Vertrag war die Entwicklung derart schwerer Waffen strengstens verboten. Allerdings hatten es die Techniker von Daimler geschafft, die Modelle vor dem Eintreffen der Kommission noch rechtzeitig in die Sowjetunion zu schaffen, wo außerhalb des Kontrollgebiets der Alliierten Reichswehr und Rote Armee längst gemeinsam aufrüsteten. Wenig später würde man sich in Stalins Reich an den begabten Konstrukteur erinnern.

Auch bei Daimler krachte es alsbald im Verhältnis zwischen Geschäftsleitung und Chefkonstrukteur. Wieder machte man Porsche den nunmehr schon vertrauten Vorwurf, die Firma in den Ruin zu treiben. Man empfahl ihm, eine »Studienreise« nach Amerika zu unternehmen, anschließend seinen Posten als Chefkonstrukteur zu räumen und sich auf eine »beratende Funktion« zu beschränken. Für einen Macher wie Porsche war dies ein völlig absurder Vorschlag, den er entrüstet ablehnte. Aufgrund von Verträgen ließ sich der halsstarrige Österreicher nicht so leicht abschieben. Doch Vorwände, seine Arbeit zu hinterfragen, gab es zur Genüge. Das angespannte Verhältnis zwischen Ferdinand Porsche und dem Vorstand entlud sich im Winter 1929 in einer viel zitierten Szene. Die von Porsche konstruierte 38er-Limousine hatte bei kaltem Wetter oft Startschwierigkeiten, eine längst bewiesene Tatsache, die von Porsche bockig bestritten wurde. Generaldirektor Kissel ließ 15 Wagen vom 38er-Typ über Nacht in der Kälte aufstellen. Am nächsten Morgen wurde Porsche vor versammeltem Vorstand aufgefordert, die Wagen zu starten. Der Chefkonstrukteur versuchte es bei der ersten Limousine – vergeblich, bei der zweiten – vergeblich, bei der dritten, vierten und so fort: Keiner der Wagen sprang an. Auch ein Wutanfall, bei dem er seinen Hut im Schnee platt trampelte, machte die Lage für Porsche nicht besser. Er war bis auf die Knochen blamiert und räumte nun das Feld.

Lohner, Austro-Daimler, Daimler-Benz: Die Stationen von Porsches Berufsleben ähneln sich. Überall erkannte man seine technischen Fähigkeiten an, zu einer dauerhaften harmonischen Zusammenarbeit aber schien der eigenwillige Konstrukteur nicht fähig zu sein. Zu aufbrausend war sein Charakter und zu egozentrisch seine Konzentration auf die Ent-

»Lichtblick in schweren Zeiten«: Porsche entwickelt als freier Konstrukteur einen Rennwagen für die »Auto-Union«

wicklung optimaler Autotypen. Auch bei seinem nächsten Arbeitgeber, den österreichischen Steyr-Werken, sah das nicht anders aus. 1929 begann er hier als technischer Direktor, im April des darauffolgenden Jahres stieg er wieder aus. Der Schwarze Freitag an der New Yorker Börse hatte Steyr in eine finanzielle Schieflage gebracht. Wohin nun? Trotz attraktiver Angebote war auch Porsche selbst die ständigen Querelen leid. Kleingeistig kamen sie ihm vor, die Vorstände und Bankiers der großen Autoproduzenten. Sie alle – so sah das der Konstrukteur – verfügten nicht über den Verstand und vor allem das Herz, seine genialen Entwürfe ausreichend zu würdigen und die nötigen Arbeitsbedingungen und Gelder zur Verfügung zu stellen. All das würde er von nun an selbst in die Hand nehmen: Porsche machte sich selbstständig. Ein eigenständiges Konstruktionsbüro für motorisierte Fahrzeuge war ein absolutes Novum – dennoch ging er das Risiko ein.

Schon im Dezember 1930 war die »Porsche GmbH Konstruktionen und Beratungen für Motoren und Fahrzeugbau« in Stuttgart startbereit. Porsche hatte einen Stab von begabten und engagierten Mitarbeitern um sich geschart, die allesamt besser dotierte Stellungen hätten haben können. Doch sie folgten Porsche, weil sie seine Kompromisslosigkeit bei der Durchsetzung technischer Ideen schätzten und die raubeinige Art des Österreichers mochten. Adolf Rosenberger, Rennfahrer und begabter Kaufmann, übernahm die Geschäftsleitung für den in finanziellen Angelegenheiten hoffnungslos unbegabten Ferdinand Porsche. Die beiden erwiesen sich als hervorragendes Team. Der smarte Rosenberger behielt die finanziellen Zügel in der Hand und führte die Verhandlungen, der bärbeißige Porsche riss viele Verhandlungspartner durch seine Begeisterung mit. Für die kommenden drei Jahre bildeten Rosenberger/Porsche ein in vielen Vorstandsetagen bekanntes Gespann. Der Jude Rosenberger entkam 1935 der Verfolgung durch die Nationalsozialisten, weil er rechtzeitig in die USA auswanderte, während sein Geschäftspartner Porsche sich entschlossen hatte, mit ebenjenen Nationalsozialisten zusammenzuarbeiten.

Ferdinand Porsche hatte seine beruflichen Entscheidungen stets nur nach einem Auswahlkriterium getroffen: Er arbeitete für denjenigen, der ihm und seinen Ideen weitestmöglich freie Hand ließ. Zu keinem seiner Arbeitgeber bewies er besondere Anhänglichkeit, mit keinem pflegte er ein engeres persönliches Verhältnis. Dementsprechend war er auch nicht voreingenommen, wenn ihm ein neues Angebot unterbreitet wurde. Das skurrilste dieser Art erhielt er 1932. Eine Delegation aus der Sowjetunion übermittelte das Interesse des Landes an einer Zusammenarbeit mit Porsche – in Moskau. Porsche stand der Angelegenheit durchaus aufgeschlossen gegenüber. Im Juli machte er sich mit seinem Neffen und Sekretär Ghislaine Kaes auf den Weg in die sowjetische Hauptstadt. Die beiden waren begeistert von den Möglichkeiten, die ihnen die förmlich explodierende Industrie dieses Landes bieten konnte. Von Stalin zu Höchstleistungen angetrieben, setzte die Sowjetunion alles daran, ihren eklatanten Rückstand gegenüber den europäischen Nationen und den USA wettzumachen. Aus eigener Kraft konnte dies kaum gelingen, und so holte man sich wie einst Peter der Große ausländische Spezialisten ins Land. Die Sowjets bemühten sich nach Kräften, den auch über die Landesgrenzen hinaus bekannten Konstrukteur zu beeindrucken. Ein umfangreiches Besichtigungsprogramm umfasste Automobil- und Flugzeugfabriken, die Konstruktion von Landmaschinen und Panzern und auch die Schönheiten des Landes. Das Angebot beinhaltete luxuriöse Lebensbedingungen für Porsche und seine Familie, inklusive einer Villa auf der Krim. Vor allem aber sicherte es ihm die Position eines Generalbevollmächtigten für die Motorisierung der Sowjetunion zu. Doch der Preis war hoch: Der Konstrukteur sollte sich verpflichten, zeit seines Lebens in der Sowjetunion zu bleiben.

Man sollte so was nicht laut aussprechen, aber was ich dort gesehen habe, war fabelhaft.

Porsche 1932 nach seiner Rückkehr aus der Sowjetunion

Porsche zog das Angebot ernsthaft in Erwägung. »Ich denke, dass mein Vater gesehen hat, dass das System, egal, wie es dort funktioniert, dem Techniker ungeheure Möglichkeiten gibt, den Dingen wirklich nachzugehen, die ihn interessieren«, erinnerte sich Ferry Porsche später in der ZDF-Sendung »Zeugen des Jahrhunderts«. Dass er schließlich doch ablehnte, lag keinesfalls an irgendwelchen politischen Überlegungen. Der mittlerweile 57-Jährige fühlte sich schlichtweg zu alt für den Neuanfang in einem fremden Land, dessen Sprache er nicht beherrschte. Auf Fragen, die mit »hätte« oder »würde« beginnen, gibt die Geschichte in der Regel keine Antworten. Dennoch sei die Spekulation erlaubt, ob im ersten Käfer-Cabrio nicht Hitler, sondern Josef Stalin gefahren wäre, wenn Porsche sich auf die sowjetische Offerte eingelassen hätte.

Er nahm sie nicht an und hielt sich mit seinen Mitarbeitern in Stuttgart mühselig über Wasser. Aufträge gab es zwar, aber zu selten konnten Projekte vollständig realisiert werden, bevor den Geldgebern die Kraft ausging. Der Staat, potenzieller Geld- und Impulsgeber auch für die Autoindustrie, fiel in der Endphase

Wir lebten als Firma von der Hand in den Mund.

Ghislaine Kaes, Porsches Neffe und Sekretär (über den Beginn in Stuttgart 1930)

der Weimarer Republik aus. »Es ging ums blanke Überleben, und man hatte das Gefühl, man lebte von Konstruktionen, die in besseren Zeiten entstanden waren«, so Ferry Porsche als »Zeuge des Jahrhunderts«. Und das stetig wachsende Heer der Arbeitslosen in der Weltwirtschaftskrise würde wohl kaum in der Lage sein, in Zukunft die Absatzzahlen der Autoindustrie zu steigern.

Lichtblick in schweren Zeiten war die Rennsportindustrie. Im Herbst 1932 beschloss die internationale Sportkommission eine neue Gewichtsklasse für Grand-Prix-Fahrzeuge. Nicht mehr als 750 Kilogramm durfte ein Rennauto jetzt auf die Waage bringen. Für Porsche war das eine willkommene Herausforderung. In der »Auto-Union«, dem Zusammenschluss der Firmen DKW, Audi, Horch und Wanderer, fand sich ein Interessent für seine Konstruktion. Allein – es mangelte mal wieder am nötigen Kapital. Bei Porsches wurde der Gürtel zusehends enger geschnallt. Wollten Vater und Sohn Porsche zum Autorennen an den Nürburgring, blieb oft nur der Campingplatz als finanzierbare Übernachtungsmöglichkeit, auch für den Endfünfziger.

Anfang 1933 wendete sich das Blatt. Schon im Jahr zuvor hatte der Rennfahrer Hans Stuck von einem Freund gehört, dass sich dessen Chef für Autos begeistere. Dieser »Chef« führte die stark im Aufschwung begriffene »Nationalsozialistische Deutsche Arbeiterpartei«. Der Freund arrangierte ein Treffen, und Stuck wurde im Braunen Haus am Münchner Königsplatz empfangen. Adolf Hitler hörte sich interessiert die Klagen des Rennfahrers über die daniederliegende Autoindustrie im Allgemeinen und die Misere des Rennsports im Besonderen an. »Warten Sie noch ein wenig«, vertröstete Hitler den Rennfahrer. »Es wird nicht mehr lange dauern, bis wir an der Macht sind. Dann werde ich Ihnen helfen.«

Hitler an der Staatsspitze – für Ferdinand Porsche und die Autoindustrie hätte es nicht besser kommen können. Die »Machtergreifung« im Januar 1933 fiel in das absolute Konjunkturtief der Automobilindustrie. Um die wenigen verbliebenen Kunden stritten sich immerhin noch zehn namhafte Produzenten. Am erfolgreichsten agierte Opel mit etwa 40 Prozent Marktanteil, gefolgt von der Auto-Union mit etwa 25 Prozent. Aber auch Adler, Daimler-Benz und Ford waren noch nicht vollends abgeschlagen. Nur wer das Rennen bei der neuen Staatsführung machte, würde in Zukunft eine Spitzenposition am Markt einnehmen.

Denn mit dem Emporkömmling aus Österreich war ein regelrechter Autonarr an die Macht gekommen. Schon bei seiner Haftentlassung aus der Feste Landsberg, in der er nach dem missglückten Putsch von 1923 eingesessen hatte, wartete vor dem Tor ein schwerer Daimler auf ihn. Fortan gehörten luxuriöse, neue Automobile fest zum Erscheinungsbild des selbst ernannten Heilbringers. Hitler begeisterte sich für alles Technische. Er vertiefte sich bis ins Detail in Neuentwicklungen, hatte zu allem eine Meinung und, zumindest glaubte er das, fundierte Kenntnisse. Doch das Automobil war für die Nationalsozialisten mehr als Hitlers persönlicher Spleen. Als Ausdruck eines hohen »Lebensniveaus«, wie es die Propaganda bezeichnete, wurde es fester Bestandteil der nationalsozialistischen Ideologie. Ein hoher Lebensstandard sollte die Überlegenheit des deutschen Volkes zur Schau stellen. »Volksempfänger«, geräumige Wohnungen, Reisen mit der Freizeitorganisation »Kraft durch Freude« – all das sollte zeigen, zu welchen Leistungen das »Herrenvolk« in der Lage war. Und nicht zuletzt ließen sich die mit materiellen Segnungen bedachten Untertanen auf diese Weise viel leichter verführen. Hitler wollte geliebt werden, und das Auto war ein hervorragendes Mittel, um die Herzen des Volkes zu erobern.

Kaum zwei Wochen nach der »Machtergreifung« eröffnete Hitler die Berliner Automobilausstellung mit vollmundigen Zusagen. Er versprach die Herauslösung des Kraftfahrzeugwesens aus dem eisenbahnfreundlichen Verkehrsministerium, kündigte steuerliche Entlastungen, einen erheblichen Ausbau des Straßennetzes und die Förderung des Rennsports an. Damit noch nicht genug, gipfelte die Rede im pathetischen Bekenntnis: »Ich liebe den Kraftwagen über alles, denn er hat mir Deutschland erschlossen!« Die Autokonstrukteure müssen diese Rede wie Schalmeienklänge vernommen haben.

Ferdinand Porsche ließ es sich nicht nehmen, dem Herrn Reichskanzler in einem überschwänglichen Telegramm seine Ehrerbietung zu bezeugen. »Als Schoepfer vieler und namhafter Konstruktionen auf dem Gebiete des deutschen und österreichischen Kraft- und Luftfahrtwesens«, hieß es da, »und mehr als 30 Jahre mitkaempfend an dem heutigen Erfolg, beglueckwuensche ich Euer Exzellenz zur tiefgründigen Eroeffnungsrede der deutschen Automobilausstellung – stop – Ich hoffe, dass es mir und meinen Mitarbeitern weiterhin und in erhoehtem Masse vergoennt bleibt: Dem deutschen Volke unser Wollen und Koennen zur Verfuegung zu stellen = Dr. Ferdinand Porsche.«

Die unterwürfigen Zeilen verfehlten ihre Wirkung nicht. Kaum 14 Tage später wurden Porsche und der Rennfahrer Hans Stuck zum Empfang in die Berliner Reichskanzlei gebeten. Hitler freute sich offenkundig, Porsche zu sehen, und erinnerte ihn an ein früheres Zusammentreffen. Neun Jahre zuvor waren sich die beiden am Rande einer Rennstrecke vorgestellt worden. Peinlicherweise hatte Porsche diese Begegnung völlig vergessen. Dennoch verstanden sich der Staatschef und der Konstrukteur auf Anhieb. Der Mann aus Braunau mochte Menschen aus Österreich. Dialekt und Gemüt waren ihm vertraut und sympathisch. Wahrscheinlich sah er in Porsche auch einen Seelenverwandten, den verkannten Außenseiter, der sich gegen das Mittelmaß durchsetzen musste. Hinzu aber kam, dass ihm Porsche das Gefühl vermittelte, seine Einwände, Anregungen und Detailkenntnisse zeugten von höchstem Sachverstand. Was die Automobiltechnik anging, so signalisierte Porsche dem eitlen »Führer«, sprächen beide auf Augenhöhe. Und Hitler revanchierte sich. Fortan war Ferdinand Porsche für ihn ein Genie, und sein unbedingtes Vertrauen in den Konstrukteur würde felsenfest sein.

Ferdinand Porsche hat die »Herrschernähe« aus eigenem Antrieb gesucht. Hitler war für ihn ein potenzieller Geldgeber. Die Staatsschatulle konnte jedem Autokonstrukteur auf dem darbenden Markt einen ungeheuren Vorsprung sichern, und Porsche wollte vorn mit dabei sein. Doch auch die Konstrukteure von Daimler-Benz witterten Morgenluft. Jakob Werlin, Manager bei Daimler, wandte sich seinerseits flugs an Hitler und machte aus seinem Anliegen, den unliebsamen Konkurrenten aus Stuttgart verdrängen zu wollen, gar kein Hehl. »Es ist uns bekannt«, schrieb er am 15. März, »dass eine andere Firma, die sich mit dem Bau von Rennwagen noch nicht befasst hat, die aber öffentliche Mittel in erheblichem Ausmaße ohnedies beansprucht, die Forderung erhebt, aus diesen Geldern und aus weiteren Beihilfen einen Anteil zu bekommen, um sich mit dem Bau von Rennwagen und der Beteiligung an Rennen befassen zu können.« Daimler-Benz selbst aber sei erheblich besser für finanzielle Zuwendungen geeignet und beanspruche eine Summe »nicht erheblich unter RM 1 000 000«, um weiterhin ungestört an der Rennwagenentwicklung arbeiten zu können.

Hitler urteilte salomonisch: Beide konkurrierenden Unternehmen seien finanziell zu fördern. Daimer-Benz erhielt 500 000 Reichsmark, die Auto-Union mit Porsche als Konstrukteur 300 000. Damit ließ sich arbeiten. Porsche machte sich mit Feuereifer an die Weiterentwicklung des Typ 22.

Ich habe genügend Fahrer, aber nur einen Sohn!

Ferdinand Porsche nach Testfahrten seines Sohnes mit dem »Silberpfeil«

Am Steuer des »Auto-Union-P-Rennwagens« fuhr Hans Stuck beim AVUS-Rennen 1934 einen überlegenen Sieg ein. Noch wichtiger aber war für Porsche der Prestigegewinn, denn er hatte

Daimler-Benz abgehängt. Während der folgenden Rennsaison bestätigte sich die Qualität des »P-Wagens«. Auf dem Nürburgring allerdings lag wieder die Konkurrenz vorne. Es war das Rennen, bei dem die berühmten »Silberpfeile« zu ihrem Namen kamen: Da Daimler-Benz ein Kilogramm zu viel auf die Waage brachte, mühten sich die Mechaniker, die Lackierung über Nacht abzuschleifen. Und tatsächlich – der Wagen wog nur noch die erlaubten 750 Kilogramm und war glänzend silbern.

Die Regierung möge mir den Bau eines Volkswagens als Studienobjekt übertragen.

Porsche am 17. Januar 1934 an die Reichsregierung

Für Ferdinand Porsche ging Silvester 1933 ein erfolgreiches Jahr zu Ende. Er hatte mit seiner Konstruktion für die Auto-Union im Rennsport beachtliche Erfolge erzielt. Allerdings steckte sein zweites Herzensprojekt, der Kleinwagen, weiter in den Kinderschuhen. Hitlers Rede auf der IAA hatte ausdrücklich auf die Volksmotorisierung abgehoben. Im September 1933 hatte der »Führer« bei einem festlichen Propagandaakt mit dem ersten Spatenstich den Bau der »Reichsautobahn« eingeleitet. Die konnte wohl nicht dauerhaft von den wenigen Limousinen ausgelastet werden, die sich seinerzeit auf deutschen Straßen verloren. Seit dem Bau des »Sascha«-Wagens hatte Porsche den Traum von einem kleinen und preiswerten Wagen mit sich getragen: einem Fahrzeug, das sich das »Volk« leisten konnte, einem Volkswagen eben. Also setzte er sich an den Schreibtisch und verfasste beherzt das »Exposé betreffend den Bau eines deutschen Volkswagens«, das er im Januar 1934 an das Reichsverkehrsministerium schickte.

Der Gedanke des Volkswagens lag in der Luft. Porsche war keineswegs der einzige Konstrukteur, der sich damit beschäftigte. Bezüglich der Realisierung der Idee gab es allerdings die unterschiedlichsten Vorstellungen. Während einige Konstrukteure für eine Automobil-»Light-Version« wie etwa einen Dreiradwagen plädierten, liefen Porsches Pläne von vornherein auf ein vollwertiges stabiles Fahrzeug mit hoher PS-Zahl und akzeptabler Höchstgeschwindigkeit hinaus. »Ich verstehe unter einem Volkswagen kein Kleinstfahrzeug, das durch künstliche Verringerung seiner Abmessungen, seiner Leistung, seines Gewichts usw. die Tradition der bisherigen Erzeugnisse auf diesem Gebiete nach der Storchschnabelmanier weiterführt«, schrieb er. Auch einen möglichen Fertigungspreis hatte der Konstrukteur schon im Kopf. Für 1550 Reichs-

Ich verstehe unter einem »Volkswagen« nur ein vollwertiges Gebrauchsfahrzeug, das mit jedem anderen Gebrauchsfahrzeug in Wettbewerb treten kann. Um die bisherigen »üblichen Gebrauchswagen« zu »Volkswagen« zu machen, bedarf es meiner Ansicht nach grundsätzlich neuer Lösungen.

Porsche, 1934

»Benzin im Blut«: Porsche mit dem später tödlich verunglückten Rennfahrer Bernd Rosemeyer (rechts) am Nürburgring

»Keinen Blick von den kreisenden Zeigern gelassen«: Der Rennwagenkonstrukteur während eines Trainings auf dem Nürburgring

Wenn die deutsche Regierung wünscht, dass das deutsche Volk lebendigen Anteil am Kraftwagen nimmt, dann muss aber die Wirtschaft für das deutsche Volk auch den geeigneten Kraftwagen schaffen und bauen.

Hitler auf der Internationalen Automobilausstellung 1934

mark sollte das Fahrzeug für breite Käuferschichten erschwinglich sein.

Bemerkenswert war folgender Absatz der »Denkschrift«: »Ein Volkswagen darf kein Fahrzeug für einen begrenzten Verwendungszweck sein, er muss vielmehr durch einfachen Wechsel der Karosserie allen praktisch vorkommenden Zwecken genügen, also nicht nur als Personenwagen, sondern auch als Lieferwagen und für bestimmte militärische Zwecke geeignet sein.« Die militärische Verwendbarkeit des Volkswagens galt bis dahin meist als originäre Forderung Hitlers. Man wird sicher nicht so weit gehen können zu behaupten, Ferdinand Porsche habe sie dem »Führer« eingeflüstert. Allerdings wurde die militärisch nutzbare Typvariante keineswegs gegen Porsches Willen konstruiert. Warum auch? Im Ersten Weltkrieg hatte er sich bereits als Rüstungskonstrukteur verdient gemacht. Einen Wagen zu entwickeln, der den Anforderungen der Front entsprach – das war für ihn nichts Besonderes.

Ob und wie Hitler das Pamphlet Porsches gelesen hat, ist nicht mehr zu rekonstruieren. Die in dem Papier von Porsche skizzierten Ideen fanden sich jedenfalls vielfältig in Hitlers Äußerungen wieder. Eine Schlüsselrolle nahm wiederum die Internationale Automobilausstellung in Berlin ein. Hier tönte Hitler am 7. März 1934 vollmundig, dass »ein Volk, das wie das deutsche von Geburt aus zu Höherem bestimmt« sei, mindestens ebenso wie andere den Kraftwagen brauche. Zielsicher sprach er aber auch gleich den wundesten Punkt der Überlegungen an. »Wenn wir wirklich die Kraftwagenbesitzer in Deutschland in die Millionenzahl steigern wollen, dann kann dies nur gelingen, wenn wir seinen Preis anpassen dem finanziellen Leistungsniveau der hierfür infrage kommenden Millionenmasse der Käufer.« Der Begriff »Volkswagen« fiel in der Rede nicht, Hitler brachte ihn

Solange das Automobil lediglich ein Verkehrsmittel für besonders bevorzugte Kreise bleibt, ist es ein bitteres Gefühl, von vornherein Millionen braver, fleißiger und tüchtiger Mitmenschen, denen das Leben ohnehin nur begrenzte Möglichkeiten einräumt, von der Benutzung eines Verkehrsmittels ausgeschlossen zu wissen, das ihnen vor allem an Sonn- und Feiertagen zur Quelle eines bisher unbekannten, freudigern Glücks würde. Man muss den Mut haben, dieses Problem entschlossen und zügig anzugreifen.
Hitler auf der Internationalen Automobilausstellung 1934

aber indirekt durch den Verweis auf ein anderes »Volksprodukt« auf: »Vor wenigen Monaten erst ist es der deutschen Industrie gelungen, durch die Fabrikation eines neuen Volksempfängers eine enorme Anzahl von Radioapparaten auf den Markt zu bringen und abzusetzen.« Die Presse verkürzte die Rede folgerichtig unter der Schlagzeile: »Der billige Volkswagen für Millionen kommt«, und der Volkswagen war geboren.

Die deutschen Autohersteller, die sich im Reichsverband Deutscher Automobilhersteller (RDA) zusammengeschlossen hatten, waren wenig angetan von der Idee, das »Auto für Millionen« zu konstruieren. Der Markt schien ohnehin übersättigt – und wie sollte man mit einem Preis, der dem »finanziellen Leistungsniveau der Käufer« entsprach, etwas verdienen? Ganz anders Ferdinand Porsche. Für ihn spielten ernsthafte Kalkulationsüberlegungen ohnehin immer eine untergeordnete Rolle. Er war von Hitlers Plänen begeistert.

Anfang April 1934 nahm die Sache konkretere Formen an. Hitler bat Porsche zu einem erneuten Treffen, diesmal im Berliner Hotel Kaiserhof. Mit dabei war auch wieder Jakob Werlin, Vorstandsmitglied bei Daimler-Benz und ein Vertrauter Hitlers. Der »Führer« hatte bereits ganz konkrete Vorstellungen vom VW. Leicht sollte er sein, vier Personen befördern und von einem luftgekühlten Drei-Zylinder-Dieselmotor angetrieben werden. Des Weiteren sei Allradantrieb erforderlich. Den benötige die Wehrmacht. Soweit deckten sich Hitlers Vorstellungen mit denen Porsches, sofern sie nicht ohnehin direkt aus dessen Exposé übernommen worden waren. Allerdings hängte der »Führer« eine weitere, enorm hohe Messlatte auf: Der Wagen dürfe nicht mehr als 1000 Reichsmark kosten – eine utopische Vorstellung, die Ferdinand Porsche und Jakob Werlin in tiefe Ratlosigkeit stürzte.

Auf einer Sitzung des RDA am 11. April sorgte die Erwähnung der 1000-Mark-Grenze ungewollt für allgemeine Heiterkeit. Dennoch mussten sich die RDA-Vertreter mit dem Projekt befassen. Denn sollte der Auftrag für einen Kleinstwagen an irgendjemanden außerhalb des Zusammenschlusses vergeben werden, so würde schlagartig eine enorme Konkurrenz zu allen vorhandenen Autotypen entstehen. Wenn schon, dann wollte man das Ruder in der Hand behalten. Ohnehin wussten die Verantwortlichen, dass es momentan nicht gerade angeraten war, sich mit dem neu angetretenen Autonarren an der Staatsspitze zu überwerfen. Wilhelm Scholz, Generalsekretär des Verbandes, mahnte, »jeder Schein einer

Ein Volkswagen in diesem Sinne, nämlich für alle Volksgenossen bestimmt, ist nur der Omnibus. Nur diesem gebührt daher der Name Volkswagen.

Franz Josef Popp, BMW-Generaldirektor, Juni 1936

»Das Problem des Volkswagens entschlossen und zügig angreifen«: Hitler brachte Porsche und Jakob Werlin mit seiner Forderung nach einem billigen Auto in arge Bedrängnis

Skepsis oder Bremsung« müsse vermieden werden. Man solle doch irgendjemanden mit dem utopischen Projekt beauftragen, so die einhellige Meinung beim RDA. Und dieser Jemand war Ferdinand Porsche. Carl Hahn, der Direktor der Auto-Union, fasste zusammen, es sei das Beste »den Mund zu halten, nach oben zu erklären, dass an der Erreichung des Ziels gearbeitet wird, dies aber längere Zeit in Anspruch nehmen würde«.

Porsche nahm den Auftrag des RDA gerne an. Unbesorgt schlug er einen Verkaufspreis von 1190 Reichsmark vor, der über eine Verringerung der Gewinnspanne bei den Händlern oder die Großzügigkeit der Rohstofflieferanten ermöglicht werden sollte. Der RDA, ohnehin vom Scheitern des Projekts überzeugt, schrieb frech zurück, des »Führers« Vorgabe von 1000 RM müsse eingehalten werden. Und so wurde hin und her gerechnet bis schließlich die magische Zahl erreicht war: 1000 Reichsmark und keine Mark mehr würde der Volkswagen kosten. Wie sich das bewerkstelligen ließ? Das war Porsches Problem.

Hitlers Unterstützung war einfach notwendig, um meine Ideen erfolgreich durchzusetzen.
Porsche

Am 22. Juni unterzeichneten Porsche und der RDA die Verträge, denen zufolge Porsche binnen sechs Monaten den Entwurf und weitere zehn Monate später den ersten Prototyp anzuliefern habe. Dieser Zeitrahmen war ebenso unrealistisch wie der angestrebte Verkaufspreis des Wagens. Porsche, der wahrscheinlich als Einziger an die Durchführbarkeit des Projekts glaubte, machte sich frohen Mutes an die Arbeit. Es sollten bis zum Abschluss der vertraglich festgelegten Konstruktionsschritte fast vier Jahre vergehen und die Finanzen vollkommen aus dem Ruder laufen. Letztlich würde der RDA 1,75 Millionen Reichsmark in das VW-Projekt investiert haben.

Der Führer wünscht, dass der größte deutsche Kraftwagenkonstrukteur die deutsche Staatsangehörigkeit erwirbt. Ich fordere Sie hiermit auf, dieses Schreiben als Unterlage für Ihren Einbürgerungsantrag zu verwenden.

»Reichssportführer« Hans von Tschammer und Osten an Porsche, 17. Dezember 1934

Da wer'n ma ja nix machen können. Tust mir das erledigen?

Porsches Reaktion (nach der Erinnerung von Ghislaine Kaes)

Jetzt zog er stillschweigend die deutsche Uniform an.

Ghislaine Kaes, Porsches Neffe und Sekretär (über Porsche nach der Einbürgerung)

Das größenwahnsinnige nationalsozialistische Regime war für die Förderung eines Ferdinand Porsche wie geschaffen. Hitler suchte »Genies« – und er fand sie in Menschen wie dem Architekten Albert Speer, der Regisseurin Leni Riefenstahl oder eben Porsche. Der Konstrukteur interessierte sich wenig für die natürlichen Beschränkungen von Projekten. Hitler dachte ähnlich. In unbegrenztem Gigantismus musste eben alles mobilisiert werden – ob es wirtschaftlich vernünftig war oder nicht. Wie eine Leni Riefenstahl Millionen Reichsmark in opulente Filmprojekte stecken und ein Albert Speer den Bau der Reichshauptstadt »Germania« in Angriff nehmen konnte, so übertrug Hitlers Wille Ferdinand Porsche das Großprojekt der »Motorisierung des deutschen Volkes«.

Allerdings waren seine Arbeitsbedingungen für den Umfang seiner Aufgabe zunächst bescheiden. Porsche verfügte nicht einmal über richtige Werkhallen. In der Garage der Porsche-Villa am Stuttgarter Killesberg stellten seine Mitarbeiter zwei Drehbänke sowie je eine Bohr-, Fräs- und

Ich freue mich, dass es dank der Fähigkeit des glänzenden Konstrukteurs Porsche unter Mitarbeit seines Stabes gelungen ist, die Vorentwürfe für den deutschen Volkswagen so weit fertig zu stellen, dass die ersten Exemplare Mitte dieses Jahres erprobt werden können. Es muss möglich sein, dem deutschen Volk einen Kraftwagen zu schenken, der im Preis nicht mehr kostet als früher ein mittleres Motorrad und dessen Brennstoffverbrauch mäßig ist.

Hitler auf der Internationalen Automobilausstellung 1935

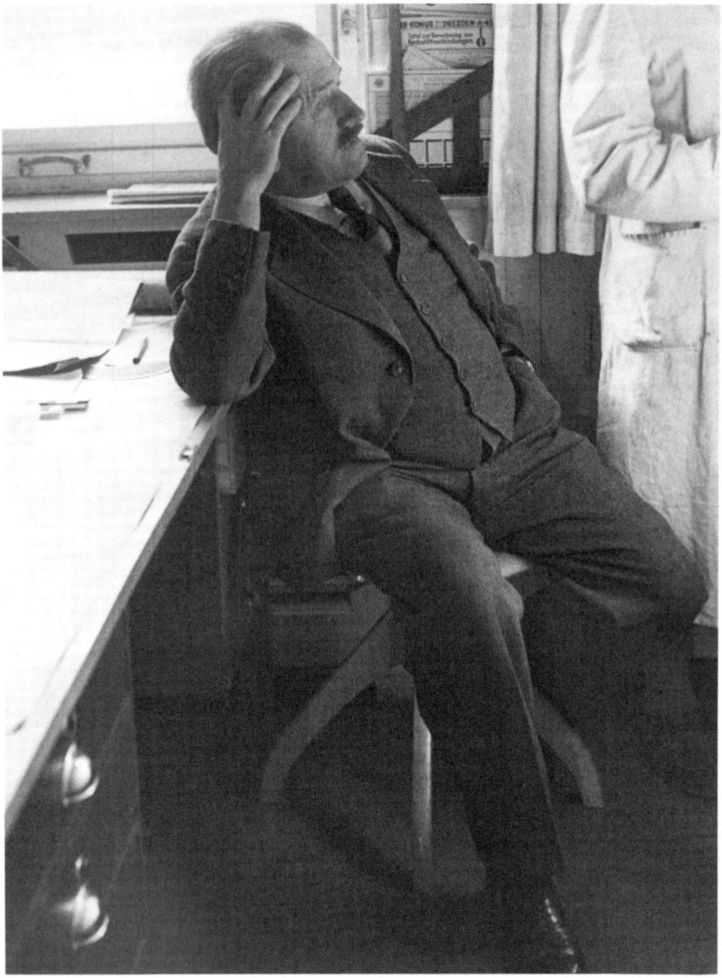

»Dem deutschen Volk einen Kraftwagen schenken«: Ferdinand Porsche im Jahr 1935 in seinem Stuttgarter Konstruktionsbüro

Schleifmaschine auf. Zwölf Arbeiter fertigten die Wagen von Hand. Zwar konnte Porsche tatsächlich im Sommer Entwürfe vorlegen, doch bis Ende des Jahres hatte er sich nicht einmal auf einen Motortyp festgelegt. Hitler aber zeigte sich auf der Automobilausstellung von 1935 ungeduldig, indem er unmissverständlich ankündigte, »dass es der Fähigkeit eines glänzenden Konstrukteurs und der Mitarbeit seines Stabes gelungen ist, die Vorentwürfe für den deutschen Volkswagen fertig zu stellen und die ersten Exemplare ab Mitte dieses Jahres endlich erproben zu können«.

Porsche verstand den Wink mit dem Zaunpfahl nur zu gut und erbat hektisch einen Gesprächstermin. Anfang März sprach er beim »Führer« vor. Was genau bei dieser Zusammenkunft besprochen wurde, ist nicht zuverlässig überliefert, jedenfalls muss Porsche Hitler erneut von seinem Genie überzeugt haben. Denn im Mai protzte Porsche bei der Vertragsverlängerung mit dem RDA damit, dass das »Reich« bereit sei, die Hoheit über das Projekt zu übernehmen, falls mit dem RDA keine Einigung zu erzielen sei. Das war eindeutig Erpressung. Porsche hatte sich längst am RDA vorbeilaviert und setzte seinen guten Draht zu Hitler ungeniert als Druckmittel ein. Doch so leicht ließen sich die Herren vom Reichsverband nicht einschüchtern. Ende Juni stellte der RDA fest, Porsche habe die ihm gestellte Aufgabe nicht erfüllt. Natürlich wusste der Konstrukteur, dass seine Kritiker von den Buchstaben her Recht hatten. Im August räumte er denn auch kleinlaut ein, »dass die uns vom RDA übertragene Aufgabe den seinerzeit in Frankfurt festgelegten finanziellen und zeitlichen Rahmen in sehr beträchtlichem Ausmaß überschritten hat«. In drei Monaten wolle er den Prototyp liefern.

Es steht außer Frage, dass Porsche von 1934 bis 1938 mit der gesamten deutschen Autoindustrie im Kampfe stand – einem Kampfe, der natürlich im Verborgenen ausgetragen wurde und der nur deshalb zu seinem Gunsten und des Volkswagens Gunsten ausging, weil Hitler hinter dem ganzen Vorhaben stand, mit dem vollen Gewicht seiner obersten Staatsgewalt.

Heinrich Nordhoff, ehemaliger VW-Vorstandsvorsitzender

Es ist klar, dass eine privatwirtschaftlich geführte Industrie kein Interesse an einem Volkswagen haben konnte, mit dem sie sich ja praktisch die eigene Konkurrenz gezüchtet hätte.

Wilhelm R. Vorwig, Chefingenieur des RDA

Diese Zusage hielt er sogar ansatzweise ein. Allein – den Prototypen bekam nicht der RDA zu sehen, sondern Adolf Hitler. Auf der IAA jubilierte der »Führer« öffentlich: »Ich zweifle nicht, dass es der Genialität des damit betrauten Konstrukteurs sowie der späteren Produzenten in Verbindung mit höchster nationalwirtschaftlicher Einsicht aller der daran Beteiligten gelingen wird, die Anschaffungs-, Betriebs- und Erhaltungskosten dieses Wagens in ein tragbares Verhältnis zum Einkommen dieser breiten Massen unseres Volkes zu bringen.« Porsche nutzte den Rückenwind sofort aus. Bei möglichen Zulieferern verwies er ungeniert auf den »Wunsch

Der Wunsch nach dem Kraftwagen ist in unserem Volk zumindest genauso lebendig wie in jedem anderen, ja, ich möchte geradezu sagen, dass die Sehnsucht nach ihm, weil er unserem Volke vorenthalten wird, sich bei uns besonders eindrucksvoll zeigt.

Hitler auf der Internationalen Automobilausstellung 1936

des Führers«, um die Preise zu drücken. Aber noch ließen sich die wirtschaftlich ohnehin stark gebeutelten Firmen nicht auf derart unlukrative Geschäfte ein. Der Konstrukteur verstand es, seinen direkten Draht zum deutschen Diktator noch straffer zu spannen. Im Juli 1936 stand ein weiterer Präsentationstermin beim »Führer« an, diesmal auf dem Obersalzberg bei Berchtesgaden. Er wurde ein voller Erfolg. Hitler machte es offensichtlich großen Spaß, in Konstruktionsdetails eingeweiht zu werden und wie ein Mechaniker das Innenleben des VW fachmännisch zu begutachten. Noch aber musste Porsche kleinlaut einräumen, dass es ihm bislang nicht gelungen war, den Preis unter 1200 Reichsmark zu drücken. Ein Problem? In keiner Weise. Hitler stutzte die Gewinnspanne der Händler auf lächerliche 50 Reichsmark, und schon lag der Verkaufspreis bei den erwünschten 990 Reichsmark. Und nachdem dieses »Randproblem« beseitigt war, widmeten sich die Herren auf dem Obersalzberg wieder Plänen von Format. Ein Werk müsse her für die Produktion der Abermillionen VW, die schon in Kürze die deutschen Straßen füllen würden. Begeistert steigerten sich Hitler, Hermann Göring, Fritz Todt und Ferdinand Porsche in ihre Luftschlösser. In neun Monaten werde das Werk fertig sein, im nächsten Jahr würden 300 000 VW produziert werden. Ferdinand Porsche hatte allen Grund, beglückt die Rückreise anzutreten.

Zwar musste der Reichsverband Deutscher Automobilhersteller – zur beiderseitigen Erleichterung – noch die drei Prototypen bezahlen, über welche sich die Prüfer alles andere als zufrieden zeigten, Anfang 1937 aber war die Zusammenarbeit beendet. Die Produktion von 30 Testwagen würde Daimler-Benz übernehmen. Auch für die Frage, wer diese Wagen fahren solle, hatte der findige Ferdinand schnell eine Lösung parat. Ein Brief an den »Reichsführer-SS« Heinrich Himmler erbat SS-Männer. Diesem Ersuchen wurde selbstredend gern nachgekommen, schließlich erfreute sich Dr. Porsche ja besonderer Gunst des »Führers«. Im April 1937 begann die groß angelegte Testserie. Zweieinhalb Jahre fuhren die 30 Wagen ununterbrochen auf Landstraßen, in Städten, auf Autobahnen, auf Schotterpisten und legten dabei insgesamt 1,5 Millionen Kilometer zurück. Während der Fahrten wurden alle Brems-, Schalt- und

Der dem deutschen Volk von Reichskanzler Adolf Hitler seit drei Jahren versprochene Volkswagen, mit dem der Führer den europäischen Markt zu erobern hofft, wird zumindest noch zwei Jahre in Dunkel gehüllt bleiben.

Bericht der Nachrichtenagentur AP aus Berlin, 23. April 1937

Unterwegs ein Stück im neuen Volkswagen mit Dr. Porsche gefahren. Der Wagen hat ein fabelhaftes Anzugsvermögen, er steigt gut und ist vorzüglich gefedert. Aber muss man ihn äußerlich so schmucklos machen? Ich gebe Porsche da einige Ratschläge. Er nimmt sie sehr bereitwillig auf.

Goebbels, Tagebucheintrag 7. September 1937

Oben: »Äußerlich schmucklos«: Die ersten Volkswagen der Versuchsreihe VW 30 aus dem Jahr 1937
Unten: »Für bestimmte militärische Zwecke geeignet«: Von Anfang an plante Porsche (auf dem Beifahrersitz) auch eine Kübelversion seines Volkswagens

Es ist daher mein unabänderlicher Entschluss, die deutsche Kraftverkehrswirtschaft, die eine der größten Industrien unseres Volkes ist, von der Ungewissheit der internationalen Importe unabhängig zu machen und auf eine solide, sichere eigene Basis zu stellen. ... Es darf keinen Zweifel geben: Entweder die so genannte freie Wirtschaft ist fähig, diese Probleme zu lösen, oder sie ist nicht fähig, als freie Wirtschaft weiterzubestehen.

Hitler auf der Internationalen Automobilausstellung 1937

Steuervorgänge minutiös aufgezeichnet. Das Ergebnis war zufriedenstellend: Porsche erklärte den Wagen für produktionsfertig.

An die Stelle des Reichsbundes der Deutschen Automobilhersteller trat nun mit der Deutschen Arbeitsfront (DAF) die finanzstärkste Nazi-Organisation, die unter anderem über das Grundvermögen der Gewerkschaften verfügen konnte. Anfangs gar nicht an die Öffentlichkeit getragen, war dieser Wechsel mit der Gründung der »Gesellschaft zur Vorbereitung des Deutschen Volkswagens«, kurz Gezuvor, am 28. Mai besiegelt worden. Als Geschäftsführer fungierte neben Ferdinand Porsche und Jakob Werlin auch Bodo Lafferentz, der Leiter des Amtes »Reisen, Wandern, Urlaub« bei der DAF-Institution »Kraft durch Freude«. Der Bund zwischen der Produktion des Volkswagens und der NSDAP war besiegelt. Was nun noch fehlte, war eine geeignete Produktionsstätte. Sollten die gigantischen Stückzahlen, mit denen Porsche und Hitler jonglierten, auch nur ansatzweise realisiert werden, benötigte man eine Fabrik nach amerikanischem Stil mit modernen Fließbändern für die industrielle Massenfertigung.

Bereits im Jahr zuvor war Porsche mit seinem Neffen Ghislaine Kaes in den USA gewesen und hatte unter anderem das Ford-Werk River Rouge besucht. Auch andere Autofabriken beeindruckten den Konstrukteur durch ihre Modernität. Ohnehin hatten die beiden »Provinzler« angesichts vielerlei amerikanischer Eigenarten ihre Verblüffung nicht verhehlen können. So hatte Kaes notiert: »Auch in Amerika sind Selbstfahrerinnen der Schrecken der Landstraße, doch sind 45 v. H. der Führerscheinbesitzer in New York weiblichen Geschlechts, und man muss sich dareinfinden.« 1938 kam es bei einer erneuten USA-Reise zu der von Porsche schon lange ersehnten persönlichen Begegnung mit Henry Ford. Das Treffen verlief harmonisch, beim Abschied allerdings gab es Misstöne.

Rein ist es im Ford-Werk, dass einem das Herz lacht.

Ghislaine Kaes, Porsches Neffe und Sekretär, über seine USA-Eindrücke

Als Porsche Ford herzlich zu einem Gegenbesuch einlud, gab sich dieser reserviert. Es werde doch Krieg geben, tat er knapp kund und verabschiedete sich dann unter einem Vorwand.

Dessen ungeachtet nahm Porsche viele Inspirationen aus der amerikanischen Autofabrikation mit nach Deutschland. Es gelang ihm auch, einige talentierte Mitarbeiter für die neue Volkswagenfabrikation anzuwerben, die am Mittellandkanal entstehen sollte. Die Standortwahl war auf ein dünn besiedeltes Gebiet in der Nähe der niedersächsischen Stadt Fallersleben gefallen, das Bodo Lafferentz bei einem Erkundungsflug aus der Luft ausgeguckt hatte. Zwar war die Region abgelegen, doch verfügte sie mit der Bahnstrecke Ruhrgebiet – Hannover – Berlin und der Autobahn Berlin – Hannover über eine gute Infrastruktur. Und bereits jetzt spielte wohl die Überlegung eine Rolle, dass das Werk in der Abgeschiedenheit »bombensicher« sein sollte. Der Protest der Gebietseigner, der Familie des Grafen von der Schulenburg, verhallte ungehört. Ein »Führer«-Befehl fegte alle Widerstände vom Tisch, und das Gelände stand der Gezuvor zur Verfügung. Arbeitsmarktpolitisch war die Wahl des Standortes wegen der Nähe zu den »Reichswerken Hermann Göring« Unsinn. Vergebens hatten die Raumplaner deshalb für Tangermünde an der Elbe plädiert. Doch selbst die Interessen eines Hermann Göring konnten an den Bauplänen nicht rütteln, mit denen unwissenderweise Weichen für die deutsche Nachkriegszeit gestellt wurden. In Tangermünde wäre das Volkswagenwerk nach 1945 dem Machtbereich der Roten Armee zugefallen und der Welterfolg des VW wohl nie Realität geworden.

Selten zuvor ist ein Industrieprojekt mit einer derartigen Geschwindigkeit geplant worden wie das Volkswagenwerk. Die Verantwortlichen bei der Gezuvor gingen fest davon aus, dass der Komplex, der 1937 lediglich in den Köpfen existierte, bereits 1939 produzieren und im Folgejahr 100 000 Fahrzeuge ausstoßen würde. Schrittweise sollte die Produktionsleistung binnen weniger Jahre auf eine Stückzahl von 1,5 Millionen erhöht werden. Damit wäre das Werk die mit Abstand größte Automobilfabrik der ganzen Welt gewesen. Bereits am 1. Dezember lagen Hitler die ersten Entwürfe zur Werksgestaltung vor, kaum drei Monate später präsentierte man das offizielle Modell des VW-Werks auf der Internationalen Automobilausstellung der Öffentlichkeit. Es vereinte technische Rationalität nach amerikanischem Vorbild mit nationalsozialistischer Kolossalarchitektur. Die dem Mittellandkanal zugewandte Front von imposanter Länge, dunkel verklinkert und durch vorragende Türme gegliedert, würde der Anlage den An-

Im Jahr 1937 nahm meine Frau eines Tages einen Anruf entgegen, ich solle zu einem Dr. Porsche in das Book-Cadillac-Hotel kommen. Meinen Namen hatte er wohl vom dortigen deutschen Konsul erhalten. Meine Frau riet mir zur Vorsicht – sie wusste ja nicht, was man von mir wollte. Ich ging trotzdem hin und traf Porsche, Dyckhoff und Lafferentz. Wie sie sagten, suchten sie für den Bau eines Volkswagens amerikanisch geschulte Konstrukteure und Produktionsfachleute. Ich weiß noch, dass ich sie fragte, ob sie wüssten, was allein der Maschinenpark für so ein Vorhaben kosten würde. An Geld fehle es nicht, antworteten sie und wiesen darauf hin, dass eine eigens dafür vorgesehene Fabrik gebaut werde. Als ich das hörte, war ich davon überzeugt, es handle sich wieder einmal um einen von Hitlers berühmten Zukunftsträumen – dass er es tatsächlich ernst meinte, kam mir überhaupt nicht in den Sinn

Joseph Werner, späterer VW-Direktor, über seine Anwerbung in den USA

schein einer gewaltigen Trutzburg verleihen. Dahinter staffelten sich die gigantischen Produktionsstraßen. Ein gewaltiges Kraftwerk überragte die Anlage am östlichen Rand. Eines der Herzstücke sollte eine riesige »Feierhalle« mit vorgelagertem »Ehrenhof« werden, auf dem mit pompösen Aufmärschen für die ideologische Erziehung der Arbeiter gesorgt werden könnte. Die geschätzten Kosten für den riesigen Komplex beliefen sich auf 200 Millionen Reichsmark. In neun Monaten, so die vollmundige Planung, solle die Anlage die Produktion aufnehmen.

Am 24. Februar 1938 erfolgte der erste Spatenstich, drei Monate später dann der Festakt der offiziellen Grundsteinlegung. Allein – das mit Pauken und Trompeten eröffnete Bauvorhaben erlebte nur eine kurze Blüte. Kaum zwei Monate später zog Hitler, der dem Projekt noch kurz zuvor alle erdenkliche Unterstützung zugesichert hatte, die meisten Arbeiter für den Bau des Westwalls ab. Dem Autonarren an der Spitze des Reiches erschien nun wichtiger, die westlichen Nachbarn an feindlicher Mobilität zu hindern, als das eigene Volk zu motorisieren. Schlagartig drohte Stillstand auf den eben erst eröffneten Baustellen. In ihrer Not wandte sich die DAF an das faschistische Bruderland Italien, wo bei erheblicher Arbeitslosigkeit und bescheidenen Löhnen kein Mangel an reisewilligen Arbeitern bestand. Bereits Anfang August trafen die ers-

Das Werk soll entstehen aus der Kraft des ganzen deutschen Volkes, und es soll dienen der Freude des deutschen Volkes.

Hitler während der Eröffnung des VW-Werks, 26. Mai 1938

Mit jeder neuen Verlautbarung scheint sich der Preis des Volksautos gegenüber seiner letzten Festlegung um einen Bruchteil zu verteuern.

Kommentar der *New York Times*, 16. Oktober 1938

Oben: »Mischung aus technischer Rationalität und nationalsozialistischer Kolossalarchitektur«: Hitler, Porsche, Speer und Jakob Werlin am Modell des Volkswagenwerks
Unten: »Gigantisches Projekt«: Blick über die Baustelle des Volkswagenwerks, August 1939

»Faschistische Bruderhilfe«: Zahlreiche Italiener waren beim Bau des Volkswagenwerks beschäftigt. Arbeiter vor dem provisorischen Postamt, Oktober 1938

ten 2400 Italiener in Fallersleben ein und nahmen tatkräftig die Hauptarbeit am Volkswagenwerk in Angriff.

Als Unterkunft stand ihnen nur eine schäbige Barackensiedlung zur Verfügung, denn auch die geplante »Stadt des KdF-Wagens« existierte lediglich auf dem Papier. Entworfen worden war sie vom jungen Architekten Peter Koller, für den sich Ferdinand Porsche persönlich bei Hitler eingesetzt hatte. Angrenzend an das Werk sollte den Plänen zufolge ein Arbeits- und Lebensort für bis 30 000 Arbeiter und ihre Familien entstehen. Die großzügigen Wohnungen entsprachen modernsten Vorstellungen von Komfort. Die enorme Straßenbreite, die auf den zentralen Verkehrswegen 52 Meter maß, trug der Eigenschaft einer Automobilstadt Rechnung. Und auch hier wurde an Ideen für die geistige Formung der Bewohner nicht gespart. Zahlreiche Parteibauten, so etwa eine »Ortsburg« und eine »Halle des Volkes«, sollten auf dem Klieversberg, an dessen Hängen sich die Siedlung ausbreitete, entstehen. Kino, Theater und Bücherei würden für die nötige Unterhaltung sorgen. Auch Sporteinrichtungen stünden vielfältig zur Verfügung. Die »Stadt des KdF-Wagens« würde den neuen, modernen, nationalsozialistischen Menschen beherbergen, so zumindest die Pläne der Verantwortlichen. Doch zunächst einmal war da nichts als sumpfiges Brachland.

Bei den überhasteten Planungen war ein wesentlicher Punkt weitestgehend ausgeklammert worden: die Finanzierung des Mammutprojekts. Zwar verfügte die DAF über prall gefüllte Kassen, doch sprengte das VW-Projekt jeden Rahmen. Auf der Suche nach Kapital verfiel man auf das trickreiche »Sparersystem«. Nun hieß es: »5 Mark die Woche musst du sparen, willst du im eig'nen Wagen fahren.« Nach Vorlage der Sparmarken im Wert von 750 Reichsmark sollten die Sparer dann ein KdF-Mobil erhalten und den Restbetrag später entrichten. Es war ein gewagtes Konzept, da es nach der Devise »Zahle jetzt, fahre irgendwann einmal« funktionieren sollte. Die Sparsumme stand der DAF unverzinst zur Verfügung, und der Vertrag sicherte kein Ablieferungsdatum für den Wagen zu. Nicht einmal ein Rücktrittsrecht war in den Vertragsklauseln enthalten. Mehr als 300 000 Menschen folgten dennoch den Versprechungen und knappsten sich wöchentlich fünf Reichsmark ab. In der Regel handelte es sich bei den Sparern um Angehörige des Mittelstands, denn die Arbeiter, von denen in der Propaganda so oft die Rede war, konnten den Betrag kaum erübrigen. Die Werbung tat das ihre, um die Träume der Sparer zu entfachen. Aus dieser Zeit stammt vermutlich auch die später so geläufige Bezeichnung »Käfer«, die ein kreativer Schreiber in einem Artikel der *New York Times* vom 3. Juli 1938 verwendete. Durchaus spöttisch nannte er den rundlichen Wagen »beetle«, das englische Wort für Käfer. Zu Kriegszeiten aber blieb das Auto in Deutschland der »KdF-Wagen«.

280 Millionen Reichsmark sollten die fleißigen Sparer bis 1945 zusammenbringen – und sie nie wieder sehen. Denn der versprochene Gegenwert, der Volkswagen, wurde an keinen von ihnen ausgeliefert. Nach Ausbruch des Krieges wurden zwar tatsächlich Autos produziert, doch es handelte sich ausschließlich um die militärischen VW-Versionen, nämlich Schwimm- und Kübelwagen. Lediglich die verstärkte Nachfrage der NS-Prominenz führte zur Produktion einer kleinen Serie von 630 Limousinen, die ab dem Sommer 1941 gebaut wurden und fortan NS-Bonzen transportierten. Das »Volk«, dessen Namen das Auto trug, würde zeit der braunen Diktatur keinen einzigen Wagen fahren. Denn durch die fortdauernden Kriegshandlungen bekam die DAF einen idealen Vorwand, die Verzögerungen in der

1 kg Butter kostet RM 3,20,
1 kg Volkswagen kostet RM 1,60.

Porsche

Das Werk war sehr beeindruckend – vier große Hallen. In der ersten Halle wurden Kleinteile gefertigt. Die zweite Halle war der Flugzeugbau, dann kam das Presswerk, wo Bleche gestanzt wurden. Als Neuling war man natürlich beeindruckt vom Getöse der Pressen. Und dann kam ein Laufband, wo die Fahrzeuge gebaut wurden. Es waren ja damals schon mehrere Modelle. Es war der Käfer, es war ein Kübelwagen, und es war ein Wasserfahrzeug.

Robert Hartmann, damals Lehrling im KdF-Werk

Die KdF-Sparer konnten während des Krieges kein Auto kaufen – erst danach. Dann aber nicht mehr für 999 Reichsmark, sondern für knapp 4000 D-Mark. Den Vorkriegssparern wurde der Betrag jedoch angerechnet.

Robert Hartmann, damals Lehrling im KdF-Werk

Lieferung immer wieder neu zu begründen. Zudem war der Kaufpreis des Volkswagens derart gering angesetzt, dass jeder Verkauf einen Realverlust von mehr als 1000 Reichsmark eingebracht hätte. Der Krieg erlöste die DAF aus der misslichen Lage, sich mit jedem verkauften Wagen tiefer in die roten Zahlen zu fahren.

Ferdinand Porsche scheint die Mängel des Systems nicht bemerkt zu haben. Vielmehr wurde er von der allgemeinen Anfangseuphorie des Projekts vollkommen mitgerissen. Wenn er nicht gerade an irgendeiner Präsentation der VW-Prototypen teilnahm, die dem Volk suggerierten, bald in den Sommerferien in einem solchen Fahrzeug die Alpen zu überqueren oder die Nordseeküste zu erreichen, schuftete er wie ein Berserker im Werk. Er hatte sich neben der Baustelle eine Holzhütte errichten lassen, in der er oftmals Wochen verbrachte und sich mit vielen anderen Beteiligten des VW-Projekts besprach. Sein eigentlicher Wohnsitz war nach wie vor Stuttgart, doch der Bau des VW-Werks nahm mehr und mehr Zeit in Anspruch. Auch wenn das Projekt offiziell unter DAF-Ägide stand: VW war Porsche, und Porsche war VW.

Im Sommer 1939 nahm das Volkswagenwerk die Arbeit auf. Allerdings war das Unternehmen zum obligatorischen Pressetermin mit Hitler am 7. Juli kaum mehr als ein Torso. Lediglich das Presswerk war fertig geworden. Noch bis zum Dezember würden die Fertigungshallen unbeheizt bleiben, vielfach konnte sogar der Wind durch die glaslosen Fenster pfeifen. In den gigantischen Gebäudekomplexen herrschte nicht selten gähnende Leere, da die Maschinenlieferungen ausgeblieben waren. Der sich ankündigende Krieg räumte der Rüstungsproduktion bereits überall Vorrang ein. Aus der hochtrabend angekündigten nationalsozialistischen Musterfabrik, die als Vorbild der DAF-Kampagne »Schönheit der Arbeit« dienen sollte, war augenscheinlich nichts geworden. Parolen wie »Saubere Menschen im sauberen Betrieb« wirkten nahezu lächerlich in Anbetracht der jämmerlichen Unterbringung der Arbeiter. In der »KdF-Stadt« war gerade einmal das »Ledigenheim« ansatzweise fertig, einige Wohnblöcke in der Stadtmitte und

Mein Vater wollte den Bau nicht aus der Ferne dirigieren; er wollte mit dabei sein, wenn das Werk wuchs.

Ferry Porsche, Sohn

Porsche war für uns schon ein Phänomen. Ohne ihn hätte es den Käfer nie gegeben, und das Werk wäre gar nicht gebaut worden.

Robert Hartmann, damals Lehrling im KdF-Werk

Oben: »Lieblingsgedanke des Führers«: Porsche präsentiert zu Hitlers Geburtstag ein Modell des neuen Volkswagens, 20. April 1938
Unten: »Er soll KdF-Wagen heißen«: DAF-Chef Ley, Hitler und Porsche im Volkswagenwerk

»Das größte technische Genie, das Deutschland heute hat«: Verleihung des Nationalpreises im September 1938 (links). Der Automobilkonstrukteur posiert mit NSDAP-Abzeichen (rechts)

die Siedlungen »Steimker Berg« mit 480 Wohnungen standen im Rohbau. Erst Monate später konnten Arbeiter einziehen. Die Führung Hitlers durch das »produktionsbereite« Werk war nichts als ein inszenierter Akt, bei dem alle Beteiligten gute Miene machten. Weder die Werksleitung noch Hitler, der »Vater des Volkswagens«, hatten ein Interesse daran, die Missstände publik zu machen.

Mit dem Überfall der Wehrmacht auf Polen am 1. September 1939 war das faktische Aus für die zivile VW-Produktion gekommen. Dem »nicht kriegswichtigen« Projekt standen weder Rohstoffe noch Arbeiter zur Verfügung. Auch wenn Ferdinand Porsche wahrscheinlich während des gesamten Krieges an eine Wiederaufnahme der zivilen Produktion geglaubt haben mag – zunächst einmal lag der Käfer auf Eis. Der Weltkrieg benötigte keine Urlaubsgefährte, die Landser würden keine Sonntagsausflüge mit Familie unternehmen. Wollte das Werk überleben, so musste es auf andere Produkte umsteigen. Schon vor Kriegsbeginn war die Luftwaffe an dem gigantischen Industriekomplex interessiert gewesen, und Porsche hatte sich durchaus aufgeschlossen gezeigt. Eine Nutzung durch die Luftwaffe bot eine Chance, die Verzögerungen des Werksaufbaus wieder aufzuholen.

Im Volkswagenwerk beginnt die Arbeit.

Braunschweiger Tageszeitung, 7. Juni 1939

Die Volkswagenwerke stellten eine der größten und modernsten Massenproduktionsstätten der Welt dar, doch ihr Beitrag zur deutschen Kriegswirtschaft war von absurder Geringfügigkeit.

Richard Overy, britischer Historiker

Von einer Stadt konnte man damals nicht sprechen. Als ich meinen Vater einmal besuchte, sah ich nur das lang gestreckte Gebäude des Volkswagenwerks und eine riesengroße Treppe, die über die Bahngleise und den Kanal führte – viel mehr war da nicht. Der Bahnhof war eine lang gezogene Baracke; Fahrkartenschalter, Wartehalle, Kiosk und Gaststätte in einem. Die Adresse meines Vaters lautete: Stadt des KdF-Wagens bei Fallersleben, Kreis Gifhorn, Lager eins, Baracke fünf, Stube soundso viel.
Erna Schlimper, damals Lehrling im KdF-Werk

Dennoch waren die Pläne nie konkretisiert worden, und so verlief der Einstieg in die Rüstungsproduktion äußerst schleppend. Am 18. September 1939 entschied Reichsluftfahrtminister Hermann Göring, das VW-Werk der Luftwaffe »zur Durchführung des Ju-88-Programms einschließlich der für dasselbe bestimmten Bombenerzeugung zur Verfügung zu stellen«. Die Ju 88 sollte das Hauptkampfflugzeug der deutschen Luftwaffe werden, eine sichere Einnahmequelle also. Im Windschatten dieses Großauftrags, so hoffte Porsche, würde er den Ausbau des VW-Werkes auch ohne PKW-Produktion vorantreiben können, um diese dann später wieder aufzunehmen. Als sich allerdings mit Kriegsbeginn die Rohstofflage verschlechterte, strich die wankelmütige Luftwaffenführung den Auftrag einfach wieder zusammen. Und so produzierte Europas modernstes Fertigungswerk für Metallteile zunächst nur hölzerne Treibstoffbehälter, welche die Reichweite deutscher Flugzeuge erhöhten. Nach Art eines Lumpensammlers sollte das VW-Werk auch in den Folgejahren immer wieder kleinere Aufträge aufschnappen. Torpedohüllen, Tellerminen, Drehteile oder Zünderelemente verließen das Autowerk. Die gigantische Kapazität der Anlage aber konnten sie nie ausfüllen.

Während Hitler über dem Kriegsausbruch das Interesse am VW-Projekt verlor, erfreute sich Ferdinand Porsche nach wie vor der höchsten Gunst des »Führers«. Mit dem Einmarsch in die Sowjetunion im Sommer 1941 forderte Hitler neue Panzertypen, um der gigantischen Entfernungen und niedrigen Wetterbedingungen in den Weiten Russlands Herr zu werden. Bereits 1940 war Fritz Todt an Porsche herangetreten, um ihn als Berater für die Panzerproduktion zu gewinnen. Der Konstrukteur hatte sich nicht lange bitten lassen, zu konkreten Aufträgen aber war es nicht gekom-

Die Erfahrungen, die wir in der Materialerprobung während des Krieges gemacht haben, werden unserem Volkswagen wunderbar zustatten kommen.
Hitler

Oben: Robert Ley und Ferdinand Porsche machen »Reichsmarschall« Göring einen KdF-Wagen zum Geschenk, Juni 1939
Unten: »Der Käfer und seine Vorgänger«: Ferdinand Porsche und sein Sohn Ferry mit den verschiedenen Prototypen des Volkswagens

men. Mit Hitlers Forderungen nach einfachen, robusten Panzern war Porsche, der unbestrittene König der simplen Konstruktion, nun der Mann der Stunde. Einen Tag, bevor Hitler mit dem »Unternehmen Barbarossa« seinen alten Traum vom »Lebensraum im Osten« zu verwirklichen suchte, trat am 21. Juni eine so genannte Panzerkommission zusammen, die den Eroberungsplänen des »Führers« den Weg ebnen sollte. Den Vorsitz hatte Ferdinand Porsche.

Er war um seine Aufgabe nicht zu beneiden. Bereits in den ersten Monaten des Ostfeldzugs zeigte sich, dass die deutschen Panzer mit dem russischen »T 34« nicht mithalten konnten. Während die T 34 schier ununterbrochen aus russischen Werkshallen zu rollen schienen und Verluste scheinbar spielend ausgeglichen werden konnten, schrumpfte die deutsche Panzerwaffe binnen eines Halbjahrs um 50 Prozent. Es musste schnellstens etwas geschehen.

Hitler hatte konkrete Vorstellungen, wie der neue Panzer der deutschen Wehrmacht aussehen musste. Schwer sollte er sein und unzerstörbar. Und wie so oft übertrug er die Entwicklung nicht einer Firma, sondern zweien, um sich schließlich für die bessere Version entscheiden zu können. Ferdinand Porsche sollte in diesem Falle mit der Firma Henschel konkurrieren. Hitler zeigte sich, als beide Modelle am 20. April 1942 im »Führer«-Hauptquartier Wolfsschanze vorgeführt wurden, von Porsches Ideen so angetan, dass er seinem Lieblingskonstrukteur spontan das Kriegsverdienstkreuz Erster Klasse verlieh. Als dann aber der Henschel-Panzer seine Vorzüge präsentierte, musste Porsche kleinlaut erkennen, dass er sich zu früh gefreut hatte. Das Konkurrenzfahrzeug war dem seinen offensichtlich in fast allen Belangen überlegen. Es folgte vor allem, genau wie gefordert, einem simplen Konstruktionsprinzip. Porsches »Tiger« dagegen war viel zu kompliziert geraten. Der Meister der »Einfachbauweise« hatte offenkundig versagt.

Hitlers Sympathien verscherzte er sich dennoch nicht. Der »Führer« verfügte, aus dem eindeutig ungeeigneten »Tiger« einen Jagdpanzer zu entwickeln. 68 Tonnen schwer und mit einer 200 Millimeter dicken Frontpanzerung versehen, erfüllte der Jagdpanzer »Ferdinand« schließlich die von Hitler gewünschte »Unverwundbarkeit«. Er war allerdings mit einer Geschwindigkeit von nur 15 Stundenkilometern äußerst schwerfällig und suchte dieses Manko durch eine weit tragende 88-Millimeter-Kanone wettzumachen. Der Einsatz

Speer machte es offensichtlich Spaß mit diesem [Henschel-] Erprobungsträger durch das Gelände zu fahren, während er sich nicht ein einziges Mal der Mühe unterzog, den Porsche-Tiger zu testen.

Ferry Porsche, Sohn

Um Hitler zu erfreuen und zu beruhigen, wurde von Porsche gleichzeitig ein überschwerer Panzer in Entwurf genommen, der über 100 Tonnen wog und schon deshalb nur in geringen Stückzahlen hätte gebaut werden können. Um die Spione irrezuführen, bekam dieses neue Ungetüm den Decknamen »Maus«. Ohnehin hatte Porsche Hitlers Neigung zur Überschwere übernommen und brachte ihm gelegentlich Nachrichten von Parallelentwicklungen beim Gegner.
Speer, »*Erinnerungen*«

der »Ferdinands« im Juli 1943 in der Panzerschlacht von Kursk geriet aber zum Desaster. Von 90 Fahrzeugen fiel über die Hälfte mit technischen Defekten aus. Fast immer hatten Kurzschlüsse die Elektrik lahm gelegt. Die Unzulänglichkeiten des »Ferdinand« waren absehbar gewesen. Für Hitler aber zählten Sachargumente wenig, Porsches Nimbus als »größtes technisches Genie« war für ihn unerschütterlich. Auch für den vollends gigantomanischen Superpanzer, den Hitler 1942 in Auftrag gab, zeichnete Porsche als Konstrukteur. Der »größte Feldherr aller Zeiten« wollte nun eine regelrechte Festung auf Ketten. Die »Maus« – so die ironische Bezeichnung für das Ungetüm – sollte eine der größten Fehlkonstruktionen des Zweiten Weltkriegs werden: 188 Tonnen schwer, rundum 20 Zentimeter dicke Panzerungswülste, 150-Millimeter-Kanone, angetrieben von einem 1200-PS-Motor bei einem sagenhaften Spritverbrauch von 3800 Litern auf 100 Kilometer. In Zeiten des absoluten Treibstoffmangels war dies ein aberwitziger Einfall. Ganze drei »Mäuse« verließen tatsächlich die Montagehallen. Ende 1943 war Ferdinand Porsche seinen Posten als Vorsitzender der Panzerkommission los. Selbst Hitlers schützende Hand hatte ihn dort nicht halten können, wo er offensichtlich völlig überfordert war.

Auch im Volkswagenwerk verlief in diesen Jahren einiges nicht nach den Vorstellungen des erfolgverwöhnten Konstrukteurs. Die Arbeit an den zivilen PKWs war praktisch komplett zum Erliegen gekommen. Und auch die Entwicklung der militärischen Volkswagenvariante, des Kübelwagens, ging nur schleppend voran. Als der Wagen endlich produktionsreif war, waren die begehrten Quoten längst vergeben, und andere Autohersteller hatten mit ihren Typen die besseren Karten. Doch 1941, als der deutsche Vormarsch an der Ostfront ins Stocken geriet und die Unzulänglichkeiten der verwendeten Modelle zutage traten, bekam VW mit dem Kübelwagen

Oben: »Simple Konstruktion«: Erprobung eines neuen Panzerfahrgestells für den Typ »Ferdinand«. Rüstungsminister Speer am Steuer, Porsche auf der Seitenwand
Unten: »Festung auf Ketten«: Porsches Panzerkonstruktion »Maus« kam Hitlers Vorliebe für gigantische Dimensionen entgegen

»Der beste Wagen der Welt«: Auch einen Schwimmwagen für Wehrmacht und Waffen-SS hatte Porsche im Programm. Zweiter von links: Ferry Porsche

seine Chance. Er war vergleichsweise leicht und mit seiner großen Bodenfreiheit für den Einsatz im Gelände gut geeignet. 2000 Stück pro Quartal durften gebaut werden. Zwar war das noch immer meilenweit von den utopischen Stückzahlen der Planung entfernt, aber es war ein Schritt in die

Der Führer nimmt mit großem Interesse Kenntnis von der Arbeit des Herrn Professor Porsche über luftgekühlte Motoren. Er unterstreicht dabei seine Ansicht, dass für den Krieg im Allgemeinen Motoren mit sechs und acht Zylindern wegen der wesentlich höheren Empfindlichkeit nicht brauchbar seien, sondern man möglichst nur vier Zylinder verwenden sollte, und zwar ganz einfache, narrensichere Motoren.
»Speer-Protokolle« 20.–22. September 1942

gewünschte Richtung. Zusätzlich hatte Porsche 1940 von der SS den Auftrag für den Kradschützenwagen vom Typ 166 erhalten, ein besonders geländegängiges Fahrzeug, von dem insgesamt 14 000 Stück gebaut wurden. Am 19. März 1942 kam der Durchbruch. Nachdem wassergekühlte Fahrzeuge im eisigen russischen Winter reihenweise versagt hatten, entschied Hitler, dass »die gesamte Produktion an Personenkraftwagen ... auf Volkswagen konzentriert werden« solle. Porsche, geehrt mit dem Titel »Pionier der Arbeit«, wurde in der Werkszeitschrift *Das Volkswagenwerk und wir* überschwänglich gelobt: »Die Krönung der Lebensleistung Dr. Porsches ist die Konstruktion und Herausbringung des Volkswagens. Diese technisch revolutionäre Tat, die ursprünglich unmittelbar einer Erhöhung des Lebensniveaus des deutschen Arbeiters zugute kommen sollte, ist durch den uns aufgezwungenen Krieg zunächst auf militärischem Gebiet zur Auswirkung gelangt. Der Wagen des deutschen Arbeiters hat sich auf allen Fronten in unübertrefflicher Weise bewährt. Sein luftgekühlter Motor kennt weder in der Sonnenglut der afrikanischen Wüste noch in den eisigen Schneestürmen Russlands ein Versagen. Aufgrund dieser Erprobung steht es sicherer denn je fest: Nach dem Krieg wird der deutsche Arbeiter den besten Wagen der Welt fahren.« Von Juli 1942 an sollte das Werk monatlich 4000 Fahrzeuge pro Monat liefern – eine Quote, die weder 1942 noch 1943 erreicht wurde, da der Maschinenpark schon weitgehend auf die Produktion von Flugzeugteilen umgerüstet war.

Die rosige Zukunft nach dem »Endsieg« zu skizzieren, wurde Hitler nie müde, und Ferdinand Porsche scheint diese Planspielchen gern mitgemacht zu haben. Albert Speer erinnerte sich nach dem Krieg an bizarre Besprechungen, in denen Hitler errechnet habe, wie lange ein deutscher Bauer aus der Ukraine nach Kriegsende benötige, um mit einem Auto in die Reichshauptstadt zu fahren. Porsche, so Albert Speer, habe ihm eilfertig versichert, ein Volkswagen könne ein Dauertempo von 100 Stundenkilometern durchhalten. 30 Stunden, so das Ergebnis des Rechenspiels der

Wenn ich zu Hause das Wort »Wunderwaffe« erwähnte, hat mein Vater geschmunzelt. Ich wollte als junges BDM-Mädchen damals meinen Vater überzeugen, dass Hitler der Größte ist und wir das Volk ohne Raum.

Erna Schlimper, damals Lehrling im KdF-Werk

beiden Autonarren, würde die Fahrzeit des Kolonialisten demnach betragen.

Von Zukunftsfantastereien wie der von der einen Million Volkswagen, die Hitler jährlich nach dem Krieg zu produzieren gedachte, konnte das Werk allerdings aktuell nicht leben. Die Übernahme des französischen Peugeot-Werks 1943, mit dessen Gießerei Porsche die Produktion hatte unabhängiger machen wollen, erwies sich als Fehlschlag. Peugeot wurde wenig später durch einen britischen Bombenangriff stark zerstört. Erst mit der Übernahme der Produktion der Flugbombe Fi 103 gelang dem Volkswagenwerk ein dauerhafter Erfolg. VW hatte den Zuschlag erhalten, weil es noch immer vom Mythos des »modernsten« Werkes Europas zehrte. Fi 103, auch V 1 genannt, wurde von der Propaganda als »Wunderwaffe« verklärt. Die strahlgetriebene Bombe sollte von deutschem Boden aus weite Strecken überwinden und ohne weiteres menschliches Zutun im »Feindesland« Zerstörungen anrichten. Zwar krankte die »Vergeltungswaffe« an erheblichen technischen Schwierigkeiten, doch war es gerade diese für die Nazi-Propaganda ungeheuer wichtige Flugbombe, die dem Volkswagenwerk innerhalb der Rüstungsproduktion höchste Bedeutung beimaß. In den Jahren 1944 und 1945 stellte das Volkswagenwerk nahezu 14 000 Bomben dieses Typs her und damit etwa die Hälfte aller produzierten V 1. Es sollte genau diese Waffe sein, die VW am tiefsten in die Verbrechen des Regimes verstrickte.

Bei der Grundsteinlegung in Fallersleben hatte der *Hannoversche Anzeiger* jubiliert: »Man sieht vom Festplatz aus, über den Kanal hinweg, die sanft geschwungenen, waldreichen Höhen. Dort hinein wird des Deutschen Reiches modernste und schönste Arbeiterstadt gebettet werden. ... Glückliche Menschen, die hier ihre Heimat finden werden.« Wenige Jahre später war das vermeintliche Arbeiterparadies zu einem düsteren Lagerkomplex verkommen, in dem Zwangsarbeiter, Kriegsgefangene und KZ-Häftlinge ein Leben in Angst und Entbehrungen führten.

»Jeder konnte uns schlagen, jeder konnte uns beleidigen«, schildert die Russin Marija Rybatschuk ihre Zeit im Volkswagenwerk. Die damals 16-Jährige war im Herbst 1942 nach Fallersleben deportiert worden. Wie ihr erging es in diesen Jahren tausenden Zwangsarbeitern aus den von der deutschen Wehrmacht eroberten Gebieten.

Mit Beginn des Zweiten Weltkriegs hatte sich überall in der deutschen

Im Oktober 1942 besuchte ich einen Schulfreund bei Warschau. Auf der Rückreise gab es in einer kleinen Bahnstation einen Tumult. Alle Passagiere mussten aus dem Zug aussteigen, es kam zu einer Trennung der älteren und der jüngeren Fahrgäste. Die Letzteren wurden in der Mehrzahl verhaftet und zu einem Durchgangslager in Lublin gebracht. Das war am 10. Oktober 1942. Kurze Zeit später wurden wir nach Deutschland transportiert. Am 15. Oktober betraten wir zum ersten Mal das KdF-Werk, wo wir registriert und zu den verschiedenen Arbeiten eingeteilt wurden.
Julian Banas, polnischer Zwangsarbeiter

Industrie ein empfindlicher Arbeitskräftemangel bemerkbar gemacht. Anwerbungsversuche erstreckten sich zunächst auf die mit Deutschland befreundeten Staaten. Arbeiter kamen aus Bulgarien, aus Spanien, Ungarn, der Slowakei, Rumänien und Kroatien. Allerdings blieb die Zahl derer, die sich freiwillig auf den Weg ins Reich gemacht hatten, viel zu gering, um den großen Bedarf zu decken. Die Arbeitseinsatzbehörden gingen daher schnell dazu über, »Freiwilligkeit« zu erzwingen. In Frankreich, Belgien, Holland, Dänemark nötigten die zuständigen Stellen Arbeitsfähige mit Drohungen, dem Entzug von Arbeitslosenunterstützung oder Lebensmittelzuweisungen, ihren Arbeitsplatz nach Deutschland zu »verlegen«. In Polen und der Sowjetunion wurde unverhohlen zwangsdeportiert. Insgesamt kamen zwischen 1939 und 1945 fast sechs Millionen Zwangsarbeiter ins Deutsche Reich. Auch das Volkswagenwerk partizipierte aktiv an der Ausbeutung der ausländischen Arbeitskräfte. Waren es Ende 1940 etwa 1000 Arbeiter, also etwa 20 Prozent der Belegschaft, so erhöhte sich die Zahl der ausländischen Arbeiter 1941 auf 40 Prozent, 1942 auf 69 und 1943 schließlich auf mehr als 70 Prozent. Ende 1944 arbeiteten 11 334 Ausländer im VW-Werk.

Die Zwangsarbeiter im VW-Werk litten unter miserabler Unterbringung und unzureichender Ernährung. Sie wurden von den Aufsehern geschlagen und wegen kleinster Vergehen eingesperrt. Der Willkür der Wachleute waren sie nahezu schutzlos ausgeliefert. »Man hat uns behandelt,

Nach den Italienern kamen als Erste die Polen. Sie waren in geschlossenen Barackenunterkünften untergebracht und wurden geschlossen zur Schicht ins Werk geführt. Sie durften sich nicht frei bewegen, sondern wurden abends dann wieder ins Lager gebracht.
Erna Schlimper, damals Lehrling im KdF-Werk

Ob ich arbeitete, ob ich schlief oder lief, der Hunger hat uns einfach umgebracht. Da war nur die Kraft der Hoffnung, dass der Krieg einmal zu Ende sein würde und dass dann die Freiheit kommen würde. Und so habe ich diese ganze Zeit überlebt.
Stanislaw Latacz, polnischer Zwangsarbeiter

Oben: »Jeder durfte uns schlagen«: Eine so genannte Ostarbeiterin aus der Sowjetunion bei der Herstellung von Tellerminen
Unten: Russischer Zwangsarbeiter bei der Arbeit an einem Volkswagen-Fahrgestell

als seien wir weniger wert als Hunde«, sagt Marija Rybatschuk heute. Im Werk fand das nationalsozialistische System der Rassendiskriminierung seine vollste Anwendung. Jede Nationalität hatte ihren festen Platz innerhalb der Lagerhierarchie und lebte in voneinander abgeschotteten Lagerkomplexen. Am »besten« behandelt wurden noch Kriegsgefangene aus den westlichen Nationen, ganz unten in der Rangfolge standen die Russen. Marija Rybatschuk war in der Lagerküche beschäftigt und berichtet: »Wir hatten für jede Nation vorgegebene Zentimeterzahlen, nach denen wir die Brotscheiben schneiden mussten.« Die »westlichen« Ausländer erhielten im Herbst 1942 eine Wochenration von 500 Gramm Fleisch, 225 Gramm Fett, 3000 Gramm Brot und 5250 Gramm Kartoffeln. Davon mussten Frühstück und Abendessen bestritten werden, das Mittagessen wurde zusätzlich ausgegeben, in der Regel ein Nudel- oder Kartoffelgericht. Da zahlreiche »Westarbeiter« noch Pakete aus ihrer Heimat erhielten, war ihre Versorgungslage im Allgemeinen ausreichend. Die Rationen der »Ostarbeiter« dagegen waren so gering, dass etliche von ihnen unterernährt und geschwächt ihre Arbeit antraten. Unter ständiger Bewachung deutscher Aufseher hausten die Zwangsarbeiter aus dem Osten in zugigen Baracken. Ein Stacheldrahtzaun riegelte ihr Lager ab, das nur für den Weg zur Arbeit verlassen werden durfte. Erst die Erkenntnis des Reichssicherheitshauptamts, dass eine derartige Behandlung die Arbeitskraft der Ostarbeiter schmälerte, verbesserte die Lebenssituation. So wurde der Stacheldraht abgerissen, und die Baracken wurden renoviert. Doch noch immer mussten sich bis zu 20 Personen eine 16-Quadratmeter-Hütte teilen, Decken und Heizmittel waren selten ausreichend vorhanden. »Sie lebten in einem Zustand schrecklichen Elends, der ihnen durch den Mangel an Kleidung, Hygiene und Ernährung auferlegt war«, beschrieb später ein französischer Zivilarbeiter im Werk die Situation dieser Menschen. Noch schlimmer aber erging es denjenigen Sowjetbürgern, die als Kriegsgefangene im VW-Werk landeten. Bei ihrem raschen Vorstoß hatte die deutsche Wehrmacht bis Dezember 1941 mehr als drei Millionen Rotarmisten gefangen genommen. Bis zum Februar 1942 waren zwei Millionen von ihnen tot – erschossen, verhungert oder in erbärmlichen Behausungen erfroren. Im Oktober 1941 entschied Hitler unter dem Zwang der rüstungspolitischen Lage, dass auch Kriegsgefangene in der Rüstungsindustrie eingesetzt werden sollten. Das Volkswagenwerk gehörte zu den ersten Betrieben, denen solche Menschen zugeteilt wurden. Ein Referent Porsches suchte daraufhin persönlich geeignete »Fachleute« in Gefangenenlagern, indem er ihre Fähigkeiten an einer mitgebrachten Werkbank testete. So führte ihn sein Weg beispielsweise in das Stalag Fallingbostel, in dem selbst für ein sowjetisches Gefangenenlager außergewöhnlich grauenhafte Zustände herrschten. Die Gefangenen vegetierten unter freiem Himmel in Erdlöchern, die sie sich mit bloßen Händen gegraben hatten. Nur gelegentlich wurde Brot über den Stacheldrahtzaun geworfen, um das sich die Verzweifelten balgten. Als die Kriegsgefangenen im Volkswagenwerk eintrafen, waren sie von Hungerödemen und Krankheiten gezeichnet. An Arbeitseinsatz war nicht zu denken. Der Betriebsarzt ließ Fotos anfertigen, um den bedauernswerten Zustand der Männer zu dokumentieren. Ferdinand Porsche persönlich legte die Schreckensbilder Hitler vor, der angeblich empört darüber war. In einem Lagerbereich in Rühen wurden die schwächsten Russen nun wieder aufgepäppelt und zusätzlich verpflegt. In mancher Nachkriegsschrift wurde dieser Einsatz Porsches als besonders menschenfreundlich und mutig gerühmt. Ob ihm das Schicksal der gequälten Kriegsgefangenen nahe ging oder nicht, kann aus der Rückschau nicht geklärt werden. Im Vordergrund aber stand, was ein Erlass Hermann Görings auf Geheiß Hitlers schon am 7. November 1941 verkündet hatte, nämlich dass ein gefangener Russe »gesättigt und in seiner dem Einsatz entsprechenden Leistungsfähigkeit erhalten werden« müsse. Nichts anderes hatte Porsche bei Hitler eingefordert.

Zwar besserte sich die Lage der sowjetischen Kriegsgefangenen, doch blieben ihre Lebensbedingungen erbärmlich. Einziges Mobiliar in den Behausungen waren Pritschen. Kleidung wurde so selten ausgegeben, dass die meisten Männer nur noch Lumpen am Leib hatten. Überlebende erinnern sich, dass sich einige aus alten Reifen Schuhe bastelten. Selbst ein Schwerarbeiter erhielt nur 2570 Kalorien pro Tag. Ein französischer Kriegsgefangener, der die Zustände im Nachbarlager beobachten konnte, schilderte: »Ihr Elend war 1943 so groß, und ihre Toten waren so zahlreich, dass sie möglichst lange die Leichen verbargen, um deren Brotrationen weiterhin zu empfangen.«

Der Wirkungsgrad des gesamten Russenarbeitseinsatzes hängt nur von der Verpflegung ab. Die vom RM für Ernährung u. Landwirtschaft durch Schnellbrief vom 17. 4. 42 zugelassenen Sätze sind zu niedrig, sodass die im Vww eingesetzten Russen in ihrer Leistung nachlassen. Ihr Ernährungszustand ist erschreckend. Abmagerung bis auf 60 u. 70 Pfund. Todesfälle wegen Entkräftung. Täglich brechen Leute an den Maschinen ermattet zusammen.

Bericht des Rüstungskommandos Braunschweig, 8. Mai 1942

Litten schon die erwachsenen Zwangsarbeiter, so traf es deren Kinder mit noch größerer Härte. Eines der traurigsten Kapitel der Geschichte des Volkswagenwerkes ist die Tragödie des Kinderheims, das unweit des Werkes eingerichtet wurde. Ein Erlass des »Generalbevollmächtigten für den Arbeitseinsatz« hatte verfügt, dass Neugeborene ausländischer Mütter nicht in deren Obhut aufwachsen durften, sondern in ein Kinderheim einzuweisen seien. 1943 folgte die Betriebsführung von VW dieser Anordnung und eröffnete ein Heim, in dem die Säuglinge der Zwangsarbeiterinnen im Werk und der landwirtschaftlichen Arbeiterinnen des Kreises Gifhorn untergebracht wurden. Das Heim war schnell überbelegt und offenbar nicht imstande, eine ausreichende hygienische und gesundheitliche Versorgung der Kinder zu gewährleisten. Von den 45 Säuglingen, die 1943 registriert wurden, waren am Ende des Jahres bereits zehn gestorben. 1944 verschlimmerten mehrfach ausbrechende Epidemien die Zustände noch einmal gravierend. Häufig wurden täglich mehrere Kinderleichen abtransportiert und in Pappkartons auf dem Rühener Friedhof verscharrt. Zwischen Juni 1944 und April 1945 wurden 300 Todesfälle verzeichnet. Letztendlich hat kaum ein Kind das Heim in Rühen überlebt. Für die Kosten der »Bestattung« musste die Mutter aufkommen, der 20 Reichsmark vom kärglichen Lohn abgezogen wurden. Der für das Heim zuständige Arzt Dr. Körbel sagte in seinem Kriegsverbrecherprozess nach dem Krieg aus, Ferdinand Porsche zu Weihnachten 1944 auf der Direktorenkonferenz des Volkswagenkonzerns über die Zustände im Heim informiert zu haben. Von einer Initiative Porsches zugunsten der Kinder von Rühen ist nichts bekannt.

Die Geschäftsführung von Volkswagen hatte unter Führung Ferdinand Porsches die Eingliederung des Werkes in die Rüstungsproduktion vorangetrieben. VW spielte diesbezüglich innerhalb der deutschen Industrie eine absolute Vorreiterrolle. Auch bei der Rekrutierung von Zwangsarbeitern und Kriegsgefangenen hatten sich die VW-Verantwortlichen aktiv um Zuteilung und Auswahl bemüht. Doch die Verstrickung in die Verbrechen des NS-Regimes ging noch weiter. Wohl auch, um Rüstungsminister Speer zu umgehen, mit dem Porsche bereits vielfach aneinander geraten war, baute der Konstrukteur eine verhängnisvolle Verbindung zu Heinrich Himmler auf, dem obersten Dienstherrn des Schreckensreichs der Konzentrationslager.

Schon 1942 hatten sich Ferdinand Porsche und sein Schwiegersohn Anton Piëch um eine eigene Leichtmetallfertigung auf dem Gelände des

Professor Porsche sagte zu, dass wenn die Schutzstaffel helfend einspringt, 4000 Kübelwagen für die Waffen-SS bevorzugt geliefert werden könnten.

Aktenvermerk zu einer Besprechung Porsches mit der SS, 29. Januar 1942

Volkswagenwerkes bemüht. Sie wollten von Zuteilungen und Zulieferern unabhängig und mit Leichtmetall für den Aufbau versorgt sein, der nicht mehr als kriegswichtig galt. Um sein Vorhaben zu verwirklichen, wandte sich Porsche an Himmler, der ihm vor Jahren schon einmal so großzügig Testfahrer zur Verfügung gestellt hatte. Der Wortlaut der Absprachen lässt keinerlei Interpretationsspielraum. »Fertigstellung, Ausbau und Betrieb dieser Gießerei werden dem Reichsführer-SS und Chef der deutschen Polizei« übertragen. Dieser wiederum verpflichtete sich, »dafür die Arbeitskräfte aus den Konzentrationslagern« zu beschaffen. Zwar hatte Porsche mit der direkten Anfrage an Himmler Albert Speer umgangen, doch machte der »Reichsminister für Bewaffnung und Munition« dem Treiben alsbald ein Ende. Er hielt die Verwendung von kriegswichtigem Leichtmetall in der Autoproduktion für Verschwendung.

Zu diesem Zeitpunkt aber waren bereits 500 Häftlinge aus dem KZ Neuengamme nach Fallersleben transportiert worden und errichteten die Halle für die Gießerei. Erst danach wurden sie ins Konzentrationslager Sachsenhausen verfrachtet. Makabrer Zusatzaspekt der Absprache mit der SS: Porsche hatte als Gegenleistung die bevorzugte Lieferung von 4000 Autos an die Waffen-SS zugesagt.

Im April 1944 wurden wieder KZ-Häftlinge nach Fallersleben verlegt. Drei Kilometer vom Werk entfernt entstand das Lager Laagberg als Außenlager des KZ Neuengamme für 780 männliche KZ-Häftlinge, die im Werks- und Lagerausbau eingesetzt wurden. Wenig später traf ein Transport von 650 ungarischen Jüdinnen, die aus Auschwitz deportiert worden waren, im Lager ein. Zwar mögen sich die Lebensbedingungen der KZ-Häftlinge positiv von ihren letzten Leidensstätten unterschieden haben, doch auch im Volkswagenwerk wurde eine systematische »Vernichtung durch Arbeit« betrieben. Misshandlungen, Schwerstarbeit und

Es hieß, am Laagberg werde ein KZ gebaut. An einem Sonntagnachmittag bin ich mit meiner Freundin mal dorthin gelaufen, um das KZ mal zu sehen. Doch dann haben wir uns gar nicht rangetraut, weil es von einem hohen Stacheldraht und Wachtürmen umgeben war. Wir konnten nicht erkennen, was im Lager vorging.
Erna Schlimper, damals Lehrling im KdF-Werk

Mangelernährung prägten den Tag der KZ-Häftlinge. Die Männer von Laagberg waren bei ihrer Ankunft vom Lagerkommandanten mit den Worten begrüßt worden: »Ihr seid keine Menschen mehr, denn ihr tragt keine Namen; ihr seid Tiere und habt Nummern.« Entsprechend unmenschlich war ihre Behandlung. Den »Hügel ohne Vögel« nannten Häftlinge ihre Leidensstätte auf dem Berg. In den Jahren 1944 und 1945 starben im Volkswagenwerk 41 KZ-Häftlinge – diejenigen nicht mitgerechnet, die sterbend noch schnell ins KZ Neuengamme zurückverfrachtet wurden. Die Initiative zur Beschäftigung von KZ-Häftlingen ist, soweit die Aktenlage ein eindeutiges Urteil zulässt, immer vonseiten der Betriebsführung des VW-Werkes ausgegangen, also auch von Ferdinand Porsche. So hatte er sich am 4. März 1944 direkt an Himmler gewandt und ihn gebeten, »ein Werk für die Fabrikation einer Geheimwaffe, die in einem Werk unter Tage stattfindet und 3½ Tausend Arbeitskräfte braucht, als KL-Betrieb zu übernehmen«. Auch die KZ-Häftlinge wurden von VW-Verantwortlichen persönlich ausgesucht, um »Spezialisten« herauszufiltern. Über den Reichsführer-SS band sich Porsche immer stärker an den Terrorapparat des Regimes. Himmler hob ihn gar in den Rang eines SS-Oberführers und zeichnete ihn mit dem Totenkopfring der SS aus. Es steht zu bezweifeln, ob sich Porsche tatsächlich mit der menschenverachtenden Rassenideologie Himmlers identifizierte. Aber er hat die zweifelhaften Ehrungen nicht zurückgewiesen und sich somit zum Mitglied der Organisation des Grauens machen lassen. Durch seine aktive Anforderung von KZ-Häftlingen und deren menschenunwürdige Lebensbedingungen im VW-Werk war er es ohnehin schon.

Ferdinand Porsche verließ das VW-Werk endgültig im Januar 1945. Schon Ende 1943 hatte die Auslagerung des Betriebs an bombensichere Orte begonnen. Materiallager waren in der Nähe von Zell am See eingerichtet worden. Nahe Gmünd sollte die Porsche KG ein neues Zuhause finden. In der Eisenerzgrube Tiercelet, einem riesigen unterirdischen Komplex in Lothringen, wurde die Produktion der Fi 103 fortgesetzt. Als im August 1944 die ersten Bomben auf Fallersleben fielen, versuchten Porsche und die Werksleitung in hektischem Aktionismus, die dort verbliebenen wertvollen Maschinen abzutransportieren. In einem Stollen bei Eschershausen sollte die Produktion weiterlaufen. Im September desselben Jahres musste die Grube in Tiercelet aufgrund des westalliierten Vormarschs bereits wieder aufgegeben werden. Für die dort festgehaltenen KZ-Häftlinge aber war noch immer nicht das Ende ihrer Leidenszeit gekommen. Sie wurden

»Erst gemerkt, dass der Krieg verloren war, als es so weit war«: Ferdinand Porsche

noch einmal in eine andere unterirdische Produktionsstätte deportiert. Selbst als die Alliierten bereits die Westgrenze des Reiches überschritten hatten, suchten Porsche und VW noch immer nach geeigneten Orten, um die Produktion aufrechtzuerhalten. Das einst so monolithisch geplante

Werk, in dem auf kürzesten Wegen eine moderne Fertigung hatte stattfinden sollen, war nun aufgesplittert in zahllose Kleinstbetriebe, Lagerstätten und Behelfsbaracken. Ferdinand Porsche scheint am Sinn seines Tuns nicht gezweifelt zu haben. Bis zuletzt war er bestrebt, das aberwitzige Konglomerat am Leben zu erhalten. Bis zuletzt scheint er Hitlers wirren Parolen vom Endsieg geglaubt zu haben. Sein Sohn Ferry räumte später ein. »Er merkte erst, dass der Krieg verloren war, als es so weit war.«

Am Morgen des 11. April 1945 war es so weit. Die ersten amerikanischen Panzer rollten in die Siedlung ein. Da es ohnehin keinen Widerstand mehr gab, fuhren sie weiter – vorbei am Automobilwerk, dem sie offenkundig keinerlei Beachtung schenkten. Die nachträgliche Erklärung hierfür: Da die »Stadt des KdF-Wagens« auf ihren Karten nicht existierte, hatten sie die Besatzer schlichtweg übersehen. Erst drei Tage später besetzten die Truppen das Werk. Einige Angestellte hatten ausdrücklich darum gebeten, nicht zuletzt auch, weil sie sich vor der Rache der Zwangsarbeiter fürchteten.

Die Bombenangriffe hatten dem Werk in den letzten Kriegsmonaten schwer zugesetzt. Zwei Drittel der Hallen lagen in Trümmern. Durch blinde Scheiben fielen die Strahlen der Frühlingssonne der ersten Friedenswochen auf verrostete Maschinenteile und die verbogenen Reste der Fertigungsbänder. In einer Montagehalle steckte ein komplettes alliiertes Flugzeug, das hier abgestürzt war. Die Amerikaner zeigten an dem maroden Moloch entsprechend wenig Interesse. Anders dagegen die Briten, die Werk und »Stadt« im Mai 1945 besetzten. Sie nutzten die noch vorhandenen Betriebskapazitäten umgehend für die Reparaturen ihrer Armeefahrzeuge. Im August übernahm der britische Major Ivan Hirst das Kommando über den Komplex. Hirst gefiel der einzige im Werk verbliebene »KdF-Wagen« so gut, dass er ihn seinen Vorgesetzten vorführte. Die britische Militärverwaltung reagierte schnell und orderte gleich in enormen Stückzahlen. Bereits im Oktober 1946 stand der zehntausendste Käfer girlandengeschmückt in der Fertigungshalle. Der Rest ist Geschichte.

Ferdinand Porsche erlebte das Kriegsende in Zell am See. Zu seiner grenzenlosen Überraschung wurde er festgenommen und in ein Vernehmungslager ins hessische Bad Nauheim geschafft, wo sich auch zahlreiche Manager, Unternehmer und Produzenten einzufinden hatten. Seinen 70. Geburtstag verbrachte der Konstrukteur in Gesellschaft von Männern wie Albert Speer und Hjalmar Schacht. Erst am 13. September konnte Por-

> **Er war in psychischer Hinsicht nicht mehr der Alte. Da wurde mir klar, dass ich kaum noch mit seiner aktiven Mitarbeit rechnen konnte. Ich war auf mich allein gestellt.**
>
> Ferry Porsche, Sohn (über seinen Vater nach 1947)

sche mit der beruhigenden Zusage, dass »keine Anklage gegen ihn erhoben wird«, wieder nach Hause fahren.

Doch der Konstrukteur hatte seine »Entnazifizierung« noch nicht ausgestanden. In einem bis heute nicht vollständig geklärten Vorgang lockten die Franzosen Ferdinand Porsche, Sohn Ferry und Schwiegersohn Piëch nach Baden-Baden. Offenbar hatte man dem Konstrukteur in Aussicht gestellt, das Fallerlebener Werk nach Frankreich zu verlegen und dort die von Porsche immer erträumten günstigen Einfachautos für das »Volk« zu produzieren. Stattdessen aber wurde der alte Erfinder verhaftet und nach einem wochenlangen Gefängnisaufenthalt in Baden-Baden und im Schwarzwald in Frankreich interniert. Hintergrund dieses merkwürdigen Falles waren wohl weniger politische Vorwürfe gegen Porsche als vielmehr ein undurchsichtiges Interessenspiel konkurrierender französischer Industrieller, die eine volkswagenähnliche Produktion bei Peugeot aufziehen wollten – beziehungsweise ebendieses zu verhindern trachteten. Der 71-jährige Porsche war nicht mehr in der Lage, das bizarre Spiel zu durchschauen. Im Februar 1947 erlebte er einen gesundheitlichen Zusammenbruch, von dem er sich nie wieder vollständig erholen sollte. Als es Porsches Kindern im August 1947 endlich gelang, den Vater gegen eine hohe Kaution freizubekommen, war der Konstrukteur ein gebrochener Mann. »Er hatte seine Lebhaftigkeit verloren«, erinnerte sich später sein Sohn Ferry, dem er nun weitgehend die Geschäfte überließ. Finanziell war er mehr als abgesichert. Teil der offiziellen Trennung des VW-Werkes von Porsche war die Auszahlung einer Erlösbeteiligung an jedem verkauften Volkswagen.

Am 30. Januar 1951 starb Ferdinand Porsche. Zu seinen letzten großen Reisen hatte diejenige zum Volkswagenwerk in Wolfsburg gehört. Nun führte Heinrich Nordhoff, der die Geschäfte von den Briten übernommen hatte, den ehemaligen Hausherrn durch die Hallen und zeigte ihm, wie sich die Fabrik in nur fünf Jahren zur modernsten Autoproduktionsstätte Europas gemausert hatte. Alle zwei Minuten rollte ein Käfer vom Band – zwei Monate nach Porsches Besuch sollte es der hunderttausendste sein. Der alte Konstrukteur habe den Arm um seinen Nachfolger gelegt, heißt es, und gesagt: »Erst seit Sie es bewiesen haben, weiß ich, dass ich Recht gehabt hab!«

> **Unser größtes Glück war zweifellos, dass wir eine Konstruktion von Professor Porsche hatten, die ihrer Zeit weit voraus war.**
>
> Carl Hahn, ehemaliger VW-Vorstandsvorsitzender

»Ich hatte Recht«: Der Konstrukteur mit dem ersten Nachkriegs-Porsche, der unter der Ägide seines Sohnes und auf Basis des Volkswagens entstand

Was seinen Traum vom Volkswagen anging, hat Ferdinand Porsche wirklich »Recht« gehabt. Doch nicht das mörderische Regime, dem er sich verschrieb, ließ diesen Traum Realität werden, sondern das Engagement eines britischen Offiziers und die glückliche Geschichte der bundesdeutschen Nachkriegszeit.

Der Bankier

Ein Mann wie Schacht war natürlich eine auf seinem Gebiet herausragende Figur. Aber er war nicht besonders fest in seiner politischen Orientierung. Er hat sich zunächst dem Kampf gegen die Reparationen gewidmet, aber später eben auch Hitler als Geldbeschaffer gedient und so wesentlich dazu beigetragen, dass Hitlers Rüstungsexperiment gelingen konnte.

Wilhelm Grewe, Vertrauter Adenauers

Für einen Moment kam Heiterkeit auf im Gerichtssaal. Die Zuhörer staunten an diesem Septembertag des Jahres 1950 nicht schlecht über so viel hemmungslose Eigenpropaganda. Gerade hatte der Angeklagte ausführlich erläutert, warum er im Jahr 1933 seine Fähigkeiten in den Dienst Hitlers gestellt hatte. Nun wollte es der Beisitzer der Lüneburger Spruchkammer ganz genau wissen: »Wie konnten Sie als kleiner Löwe in den Käfig des großen Löwen gehen?« Die Antwort: »Sie vergessen, dass ich nicht als kleiner Löwe, sondern als Dompteur hineingegangen bin.« So sah sich Hjalmar Schacht zeitlebens selbst: als Manager, der alle Zügel in der Hand hielt und der selbst die Mächtigsten im Zaum halten konnte. Ganz sicher war er eine der schillerndsten Persönlichkeiten aus vier deutschen Epochen: dem zu Ende gehenden Kaiserreich, der Weimarer Republik, dem nationalsozialistischen »Dritten Reich« und schließlich der zweiten deutschen Republik. Der hoch aufgeschossene Mann mit der randlosen Brille und dem Schnauzer, der auf der Anklagebank saß, gehörte zu den meistkarikierten Personen der ersten Hälfte des 20. Jahrhunderts. Sein Markenzeichen war der altertümlich wirkende Stehkragen, der stets eine Spur zu groß und zu steif geraten schien.

Schacht galt als der große Finanzzauberer, als improvisatorisches Genie, als Meister der produktiven Kreditschöpfung: Ihm war es gelungen, in den Zwanzigerjahren die Inflation zu besiegen und die Staatsfinanzen zu sanieren. In den Dreißigerjahren hatte er das erste deutsche Wirtschaftswunder geschaffen, die Massenarbeitslosigkeit beseitigt und Hitlers Aufrüstung finanziert. Er hatte den demokratischen Politikern in Berlin die Leviten gelesen, wenn sie seine Vorschläge ignorierten, und er hatte dem deutschen Diktator Paroli geboten, als dieser einen anderen Weg einschlug. Doch die

»Denkmal oder Schafott«: Hjalmar Schacht im Jahr 1946 vor dem Nürnberger Militärtribunal

wirtschaftlichen und finanztechnischen Leistungen waren nur eine Seite der beruflichen Lebensbilanz des Hjalmar Schacht. Auf der anderen stand als zentraler Vorwurf: Er war einer der wichtigsten Steigbügelhalter für Hitler, der Schachts Finanzleistungen nutzte, um ein gigantisches Zerstörungspotenzial aufzubauen. Schacht hatte mit seiner Unterstützung für die Partei des »Führers« den politischen Rechtsextremismus in konservativen Kreisen weithin salonfähig gemacht und durch seinen wirtschaftlichen Sachverstand im In- und Ausland das Vertrauen in die Wirtschaftskompetenz der NSDAP hergestellt.

Meine Laufbahn wird mich entweder zu einem Denkmal oder zum Schafott führen.
Schacht

Schacht neigte dazu, sich selbst zu überschätzen. Er war immer überzeugt, Recht zu haben. Er glaubte stets, Meister der Situation zu sein. Und er ließ sich auch von Kritik niemals von seinem Weg abbringen. Das Dauerhafte an seinem Charakter war der permanente Selbstbetrug, der Irrtum, sich nicht geirrt zu haben. Und so entpuppte sich der große Finanzmagier am Ende als ein kleiner Zauberlehrling, der die politischen Geister, die er rief, schon bald nicht mehr beherrschen konnte.

Doch wie konnte der Sohn einer deutschen Mutter mit dänischen Wurzeln und eines amerikanischen Vaters eine Stütze des nationalsozialistischen Deutschland werden? Wieso stellte sich ein im liberalen Geist erzogener Freimaurer in den Dienst eines menschenverachtenden, antidemokratischen Systems? Was musste geschehen, dass ein erfolgreicher Bankier und Verfechter des freien Unternehmertums einer Politik folgte, die auf Autarkie fixiert war und eine ständestaatliche Ordnung proklamierte?

Der Schüler war schlecht in Rechnen. Bei der Aufnahmeprüfung am Johanneum, einer der angesehensten Schulen in Hamburg, reichte es nur zu einem »Genügend«, der zweitschlechtesten Benotung. Ihn selbst ließ die schlechte Leistung später kalt: »Ein Bankdirektor ist kein Buchhalter. Zeigen Sie mir einen Finanzexperten, der ein guter Mathematiker ist, und ich zeige Ihnen einen Schwindler«, erklärte er nach dem Krieg selbstbewusst dem Gefängnispsychologen. 40 Jahre zuvor verwies er auf seinen Urgroßvater Christian von Eggers, der an der Reform des Finanzwesens in Dänemark mitgewirkt und damit nach dem Bankrott 1813 die Zahlungsfähigkeit des dänischen Staates wiederhergestellt hatte. »Die Stabilisierung von Währungen liegt also sozusagen im Blut«, hatte Schacht in seiner Autobiografie mit Blick auf seine Vorfahren konstatiert.

Mit Stolz konnte er auf die Leistungen in der mütterlichen Verwandtschaft verweisen. Seine Mutter Constanze, eine geborene Freiin von Eggers, kam aus einer wohlhabenden Hamburger Bürgerfamilie. Ihr Vater war Polizeipräsident von Schleswig, ihr Großvater Mitglied der Königlich-Dänischen Credit-Casze Direction. Die dänischen Wurzeln schlugen sich dann in seinem Namen nieder, der allerdings nur auf Drängen der Großmutter hinzugefügt wurde: »Damit er wenigstens einen ordentlichen

Namen bekommt«, hieß der Junge mit drittem Vornamen Hjalmar. Als Rufname hatte der Vater, William Schacht, für seinen Zweitgeborenen einen anderen Namen vorgesehen: Horace Greeley. Damit brachte der Vater seine Geistesverwandtschaft mit der liberaldemokratischen Denktradition zum Ausdruck, die er in den USA kennen gelernt hatte. Er verehrte den amerikanischen Verleger und Politiker Horace Greeley, den Gründer der *New York Tribune* und republikanischen Präsidentschaftskandidaten. Wie viele Deutsche in der zweiten Hälfte des 19. Jahrhunderts war William Schacht in die USA ausgewandert und amerikanischer Staatsbürger geworden. Seine Jugendliebe hatte er nachgeholt und am 14. Januar 1872 geheiratet. Fünf Jahre lebte die junge Familie in der Neuen Welt, bevor sie im Herbst 1876 ins alte Europa zurückkehrte, weil Schacht die erhoffte Karriere in New York versagt blieb.

Kurze Zeit darauf, am 22. Januar 1877, kam Horace Greeley Hjalmar Schacht zur Welt. Sein Geburtsort Tingleff (Tingley) lag in Nordschleswig, das zu Dänemark gehörte. Dass der kleine »Jalle«, wie er in der Familie gerufen wurde, eine bewegte Jugend verbrachte, lag am unsteten Vater. Dieser war zunächst Lehrer an einer Privatschule in Tingleff, dann zog es ihn als Redakteur der *Heider Zeitung* nach Dithmarschen. Da er vom Honorar eines Journalisten nicht leben konnte, arbeitete er gleichzeitig als Buchhalter. Vier Jahre später zog es ihn als Betriebsführer einer Seifensiederei nach Husum. Dort erlebte er die erste Firmenpleite. In Hamburg hielt er seine Familie als Buchhalter und, nach einem erneuten Konkurs, mit Gelegenheitsarbeiten über Wasser. Damals lernte Jalle Not und Armut kennen, Sparsamkeit war oberstes Gebot in der Familie Schacht. Man kann nur das Geld ausgeben, das man hat – das war eine prägende Erfahrung aus den Jugendtagen des späteren Herrn über die deutsche Währung.

Doch trotz großen Geldmangels erhielten die drei Söhne eine gute

Mein Vater ist sein ganzes Leben hindurch ein Anhänger demokratischer Überzeugung gewesen. Er ist Freimaurer gewesen. Er ist ein Kosmopolit gewesen. Ich hatte und habe zahlreiche Verwandte in Dänemark von mütterlicher Seite her, in Amerika von väterlicher Seite her, und stehe mit ihnen bis heute in freundschaftlichem Verkehr. In dieser Einstellung bin auch ich aufgewachsen und habe mich von diesen Grundsätzen einer freimaurerischen, demokratischen, humanitären, kosmopolitischen Einstellung nie entfernt.

Aussage Schachts in Nürnberg

»Hält sich zu Großem bestimmt«: Hjalmar Schacht (x) mit anderen Abiturienten des Johanneums in Hamburg, 1895

Schulbildung. Auch wenn Horace Greeley im Hinterhaus eines Hamburger Arbeiterbezirks groß wurde, seine Leistungen konnten schon bald mit denen seiner Mitschüler aus den noblen Villenvierteln mithalten. Die anfängliche Rechenschwäche hatte sich längst gelegt. Und auch die finanzielle Situation der Familie verbesserte sich. Der Vater hatte eine Anstellung bei einer amerikanischen Lebensversicherung angetreten und Karriere gemacht. Als Generalsekretär zog er nach Berlin, während sein Zweitältester in Hamburg weiter die Schule besuchte, die er 1895 mit bestandener »Reifeprüfung« abschloss. In seinem Abiturzeugnis hieß es: »Gut veranlagt, hält sich zu Großem bestimmt.« Eine zutreffende Einschätzung, die lediglich offen ließ, auf welchem Gebiet der junge Mann reüssieren sollte, denn das wusste der selbstbewusste Abiturient ebenfalls noch nicht.

Sein älterer Bruder Eddy überredete ihn zu einem Medizinstudium, das er zwar begann, aber ebenso wie ein paralleles Studium der Germanistik und Literaturgeschichte nicht ernsthaft betrieb. Stattdessen folgte er dem Vorschlag des Vaters und widmete sich dem Journalismus. Während des Studiums schrieb er für verschiedene Berliner Zeitungen und war auch anderweitig schriftstellerisch produktiv: Das Libretto für eine Operette stammt aus seiner Feder.

Insgesamt war er in neun verschiedenen Fächern eingeschrieben und besuchte fünf verschiedene Universitäten. Besonders interessierten ihn mitt-

Inserate!

werden pro 4gespaltene Petitzeile oder deren Raum mit 20 Pfg. berechnet. Von den p. t. Abonnenten werden 6 Zeilen kostenfrei aufgenommen. Für jede folgende Zeile ist bei Aufgabe des Inserates der Betrag mit 20 Pfg. in Briefmarken mit zu übersenden. Inserate für die folgende Nummer müssen bis spätestens Donnerstag Mittag in Hannover sein.

Abonnement!

Der „Theater-Courier" erscheint jeden Sonnabend. Abonnementspreis: Vierteljährlich 3 Mark, halbjährlich 5.50 Mark, jährlich 10 Mark pränumerando. Einzelne Nummern 30 Pfg. Bestellungen werden von der Expedition, Hannover, Nicolaistraße 18 B, sowie allen Postanstalten und Buchhandlungen jederzeit angenommen.

Nachdruck ohne Quellenangabe nicht gestattet.

Der Theater-Courier.

Wochenschrift für Theater, Musik, Literatur und Unterhaltung.

Centralverkehrsblatt für Bühnenvorstände, Mitglieder und Theaterbesitzer.

Verlag, Redaction und Expedition: Edm. May, Hannover, Nicolaistr. 18 B. – Fernsprecher 1461. – Telegramm-Adresse: „Theatercourier," Hannover. Beiträge erwünscht. – Nicht zur Aufnahme geeignete Manuscripte werden nur zurückgesandt, wenn denselben 20 Pfg. Rückporto beigefügt ist.

Nr. 124. Hannover, den 9. Mai 1896. III. Jahrgang.

München. Kgl. Hoftheater. Die verflossene Theaterwoche brachte uns wieder einmal eine Darstellung des zweiten Theiles von Goethes Faust. Die Vorführung zeigte wieder, dass das alte Ziel Herrn Possarts, auch den zweiten Theil des Werkes auf unseren Bühnen heimisch zu machen, doch nicht ganz erreicht ist und auch wohl nie erreicht werden wird. Es heisst doch nicht die Pietät verletzen gegen unseren Altmeister, wenn man eingesteht, dass der zweite Theil des Faust doch gar zu viel undramatisches enthält, um ein Bühnendrama zu sein. So vermochten denn auch selbst Kräfte wie Herr Stury, Herr Wohlmuth und Frl. Bland die klassischen Partien nicht dramatisch zu beleben. Bewundernswerth war nur die Inscenierung und die Maschinerie, die unter der Leitung Herrn Lautenschlägers steht, ohne dessen Mitwirkung Herr Possart nach eigener Versicherung die Bewältigung des zweiten Theiles der Tragödie an einem Abend für ausgeschlossen hielt. — Im **Volkstheater** füllt Herr Julius Fiala allabendlich seine Kasse durch den Grundsatz „multa sed non multum." Die Schuld liegt aber am Publikum und nicht an Herrn Fiala und seinem Ensemble. Als eine der „Novitäten" ging am vorigen Mittwoch die Bearbeitung eines Gartenlaubenromans von E. Werner durch H. Busse erstmalig in Scene.

„Vineta, die versunkene Stadt." Die nicht sehr dankbare Rolle des Waldemar Nordeck gab Herrn Fiala leider keine Gelegenheit, seine grosse eigenartige Begabung zu entfalten. Es liesse sich manche schöne Betrachtung an dies Stück anknüpfen über die Nutzlosigkeit, Romane für die Bühne zurechtzuschustern, aber das Machwerk ist gar zu unbedeutend. Doch Herr Fiala kennt sein Publikum, und für einen Theaterdirector steht ein zahlendes Publikum höher als sechs ästhetische Kritiker. So war leider auch eine Aufführung der Ibsen'schen „Gespenster", bei der das Fialaensemble zeigte, was für vortreffliche Leistungen es zu bieten vermag, um biblisch zu reden, eine vor die Säue geworfene Perle. Das Fialaensemble ist eines besseren Publikums werth. Auch eine Bearbeitung brachte uns am vergangenen Sonnabend das **Gärtnerplatztheater:** „Der Pumpmajor". Operette in 3 Akten nach Gogol's Revisor von Julius Horst und Leon Stein. Musik von Alexander Neumann. Die Aufnahme der Première war eine recht günstige, doch ist das wohl mehr der flotten lebendigen Darstellung und dem ganz niedlichen Libretto als der Musik zuzuschreiben, die wenig originell ist. Der Inhalt dürfte aus dem „Revisor" hinlänglich bekannt sein. Dadurch, daß der leichtsinnige Pumpmajor Feodor Soboleff in den Vordergrund gerückt ist, kam man darauf, den Titel des Gogol'schen Stücks derartig ominös zu ändern. Herr Neumann, Herr Neumann, Sie bekennen Sich doch nicht etwa zu dem Wahlspruch Ihres Pumpmajors hinsichtlich der Musik?

„Ich pumpe früh, ich pumpe spät,
Ich pump' so oft als möglich.
Notabene — wenn es geht —
Wenn's sein muß, wohl auch täglich."

Hj. Sch.

»Vielfältige Interessen«: Eine Theaterkritik des 19-jährigen Studenten Hjalmar Schacht von Mai 1896

lerweile neue Wissenschaften: Soziologie und Volkswirtschaft. In diesem Fach legte er 1899 in Kiel seine Promotion ab. Das Thema seiner Doktorarbeit: »Der theoretische Gehalt des englischen Merkantilismus«. Schacht hatte sein Thema gefunden: das Geld- und Kreditwesen.

Die ersten Schritte im Berufsleben tat er am 1. März 1900 als Assistent in der »Zentralstelle für die Vorbereitung von Handelsverträgen«. Es war die einzige Anstellung, für die er sich bewerben musste, alle weiteren Stationen auf der Karriereleiter wurden ihm angetragen. In diesem Verein knüpfte er Beziehungen, die schließlich zu einem Angebot aus dem Bankbereich führten. 1903 trat er als volkswirtschaftlicher Syndikus und Archivar in die Dienste der Dresdner Bank.

Wie im Berufsleben war Schacht auch politisch auf der Suche: Er hörte an der Berliner Universität Vorlesungen am Seminar von Gustav Schmoller, einem Kopf der so genannten Kathedersozialisten, er beschäftigte sich mit den Gedanken des Historikers Hans Delbrück, eines Vertreters freikonservativen Gedankenguts, lernte daneben auch linksliberale Ideen beispielsweise von Rudolf Breitscheid kennen. Schließlich trat Schacht dem »Jungliberalen Verein« bei, der sehr fortschrittlichen Jugendorganisation der Nationalliberalen Partei.

Beruflich orientiert, politisch festgelegt – es fehlte nur noch die private Bindung. Auch in dieser Hinsicht hatte der 25-jährige Schacht eine Entscheidung getroffen: Am 5. Januar 1903 heiratete er seine Jugendliebe Luise Sowa, nachdem er die erste Verlobung wegen ungewisser beruflicher Zukunft zunächst wieder gelöst hatte. Noch im selben Jahr kam die Tochter Inge zur Welt.

Beruflich erlebte Schacht, der seinen dritten Vornamen mittlerweile zum Rufnamen gemacht hatte, einen schnellen Aufstieg. Er brachte es zum

Mir wurde schon in meinem 26. Lebensjahr ein sicherer Wahlkreis im Reichstag angeboten, den ich nicht angenommen habe, weil ich für Parteipolitik niemals Interesse gehabt habe. Mein Interesse galt immer der wirtschaftlichen und finanzpolitischen Richtung; aber ich habe selbstverständlich für die öffentlichen Dinge stets Allgemeininteresse gehabt, aus einer Anteilnahme an dem Geschick meines Landes und meines Volkes heraus.

Aussage Schachts in Nürnberg

Die Aufgabe der Volkswirtschaftspolitik lässt sich auf zwei Grundforderungen bringen: möglichst wirtschaftliche Produktion und möglichst gerechte Verteilung des Produktionsertrages.

Schacht 1908

Chef des Wirtschaftsarchivs in der Dresdner Bank und 1908 zum stellvertretenden Direktor. Mit gerade einmal 32 Jahren war Schacht einer der jüngsten Bankiers im Kaiserreich.

Doch dem ehrgeizigen jungen Mann war das nicht genug. Parallel zu seinem beruflichen Werdegang hatte Schacht es nicht versäumt, auch politische Beziehungen aufzubauen und zu pflegen. Ein erster Versuch, dabei auch international Fuß zu fassen, scheiterte freilich während des Weltkriegs. Da er wegen schlechter Sehkraft vom Wehrdienst freigestellt war, arbeitete er in der Finanzabteilung des Deutschen Generalgouvernements in Belgien. Erstmals in seiner Karriere hatte er es mit der Frage zu tun, wie sich die enormen Kosten eines Krieges finanzieren ließen. Konkret ging es darum, wie die bis dahin konfiszierten Sachleistungen durch Bargeld abgelöst wurden, damit das deutsche Militär seinen Bedarf nicht wahllos requirieren musste. Dazu sollten die belgischen Behörden neues Geld zur Verfügung stellen, das durch Anleihen abzusichern war. Bei der Ausgabe der neuen Geldscheine waren auch die jeweiligen Filialen deutscher Banken beteiligt, also auch die Dresdner Bank, die in dieser Frage ihren ehemaligen leitenden Mitarbeiter einschaltete. Das war zwar in der Sache unnötig, brachte Schacht jedoch in den Ruch ungebührlicher Begünstigung. Schacht musste gehen. Das Pikante an diesem Vorgang: Schachts Vorgesetzter war Geheimrat von Lumm, ein Mitglied des Reichsbankdirektoriums. Es sollte nicht das letzte Mal sein, dass Schacht mit diesem Gremium zu tun hatte.

Nach dem Krieg wurde Schacht auch politisch aktiv und suchte nach dem Zusammenbruch des Kaiserreichs am 9. November 1918 Kontakt zu einflussreichen liberalen Politikern. Eine »linksgerichtete Bürgerpartei« sei vonnöten, schlug er Gustav Stresemann vor. Zwei Tage später wurde die Deutsche Demokratische Partei (DDP) gegründet. Das erste Parteiprogramm wurde vom journalistisch geübten Schacht formuliert. Die Leitfigur Stresemann hatte man zwar nicht gewinnen können, doch mit Hugo Preuß, Friedrich Naumann, Max Weber und Friedrich Meinecke konnte die linksliberale DDP prominente Vertreter aufbieten. In ihrem Programm bekannte sich die Partei zur neuen Republik, zum Rechtsstaat, zu den Farben Schwarz-Rot-Gold. »Wir stellen uns auf den Boden der Republik«, lautete ein Satz, der auf Schachts Initiative in das Parteiprogramm aufgenommen wurde und der den ursprünglichen Text »Wir sind Republikaner« ersetzte – ein kleiner, aber feiner Unterschied.

»Ungebührliche Vergünstigung?«: Schacht (links) als Mitarbeiter der Finanzabteilung des Deutschen Generalgouvernements in Belgien

Bei der ersten Wahl erhielten die Linksliberalen 20 Prozent der Stimmen und wurden damit zu einer der tragenden Säulen der neuen deutschen Republik. Mit dem Zentrum und der SPD bildete die DDP die Regierung, die vor einer Herkulesaufgabe stand: nach dem verlorenen Krieg einen neuen deutschen Staat aufzubauen – gegen Widerstand von innen und von außen.

Das Engagement Schachts für die Linksliberalen entsprach der Tradition, in der er aufgewachsen war: den demokratischen Idealen des Elternhauses, der Atmosphäre seiner schulischen Erziehung im weltoffenen Hamburg. Man war national, aber nicht nationalistisch, patriotisch, aber nicht chauvinistisch. Reichspräsident Friedrich Ebert schätzte genau diese Einstellung Schachts. Als Jahre später die Entscheidung anstand, wer Reichsbankpräsident werden sollte, und sich Schacht gegen einen konservativen Mitbewerber durchsetzte, erklärte der Sozialdemokrat Ebert im Gespräch mit dem Kandidaten: »Wir haben mit Ihnen einem Manne, der weltanschaulich wesentlich weiter links steht, den Vorzug gegeben.«

Schacht erntete die ersten Früchte seines geschickten Bemühens, Verbindungen zu knüpfen. Seine Talente hatten sich herumgesprochen. Auf der Suche nach einem neuen beruflichen Tätigkeitsfeld hätte der Sohn

Plakate an einer Litfaßsäule mit horrenden Belohnungen für die Wiederbeschaffung von gestohlenen Stoffen und Ringen – eine Folge der Inflation, Februar 1923

eines vormaligen Schullehrers bereits während des Krieges die Vermögensverwaltung des Prinzen von Schleswig-Holstein übernehmen können. In der privaten Wirtschaft war ihm von Karl Friedrich von Siemens die Position eines Finanzdirektors im Siemens-Konzern angeboten worden. Dort hätte er als Vorstandsmitglied in der ersten Liga der deutschen, ja europäischen Industrie mitgespielt. Doch Schacht hatte seine Entscheidung für die Bankenwelt getroffen. Er sollte in den Vorstand der Nationalbank eintreten. Zwar war dieses Institut im Vergleich zu anderen Banken klein, doch Schacht erkannte das Potenzial und vertraute auf seine Fähigkeiten, die vorhandenen Möglichkeiten zu nutzen. Keine sechs Jahre später hatte der neue Direktor sein Ziel erreicht. Nach mehreren Fusionen war »sein« Institut unter dem Namen »Darmstädter und National-

Ich habe vom ersten Augenblick der Reparationsfestsetzung, die ungefähr 1921 erfolgte, gegen diesen Unsinn gekämpft mit der Beweisführung, dass die Durchführung der Reparationen die ganze Welt in ein wirtschaftliches Chaos stürzen würde.

Aussage Schachts in Nürnberg

»Glücklicher psychologischer Kniff«: Nach dem Ende der Inflation durch die Einführung der Rentenmark spielen Kinder mit wertlos gewordenen alten Geldscheinen

bank« in die Reihe deutscher Großbanken aufgestiegen. Schacht hatte die Danat-Bank zu einer der ersten Adressen gemacht und gehörte als ihr Direktor zu den einflussreichsten Bankiers der Weimarer Republik.

Die junge Republik konnte einen Finanzfachmann gut brauchen. Als Mitglied der Sachverständigengruppe, die mit den Siegermächten über die Reparationen verhandelte, erkannte er, welche Härten vor allem Frankreich dem unterlegenen Nachbarn im Osten aufbürden wollte. Und er sah voraus, wie sich diese Reparationsforderungen auf die Stabilität der deutschen Währung auswirken würden. Er schrieb eine Fülle von Artikeln, in denen er vor der drohenden Inflation und ihren Folgen für die wirtschaftliche Entwicklung warnte. Seine Warnungen wurden schnell Realität.

Die Menschen in Deutschland bekamen die Folgen des rasanten Wertverlusts am eigenen Leib zu spüren. Das Geldvermögen der Deutschen verlor

Wir standen angesichts der damals bevorstehenden guten Ernte tatsächlich vor der Sachlage, dass das Volk in Gefahr war, bei vollen Scheuern zu verhungern.

Hans Luther, Ernährungsminister, 1923

seinen Wert, und was man heute verdiente, reichte morgen nicht mehr, einen Laib Brot zu bezahlen. Hatte man zu Beginn des Jahres 1923 für einen US-Dollar 1800 Mark bezahlen müssen, so betrug der Gegenwert eines Dollars am 12. November nach dem amtlichen Umtauschkurs 630 Milliarden Mark. Im freien Handel musste man am 26. November für einen Dollar bereits elf Billionen Mark bezahlen. Eine Billion, das war eine Eins mit zwölf Nullen – eine unvorstellbare Relation. Der Brennwert des Papiergelds war fast höher als der Kaufwert, denn kein Produzent wollte seine Produkte gegen wertloses Papier abgeben.

Auf dem Höhepunkt der Inflation sollte Hjalmar Schacht zu einer Schlüsselfigur bei der Bekämpfung der rasenden Geldentwertung werden. Zunächst wollte ihn Reichskanzler Stresemann als Finanzminister in sein neues Kabinett holen. Während der schwierigen Regierungsneubildung waren allerdings Gerüchte um die angebliche Vorteilsgewährung Schachts während seiner Tätigkeit im besetzten Belgien laut geworden. Stresemann verzichtete auf dieses Vorhaben, ließ allerdings über Reichsgerichtspräsident Walter Simons verlautbaren, dass Schacht damals keinerlei Verfehlungen begangen habe. Dies war Stresemann wichtig, denn wenn schon nicht als Finanzminister, so wollte er Schacht doch an anderer Stelle einsetzen. Am 12. November 1923 erhielt Hjalmar Schacht die Ernennungsurkunde zum Reichswährungskommissar. Er trat diesen Posten an, obwohl andere, erfahrenere Finanzfachleute dieses Amt wegen unklarer Befugnisse abgelehnt hatten. Schacht wusste zwar, dass er nicht die erste Wahl des neuen Finanzministers Hans Luther war. Doch das störte ihn ebenso wenig wie die Gefahr, nur als Sündenbock herhalten zu müssen: »Die Regierung wünschte jemanden zu haben, den sie im Falle des Misslingens der Stabilisierung verantwortlich machen und in die Wüste schicken konnte, ohne dass dadurch das Gesamtkabinett in Mitleidenschaft gezogen wurde.« Einen Mann mit dem Selbstbewusstsein Schachts focht das nicht an. Wenn nicht er, wer dann war dazu fähig, eine solche Aufgabe zu bewältigen? Also bezog er sein provisorisches Büro, eine ehemalige Abstellkammer. Wo kurz zuvor noch Putzfrauen ihre Utensilien untergebracht hatten,

Ich war bis zum letzten Augenblick ein Gegner der Rentenmark, weil sie währungspolitisch eine der unmöglichsten Konstruktionen gewesen ist, die man sich nur denken könnte. Aber sie war… ein glücklicher psychologischer Kniff.

Als ich zum Währungskommissar berufen wurde, habe ich meine Gegnerschaft gegen die Rentenmark sofort aufgegeben und suchte nun aus ihr zu machen, was zu machen war.

Schacht, Rede im April 1925

machte er sich daran, die desaströsen deutschen Finanzen in Ordnung zu bringen.

Die wichtigsten Weichen für eine Stabilisierung der deutschen Währung waren zu diesem Zeitpunkt bereits gestellt. Am 15. Oktober 1923 war durch Regierungsverordnung die Rentenbank geschaffen worden. Da die Reichsbank nicht im erforderlichen Umfang Goldbestände aufweisen konnte, um die Geldmenge mit der entsprechenden Wertdeckung auszustatten, hatte die Regierung den Grundbesitz als Grundlage genommen und ihn mit einer fiktiven Grundschuld belastet. Dafür gab sie verzinste Rentenbankbriefe aus. Um zu verhindern, dass sich die Inflationsspirale erneut zu drehen begann, wurde die Summe des neuen Geldes auf 1,2 Milliarden so genannter Rentenmark begrenzt. Mehr Geld gab es nicht. Die vorhandenen Geldscheine verloren ihre Funktion als Zahlungsmittel und wurden umgetauscht. Für 1000 Milliarden Papiermark gab es eine Rentenmark.

Als am 14. November die Bankschalter öffneten und das neue Geld ausgaben, konnte niemand ahnen, wie schnell die Stabilisierung der Währung gelingen würde. Die Rentenmark erwies sich als stabil, die Produzenten waren bereit, ihre Waren gegen das neue Geld abzugeben. Er habe versucht, deutsches Geld wieder knapp und damit wertvoll zu machen, erklärte Schacht den Journalisten. Kein Wunder, dass in der gesamten Presse schon bald das Bild von einem eisernen Sparkommissar gezeichnet wurde. Es waren nicht die harten wirtschaftlichen Fakten, die sich verbessert hatten, sondern es war die Stimmung. Schacht hatte erkannt: »Die Rentenmark ist ein glücklicher psychologischer Griff.« Diesem ersten Schritt sollte ein zweiter folgen, denn die Einführung der Rentenmark erachtete er nur als Übergangslösung. Den endgültigen Sieg über die Inflation wollte er mit einer rigorosen Beschränkung der Geldmenge und der Stützung der deutschen Währung durch Auslandsanleihen erringen. Die Möglichkeiten für eine solche Politik erhielt Schacht am 22. Dezember 1923, als er zum Präsidenten der Deutschen Reichsbank auf Lebenszeit ernannt wurde. Erneut war seine Berufung auf Widerstand gestoßen. Öffentlich agierten die Parteien des rechten Spektrums gegen den »linken« Schacht. Weitaus gefährlicher als diese erwartete Kritik war der Widerstand, der seiner Ernennung aus Teilen der Industrie und Banken entgegenschlug. Erneut gab es kritische Stimmen aus der Reichsbank, wieder wurde die alte »belgische Geschichte« aufgewärmt. Es war nicht zuletzt Stresemann, der »seinen« Kandidaten durchsetzte.

Schacht begegnete seinen Kritikern nach seiner Ernennung offensiv:

»Ich trete mein Amt an und weiß, dass dieses gegen Ihren einhelligen Wunsch geschieht«, sagte er in seiner Antrittsrede vor dem Direktorium der Reichsbank. »Ich würde es verstehen, wenn Sie vorziehen würden, nicht mit mir zu arbeiten. Andererseits werde ich Ihre bisherigen Stellungnahmen in keiner Weise nachtragen und jeden, der mit mir loyal zusammenarbeiten will, gern weiter in der Reichsbank sehen. Teilen Sie mir freundlichst bis morgen mit, ob Sie gewillt sind, mit mir zusammenzuarbeiten. Guten Morgen.« Die Direktoren wollten. Und auch der Zentralausschuss der Reichsbank versicherte dem neuen Präsidenten seine Loyalität. Schacht hatte seine Kritiker, wenn nicht überzeugt, so doch verstummen lassen.

Ein vor Selbstbewusstsein strotzender Reichsbankpräsident machte sich unverzüglich an die Arbeit, um das zu tun, was er zur Stabilisierung der Währung für unerlässlich hielt: das Vertrauen des Auslands zu gewinnen. Da er die starre Haltung der Franzosen kannte, suchte er die Abstimmung mit London. Er nutzte dabei seine Beziehungen aus seiner Zeit in der privaten Bankwirtschaft und knüpfte Kontakt zum Gouverneur der ehrwürdigen Bank of England. Es gelang ihm, Montagu Norman für sein Vorhaben zu gewinnen, eine zum Teil in Pfund Sterling notierte Auslandsanleihe aufzunehmen, um damit eine zweite deutsche Währungsbank zu finanzieren. Diese so genannte Golddiskontbank sollte der deutschen Industrie die dringend benötigen Kredite gewähren. Geschickt nutzte Schacht dabei das Bestreben der Engländer, die Dominanz der französischen Wirtschaft auf dem europäischen Markt zu verhindern.

Die Unterstützung auf dem wichtigsten europäischen Finanzplatz öffnete Schacht die Tür für weitere ausländische Kredite. »Er ist der einzige Deutsche, dem die britische und die amerikanische Finanzwelt Gehör schenkt«, schrieb im August 1924 anerkennend ein Londoner Wirtschaftsmagazin. Das auf internationalem Parkett in ihn gesetzte Vertrauen baute er weiter aus, als er trotz innenpolitischen Widerstands eine rigorose Zins- und Kreditpolitik betrieb. Am 7. April 1924 verfügte die Reichsbank einen völligen Kreditstopp, um der wieder anziehenden Inflation entgegenzuwirken. Die Entscheidung, die in Deutschland auf enorme Kritik stieß, weil sie zahlreiche Unternehmen in den Ruin trieb und damit Arbeitslosigkeit zur Folge hatte, festigte im Ausland Schachts Ruf als unbeirrbarer Kämpfer für Währungsstabilität.

»Ich durfte die erste Inflation beendigen helfen«, schrieb der von nun an als Finanzzauberer verehrte Schacht später in seinem Buch »*Die Magie*

»Der einzige Deutsche, dem die britische und die amerikanische Finanzwelt Gehör schenken«: Schacht im Januar 1924 vor einer Reparationskonferenz in Paris

des Geldes«. Schon bald setzte eine Legendenbildung ein: Schacht galt als Retter der Mark und Garant fester Währungen. Richtig ist: Die Rentenmark war ein voller Erfolg. Und da dieser bekanntlich viele Väter hat, begann bald die Vaterschaftsdiskussion. Im Frühjahr 1924 überboten sich im aufziehenden Reichstagswahlkampf die Schüttelreimer aller Parteien mit

> **Er hat es stets verstanden, seine Person in Szene zu setzen.**
> Hans Luther, damals Finanzminister

der Formulierung eigener Verdienste: »Wer hat die Rentenmark gemacht? Natürlich unser Hjalmar Schacht«, hieß es auf den Wahlplakaten der DDP. Die DNVP schlug mit dem Slogan zurück: »Die Rentenmark hat nicht Herr Schacht, allein nur Helfferich erdacht.« Glücklicherweise funktionierte die Stabilisierung der Mark besser als das Versmaß im Wahlkampf.

Die strittige Frage wurde zum Gegenstand der Diskussion in volkswirtschaftlichen Seminaren über Geldwerttheorie. Dabei zeigte sich, dass die Idee 1922 in den Referentenkreisen des Finanzministeriums entstanden war und unter wechselnden Namen (Roggenmark oder Bodenmark) weiterentwickelt wurde. Im Bewusstsein der Öffentlichkeit blieb jedoch eine andere Vaterschaft haften: Der Reichswährungskommissar zum entscheidenden Zeitpunkt hieß Hjalmar Schacht. Also wurde der Erfolg ihm zugeschrieben – auch wenn er sich lange gegen die Einführung der Rentenmark ausgesprochen hatte: »Ich war bis zum letzten Augenblick ein Gegner der Rentenmark«, sagte er im April 1925 in München, »weil sie währungspolitisch eine der unmöglichsten Konstruktionen gewesen ist, die man sich nur denken konnte.« Um seine Haltung zu begründen, hatte er ein Papier erstellt, in dem ein völlig anderer Weg aus der Inflation vorgeschlagen wurde. Doch der Legendenbildung, die ihn zum »Vater der Rentenmark« machte, tat das keinen Abbruch. Unstrittig ist ein anderes Verdienst Schachts: Er konnte durch persönliche Gespräche im Ausland das Vertrauen in die deutsche Finanzpolitik wiederherstellen. Einen vorläufigen Abschluss fand die Reform des deutschen Währungssystems im August 1924 mit der Rückkehr zur Reichsmark. Die Rentenmark hatte nach nur neun Monaten ausgedient.

Ermöglicht wurde dies durch den Abschluss des Dawes-Abkommens. Im Januar 1924 hatten unter Vorsitz des Amerikaners Charles G. Dawes in Paris Gespräche über die Neuregelung der Reparationsfrage begonnen. Es hatte sich international die Auffassung durchgesetzt, dass Deutschland nicht in der Lage war, im bisherigen Umfang Reparationsleistungen zu erbringen, da dies auch die Weltwirtschaft gefährde. Darauf hatten Wirtschaftsexperten wie John Maynard Keynes schon lange hingewiesen, doch alle waren mit ihren Mahnungen bei den Franzosen auf taube Ohren gestoßen. Nach einem Regierungswechsel in Paris war ein Umdenken in der Frage der Reparationen möglich, die bis dahin der deutschen Wirtschaft wie eine Schlinge um den Hals lagen und ihr jede Möglichkeit zur Erholung nahmen.

Zur deutschen Delegation gehörte auch der neue Reichsbankpräsident. Sein erstes Auftreten auf der Bühne der Weltöffentlichkeit prägte sein Bild im Ausland über Jahre. Das Kennzeichen, das von nun an in keiner Karikatur fehlte, war der gestärkte Umlegekragen, der seinen Träger immer noch eine Spur steifer erscheinen ließ. Dieser korrekt gekleidete Mann im dunklen Anzug mit hochgeschlossener Weste wirkte im übertragenen Sinn zugeknöpft, doch zugleich auch zuverlässig. Seine Ausführungen fanden die Zustimmung der Finanzexperten in der Kommission. Vor allem zu Sir Josiah Stamp, dem Vertreter des britischen Schatzamtes, entwickelte sich ein fast vertrauensvolles Verhältnis. Der positive Eindruck, den der Reichsbankpräsident hinterließ, führte auch dazu, dass er als Mitglied in die Kommission aufgenommen wurde, welche die Pläne für die künftige Stellung der deutschen Reichsbank ausarbeitete. Ganz in seinem Sinne wurde darin festgelegt, dass die Reichsbank von der Reichsregierung unabhängig arbeiten musste. Die Autonomie »seiner« Bank war ein willkommenes Nebenprodukt der Verhandlungen. Auch in der Hauptsache zeigte sich Schacht mit den Ergebnissen zufrieden. Er charakterisierte den Dawes-Plan als »Loslösung des Reparationsproblems aus der Sphäre politischer Gewaltmaßnahmen und seine Zurückführung auf das wirtschaftlich Mögliche«. Damit wurde die deutsche Kreditwürdigkeit wiederhergestellt, eine Voraussetzung für die wirtschaftliche Gesundung der kommenden Jahre. Es begannen die »Goldenen Zwanziger«, die geprägt waren von wirtschaftlicher Erholung und politischer Integration der Weimarer Republik in die internationale Völkergemeinschaft.

Die Entscheidung für oder gegen die Unterzeichnung lag nicht in der Frage der wirtschaftlichen Durchführbarkeit des Planes, sondern darin, ob man durch Nichtunterzeichnung die Gefahr schwerer neuer politischer Verwicklungen heraufbeschwören durfte oder ob man durch Unterzeichnung den hinhaltenden Widerstand gegen die Reparationen fortführen sollte, bis sich eine neue Gelegenheit ergab, die Reparationszahlungen endgültig aus dem Weg zu räumen.

Schacht

Im Jahre 1924 war Schacht besonderer Befürworter des Dawes-Plans, in dessen Vollzug Deutschland eine Anleihe von 800 Millionen Goldmark gewährt wurde.

Klageschrift im Entnazifizierungsverfahren gegen Schacht, Januar 1947

Doch die Fortschritte hatten auch ihre Schattenseiten. Mit den Erfolgen wuchsen wieder die Ansprüche. Die Arbeiter verlangten mehr Lohn, die Parteien entwickelten Vorschläge, die nach Schachts Auffassung die eben erst erreichte Stabilität der Währung gefährdeten. Im Juni 1926 trat das Gründungsmitglied Hjalmar Schacht im

Das Diktat von Versailles kann kein ewiges Dokument sein, weil nicht nur seine wirtschaftlichen, sondern auch seine geistigen und moralischen Voraussetzungen falsch sind.

Schacht, 1927

»Er wirkte im übertragenen Sinn zugeknöpft«: Schacht mit seiner ersten Ehefrau Luise und Tochter Inge im Jahr 1927

Protest aus der DDP aus, weil er die »linksliberalen Tendenzen« nicht mehr unterstützen könne.

Immer häufiger kritisierte er fortan die Politik der Regierungsparteien, intern, wie bei einer Kabinettssitzung am 22. Juli 1927, wo er sich deutlich gegen die »Erhöhung der Gehälter der Beamten« aussprach. Auch in der Öffentlichkeit nahm der Reichsbankpräsident kein Blatt vor den Mund. Vor allem das Ausgabeverhalten der Kommunen erregte immer wieder seinen Zorn. Keine Finanzierung von »Luxusausgaben«, lautete seine Forderung in einer viel beachteten Rede, die er im November 1927 in Bochum hielt. Hier wetterte er gegen den Bau von Schwimmbädern, kritisierte aber auch »unwirtschaftlichen« Wohnungsbau. Er sah das Gespenst der Inflation wieder auftauchen, das er doch gerade erst mühsam verjagt hatte. »Ein großer Teil von Auslandsanleihen sind unwirtschaftlich«, lautete sein Verdikt. Doch seine Möglichkeiten, dieser Finanzierungsmethode im Rahmen einer restriktiven Kreditpolitik Einhalt zu gebieten, waren begrenzt.

Der Bruch kam nach den Verhandlungen zur Neuordnung der Reparationsfragen im Laufe des Jahres 1929.

»Wie konntest du nur?«: Schacht verabschiedet sich nach den Reparationsverhandlungen auf dem Pariser Bahnhof Saint-Lazaire von Owen D. Young, Juni 1929

Eine von Schacht geführte deutsche Delegation war nach Paris gereist, wo am 9. Februar die Konferenz über eine endgültige Regelung der Reparationen und Kriegsschulden begann. Am Ende der Gespräche stand ein Dokument, das die Höhe der Reparationszahlungen auf rund 112 Milliarden Goldmark festlegte. Das Dokument trug die Unterschrift Schachts, der

Es wäre eine Selbsttäuschung der Welt zu glauben, wir könnten über die Young-Zahlungen hinaus noch weitere beliebige Millionen oder Milliarden zahlen oder auf Eigentumsrechte verzichten. Es wäre eine Selbsttäuschung des eigenen Volkes zu glauben, dass es bei der heutigen oder womöglich noch gesteigerten Wirtschaftsbelastung die Young-Zahlungen und womöglich noch zusätzliche Beträge aufzubringen in der Lage ist.
Ich will und werde nicht dazu beitragen, dass eine solche Täuschung Platz greift.

Denkschrift Schachts, Dezember 1929

nach harten Verhandlungen seine Zustimmung gegeben hatte. Seine Begründung: »Die Nichtunterzeichnung beschwört die Gefahr neuer politischer Verwicklungen herauf.«

»Wie konntest du nur?« Mit diesen Worten empfing Luise Schacht ihren Ehemann bei dessen Heimkehr. Die Reaktion seiner politisch weit rechts stehenden Gattin war symptomatisch für die Ablehnung, auf die der so genannte Young-Plan in Deutschland stieß. Die Parteien des rechten Spektrums nutzten den Vertrag zur Agitation gegen die Regierung und forderten eine Volksabstimmung. Eine Vielzahl von Hetz- und Schmähschriften vergiftete das innenpolitische Klima.

In einem öffentlichen Aufruf lehnten zahlreiche Prominente von Thomas Mann bis zu Albert Einstein das von den Rechtsparteien propagierte Volksbegehren ab. Auch der Reichsbankpräsident gehörte zu den Unterzeichnern des Aufrufs. Es war die letzte Aktion, mit der Schacht das demokratische Deutschland unterstützte.

Dann aber setzte der Sinneswandel ein: Am 6. Dezember 1929 veröffentliche Schacht eine Denkschrift, die sich gegen die Annahme des Plans richtete, dessen Entwurf er selbst mit unterzeichnet hatte. Sein Papier war eine einzige Abrechnung mit der Finanzpolitik der Regierung. Als Grund für seinen Meinungsumschwung verwies Schacht auf die zunehmende Auslandsverschuldung des Deutschen Reiches.

Schacht betrieb jetzt seine eigene Politik und warf der Regierung vor, mittels nachträglicher Konzessionen die von ihm ausgehandelten Bedingungen verschlechtert zu haben: »Es wäre eine Selbsttäuschung des eigenen Volkes zu glauben, dass es noch zusätzliche Beträge aufzubringen in der Lage ist. Ich will und werde nicht dazu beitragen, dass eine solche Täuschung Platz greift.«

Der neue Finanzminister Paul Moldenhauer legte Schacht den Rücktritt nahe. Doch dieser zog es vor, die demokratisch gewählte Regierung weiter öffentlich zu diskreditieren. Rücktrittsabsichten dementierte er, da er nicht »auf Wunsch einer vorübergehenden Regierung« demissionieren werde. Am 3. März kündigte er dann doch gegenüber Reichspräsident Hindenburg seinen Rücktritt an, da er die Ratifizierung des Young-Plans im Reichstag nicht verhindern konnte. »Er hat zum falschen Zeitpunkt das

»Zum falschen Zeitpunkt das Falsche getan«: Beratungen des Reichskabinetts zum Young-Plan im Januar 1930. Rechts außen neben Schacht Finanzminister Moldenhauer

Falsche getan«, kommentierte eine New Yorker Zeitung die Demissionierung des Mannes, der wie kein anderer für die Stabilität der deutschen Währung stand.

Diese Kapitulation der Symbolfigur war ein Triumph für die Rechten. Der Mann, der als Retter der Währung galt, trat zurück, weil er die deutsche Währung gefährdet sah. Schlimmer noch: Eine wichtige Stütze des demokratischen Deutschland hatte sich von der Republik abgewandt. Es war ein Menetekel für die deutsche Demokratie.

Am 7. März 1930 hatte Schacht seine Rücktrittsabsichten bekannt gegeben, am 27. März war die letzte parlamentarische Regierung der Weimarer Republik gestürzt. Auch nach dem Krieg beharrte Schacht darauf, mit seiner Agitation gegen die Regierung richtig gehandelt zu haben. In seiner Rechtfertigungsschrift »Abrechnung mit Hitler« erklärte er uneinsichtig: »Sowenig die demokratischen Regierungen meinen Kampf gegen die Auslandsanleihen begriffen, sowenig Verständnis hatten sie für meinen Kampf gegen die Reparationen.«

Ich bin 1930 vom Reichsbankamt zurückgetreten, weil die Regierung eine Finanzpolitik trieb, die eine erfolgreiche Währungspolitik unmöglich machte.

Schacht, 1966

Dr. Schacht zieht die Konsequenz daraus, dass er den Young-Plan nicht mehr verantworten zu können glaubt. Niemand kann bestreiten, dass er damit der Regierung im Augenblick gewisse Unbequemlichkeiten schafft. ... Ich bedaure den Rücktritt sehr, aber ich erkenne an, dass er den Weg gewählt hat, den ein Mann in seiner Lage wählen musste.

Finanzminister Paul Moldenhauer vor dem Reichstag, April 1930

Schacht ist zurückgetreten. Mit einer scharfen Erklärung gegen die Haager Gesetze. Das wird ja immer lieblicher.

Goebbels, Tagebucheintrag 8. März 1930

Schon bald hatte das selbst ernannte Finanzgenie den Mann gefunden, von dem es sich mehr Verständnis versprach: Adolf Hitler. »Wenn die demokratischen Regierungen nicht selber das Gesetz des Handelns an sich nahmen, so konnte man von der Agitationskraft Hitlers noch allerhand erwarten«, schrieb er rückblickend. Den ersten persönlichen Kontakt mit dem Führer der Nationalsozialisten hatte Hermann Göring vermittelt. Ein »zwangloses Abendessen« sollte es am 5. Januar 1931 werden. Der Mann, der später auf wertvollem Porzellan in pompösem Ambiente die erlesensten Speisen servieren ließ, lud zur Erbsensuppe in seine Berliner Wohnung. Rümpfte Schacht anfangs über die »mäßig große Mietetage mit gutbürgerlicher Einrichtung« noch die Nase, so war er über den Auftritt des Ehrengasts voll des Lobes: »In diesem Hitler steckte ein mitreißender Elan, ein Tatwille, der sich nicht mit theoretischen Überlegungen aufhalten, sondern in praktisches Handeln umsetzen würde.«

Natürlich erkannte Schacht, dass die wirtschaftspolitischen Vorstellungen der NSDAP dürftig waren, mehr als »geistige Armut« konnte er Parolen wie »Gemeinnutz geht vor Eigennutz« nicht attestieren. Umgekehrt mochten selbst Forderungen nach der »Brechung der Zinsknechtschaft« den ehemaligen Bankdirektor nicht irritieren. Auf Inhalte kam es ihm auch gar nicht an. Das Entscheidende für den Reichsbankpräsidenten außer Dienst war Hitlers »propagandistische Kraft«. Für die Inhalte glaubte er sorgen zu können. Der Magier, der sich aus der großen Politik verabschiedet hatte, wollte als Zauberer im Hintergrund die Geschicke steuern und die Akteure in der Manege kontrollieren. »Die Nazis können nicht regieren, aber ich kann durch sie regieren«, erklärte Schacht der US-Journalistin Do-

Es gab eine einfache Erbsensuppe mit Speck zum Essen, und insbesondere machte die erste Frau Görings einen ganz hervorragenden Eindruck. Nach dem Abendbrot erschien Hitler, und es entspann sich eine Unterhaltung, die sich in der Weise abspielte, dass, sagen wir, fünf Prozent des Sprechens auf uns entfielen und 95 Prozent des Sprechens auf Hitler. Der Inhalt seiner Ausführungen betraf nationale Fragen, in denen er völlig mit uns d'accord ging. … Nicht Beseitigung, aber Einflussnahme auf die Art und Weise der Lenkung der Privatwirtschaft wurde gefordert, und es schien uns, als ob diese Gedanken durchaus vernünftig und annehmbar waren.

Aussage Schachts in Nürnberg über das erste Treffen mit Hitler

»Der nationale Sturmwind möge nicht ermatten«: Hitler spricht während der Zusammenkunft der »Harzburger Front« im Oktober 1931. Schacht sitzt in der zweiten Reihe hinter Hugenberg

rothy Thompson im März 1931, als diese wissen wollte, wer in der aufstrebenden Partei die wirtschaftlichen Probleme zu lösen imstande sei. Und rückblickend hielt Schacht an dieser Rechtfertigungsstrategie fest. In seiner Autobiografie schrieb er nach dem Krieg: »Was mich veranlasste, aus meiner bis dahin geübten Reserve herauszutreten, waren die Erfahrungen mit den nationalsozialistischen Wirtschaftspolitikern. Wenn sie die Bank- und Währungspolitik in die Hand bekommen würden, so sah ich ein Scheitern der Wirtschaftspolitik voraus.« Und nur einer konnte den Zusammenbruch verhindern: Hjalmar Schacht – das zumindest glaubte Hjalmar Schacht.

Der Möchtegern-Drahtzieher zog seine ersten Fäden im Gespräch mit Heinrich Brüning. Im März 1931 drängte er den Reichskanzler, der ohne parlamentarische Mehrheit regierte, die NSDAP als zweitstärkste Reichstagsfraktion an der Regierung zu beteiligen. Brüning lehnte ab. Doch nicht nur seine politischen Kontakte setzte Schacht für sein neues Idol ein. Über seine vielfältigen Beziehungen zu den Spitzen der deutschen Wirtschaft erschloss er dem radikalen Außenseiter Kreise, die dem »Trommler« der nationalsozialistischen Bewegung bis dahin reserviert gegenüberstanden.

Öffentlich wurde der Rechtsruck Schachts bei einer Rede am 11. Okto-

Ein Mann, welcher nur seiner Ehrsucht und seines Machtstrebens wegen seine demokratischen Prinzipien verriet und sich zum willigen Werkzeug des Großkapitals degradierte, dagegen gegen jeden kulturellen Fortschritt und gegen jeden Ausbau der Sozialreform wetterte, wenn dazu Steuern erforderlich waren.

Carl Severing, ehemaliger preußischer Innenminister, 1947

ber 1931. In Bad Harzburg hatten sich die führenden Köpfe der verschiedenen deutschnationalen Gruppierungen und der NSDAP getroffen. Bei allen Unterschieden und persönlichen Animositäten einte sie ein Ziel: die Bekämpfung der Weimarer Republik. Hjalmar Schacht sollte nach Alfred Hugenberg, Adolf Hitler und Feldmarschall Rüdiger von der Goltz eine Rede halten. Explizit als »Wirtschaftler ohne jede parteimäßige Bindung« sprach der ehemalige Reichsbankpräsident und erweckte den Eindruck, als äußerte er sich als Vertreter der deutschen Industrie. »In der Tat hat die deutsche Wirtschaft an dem Enderfolg der nationalen Bewegung das brennendste Interesse«, erklärte Schacht. Seine verbalen Attacken gegen die Reichsregierung unterschieden sich kaum von den Angriffen seiner Vorredner. Er prangerte »die falschen inneren Grundlagen des bisherigen Systems, seine Unaufrichtigkeit, seine Rechtsunsicherheit« an. Der Schulterschluss Schachts mit den Vertretern der rechtsradikalen Opposition gipfelte in dem Satz: »Darum wünsche ich, dass der nationale Sturmwind, der durch Deutschland fegt, nicht ermatten möge, bis die Wege zur Selbstbehauptung und zum Enderfolg wieder freigemacht sind.«

Dass gerade seine Stimme in die »ungehemmte Flut nationalistischer Reden« einstimmte, erstaunte nicht nur die *New York Times*. »Es wird allgemein bedauert, dass ein Finanzmann von internationalem Renommee sich zu einer solchen Entgleisung hinreißen ließ«, kabelte ein amerikanischer Korrespondent über den Großen Teich.

Schacht war nicht nur bereit, sich öffentlich für die so genannte Harzburger Front zu engagieren. Mindestens ebenso wichtig wie die propagandistische Unterstützung waren die Aktivitäten, die Schacht hinter den Kulissen entwickelte. »Sie können auf mich zählen als Ihren zuverlässigen

Im Juli oder August, es war in meinem Hause – als ich Reichskanzler war, im Jahre 1932 –, kam Schacht, um mich aufzusuchen. Er sagte: »Da ist ein sehr intelligenter Mann« – es war in Gegenwart meiner Frau, ich habe es nie vergessen –, »geben Sie ihm Ihre Stellung, geben Sie die Stellung Hitler. Das ist der einzige Mann, der Deutschland retten kann.«

Franz von Papen

Helfer«, versicherte er Hitler am 28. August 1932. Auch in seiner Unterschrift übernahm der ehemalige Reichsbankpräsident die neuen Sprachregelungen – er grüßte »mit einem kräftigen Heil«.

Ich habe vor den Juliwahlen 1932 mit keinem einzigen Wort schriftlich oder mündlich für den Nationalsozialismus Partei genommen.

Schacht, *»Abrechnung mit Hitler«*

Und Schacht wurde auf vielen Feldern aktiv: Es entstand die »Arbeitsstelle Schacht«, ein von den führenden Köpfen der deutschen Industrie mitfinanziertes Büro, das ein auf die Interessen von Handel und Industrie abgestimmtes Wirtschaftsprogramm für die NSDAP erarbeiten sollte. Schacht wurde zudem Mitglied im Keppler-Kreis, benannt nach Wilhelm Keppler, der glaubte, dass Hitler in Wirtschaftsfragen auf seinen Rat hörte.

Neben dieser Arbeit in inhaltlichen Fragen trug Schacht mit einer Vielzahl von Aktionen im Hintergrund wesentlich dazu bei, Hitler in Kreise der Wirtschaft einzuführen. Lange Zeit hatten die meisten deutschen Industriebosse sich zurückhaltend gezeigt. Außer Fritz Thyssen, der die NSDAP großzügig unterstützte, flossen die Spenden aus der deutschen Schwerindustrie spärlich. Doch schon bald und nicht zuletzt auf Schachts Betreiben hin unterstützten die Spitzenvertreter der Industrie die Nazis und die Deutschnationalen im Wahlkampf 1933. Die Liste der Geldgeber liest sich wie ein »Who's who« der deutschen Wirtschaft: von Fritz Thyssen bis Gustav Krupp, von Albert Vögler (Vereinigte Stahlwerke) bis zu Georg von Schnitzler (IG Farben). Bei einer Veranstaltung am 20. Februar, zu der Hermann Göring Vertreter der Schwerindustrie eingeladen hatte, brachte Hjalmar Schacht nach einer aufpeitschenden Rede Hitlers das Anliegen der künftigen Machthaber auf den Punkt: »Und nun, meine Herren, zur Kasse.« Die Wirtschaftsbosse folgten brav dieser Aufforderung. Drei Millionen Reichsmark kamen für die NSDAP zusammen.

Auch auf dem politischen Feld betätigte sich Schacht als Drahtzieher: Im November 1932 initiierte er als Mitglied des »Freundeskreises der Wirtschaft« eine Petition deutscher Industrieller und Bankiers an Paul von Hindenburg: »Wir bekennen uns frei von jeder engen parteipolitischen Einstellung«, hieß es zunächst scheinbar objektiv, um dann jedoch sofort in die andere Richtung zu schwenken: »Wir erkennen in der nationalen Bewegung den verheißungsvollen Beginn einer Zeit, die durch Überwindung des Klassengegensatzes die unerlässliche Grundlage für einen Wiederaufstieg der deutschen Wirtschaft

Es war in dem Buch *»Mein Kampf«* und zum Teil auch im Parteiprogramm ein Punkt enthalten, der mir sehr zu denken gab: Das war die völlige Verständnislosigkeit allen Wirtschaftsproblemen gegenüber.

Schacht

Ich erinnere mich, dass Schacht als eine Art Gastgeber auftrat. Während ich erwartet hatte, dass Göring kommen würde, kam Hitler herein, schüttelte jedem die Hand und setzte sich an dem Tisch nieder. In einer langen Rede sprach er hauptsächlich über die Gefahr des Kommunismus, über den er angeblich gerade einen entscheidenden Sieg errungen hätte.
Eidesstattliche Erklärung von Georg von Schnitzler, Vorstandsmitglied der IG Farben

erst schafft. Wir erachten es für unsere Gewissenspflicht, Eure Exzellenz ehrerbietigst zu bitten, dass zur Erreichung des von uns gesetzten Zieles Eurer Exzellenz die Umgestaltung des Reichskabinetts in einer Weise erfolgen möge, die die größtmögliche Volkskraft hinter das Kabinett bringt.«

Was hier wortreich umschrieben wurde, ließ sich auf einen einfachen Nenner bringen: Hindenburg sollte Hitler zum Reichskanzler ernennen. Es blieb nicht die einzige Aktion, mit der Schacht sich als Propagandist für einen Reichskanzler Hitler präsentierte. Am 22. November erklärte er in einem Interview, dass der Führer der NSDAP »der einzige geeignete Mann für das Amt des Reichskanzlers« sei.

Am 30. Januar 1933 hatten Hitler und seine Helfer ihr großes Ziel erreicht: Der greise Reichspräsident ernannte den ehemaligen Gefreiten zum Reichskanzler, der an der Spitze einer Regierung stand, in der die konservativen Kräfte zwar zahlenmäßig in der Überzahl, an Entschlossenheit ihren nationalsozialistischen Ministerkollegen aber deutlich unterlegen waren.

Nach dem Krieg legte Schacht großen Wert darauf, nie Mitglied der NSDAP gewesen und vor der Juli-Wahl 1932 nie öffentlich für die Partei Hitlers eingetreten zu sein – seine früheren Aktivitäten hinter den Kulissen verschwieg er. Die Begründung, mit der Schacht vor internationalen und deutschen Gerichten sowie in einer Vielzahl von Büchern und Interviews seine Unterstützung verteidigte, überrascht: »Es gab nur noch die Wahl zwischen einer Militärregierung, die nur durch Verfassungsbruch erstellt werden konnte, und einer Reichskanzlerschaft Hitlers. Ich habe mich nach meiner ganzen demokratischen Grundeinstellung gegen die Militärregierung und für eine Kabinettsbildung durch die Nationalsozialistische Partei ausgesprochen.«

Im Grunde seines Herzens immer ein Demokrat? So sah sich Hjalmar Schacht. In seiner Logik war die Regierung Hitler eine »verfassungsmäßige

»Und nun, meine Herren, zur Kasse«: Schon vor Hitlers »Machtergreifung« versuchte Schacht, für die NSDAP Spenden aus der Wirtschaft aufzutreiben

Ich bin nicht bloß abwartender Beobachter geblieben, sondern ich habe mich mit allen Fasern an dem Bemühen beteiligt, das Hitler-Regime in ein ruhiges, klares Fahrwasser zu steuern. Die Aufgabe, vor der die demokratischen Politiker die Flucht ergriffen, ich habe sie angepackt.
Schacht

Luther sagt, was er glaubt,
Hitler glaubt, was er sagt,
Goebbels glaubt nie, was er sagt,
Schacht sagt nicht, was er glaubt.
Berliner Flüsterwitz

Koalitionsregierung der politischen und parlamentarischen Rechten«. War da aber nicht das Ermächtigungsgesetz am 23. März 1933? »Das Zustandekommen habe ich als Zuschauer auf der Tribüne an mir vorüberziehen sehen«, lautete seine nachträgliche Rechtfertigung. Und selbst dort, wo die Methoden der neuen Machthaber offenkundig waren, fand Schacht stets eine das eigene Versagen relativierende Erklärung: »Es muss zugestanden werden, dass die Kampfmethoden der Nationalsozialisten eine Zusammenarbeit mit ihnen nicht gerade verlockend machten, aber das durfte für eine politische Notwendigkeit kein Hindernis sein«, schrieb er nach dem Krieg in seinem Buch »*1933 – Wie eine Demokratie stirbt*«. Als Sterbehelfer sah er sich nie.

Seine Abkehr von den demokratischen Parteien erklärt sich aus der Enttäuschung darüber, dass diese seine Ratschläge ignorierten. So mochte es auch verletzte Eitelkeit sein, die Schacht veranlasste, Hitler zu unterstützen. Und er war nicht der Einzige, bei dem sich eine fundamentale Fehleinschätzung seines Gegenübers mit fataler Überschätzung der eigenen Möglichkeiten mischte. Gleich zahlreichen anderen Konservativen gedachte er, sich der Nationalsozialisten zum Sturz der ungeliebten Weimarer Republik zu bedienen und sie dann unter Kontrolle zu halten. Wie viele Konservative wollte Schacht ein »großes und starkes Deutschland«.

Es war nicht nur Dank für die Unterstützung vor der »Machtergreifung«, die Hitler veranlasste, Hjalmar Schacht am 16. März 1933 das Amt des Reichsbankpräsidenten anzubieten. Der neue Reichskanzler brauchte eine Galionsfigur, um sich der Unterstützung der konservativen Kreise zu versichern. Das Signal an das In- und Ausland lautete: Mit dem Vater der

Ich habe mit wachsender Enttäuschung gesehen, wie sich hier die Mittelparteien selbst entmannten. Mit diesem Ermächtigungsgesetz vom 23.März 1933 wurde jede Opposition gegen das Hitler-Regime unmöglich gemacht. Dass die nationalsozialistische Bewegung zur größten Regierungspartei werden konnte, verdankte sie der Unfähigkeit der früheren Regierungen, die nicht imstande gewesen waren, das wirtschaftliche Elend der Bevölkerung zu meistern.
Schacht im Jahr 1953 zum Ermächtigungsgesetz vom 23. März 1933

»Brennendes Interesse für die Wohlfahrt der breiten Massen unseres Volkes«: Präsidiumssitzung der Reichsbank unter ihrem Chef Hjalmar Schacht im Jahr 1933

Rentenmark würde ein anerkannter Finanzfachmann künftig die Geschicke der deutschen Währung leiten. Wer wäre geeigneter, internationales Vertrauen in die neue Regierung herzustellen, als der Mann, der weltweit als Inbegriff deutscher Zuverlässigkeit galt?

Zur psychologischen Aufgabe kam ein drängendes praktisches Problem, dessen Lösung Hitler versprochen hatte: die Beseitigung der Arbeitslosigkeit. Schacht galt als der Mann, der 1923 schon einmal die deutsche Wirtschaft gerettet hatte. Niemand war davon mehr überzeugt als Schacht selbst. Und so wundert es nicht, dass er Hitlers Angebot annahm: »Nicht aus persönlichem Ehrgeiz, nicht aus Übereinstimmung mit der NSDAP, nicht aus Gewinnsucht habe ich mein altes Amt wieder übernommen. Es geschah einzig und allein aus dem brennenden Interesse für die Wohlfahrt der breiten Massen unseres Volkes.«

Deutschland hatte Hilfe dringend nötig. Die Preise verfielen rapide, die Schulden stiegen. Die Republik stöhnte unter den Belastungen der Re-

Ich wollte eine prosperierende Wirtschaft schaffen und auf die Durchführung sonstiger, teilweise irrationaler Gedanken und Ziele der Partei verzichten.

Schacht

Er war davon überzeugt, dass die Wirtschaft über die Politik herrscht und nicht umgekehrt.

Cordula Schacht, Tochter

parationszahlungen. Schlimmer noch: Deutschland mangelte es an Devisen, um aus eigener Kraft wieder auf die Beine zu kommen. Es bestand angesichts der weltwirtschaftlichen Gesamtsituation kaum Aussicht auf Besserung. Andere Staaten hatten Zollhindernisse aufgebaut, und für die auf Exporterlöse angewiesene deutsche Industrie waren die Chancen denkbar gering, ihre Waren auf dem Weltmarkt abzusetzen. Was also sollte den 6,5 Millionen Arbeitslosen wieder zu Lohn und Brot verhelfen? Wie sollten Arbeitsplätze geschaffen werden? Wie konnte der Weg in den Staatsbankrott gestoppt werden? Und vor allem: Wer sollte das bezahlen? Es war ein riesiger Berg von Problemen, vor dem die neue Führung stand – und woran sie wie ihre demokratischen Vorgänger schon bald scheitern sollte. Das zumindest glaubten viele Gegner der braunen Machthaber in Berlin.

Sie alle trauten ihren Augen nicht, als die Arbeitslosigkeit zum Jahresende 1933 um zwei Millionen gesunken war und in den folgenden Jahren weiter fiel. Mitte der Dreißigerjahre herrschten in Hitlers Reich Vollbeschäftigung und sogar Arbeitskräftemangel. Gleichzeitig war ein großer Teil der deutschen Privatschulden im Ausland zurückgezahlt, die Exporte florierten, die Reichsmark hatte sich als stabil erwiesen. Offensichtlich waren die öffentlichen Haushalte auf dem Weg der finanziellen Gesundung.

Erneut erschien Hjalmar Schacht als der Mann, der diese Herkulesaufgabe bewältigt hatte. Er galt als Spiritus Rector eines der gewaltigsten Arbeitsbeschaffungsprogramme, das die Welt je gesehen hatte. Er finanzierte den Aufschwung ohne Schulden, er brachte die Arbeitslosen von der Straße. Und da nichts erfolgreicher ist als der Erfolg, wurde Schachts beruflicher Erfolg auch zu seinem persönlichen Erfolg. War er 1933 als Reichsbankpräsident angetreten, so holte ihn Hitler im August 1934 als Reichswirtschaftsminister in sein Kabinett. Kein weiteres Jahr später, am 31. Mai 1935, vertraute er ihm zusätzlich das Amt des Generalbevollmächtigten für die Kriegswirtschaft an.

Hjalmar Schacht – der Finanzmagier. Der Mann voller Ideen, der Deutschland aus dem tiefen Tal wirtschaftlicher Depression führte. So will es die Legende. Und wie alle Legenden enthält auch diese einen wahren Kern – und viel Übertreibung. Die wahren Leistungen liegen auf einem anderen Gebiet – und genau dort ist auch nach dem Hauptkritikpunkt zu suchen, der die Politik Schachts in ein kritisches Licht tauchen muss.

Er gehört in seinem innersten Denken zur nationalsozialistischen Bewegung lange, ehe er auch äußerlich mit ihr zusammengeht, ja als er noch zu den Regierenden des alten Regimes zählt.
Franz Reuter, Biograf Schachts, 1934

Der erste Schritt zur Bekämpfung der Arbeits-

»Grandioser Propagandacoup«: Der erste Spatenstich Hitlers zum Bau der »Reichsautobahn« zwischen Frankfurt/M. und Heidelberg, September 1933

losigkeit sah so aus: Schacht stellte über die Reichsbank eine Milliarde Mark zur Verfügung, um die Arbeitsbeschaffungsmaßnahmen zu finanzieren. Heute würde man es steuersubventioniertes Modernisierungsdarlehen nennen, damals hieß es Reinhardt-Programm, nach seinem geistigen Vater, dem Steuerfachmann Fritz Reinhardt, der für die NSDAP im Reichstag saß. Schacht realisierte, was andere zuvor geplant hatten. Ähnliches galt auch für seinen zweiten Schritt: die Bereitstellung eines Kredits zum Bau von Autobahnen. Heute hieße es Infrastrukturinvestition. Damals war es ein grandioser Propagandacoup, denn die Tiefbauunternehmen stellten nicht nur sofort Arbeitskräfte ein. Mit dem Bau der Autobahnen demonstrierten die neuen Herren darüber hinaus ihre Modernität. Auch hier konnte sich Schacht auf umfangreiche Vorarbeiten stützen. Im Arbeitsministerium lag eine durchkalkulierte Untersuchung zur Realisierung und Finanzierung des Projekts »Hafraba« vor, dem Autobahnnetz, das Hamburg mit Frankfurt und Basel verbinden sollte. Schon in den Zwanzigerjahren war die Idee eines Systems von Schnellstraßen, das sich über ganz Deutschland erstreckte, entstanden. Hier, wie beim Reinhardt-Programm oder dem Papen-Plan, der deutschen Unternehmen Steuervorteile bei der Einstellung von Arbeitslosen garantierte, konnte Schacht auf bereits existierende Pläne zurückgreifen. Das eigentliche Geheimnis des Erfolgs von Hjalmar Schacht: Er setzte auf Psychologie. Die Finanzwelt vertraute dem ehemaligen Privatbankier – und stellte Kredite zur Verfügung. Die Industrie vertraute dem Reichsbankpräsidenten – und nahm die Kredite in Anspruch. Und auch ausländische Regierungen zählten auf den Mann, der schon einmal die deutsche Währung gerettet hatte – und akzeptierten Vorschläge Schachts, auch wenn sie den Verzicht auf einen Großteil ihrer Ansprüche bedeuteten. Und genau deshalb war der Mann an der Spitze der Reichsbank für Hitler so wichtig: Der Mann schuf Vertrauen. Er sicherte der NSDAP-Führung in Deutschland die Zustimmung der konservativen Eliten und die Akzeptanz im Ausland.

Ein Bankdirektor ist kein Buchhalter. Bei seiner Arbeit kommt es auf die Beherrschung ganz anderer Künste an: Psychologie zum Beispiel, Kenntnis der Wirtschaft, gesunden Menschenverstand, die Fähigkeit zu entscheiden, vor allem aber Einsicht in das Wesen des Kredits.

Schacht

Darauf aufbauend praktizierte Schacht ein Finanzierungssystem, das stets mit seinem Namen in Verbindung gebracht wird, auch wenn das Prinzip nicht von ihm selbst entwickelt worden ist. So ist es zwar nicht falsch, wenn Schacht rückblickend schreibt: »Ich ersann das System der Mefo-Wechsel.« Doch ganz richtig ist es auch nicht.

Das Problem: In Deutschland fehlte es an Geld – um die Auslandsschulden zu zahlen, für Investi-

Oben: »Die Arbeitslosen von der Straße gebracht«: Arbeiter an der »Reichsautobahn« demonstrieren ihre Zustimmung zum NS-System
Unten: »Gewaltiges Arbeitsbeschaffungsprogramm«: Schacht besichtigt mit Hitler und dem Generalinspekteur für das deutsche Straßenwesen Fritz Todt eine Baustelle der »Deutschen Alpenstraße«

Er erfand ein System, bei dem fünfjährige Schuldverschreibungen, bekannt als Mefo-Wechsel, die von der Reichsbank garantiert, aber in Wahrheit durch nichts weiter gedeckt waren, als deren Stellung als Ausgabebank, und die dazu benutzt wurden, um vom kurzfristigen Geldmarkt große Summen für die Aufrüstung zu erhalten.

Aus der Klageschrift gegen Schacht in Nürnberg

tionen, um Arbeitsplätze zu schaffen. Ein Weg, das erforderliche Geld zu beschaffen hätte darin bestanden, neue Banknoten zur drucken. Doch diesen Weg scheute Schacht wie der Teufel das Weihwasser, denn dies führte direkt in die Inflation, da die Geldmenge wächst, ohne dass sich gleichzeitig die Warenproduktion erhöht.

Doch längst gab es eine andere Finanzierungsmöglichkeit: Bereits 1930 war die »Deutsche Gesellschaft für öffentliche Arbeiten AG« gegründet worden. Dieses kurz »Oeffa« genannte Institut hatte die Aufgabe, öffentlichen Unternehmen Kredite einzuräumen, die mit einem Wechsel abgesichert wurden. Diesen Wechsel wiederum konnten Banken bei der Reichsbank als Sicherheit einreichen, um sich ihrerseits Bargeld zu beschaffen. Damit war dieser diskontierbare Wechsel im Prinzip wie bares Geld – ohne dass die Geldmenge wuchs und damit die Inflationsgefahr stieg. Die Wechsel traten an die Stelle barer Kassenbestände, wodurch »eine schädigende Vermehrung des Banknotenumlaufes vermieden wurde«, wie Schacht das Prinzip dieser Finanzierungsquelle erläuterte.

Seine ersten Schritte der Arbeitsbeschaffung finanzierte Schacht mit diesen Oeffa-Wechseln. Zur Finanzierung der nächsten Schritte schuf Schacht nach dem gleichen Prinzip ein anderes Instrument: die Mefo-Wechsel. Mit einem Grundkapital von einer Million Mark gründete er die »Metallurgische Forschungsgesellschaft m.b.H.«. Diese kurz »Mefo« genannte Scheinfirma sollte nicht forschen, auch wenn es um Metall ging. Der Gründungszweck war vielmehr die Finanzierung von Rüstungsaufträgen. Folgerichtig wurden die Anteile der Mefo zu je 25 Prozent von den

Reichsbankpräsident Dr. Schacht schlug nach Überlegung verschiedener Finanzierungsmethoden schließlich die Einführung der »Mefo-Wechsel« zur Beschaffung eines wesentlichen Teiles der für die Aufrüstung nötigen Gelder vor. Für diese Methode sprach der besondere Vorzug der Geheimhaltung der Aufrüstung während der ersten Jahre ebenso wie auch die Zahlen durch Anwendung der »Mefo-Wechsel« geheim gehalten werden konnten, die durch andere Finanzierungsmethoden der Öffentlichkeit bekannt geworden wären.

Erklärung des Reichsbankdirektors Emil Puhl, November 1945

vier großen Konzernen Krupp, Siemens, Rheinstahl und Gutehoffnungshütte übernommen. Die Mefo gab Anleihen heraus, die mit vier Prozent verzinst und nach drei Monaten zum Nennwert an die Reichsbank zurücküberwiesen werden konnten.

Mit diesen Anleihen wurden die Firmen bezahlt, die das Material oder Vorprodukte lieferten, die für das eigentliche Projekt erforderlich waren: die deutsche Aufrüstung. Die gesamte deutsche Industrie produzierte nun auf Hochtouren allerorten im Reichsgebiet alles, was die deutsche Armee brauchte.

Die Auswirkungen der durch Mefo-Wechsel finanzierten Folgen auf den Arbeitsmarkt überstiegen schnell die Beschäftigungseffekte der Oeffa-Wechsel. Schon im Jahr 1934 wurde für Rüstungszwecke mit etwa vier Milliarden Reichsmark fast ebenso viel Geld ausgegeben wie in den Jahren 1933 und 1934 für zivile Projekte. Insgesamt stieg das Kreditvolumen aus den Mefo-Wechseln auf zwölf Milliarden Reichsmark im Jahr 1937. Und das, obwohl das Eigenkapital der Firma gerade mal eine Million betrug. Mussten sich die Schuldner keine Gedanken machen, dass die Wechsel platzten und ihr Kapital verloren wäre? Keineswegs – versicherte Hjalmar Schacht noch Jahre später. Denn die Reichsbank garantierte die Einlösung der Wechsel, und der Mann an der Spitze der Reichsbank setzte darauf, dass diese Investition Früchte tragen würde. Nach seiner Auffassung handelte es sich bei diesem Konzept der Mefo-Wechsel nur um eine Anschubfinanzierung, die sich langfristig rechnen würde. Damit war Schacht durchaus auf der Höhe der nationalökonomischen Diskussion seiner Zeit. Was Schacht hier praktizierte, war nichts anderes als das, was John Maynard Keynes als »deficit spending« theoretisch fundierte. Auch wenn sein Standardwerk erst 1936 herauskam – die Vorarbeiten für seine moderne Volkswirtschaftstheorie, in der die lahmende private Nachfrage durch kreditfinanzierte Staatsaufträge angekurbelt wird, waren schon erschienen –, dem gelernten Volkswirt Hjalmar Schacht war dieser revolutionäre Denkansatz bereits bekannt. Der unumschränkte Star der deutschen Wirtschafts- und Finanzpolitik hegte keinen Zweifel: Sein »ingeniöses Konzept« würde aufgehen. Der Aufschwung würde kommen, der Motor der Wirtschaft würde anspringen. »Trat die wirtschaftliche Besserung ein, die ich von der Arbeitsbeschaffung erwartete, dann mussten die Steuereinnahmen steigen, und das Budget würde in der Lage sein, die Last der Rückzahlung zu tragen.« Für alle Fälle hatte der Herr der Kassen eine Sicherung zwischengeschaltet: Die Wechsel hatten eine Höchstlaufzeit von fünf Jahren, dann musste mit der Rückzahlung begonnen werden. Und eine zweite Sicherung war von dem alten Finanzfuchs eingebaut worden, die zudem einen weiteren Vorteil hatte: nämlich das Schuldenproblem zu lösen.

Deutschland drohte an seinen Auslandsschulden zu ersticken. Die staatlichen und privaten Verbindlichkeiten des Reiches waren gigantisch – und die Aussicht auf eine Rückzahlung war gering. Die Reparationsleistungen sollten nach dem Young-Plan von 740 Millionen auf zwei Milliarden Reichsmark jährlich steigen, während die deutschen Exporterlöse nur wenig mehr als vier Milliarden betrugen und sich ständig verminderten.

Bereits auf der Weltwirtschaftskonferenz im Juni 1933 hatte Schacht den schockierten ausländischen Gläubigern erklärt, dass Deutschland seine Schulden auf keinen Fall in vollem Umfang würde begleichen können. Aus dem ursprünglichen Zahlungsmoratorium, das er zu Jahresbeginn gegenüber dem neuen amerikanischen Präsidenten Roosevelt angekündigt hatte, wurde nun zunächst eine Reduzierung der Zinszahlungen von 5,5 auf vier Prozent und dann sogar eine Verringerung der Schuldenlast.

Am 9. Juni 1933 wurde per Gesetz die so genannte Konversionskasse ins Leben gerufen. Unter Verwaltung der Reichsbank mussten künftig alle Rückzahlungen von ausländischen Krediten an diese Konversionskasse geleistet werden. Die deutschen Schuldner wurden dadurch schuldenfrei. In welchem Umfang jedoch die ausländischen Gläubiger zu ihrem Geld kamen, das entschied allein die Reichsbank. Sie bot den Kreditgebern eine Rückzahlung mit einem 50-prozentigen Abschlag vom ursprünglichen Schuldenbetrag an. Dabei sollten angesichts der knappen deutschen Devisenbestände die Schulden nicht mit harter Währung beglichen werden. Die Hälfte der Zahlungen wurde mit so genannten Scripts bestritten, einer speziellen Form der Schuldscheine, die in eine besondere Währung umgetauscht werden konnten. Was finanzwirtschaftlich kompliziert klingt und Währungswissenschaftlern den Angstschweiß auf die Stirn trieb, folgte einem einfachen Prinzip: Schacht hatte kein Geld – also erfand er ein neues Zahlungsmittel.

Die Scripts-Schuldverschreibungen konnten gegen Mark umgetauscht werden. Allerdings nicht gegen die allgemein gültige Reichsmark, sondern gegen neue Mark-Typen, mit denen nur bestimmte Leistungen in Deutschland bezahlt werden konnten. Also gab es die Reisemark, um Reisekosten in Deutschland abzugelten. Es gab die Registermark, mit der deutsche Produkte für den Export gekauft werden konnten. Es gab die Askimark (Ausländer-Sonderkonti-Mark), um konkrete Projekte in Deutschland zu finanzieren. Spötter erfanden sogleich die Bordellmark und Biermark – allerdings konnte man damit keine entsprechenden Leistungen bezahlen.

»Internationales Ansehen«: Schacht im Mai 1933 bei US-Präsident Roosevelt. Links neben Schacht der deutsche Botschafter und Amtsvorgänger Schachts, Hans Luther

Bald kursierte im »Dritten Reich« ein viel erzählter Flüsterwitz: »Göring, Goebbels und Schacht speisten in einem Restaurant, und alle blieben unerkannt. Warum? Göring trug weder Uniform noch Orden, Goebbels sagte den ganzen Abend kein Wort und Schacht – zahlte.« Seine persönliche Sparsamkeit übertrug der höchste Bankier im Reich auf die gesamte deutsche Volkswirtschaft – und auf die Weltwirtschaft gleich mit.

Warum sich das Ausland auf diese Bedingungen einließ? Ganz einfach: Schacht wandte eine Taktik von Zuckerbrot und Peitsche an. Auf der einen Seite schilderte er sehr sachlich die verfahrene Situation Deutschlands und warb um Unterstützung. Die Fakten sprachen für sich: Devisenknappheit, hohe Reparationslasten, Hürden im internationalen Handel – wer wollte da widersprechen? Auf der anderen Seite malte er die Folgen aus, wenn sich das Ausland nicht kompromissbereit zeigen würde. Am 15. März 1934 erklärte er vor der Deutsch-Amerikanischen Handelskammer in Berlin unverblümt: »Das Ausland kann nur dann wieder Geschäfte mit uns machen, wenn es seine deutschen Verluste abgeschrieben hat.« Noch deutlicher wurde er auf der Transferkonferenz im April 1934: »Der 1. Juli wird der Tag der Wahrheit sein«, kündigte er unmissverständlich an und malte das Menetekel eines Staatsbankrotts zum genannten Datum an die Wand. Die ausländischen Banken akzeptierten schließlich, den drohenden Komplettverlust ihrer Investitionen vor Augen, die reduzierten Rückzahlungsbedingungen. So sparte Schacht dem deutschen Staat allein durch die verringerten Zinsbelastungen Zahlungen in zweistelliger Millionenhöhe.

Der nächste Schritt folgte schnell. Im September verkündete Schacht den »Neuen Plan« – ein ausgeklügeltes System der Devisenkontrolle, mit welcher der zum Wirtschaftsdiktator aufgestiegene Reichsbankpräsident und Wirtschaftsminister die deutsche Volkswirtschaft lenken konnte. Der »Neue Plan« besiegelte das Ende der »alten Marktwirtschaft« und des freien Unternehmertums. Der Grundsatz vom freien und unbeschränkten Handel galt nicht mehr. Schacht hatte mit dem Zahlungssystem der Scripts das Geld als Tauschmittel außer Kraft gesetzt. Waren wurden nicht mehr bezahlt, sondern gegen andere Leistungen verrechnet. Die deutsche Industrie erwarb ihre dringend benötigten Rohstoffe – vor allem in Südamerika und auf dem Balkan – nicht mehr gegen harte Devisen, sondern im Tausch Ware gegen Ware. »Nur das kaufen, was wir bezahlen können, und in erster Linie dort kaufen, wo wir unsere Waren verkaufen können«, lautete die Maxime der NS-Wirtschaftspolitik. Mehr als die Hälfte des deutschen Außenhandels lief schon bald über diesen Finanzierungsweg. Als »Clearing«, Verrechnung, war das Prinzip in der theoretischen Volkswirtschaft definiert. Als »Rückkehr zum prähistorischen Tauschhandel« verdammten es die Praktiker des freien Welthandels. Zu ihnen hatte bis dahin auch Hjalmar Schacht gehört, der anders als die NS-Wirtschaftsideologen stets das hohe Lied der freien Wirtschaft gesungen hatte. Dass er trotz seiner praktischen Politik seinen Überzeugungen treu bleiben wollte, verdeutlichte er in einer Rede auf einer internationalen Konferenz am 30. August 1934 in Bad Eilsen. Hier erklärte der Mann, der die drastische Förderung zweiseitiger Handelsabkommen erzwungen hatte: »Ein konsequent durchgeführtes Clearing [Verrechnung] würde eine völlige Zerrüttung des Welthandels zur Folge haben. Man kann heute bereits einsehen, dass jede Art von Clearing keine Lösung des Problems darstellt.« Und bei anderer Gelegenheit verkündete Schacht: »Ich erkläre Ihnen, dass ich diesen so genannten Neuen Plan für etwas Scheußliches halte. Aber ohne dieses Verfahren ist nicht durchzukommen.«

Tatsächlich schien Schachts rigider Kurs erfolgreich. Deutschland sparte seine knappen Devisen und erhielt dennoch die nicht minder knappen Rohstoffe. Angenehmer Nebeneffekt: Da der Wert der Reichsmark im Vergleich zu den anderen Währungen künstlich hoch gehalten wurde, sank der Wert der deutschen Schulden. Eine Young-Anleihe verlor innerhalb von vier Jahren die Hälfte ihres Kurswertes – Schacht empfahl die Rückzahlung der Schulden mit der (überbewerteten) Reichsmark und strich den Gewinn für die Konversionskasse ein.

Und das war der ganz besondere Effekt dieses Systems: Von den Einsparungen profitierte die Konversionskasse. Aus diesen unverhofften Einnahmen wollte Schacht die Mefo-Wechsel zurückzahlen. Mit anderen Worten: Das Ausland finanzierte über den Verzicht auf Tilgung und Zinsleistungen zu einem guten Teil die deutsche Aufrüstung!

Langfristig zeichneten sich allerdings auch die negativen Folgen dieser Politik ab: Deutschland verlor seine Handelspartner. Länder wie Brasilien oder die Tschechoslowakei stellten ihre Lieferungen ein, weil sie für ihre guten Leistungen kein Geld, sondern nur Waren erhalten sollten, die sie nicht brauchten. Die völlige Zerrüttung des Welthandels begann – ganz so, wie es Schacht vorhergesagt hatte. Und nicht zuletzt setzte der deutsche Finanzzauberer sein wichtigstes Kapital aufs Spiel: das internationale Vertrauen. Freilich hatte Schacht neben der (fast) unbeschränkten Reputation im Ausland noch ein zweites Standbein: eine (fast) unbeschränkte Handlungsvollmacht nach innen. Mit seinen Erfolgen war der Bankier in den Jahren 1935 und 1936 auf dem Gipfel seines Ansehens in Deutschland und vor allem bei einem Mann: Adolf Hitler.

Seine herausgehobene Position in der deutschen Wirtschaft verdankte Schacht allein seiner persönlichen Beziehung zum »Führer und Reichskanzler«. Während Hitler zum politischen Diktator seines »Dritten Reiches« aufstieg und rücksichtslos seine Gegner ausschaltete, vollzog sich parallel der Aufstieg Schachts zum Wirtschaftsdiktator. Als »finanzieller Architekt« des neuen Systems konnte er in den ersten Jahren des NS-Regimes wirtschaftspolitisch nach Belieben schalten und walten. Die unbeschränkten Vollmachten hierzu hatte er von Hitler persönlich erhalten.

Es war eine symbiotische Gemeinschaft zweier ungleicher Partner, die gleiche Interessen zu haben schienen – zumindest glaubte das Schacht. »Die Besprechung mit Hitler hatte Übereinstimmung darüber ergeben, dass die Reichsbank tatkräftige Kredithilfe leisten würde, um ein großes Arbeitsbeschaffungsprogramm durchzuführen«, kommentierte er rückblickend seine Ernennung

Hitler verstand von Wirtschaft gar nichts. Solange ich ihm die Handelsbilanz in Ordnung hielt und die nötigen Devisen verschaffte, kümmerte er sich nicht darum, wie ich das zustande brachte.

Schacht

Ich war völlig einig mit ihm, solange er meine Politik machte; nachher nicht mehr, und dann bin ich gegangen.

Schacht über sein Verhältnis zu Hitler

»Ich war völlig einig mit ihm«: Schacht und Hitler während der Grundsteinlegung zum Neubau der Reichsbank in Berlin, Mai 1934

zum Reichsbankpräsidenten. Und als Begründung für seinen Eintritt in das Kabinett Hitlers führte er im Nachhinein an: »Die Aufgabe, die ich von der Reichsbankseite her in Angriff genommen hatte, konnte an einer unzulänglichen Wirtschaftspolitik scheitern. Mein Werk war in Gefahr. Eine Kombination von Währungspolitik und Wirtschaftspolitik war ein vernünftiger Gedanke. Ich traute mir zu, die geeigneten Wege zu finden.«

Schacht war intelligent genug zu sehen, mit welchen Methoden Hitler seine Macht ausgebaut hatte. Er war zudem nah genug am Zentrum der Macht, um zu erleben, wie rücksichtslos Hitler bei der Sicherung seiner Position auch mit bisherigen Gefolgsleuten umgegangen war. Musste die Interessenidentität, die in konkreten politischen Fragen zwischen dem Nationalsozialisten Hitler und dem Nationalkonservativen Schacht zu bestehen schien, nicht bei der Wahl der Methoden enden, mit denen die Ziele erreicht wurden? Und welche Schlüsse zog Schacht daraus? Er behauptete: »Ich bin bewusst in die Hitler-Regierung als ihr Gegner hineingegangen, insoweit sie zu ungerechten und gewalttätigen Maßnahmen neigte.« Ein ehrenwertes Unterfangen, das Schacht selbst mit der Überschrift »Opposition von innen« umschrieb. »Die Aufgabe, vor der die demokratischen Politiker die Flucht ergriffen, ich habe sie angepackt. Ich habe mich mit allen Fasern an dem Bemühen beteiligt, das Hitler-Regime in ein ruhiges, klares Fahrwasser zu steuern«, rechtfertigte er unmittelbar nach dem Krieg sein Tun. Sein Ziel: »Im Laufe der Zeit die guten Elemente zu sammeln und einen Widerstand gegen die zunehmende Terrorisierung zu wecken.« Seine Hoffnung: »Ein gutes Beispiel würde viele mitreißen.«

Bevor er Hitlers Angebot zur Übernahme des Wirtschaftsministeriums akzeptierte, stellte er dem »Führer und Reichskanzler« die Gretchenfrage: »Ich möchte wissen, wie Sie wünschen, dass ich die Judenfrage behandle.« Nach Schachts eigener Darstellung antwortete Hitler: »In der Wirtschaft können sich die Juden genauso betätigen wie bisher.« Schacht glaubte zu diesem Zeitpunkt, im August 1934, dieser Auskunft Hitlers – ungeachtet der offenkundigen Übergriffe der braunen SA-Horden gegen jüdische Geschäfte, ungeachtet der antijüdischen Propaganda, die überall zu beobachten war.

Man mag sich angesichts der lebenspraktischen Intelligenz eines Hjalmar Schacht über das Ausmaß an Naivität wundern, die das Wirtschaftsgenie in politischen Fragen zeigte. Erklärlich wird sie nur aus der Mischung von Unterschätzung des Gegners und Überschätzung der eigenen Möglichkeiten und Fähigkeiten. Selbst seine Tochter Cordula räumte später ein: »Wenn mein Vater eine Schwäche hatte, dann keine berufliche, sondern eher eine menschliche: Es war sein mangelndes Gespür, Menschen zu beurteilen. Nicht nur, dass mein Vater Hitler unterschätzte, er überschätzte auch seine eigene Macht, Hitler unter Kontrolle zu halten.«

Und sein Vorhaben erschien ihm zunächst auch durchaus erfolgversprechend. »In den ersten Jahren der Hitler-Zeit habe ich viele Dinge durchsetzen könne, die mir immer wieder die Hoffnung belebten, die Gesamtentwicklung zum Guten lenken zu können.« Dabei kämpfte Schacht vor allem gegen die Satrapen des »Dritten Reiches«, die hohen Nazi-Funktionäre, die ihm stets mit Misstrauen begegneten und in wesentlichen Punkten eine andere Politik betrieben. Dass ihm die Gesellschaft der braunen Parteigrößen unangenehm war, hatte weniger politische als vielmehr persönliche Gründe. »Das Unterhaltungsniveau war ein so plattes, dass ich auf jeden weiteren Kontakt mit dieser Tafelrunde verzichtete«, schrieb er über seine Teilnahme an den mittäglichen Essensritualen in der Reichskanzlei, bei denen Hitler seine Paladine um sich sammelte. »Den meisten fehlte die Bildung«, stellte der belesene Bildungsbürger Schacht völlig zu Recht fest. Das dumpfe Stammtischgerede, der brachiale Herrenwitzhumor waren seine Sache nicht. »Bei diesem Bildungsstand der Teilnehmer gab es keinen geselligen Abend, der nicht mit Sauferei und Zoterei geendet hätte. Das war nicht nach meinem Geschmack.« Schacht blieb in der Führungselite des »Dritten Reiches« ein Außenseiter – wegen seiner Leistungen respektiert, aber nicht geachtet; geduldet, weil er Hitlers Wertschätzung genoss, aber nie als Parteigenosse geschätzt. Umgekehrt versuchte Schacht von Anfang an, die Staatspartei NSDAP von den staatlichen Organen und einer »Machtergreifung der Partei« in der Wirtschaft fernzuhalten. Sein beständiger Kampf gegen die Einflussnahme der Parteibonzen war eine Konstante seiner Arbeit im »Dritten Reich«. Schacht repräsentierte die alte staatliche Ordnung, die Parteifunktionäre spielten sich als Propagandisten eines neuen Denkens auf. Dabei war die Zahl seiner Gegner groß, und die Fronten, an denen er sich ihrer Angriffe erwehren musste, waren vielfältig.

Doch unbeirrt glaubte Schacht an seinen Erfolg. Den hohen Beamten im Reichswirtschaftsministerium erklärte er unmittelbar nach seinem Dienstantritt: »Mein Ministerium soll ein Turm der Gerechtigkeit sein.« Einer seiner engsten Mitarbeiter sagte nach dem Krieg vor den alliierten Richtern im Nürnberger Prozess aus: »Dr. Schacht ließ sofort erkennen, dass er sich in seinem Arbeitsbereich und in der Wirtschaft für Recht und Sauberkeit rücksichtslos einsetzen würde.« Das Reichswirtschaftsministerium und die Reichsbank – eine Insel des Rechts, ein »Turm des Anstands«, wie Schacht intern immer wieder betonte: »Ich musste mit allen Mitteln aus meinem Ressort heraus versuchen, Recht und Gerechtigkeit zu verteidigen, wo immer sich dazu eine Möglichkeit bot.« Und Gelegenheiten dazu ergaben sich reichlich. Als eine der ersten Maßnahmen als Minister verfügte Schacht die Entlassung Gottfried Feders, des geistigen Vaters der NS-Wirtschaftsideologie. Hitler ließ den Erfinder von Kampfparolen wie »Brechung der Zinsknechtschaft« fallen. Kurz darauf erteilte Schacht einer anderen Ikone aus der Frühzeit der NS-Bewegung Hausverbot: Wilhelm Keppler. Doch Schacht entmachtete nicht nur Vertreter aus der zweiten Reihe der Nationalsozialisten, er scheute auch nicht den Kampf gegen die Größen der NSDAP: Ob Heinrich Himmler oder Hermann Göring, ob Joseph Goebbels oder Robert Ley – Schacht geriet mit allen Paladinen Hitlers aneinander. Nach seinem Amtsantritt im Wirtschaftsministerium legte ihm SS-Chef Himmler über seinen Adjutanten Kranefuß den sofortigen Rücktritt nahe. Schacht ließ den Emissär des gefährlichsten Mannes im »Dritten Reich« mit der ihm eigenen Mischung aus Selbstsicherheit und Arroganz abblitzen.

Als Innenminister Wilhelm Frick von Schacht die Umsetzung einer allgemeinen Anweisung forderte, wonach alle, auch die in der Reichsbank beschäftigten, Freimaurer aus öffentlichen Ämtern entfernt werden sollten, lehnte Schacht das Ansinnen kategorisch ab. Sein Argument: Mit ihm selbst stehe ein Freimaurer an der Spitze der Reichsbank, und solange er diese Position innehabe, könne er niemanden aus diesem Grund versetzen. Selbst die Auseinandersetzung mit NS-Propagandachef Goebbels scheute Schacht nicht. Er strich seinem Ministerkollegen die öffentlichen Mittel, aus denen dieser bis dahin seine Propaganda im Ausland finanziert hatte. Schacht sparte harte Devisen, wo immer er konnte. Und er war auch nicht bereit, Ausnahmen für Agitationszwecke zuzulassen.

Einer der erbittertsten Gegner Schachts in dessen Funktion als Wirtschaftsminister war der Führer der Deutschen Arbeitsfront (DAF), Robert Ley. So wie Schacht der prototypische Vertreter der staatlichen Ordnung war, so verkörperte Ley den Typus des Parteifunktionärs, der sich als Mitglied der neuen Elite sah. Die DAF verstand Ley als ständische Organisation, in der alle Arbeiter unter Führung der Partei zusammengeschlossen waren. Dementsprechend reklamierte Ley einen Anspruch auf Allzuständigkeit in wirtschaftlichen Fragen. Stellvertretend für den Streit, der sich an vielen Stellen entzündete, stand die Diskussion um die Handwerksausbildung. Während die Gesellenprüfung bis dahin von den Innungen abgenommen und von den Handwerkskammern und dem Wirtschaftsministerium überwacht wurde, wollte Ley nun die Ausbildung der DAF unterstellen, um zu gewährleisten, dass die Lehrzeit im »nationalsozialistischen Geist« erfolgte. Natürlich war die Wirtschaft über diese Einmischung höchst unzufrieden. Schacht bezog klare Position gegen die Parteiorganisation und wollte dies mit seiner Anwesenheit bei einer Lehrlingsabschlussfeier demonstrieren. Ley ließ den Wirtschaftsminister daraufhin ausladen – ein unfreundlicher Akt, dem Schacht mit einem nicht minder unfreundlichen begegnete: Er drohte mit Rücktritt. Hitler entschied daraufhin zugunsten seines Ministers. Ley musste nachgeben. Schacht unterstützte die Wirtschaft gegen die Partei – und baute seine Macht über die Wirtschaft weiter aus. So schuf er zum Beispiel mit der Reichswirtschaftskammer einen Dachverband, in dem Arbeitgeberorganisationen, Handelskammern und Industrieverbände zusammengeschlossen waren. Damit hatte er nicht nur die alternativen Vorstellungen der Parteigliederungen ausgebremst, sondern sich auch ein wirksames Mittel zur Steuerung und Lenkung der gesamten Wirtschaft verschafft.

Wo immer er konnte, schützte er den Mittelstand vor den Ansprüchen der DAF-Bonzen. Auch die Großindustrie konnte er vom direkten Zugriff der Partei fernhalten. Dass er sich damit in Gegensatz zur offiziellen NS-Doktrin begab, scherte Schacht nicht.

Der Pragmatiker Schacht verfocht das Primat der Wirtschaft gegenüber der Ideologie – und zeigte sich den meisten seiner Gegner intellektuell so überlegen, dass er sogar die NS-Ideologie gegen die Parteiideologen einsetzen konnte. Ein typisches Beispiel war die Auseinandersetzung mit Innenminister Frick im Rahmen der Umsetzung der Nürnberger Rassegesetze zur »Reinerhaltung deutschen Blutes«. Schacht wusste, in welch fataler Weise sich die Diskriminierung der Juden in Deutschland im Ausland auswirken musste. Er wusste auch, wie wichtig die Juden noch immer für die Funktionsfähigkeit der deutschen Wirtschaft waren. Die Hardliner im »Dritten Reich« versuchten bei der Ausschaltung des »jüdischen Einflusses« auch so genannte »arisch-jüdische Mischlinge« von wirtschaftlicher Betätigung auszuschließen. Dabei rechneten die NS-Ideologen damit, dass Schacht seinen Widerstand mit ökonomischen Gründen rechtfertigen würde. Doch Schacht wählte eine andere Strategie und schlug seine Widersacher mit deren eigenen Waffen: »Auch ich stelle mich auf einen weltanschaulichen Standpunkt. Ich halte aber die germanische Rasse für so kräftig, dass sie den kleinen Tropfen jüdischen Blutes, vor dem Sie solche Angst haben, ohne weiteres verarbeiten kann.« Diese Sätze sind typisch für den Zynismus und die Arroganz, die Schacht in der Diskussion mit ihm unterlegenen Gesprächspartnern an den Tag legen konnte. Er gab sie der Lächerlichkeit preis. Sie waren ihm argumentativ nicht gewachsen. Schacht erreichte in diesem Fall sein Ziel; Maßnahmen gegen so genannte Mischlingsehen unterblieben vorerst.

Niemand in Deutschland ist rechtlos. Nach Punkt 4 des nationalsozialistischen Programms kann der Jude weder Staatsbürger noch Volksgenosse sein. Aber Punkt 5 des Parteiprogramms sieht auch für ihn eine Gesetzgebung vor, das heißt, er darf nicht der Willkür unterstehen, sondern dem Gesetz.

Rede Schachts, 18. August 1935

Solche Beiträge lassen sich völlig unterschiedlich interpretieren. Schacht selbst führte nach dem Krieg diese und andere Begebenheiten als Beleg dafür an, dass er energisch gegen den Antisemitismus der Nazis Stellung bezogen und sich für die Juden eingesetzt habe. Am deutlichsten bezog Schacht am 18. August 1935 in einer über den Rundfunk verbreiteten Rede bei der Eröffnung der Königsberger Messe Position gegen die Übergriffe gegenüber Juden. In deutlichen Worten kritisierte er »Leute, die nächtlicherweise heldenhaft Fensterscheiben beschmieren, die jeden Deutschen, der in einem jüdischen Geschäft kauft, als Volksverräter plakatieren«. Goebbels konnte die Rundfunkübertragung nicht abbrechen, sorgte aber dafür, dass die Zeitungen die Rede Schachts »reinigten«. Doch auch hier lieferte er wieder ein Beispiel seines Mutes: Er ließ die Reichsbank 250 000 Exemplare seiner Rede drucken und verteilen. Eine lange Reihe von Beispielen, in denen sich Juden nach dem Untergang des nationalsozialistischen Terrorregimes für die Unterstützung bei Schacht bedankten und seinen Kampf gegen Eingriffe der Partei bestätigten, belegt durchaus Schachts Kritik am nationalsozialistischen Terror gegen die Juden.

Doch es finden sich auch Reden Schachts, in denen ein antisemitischer Einschlag mitschwingt, Reden, die sich nicht mit taktischer Rücksichtnahme rechtfertigen und auf Zwänge in einem totalitären Staat zurückführen lassen. Der scheinbare Widerspruch lässt sich auflösen. Denn es gibt einen praktischen Grund, weshalb Schacht den Straßenterror der Braunhemden gegen Juden ablehnte und den Boykott jüdischer Geschäfte kritisierte: Beides hinderte ihn an der Verwirklichung seines eigentlichen Zieles. Er wollte »eine prosperierende Wirtschaft schaffen und auf die Durchführung sonstiger, teilweise irrationaler Gedanken und Ziele der Partei verzichten«. Der offene, ungezügelte Terror

Da nun die Reichsbank glücklicherweise über eine eigene Druckerei verfügte, die selbstverständlich der Zensur nicht unterlag, so habe ich diese Rede in der Reichsbankdruckerei drucken lassen, und sie ist dann in 250 000 Exemplaren über die 400 Reichsbankfilialen im Lande über das ganze Land verbreitet worden und wurde auf diese Weise in der ganzen Bevölkerung bekannt.

Aussage Schachts in Nürnberg, 1. Mai 1946

»Einer der erbittertsten Gegner«: Mit Robert Ley, dem Chef der Deutschen Arbeitsfront, geriet Schacht in Sachen Handwerkerausbildung aneinander

»Neigung zur Selbstüberschätzung«: Durch Denkschriften und öffentliche Auftritte glaubte Schacht, Hitlers Politik in seinem Sinne beeinflussen zu können

»Die Juden müssen sich damit abfinden, dass ihr Einfluss bei uns ein für alle Mal vorbei ist«: Unter Schachts Ägide wurde die so genannte »Arisierung« rücksichtslos durchgeführt

störte seine Arbeit. So ordnete er die Schließung der Reichsbankstelle in Arnswalde an – und zwar so lange, bis sich der dortige Kreisleiter öffentlich bei Schachts Beamten dafür entschuldigte, dass dieser von Parteifunktionären angeprangert worden war, weil seine Frau in jüdischen Geschäften eingekauft hatte.

Wo Juden nicht für den reibungslosen Wirtschaftsablauf erforderlich waren, da schwieg Schacht. »Man kann nicht allen helfen«, erklärte er seiner Tochter, als er einer jüdischen Frau die erbetene Hilfe verweigerte. Schlimmer noch: Wo die Diskriminierung der Juden seinen Zielen diente, kam es auch unter seiner ministeriellen Verantwortung zu Beschlüssen, welche die wirtschaftliche Tätigkeit von Juden einschränkten. »Die Juden müssen sich damit abfinden, dass ihr Einfluss bei uns ein für alle Mal vorbei ist«, sagte er in einer Rede in Königsberg. Schacht war in dieser Frage ein pragmatischer Opportunist. Man kann nicht so weit gehen, Schacht zu unterstellen, er habe die Juden mit Gewalt aus dem Wirtschaftsleben, gar dem öffentlichen Leben insgesamt vertreiben wollen. Doch wenn es ihm dienlich schien, war er bereit, die Juden aus der Wirtschaft herauszudrängen. Wichtig war ihm dabei, dass dies in »geregelten« Bahnen geschah, mit den Mitteln von staatlichen Verordnungen und Gesetzen. Hier war Schacht ganz der Vertreter der alten staatlichen Ordnung.

Mein Vater war gewiss kein Antisemit. Er half vielen Juden, das ist belegt.

Cordula Schacht, Tochter

Opportunismus ist die Kraft, / den Augenblick beim Schopf zu fassen. / Hab' ich was Rechtes damit geschafft, / will ich mich ruhig schelten lassen, / mein Charakter sei nicht dauerhaft.

Schacht

»Man stempele die Juden in jedem gewünschten Maße zu Einwohnern minderen Rechts durch entsprechende Gesetze, aber für die Rechte, die man ihnen lassen will, gewähre man ihnen staatlichen Schutz gegen Fanatiker«, lautete sein Credo. Das Katastrophale an dieser Haltung: Schacht erachtete es als ausreichend, dass »wenigstens ein Schein von Recht und Ordnung« wiederhergestellt war. Die Form genügte, der Inhalt war ihm gleich. In diesem Sinn war der Rechtspositivist Schacht ein typischer Vertreter der nationalkonservativen Elite des Kaiserreichs und der Weimarer Republik. In dieser Elite herrschte der Glaube vor, dass sich der nationalsozialistische Antisemitismus mit Recht und Gesetz gleichsam kanalisieren ließe. Dass Unrecht nicht zu Recht wird, auch wenn es rechtsstaatliche Wege einzuhalten scheint, kam Schacht nicht in den Sinn.

Er ließ sich von den wirtschafts- und finanzpolitischen Erfolgen seiner Arbeit blenden und war überzeugt, auf einer Linie mit der Politik Hitlers zu liegen. Er hatte die Beseitigung der Arbeitslosigkeit finanziert. Durch die Einführung eines raffinierten Geldbeschaffungssystems der Mefo-Wechsel und durch die Devisenlenkung im Rahmen des »Neuen Plans« hatte Schacht die finanziellen Mittel für eine Aufrüstung zur Verfügung gestellt, mit der die Diskriminierung Deutschlands durch den Versailler Vertrag beendet war. Deutschland war wieder in den Kreis der europäischen Mächte zurückgekehrt, und damit war das Ziel erreicht – glaubte Schacht.

Sein geschicktes Taktieren als Reichsbankpräsident und Wirtschaftsminister bei der Finanzierung der Wiederbewaffnung hatte Hjalmar Schacht für Hitler in der Phase der Machteroberung und -konsolidierung unentbehrlich gemacht. In dem ihm eigenen Glauben an die eigene Unentbehrlichkeit unterschätzte Schacht, dass er der Unterstützung des »Führers« nur so lange sicher sein konnte, wie er die Leistungen erbrachte, die Hitler von ihm erwartete. Aber Mitte der Dreißigerjahre dämmerte es auch Schacht, dass seine Ziele nicht mehr mit den Absichten des Diktators in Einklang standen. Dieser wollte mehr Geld für die Aufrüstung, ihm war egal, ob dazu weitere Kredite aufgenommen werden mussten. Doch Schacht wollte geordnete Staatsfinanzen. Es zeichnete sich ab, dass die Ziele unterschiedlich waren – und damit sollten sich auch bald ihre Wege trennen. Im Lauf des Jahres 1935 erkannte Schacht, dass die Aufrüstung stetig vorangetrieben werden sollte. Am 24. Dezember erklärte er dem Reichswehrminister in einem Schreiben: »Sie erwarten von mir, dass ich für Ihren Bedarf die nötigen Devisen beschaffe. Ich erwidere darauf ergebenst, dass ich hierzu unter den obwaltenden Verhältnissen keine Möglichkeit sehe.« Wie in der Weimarer Republik protestierte Schacht gegen die zunehmende Kreditaufnahme. Doch diesmal hatte er andere Gegenspieler.

»Deutschlands Außenhandelsdefizit dank Schachts Neuem Plan in großen Überschuss verwandelt«, lautete die Wirtschaftsschlagzeile der *New York Times* am 23. Februar 1936. Im Mai 1936 entzog Hitler seinem Wirtschaftsminister die Zuständigkeit für die Devisenbewirtschaftung und übertrug sie Hermann Göring, der sich als hartnäckigster und erfolgreichster Widersacher Schachts in Wirtschaftsfragen durchsetzen sollte. Zwischen Göring als neuem »Beauftragten für den Vierjahresplan« und kommendem Herrscher in Wirtschaftsfragen und dem bisherigen Wirtschaftsdiktator Schacht kam es immer häufiger zu Streitigkeiten. Der große Knall zeichnete sich ab, und es war nur eine Frage der Zeit, wann die Bombe hochgehen würde. Das Erstaunliche daran: Der Streit wurde in aller Öffentlichkeit ausgetragen.

»Es kommt nicht darauf an, wirtschaftlich zu produzieren, sondern nur darauf, dass überhaupt produziert wird«, erklärte großspurig Hermann Göring am 17. Dezember 1936 vor den wichtigsten Vertretern der deutschen Industrie. Göring setzte auf Ersatzrohstoffe, auf Autarkie, gesetzliche Devisenbestimmungen waren ihm egal, er wollte Produktion um jeden Preis – eine Haltung, die jedem Unternehmer zutiefst fremd war.

Schacht hat gesagt, es stimme, er habe Hitler in Jahr 1934 und 1935 die Wiederaufrüstung ermöglicht. Dies hätte er aber nur gemacht, dass Deutschland sich verteidigen könne. Als er gemerkt habe, dass Hitler die Welt erobern wollte, habe er sich von ihm getrennt.

Richard W. Sonnenfeldt, Dolmetscher in Nürnberg

Außerdem begann natürlich damit eine Politik, die gegen die meine gerichtet war; denn ich wusste jetzt ganz genau, jetzt beginnt die übermäßige Rüstung, während ich für maßvolle Rüstung war.

Aussage Schachts in Nürnberg

Oben: »Es kommt nicht darauf an, wirtschaftlich zu produzieren«: Mit Göring war Schacht in heftige Auseinandersetzungen verwickelt (hier die Kontrahenten im Juni 1937 in der Deutschen Oper Berlin)
Unten: »Wenn Sie unwirtschaftlich produzieren, vergeuden Sie die Substanz des deutschen Volkes«: Erklärung Schachts, September 1936

> **Görings Kenntnisse waren auf allen Gebieten, die ein Regierungsmitglied beherrschen muss, gleich null, am meisten aber auf wirtschaftlichem Gebiet. Er hatte von all den wirtschaftlichen Dingen, die Hitler ihm im Herbst 1936 anvertraute, nicht den leisesten Schimmer.**
>
> Aussage Schachts in Nürnberg

Schacht hatte bereits am 27. Mai 1936 in einem Memorandum seine Bedenken gegen die Autarkiebestrebungen seines Gegenspielers formuliert – vergeblich. Seine Antwort auf die Kriegserklärung Görings ließ Schacht am 22. Januar 1937 folgen, vor dem gleichen Zuhörerkreis, der zur Feier des 60. Geburtstags des Reichsbankpräsidenten und Wirtschaftsministers zusammengekommen war. Schacht erteilte Göring eine schallende Ohrfeige nach der anderen, ohne allerdings seinen Namen zu nennen. Doch alle Zuhörer wussten, wen er meinte: »Ich sage Ihnen, wenn Sie unwirtschaftlich produzieren, so vergeuden Sie die Substanz, die im deutschen Volke vorhanden ist.« Den Fehdehandschuh, den ihm Göring hingeworfen hatte, griff er auf und drohte: »Ich werde jeden vor Gericht bringen, von dem ich erfahre, dass er die gesetzlich erlassenen Bestimmungen umgeht.«

Die unterschiedlichen Auffassungen zwischen Göring und Schacht häuften sich in immer mehr Fragen, und sie nahmen an Heftigkeit zu. Doch trotz dieses offenen Streits ließ Hitler seinen Finanzzauberer nicht fallen – im Gegenteil: Hitler drängte darauf, die Amtszeit Schachts als Reichsbankpräsident um weitere vier Jahre zu verlängern. Schacht war mittlerweile jedoch vorsichtig geworden. Er hatte erkennen müssen, dass blindes Vertrauen in Zusagen der Parteigrößen bis hin zum »Führer« nicht mehr ratsam erschien. »Meine bevorstehende Wiederernennung als Reichsbankpräsident knüpfte ich an das Aufhören der Mefo-Kredite.« Er stellte Bedingungen, denn »freiwillig und vorzeitig wollte ich kein Terrain preisgeben«. Noch immer glaubte er daran, die Staatsverschuldung aufhalten zu können, deshalb wollte er eine Verlängerung seiner Amtszeit um nur ein Jahr akzeptieren, um zu überprüfen, ob die ihm gemachten Zusagen nach Rückzahlung der Kredite auch eingehalten würden. Hitler spielte mit, weil er zu diesem Zeitpunkt nicht auf sein internationales Aushängeschild in Finanzfragen verzichten wollte, und akzeptierte Schachts Bedingungen. Zur gleichen Zeit würdigte er seinen in seinem Einfluss zu-

> **Reichsbankpräsident Dr. Schacht hat mir mitgeteilt, dass seine Tätigkeit ruhe, da er zwischen seinen Vollmachten und denen des Generaloberst Göring einen Widerspruch zu erkennen glaubt. Hierdurch werden die wirtschaftlichen Mobilmachungsvorarbeiten verzögert.**
>
> Kriegsminister Werner von Blomberg, Brief an Hitler, 22. Februar 1937

> **Eine neue, ernste Schacht-Krise im Anzug. Diesmal aber scheint es loszugehen. Er stellt unverschämte Bedingungen an den Führer. Er ist eben kein Nazi. Ich glaube, der Führer kommt kaum daran vorbei, ihn wegzutun.**
>
> Goebbels, Tagebucheintrag, 19. März 1937

Ich war auf der Terrasse des Berghofes auf dem Obersalzberg und wartete darauf, meine Baupläne vorlegen zu können, im Sommer 1937, als Schacht auf den Berghof kam. Auf der Terrasse hörte ich eine laute Auseinandersetzung zwischen Hitler und Schacht aus Hitlers Zimmer. Die Stimme Hitlers steigerte sich zu hoher Lautstärke. Nach Beendigung der Besprechung kam Hitler auf die Terrasse und äußerte sich in sichtbarer Erregung, dass er mit Schacht nicht zusammenarbeiten könne, er habe eine schwere Auseinandersetzung mit ihm gehabt. Schacht würde mit seinen Finanzierungsmethoden seine Pläne stören.
Erklärung Speers, Januar 1946

rechtgestutzten ehemaligen Wirtschaftsstar und verlieh ihm, wie anderen Mitgliedern des unwichtig gewordenen Kabinetts, am 31. Januar 1937 das goldene Parteiabzeichen – obwohl Schacht nie Mitglied der NSDAP war.

Daneben drängte Hitler die Kontrahenten auf Ausgleich. »Sie müssen sich mit Göring verständigen«, forderte er Schacht bei dessen Besuch auf dem Berghof am 6. Oktober 1937 auf. Der »Führer« schmeichelte seinem erfolgreichsten Minister. In seinen Memoiren schildert Schacht die melodramatischen Beschwörungen Hitlers, die in dem Bekenntnis gipfelten: »Aber Schacht, ich liebe Sie doch.«

Schacht erbat sich Bedenkzeit und gelangte nach zwei Tagen zu der Erkenntnis, einen Schlussstrich ziehen zu müssen. In einem Schreiben bat er den »Herrn Reichskanzler, meinen Führer« um seine Entlassung. Ungewöhnlich an diesem Brief war nicht nur die Anrede, sondern auch der Abschluss. Schachts Gesuch endete mit einem Spottgedicht, das angeblich auf seinem Schreibtisch gelandet war:

»Gebt mir, sprach Göring, vier Jahre Zeit,
Bis ich die Wirtschaft vom Gelde befreit,
Ich lasse den Schacht euch als Bürgen,
Ihn mögt ihr, entrinn' ich, erwürgen.«

Die Anspielung auf Schillers »Bürgschaft«, das humanistische Credo von Treue und Aufrichtigkeit, kennzeichneten nicht nur den Bildungsbürger Schacht, sondern auch seine innere Einstellung, sich zu seinen Überzeugungen in einem offenen Wort zu bekennen. Hitler ließ mehrere Wochen verstreichen, bis er am 26. November 1937 der Bitte Schachts nachkam – allerdings nur zum Teil. Er entband ihn von seinen Ämtern als Wirtschaftsminister und Generalbevollmächtigter, behielt ihn aber als Minister ohne Geschäftsbereich im Kabinett. Schacht ließ sich damit vorführen – er blieb einflussloses Mitglied in einem einflusslosen Staatsorgan. Die wichtigen Entscheidungen wurden in anderem Kreis getroffen, und davon hatte Schacht keine Ahnung. Am 5. November 1937 hatte Hitler in einer geheimen Besprechung seine wahren Absichten enthüllt. Er wollte Krieg, so lautete die zentrale Botschaft, die im so genannten Hoßbach-Protokoll über diese Sitzung festgehalten war. Hätte Schacht davon gewusst – er wäre vermutlich auch von diesem bedeutungslosen Staatsamt zurückgetreten. So blieb er und versuchte weiterhin, ein Mindestmaß an rechtlicher Ordnung in einem Unrechtsstaat aufrechtzuerhalten. Die Möglichkeit dazu hatte sich Schacht offen gehalten – auch nach dem Rücktritt als Wirtschaftsminister stand er noch immer an der Spitze der relativ unabhängigen Reichsbank.

Deutlich wurde das im Zusammenhang mit der so genannten »Reichskristallnacht«, als in der Nacht des 9. November in einem von oben gesteuerten Pogrom jüdische Geschäfte und Synagogen in Flammen aufgingen. Schacht missbilligte diese Ereignisse und machte aus seiner Ablehnung vor Mitgliedern der Reichsbank keinen Hehl: »Die Brandstiftung ist ein so frevelhaftes Unternehmen, dass es jedem anständigen Deutschen die Schamröte ins Gesicht treiben muss«, sagte er dabei. »Wir haben hier für Leute keinen Platz, die Leben, Eigentum und Überzeugung anderer nicht achten. Die Reichsbank ist auf Treu und Glauben aufgebaut.« Und genau zur Achtung von Treu und Glauben machte er Hitler bei einer persönlichen Audienz einen Vorschlag, der typisch war für einen Menschen, der an Regeln und Recht glaubte: »Wenn Sie für die Juden in Deutschland keine Rechtsbasis aufstellen wollen, so müssen Sie ihnen mindestens die Auswanderung erleichtern.« Er hatte ein Finanzierungsmodell auf der Basis von Anleihen entwickelt, das die Übertragung jüdischer Vermögen regeln und die Existenzgrundlage für die Auswanderung der Juden sichern sollte. Es war das Modell eines Finanzmenschen, für den Vertrauen das Grundkapital jeglichen Handelns darstellte. Das Überraschende: Hitler stimmte dem Vorschlag zu. Schacht machte sich voller Enthusiasmus auf, um im Ausland für die notwendige Unterstützung zu sorgen. Er scheiterte. Zum ersten Mal gelang es dem Finanzmagier nicht, in einer wichtigen Frage die internationale Zustimmung zu gewinnen. Es mag daran gelegen haben, dass die Einzelheiten des Schacht'schen Plans bei unvoreingenommenen Beobachtern den Verdacht einer Erpressung unter der Maxime

Schacht muss weg. Er ist der Krebsschaden unserer Politik.

Goebbels, Tagebucheintrag 4. November 1937

»Das gefräßige Monster Aufrüstung«: Schachts wirtschafts- und finanzpolitische Maßnahmen kurbelten die Rüstungsproduktion an. Fertigung von Panzern in einem deutschen Rüstungsbetrieb

»Sie passen in den ganzen nationalsozialistischen Rahmen nicht hinein«: Zuletzt hatten sich der Diktator und sein Finanzmagier nicht mehr viel zu sagen

»Geld gegen Freiheit« aufkommen ließen. Die Ursachen können auch im Stimmungswandel der Weltöffentlichkeit nach der Vielzahl von erfolgreichen Erpressungsversuchen des nationalsozialistischen Deutschland liegen – jedenfalls sah sich Schacht gezwungen, gegenüber Hitler sein Scheitern einzuräumen. Die Gegner Schachts triumphierten.

Der Finanzmagier musste widerwillig einsehen, dass er die Geister, die er gerufen hatte, nicht mehr beherrschte. Die Reichsfinanzen waren endgültig aus dem Ruder gelaufen. Die Rüstungsausgaben waren – entgegen den Versprechungen Hitlers – weiter gestiegen. Mit immer neuen Geldanleihen sollten am Kapitalmarkt die Summen aufgetrieben werden, die erforderlich waren, um das gefräßige Monster Aufrüstung zu füttern. Schacht zog seine persönliche Notbremse: »Das unbegrenzte Anschwellen der Staatsausgaben sprengt jeden Versuch eines geordneten Etats, bringt die Staatsfinanzen an den Rand des Zusammenbruchs und zerrüttet die Währung«, hieß es in einer Denkschrift, die das gesamte Reichsbankdirektorium am 7. Januar 1939 an Hitler sandte. Für diese deutlichen Worte hatte Hitler nur eine Antwort: »Meuterei.« Immerhin dauerte es zwölf Tage, bis Schacht die Reaktion auf seine deutliche Kritik zu spüren bekam. Am 19. Januar wurde der Reichsbankpräsident in die Reichskanzlei beordert: »Ich habe Sie rufen lassen, um Ihnen Ihre Abberufungsurkunde vom Amte des Reichsbankpräsidenten zu überreichen«, erklärte ihm der »Führer«, ohne auf das Memorandum weiter einzugehen. Die Audienz war nach wenigen Minuten beendet. Schacht war nun jeglicher Verantwortung und Gestaltungsmöglichkeiten enthoben. Der Mohr hatte seine Schuldigkeit getan, der Mohr konnte gehen. Hitler benötigte die Autorität und das Prestige Schachts nicht mehr. National wie international war das nationalsozialistische Regime längst stark genug. Auf das Fachwissen Schachts glaubten die Paladine des »Dritten Reiches« schon seit langem verzichten zu können, und Hitler selbst war von den ständigen Inflationswarnungen seines Wirtschaftsfachmanns genervt. Nach seiner Entlassung als Reichsbankpräsident traf Schacht nur noch zweimal mit seinem »Führer« zusammen: bei einem Empfang im Juni 1940 nach dem militärischen Triumph im Frankreichfeldzug und im Februar 1941, als der Minister ohne Geschäftsbereich den Diktator über seine bevorstehende Heirat mit der 30 Jahre jüngeren Mauzika Vogler informierte. Schacht war nicht nur aus dem direkten Umfeld des »Führers« verschwunden, sein Name tauchte auch in der deutschen Presse nicht mehr auf. Goebbels ließ den einstigen Star des wirtschaftlichen Auf-

Es ist möglich, dass noch keine Notenbank in Friedenszeiten eine so wagemutige Kreditpolitik getrieben hat wie die Reichsbank seit der Machtergreifung durch den Nationalsozialismus. Mithilfe dieser Kreditpolitik aber hat sich Deutschland eine Rüstung geschaffen, die der keines anderen Staates nachsteht, und diese Rüstung wiederum hat die Folge unserer Politik ermöglicht.

Schacht, Rede vom 29. November 1938

Die Reichsbank wird immer nur nationalsozialistisch sein, oder ich will nicht mehr ihr Leiter sein.

Schacht, Rede vor den Mitarbeitern der Österreichischen Nationalbank bei ihrer Übernahme

Sie passen in den ganzen nationalsozialistischen Rahmen nicht hinein.

Hitler zu Schacht

Schacht wird seines Amtes enthoben. [Walther] Funk sein Nachfolger als Reichsbankpräsident. Schacht hat den Führer geradezu zu erpressen versucht. Er ist ein Schubiak und alter Freimaurer. Jetzt wird er endgültig kaltgestellt. War höchste Zeit.

Goebbels, Tagebucheintrag 20. Januar 1939

stiegs Deutschlands totschweigen. In einer detaillierten Chronik, in welcher der *Völkische Beobachter* aus Anlass des achten Jahrestags der »Machtergreifung« die Leistungen und Erfolge des NS-Regimes auflistete, wurde Schacht mit keiner Silbe erwähnt. »Ein solches Totschweigen ist eine furchtbare Waffe.« Es war nicht nur gekränkte Eitelkeit, wenn der Mann, der stets gern im Rampenlicht gestanden hatte und der von seinen eigenen Leistungen überzeugt war, enttäuscht reagierte: »Was nützt ein Martyrium im Kampf gegen die Gewalt, wenn es nicht bekannt wird und dadurch anfeuernd wirkt?«, schrieb er in seiner Autobiografie. Es ist das Eingeständnis seines Scheiterns. Er hatte seine Unterstützung für Hitler immer als Versuch gerechtfertigt, die braune Herrschaft von innen zu kontrollieren. Nun hatte er seine Machtposition verloren, er musste sich auf die Rolle des unermüdlichen Warners beschränken und erkennen, dass seine Mahnungen ungehört verhallten. »Mein Versuch, die Politik Hitlers vor Exzessen zu bewahren, war gescheitert. Ich war auf der ganzen Linie ausgeschaltet.« Für einen Mann mit einem an Überheblichkeit grenzenden Selbstbewusstsein ein erstaunliches Eingeständnis.

Seine Entlassung als Minister ohne Geschäftsbereich im Januar 1943 fand in der deutschen Presse keine Erwähnung mehr. Dieser letzte Schritt zur Ausschaltung des einstigen Stars in Hitlers ohnehin schon zur Bedeutungslosigkeit verurteilten Kabinetts war die Folge der anhaltenden Kritik, die Schacht aus verschiedenen Anlässen gegenüber seinen großen Gegenspielern unter Hitlers Paladinen geäußert hatte. In diesem Fall hatte er im November 1942 eine Denkschrift an Göring verfasst und acht Punkte aufgeführt, warum der Krieg verloren sei. Hitlers Antwort kam zwei Monate später und ließ an Deutlichkeit nicht zu wünschen übrig: »Der Führer hat sich mit Rücksicht auf Ihre Gesamthaltung im gegenwärtigen Schicksalskampf entschlossen, Sie zunächst aus Ihrem Amt als Reichsminister zu verabschieden.« Das »zunächst« ließ Schlimmeres ahnen. Was Schacht befürchten musste, war mehr als die Re-

Das Schicksal Deutschlands, des Nationalsozialismus und Hitlers ist so eng ineinander verwoben, dass selbst die mir zuteil gewordene Behandlung mein Gefühl der Loyalität und der Pflicht nicht beeinflussen kann. Ich wäre Ihnen deshalb sehr dankbar für eine Feststellung, ob der Führer bereit ist, noch einmal eine kurze schriftliche Äußerung von mir zur politischen Lage entgegenzunehmen.

Schacht, Schreiben an Reichskanzleichef Hans-Heinrich Lammers

Ihren Wunsch, dem Führer eine kurze schriftliche Äußerung zur politischen Lage zu geben, habe ich vorgetragen. Der Führer lässt Sie bitten, davon abzusehen.

Antwort von Lammers, 19. April 1943

Er hat tapfer gegen die Entartung der Partei gekämpft und viel Anfeindungen in Kauf genommen. Er ist der einzige Minister, der Hitler, wenn auch spät, seine Meinung gesagt hat.

Carl Goerdeler, Ex-Oberbürgermeister von Leipzig und Widerständler, 1944

aktion Görings, der ihn einige Tage später »als meine Antwort auf Ihren defaitistischen, die Widerstandskraft des deutschen Volkes untergrabenden Brief« aus dem »Preußischen Staatsrat« auswies. Auch die Aufforderung, das goldene Parteiabzeichen zurückzugeben, konnte Schacht verschmerzen. Doch das Entfernen aus allen Ämtern musste dem ehemaligen Multifunktionär klarmachen, dass der Bruch mit seinem ehemaligen Förderer Hitler endgültig war. Schacht wurde längst von der Gestapo überwacht, und seine Gegner in der NS-Hierarchie suchten nur noch nach einem Anlass, ihn mundtot zu machen.

Schacht war innerlich längst zum Hitler-Regime auf Distanz gegangen. Ereignisse wie die Blomberg-Fritsch-Krise im Februar 1938 hatten deutlich gemacht, wie der deutsche Diktator Gegner seiner Politik kaltstellen ließ. Damals wurde der Chef der Heeresleitung General Werner Freiherr von Fritsch wegen angeblicher Homosexualität amtsenthoben und musste, wie auch Reichswehrminister Werner von Blomberg, Generälen Platz machen, die weniger Bedenken bei der Kriegsplanung des »Führers« hatten. Als Teil der konservativen Elite pflegte Schacht vielfältige Beziehungen zu zivilen wie militärischen Kreisen, die nach 1938 Widerstand gegen Hitler zu leisten versuchten. »Hatte ich schon vor dem Kriege den General von Kluge und den Kreis um Witzleben mobil zu machen versucht, so setzte ich jetzt diese Versuche fort«, beschreibt Schacht 1949 in seiner »*Abrechnung mit Hitler*« seine Beteiligung am Widerstand. Seine »Mobilmachung« beschränkte sich jedoch auf Gespräche mit unterschiedlichen Vertretern der Opposition. Er selbst wurde nie persönlich aktiv. Von den Plänen derer, die am 20. Juli 1944 das Attentat auf Hitler durchführten, hatte Schacht zwar Kenntnis, aber wohl nur wenig Vertrauen in das Vorhaben. Er nutzte sein Wissen, um seine beiden kleinen Töchter nach Oberbayern in Sicherheit zu bringen. Schacht selbst wurde nach seiner Rückkehr auf sein Landgut in Gühlen am 23. Juli verhaftet und zunächst in das KZ Ravensbrück gebracht. Der Gestapo gelang es jedoch nicht, Beweise für seine Mitwisserschaft zu finden. Dennoch sollte Schacht die nächsten zehn Monate bis zum Ende des »Dritten Reichs« in Haft verbringen.

Zusammen mit anderen hochrangigen Gefan-

Wenn ich die Gelegenheit gehabt hätte, hätte ich ihn umgebracht – ich.

Aussage Schachts in Nürnberg

Wahrscheinlich war die Gelegenheit des 20. Juli günstig, den als parteifeindlich bekannten Reichsbankpräsidenten Schacht jetzt eventuell auch zu überführen, indem er durch Zeugen oder sonstwie auch im Zusammenhang mit dem 20. Juli hätte belangt werden können.

Aussage von SD-Chef Otto Ohlendorf in Nürnberg

»Mit den Schuldigen in einen Topf geworfen«: Hjalmar Schacht glaubte sich zu Unrecht in Nürnberg angeklagt

genen des NS-Regimes wie dem ehemaligen österreichischen Bundeskanzler Kurt Schuschnigg oder dem französischen Ministerpräsidenten Leon Blum schickten ihn Hitlers Schergen auf eine Odyssee durch verschiedene Gestapo-Gefängnisse und Konzentrationslager, von Flossenbürg bis nach Dachau.

Im Prominentenlager Niederndorf war für Schacht der Krieg zu Ende. In Bayern einrückende US-Truppen übernahmen das Lager – doch die Befreiung vom Joch der Nazis bedeutete für Schacht nach zehn Monaten in NS-Gefängnissen nicht die Freiheit. Die Amerikaner erklärten den prominenten Häftlingen des NS-Regimes, dass man sie weiterhin als Gefangene betrachte. Schacht war empört: »Man warf uns, die wir unter Einsatz unseres Lebens gegen Hitler gekämpft hatten, mit den Schuldigen in einen Topf.« Der Zivilist Schacht wurde mit ranghohen Militärs als Kriegsgefangener in ein Lager nach Neapel gebracht und dort von amerikanischen Geheimdienstoffizieren verhört. Was Schacht nicht glauben wollte, geschah. Die Kriegsverbrechenskommission hatte festgelegt, »dass jedes Mitglied der deutschen Regierung persönlich für die Verbrechen zur Verantwortung gezogen werden soll«. Und so fand sich Schachts Name auf der Liste der Angeklagten, die in Nürnberg von einem internationalen Militärgericht zur Verantwortung gezogen werden sollten.

Sie hockten in zwei Reihen auf Holzstühlen auf der Anklagebank der Weltöffentlichkeit. Den 20 Repräsentanten des NS-Staates, die dem »Dritten Reich« an höchsten Stellen gedient hatten, sollte im Nürnberger Justizpalast der Prozess gemacht werden. Verschwörung gegen den Frieden, Verbrechen gegen den Frieden, Kriegsverbrechen und Verbrechen gegen die Menschlichkeit lauteten die vier Hauptanklagepunkte. Fehlendes Un-

Der Angeklagte Schacht machte von seinen oben genannten Ämtern, seinem persönlichen Einfluss und seiner engen Verbindung mit dem Führer in folgender Weise Gebrauch: Er förderte, wie in Anklagepunkt eins angeführt, den Machtantritt der Nazi-Verschwörer und die Festigung ihrer Kontrolle über Deutschland; er förderte die in Anklagepunkt eins angeführten Vorbereitungen für den Krieg; er nahm teil an den in Anklagepunkten eins und zwei angeführten militärischen und wirtschaftlichen Plänen und Vorbereitungen für Angriffskriege und solche Kriege, die eine Verletzung von internationalen Verträgen, Abkommen und Zusicherungen darstellten.
Aus der Klageschrift gegen Schacht in Nürnberg

Ich war nicht grundsätzlich für Aufrüstung. Ich war grundsätzlich für die deutsche Gleichberechtigung. Diese deutsche Gleichberechtigung konnte herbeigeführt werden entweder durch die Abrüstung der anderen oder durch unsere Aufrüstung.

Aussage Schachts in Nürnberg

rechtsbewusstsein, Wut und subalterner Gehorsam gaben sich auf der Anklagebank ein Stelldichein. Eine besondere Rechtfertigungsstrategie hatte sich Hjalmar Schacht ausgedacht. Der ehemalige Wirtschaftsdiktator gab die empörte Unschuld: Ein »nicht schuldig« hatte er auf die beiden ihn betreffenden Anklagepunkte geantwortet. Von US-Hauptanklagevertreter Robert H. Jackson musste er sich vorwerfen lassen, der Hauptverantwortliche für die kriegsmäßige Mobilisierung der deutschen Volkswirtschaft gewesen zu sein. Seine Rechtfertigung erschien dem obersten Richter des Nürnberger Tribunals nicht glaubhaft: »Manchmal stimmte er mit seinen Nazi-Genossen nicht überein, wie man am wirksamsten ihr Ziel erreichen könnte, niemals jedoch wich er von dem Ziel selbst ab. Als er mit den Nazis beim Niedergang des Regimes brach, tat er dies aus taktischen und keineswegs grundsätzlichen Erwägungen.« Doch dieser Interpretation widersprachen eine Reihe von Zeugen, die Schachts Verteidiger Rudolf Dix zur Entlastung seines Mandanten aufgeboten hatte. Wilhelm Vocke, ein Mitglied des Reichsbankdirektoriums, bestätigte, dass Schacht die Aufrüstung zur Beseitigung der Arbeitslosigkeit finanziert hatte und nur so weit für erforderlich hielt, bis Deutschland wieder den europäischen Nachbarn ebenbürtig war. Der Mitangeklagte Albert Speer stützte die Berichte Schachts über seinen Streit mit Hitler: »Ich habe eine sehr schwere Auseinandersetzung mit Schacht gehabt«, habe ihm Hitler nach dem Gespräch mit Schacht am 11. August 1937 auf dem Berghof erzählt. Und weiter: »Ich kann mit Schacht nicht mehr zusammenarbeiten, er stört meine Finanzpläne.« Nicht nur die Kronzeugen der Anklage bestätigten die unterschiedlichen Auffassungen zwischen Hitler und Schacht. Mit Hans Bernd Gisevius schilderte auch ein Mitglied des deutschen Widerstands die Ambivalenz in Schachts Verhalten während des »Dritten Reiches«: »Zweifellos ging Schacht in die Hitler-Regierung aus patriotischen Erwägungen, und ich möchte bezeugen, dass er im Augenblick, als die Enttäuschung bei ihm sichtbar wurde, aus denselben patriotischen Erwägungen nunmehr entschlossen zur Opposition überging.«

Nach 218 Verhandlungstagen endete der Prozess gegen die Hauptkriegsverbrecher am 1. Oktober 1946 mit der Urteilsverkündung. »Das Gericht stellt fest, dass Hjalmar Schacht in den ihm zur Last gelegten Punkten der Anklage nicht schuldig ist, und verfügt, dass er durch den Gerichtsmarschall auf freien Fuß gesetzt wird, sobald die Sitzung beendet

Oben: »Freispruch erster Klasse«: Hjalmar Schacht schreibt nach der überraschenden Entscheidung des Nürnberger Gerichtshofs Autogramme
Unten: »In den breitesten Schichten des deutschen Volkes Verwunderung und Befremdung erregt«: Protestkundgebung der KPD gegen Freispruch Schachts, Oktober 1946

Er zweifelte nicht einen Moment an seiner Freilassung. Er hatte großes Vertrauen, dass Gott ihm helfen würde. Während seines Lebens hatten sich zuweilen Selbstzweifel eingestellt, doch war er in all seinen Handlungen stets sehr zuversichtlich gewesen.

Cordula Schacht, Tochter

Dieser Freispruch hat in den breitesten Schichten des deutschen Volkes Verwunderung und Befremdung erregt.

Carl Severing, ehemaliger preußischer Innenminister, 1947

ist«, erklärte Richter Francis Biddle. Neben Hitlers Wirtschaftsfachmann wurden nur noch zwei weitere Angeklagte – Franz von Papen und Hans Fritzsche, der Chefkommentator des Deutschlandsenders – freigesprochen.

Die sowjetischen Ankläger protestierten zwar, doch auch ihnen war es nicht gelungen, Schacht ein »verbrecherisches« Verhalten nachzuweisen. Stattdessen erkannte das Gericht an, dass das von Schacht finanzierte Aufrüstungsprogramm lediglich zum Ziel gehabt habe, »ein starkes und unabhängiges Deutschland aufzubauen, das auf der Basis der Gleichberechtigung mit anderen europäischen Ländern Achtung genießen würde«. Das sei nicht als kriminell einzustufen – ganz im Gegenteil: »Wenn die von Schacht befürwortete Politik in die Tat umgesetzt worden wäre, so wäre Deutschland auf einen allgemeinen europäischen Krieg nicht vorbereitet gewesen.« Auch den zweiten Anklagepunkt, die Vorbereitung eines Angriffskriegs, hielt das Gericht für nicht erwiesen, denn: »Es ist klar geworden, dass Schacht nicht zum inneren Kreis um Hitler gehörte, der am engsten an diesem Plan beteiligt war.«

Über diesen Freispruch erster Klasse zeigte sich Schacht bei der Urteilsverkündung keineswegs überrascht – das Gericht hatte nach seiner Auffassung zu keiner anderen Entscheidung kommen können. Umso überraschter war er, dass er seine Gefängniszelle in Nürnberg nicht als freier Mann verlassen konnte. Vor dem Tor warteten deutsche Polizisten, um ihn erneut zu verhaften. Also verbrachte Schacht weitere drei Nächte in seiner Zelle, die allerdings erstmals unverschlossen blieb – schließlich galt er nach Auffassung der Siegermächte als freier Mann.

Die Deutschen sahen das allerdings anders. Nicht nur, dass in Berlin 20 000 Menschen gegen den Freispruch Schachts demonstrierten, auch Anton Pfeiffer, der Chef der bayerischen Entnazifizierungsbehörde, konnte nur durch alliierten Befehl daran gehindert werden, Schacht erneut festnehmen zu lassen.

Die US-Militärregierung veranlasste schließlich, dass Schacht den deutschen Behörden übergeben wurde – sollten sich doch die deutschen Gerichte darum kümmern, ob deutsche Bürger für ihr Verhalten noch einmal zur Rechenschaft gezogen werden sollten. Seit dem 23. Juli 1944 war Schacht in einer Vielzahl von Gefängnissen und Lagern und unter wechselnder Bewachung: zuerst deutscher, dann alliierter, nun wieder deutscher.

Die Ironie der Geschichte: Es sollten gerade die Gerichte des demokratischen Deutschland sein, die Schacht am längsten hinter Gittern hielten. 1947 stufte eine Stuttgarter Spruchkammer den ehemaligen Minister und Reichsbankpräsidenten in einem Entnazifizierungsverfahren als »Hauptschuldigen« ein und verurteilte ihn zu acht Jahren Arbeitslager. Schacht legte Berufung ein. Am 2. September 1948 hob die Berufungskammer das erste Urteil auf. Schacht konnte das Ludwigsburger Internierungslager verlassen. Doch damit war noch immer nicht Schluss. Ein erneutes Entnazifizierungsverfahren wurde an seinem Wohnort in der Lüneburger Heide eröffnet, allerdings blieb ihm diesmal die Haft erspart. Als Internierter musste er bis zur Entscheidung in einem Gasthaus in Winsen an der Luhe warten. Am 13. September 1950 wurde dann endgültig ein Schlussstrich gezogen: Die Lüneburger Spruchkammer stufte ihn als »Entlasteten« ein. Im November 1950 sprach ein deutsches Gericht in letzter Instanz Hjalmar Schacht von allen im Zusammenhang mit seiner Tätigkeit im »Dritten Reich« gegen ihn erhobenen Anklagen frei.

Schacht war endgültig ein freier Mann und konnte als unbescholtener Bürger seine dritte Karriere starten. So wie er in der Weimarer Republik wie auch im »Dritten Reich« zur jeweiligen Herrschaftselite aufgestiegen war, so gelang ihm auch im Nachkriegsdeutschland der Weg zurück in die führenden Schichten der zweiten deutschen Republik. Auch wenn ihm der ganz große Schritt an die Spitze diesmal versagt blieb, so machte er mit der von ihm gegründeten Düsseldorfer Außenhandelsbank »Schacht und Co.« ein privates Vermögen. Die Geldsorgen, die ihn durch den Verlust seines Landguts in der Mark Brandenburg nach der Freilassung geplagt hatten, waren längst behoben.

Die Zeit als Häftling hatte er genutzt, um seine »*Abrechnung mit Hitler*« zu schreiben, die rund 250 000-mal verkauft wurde. Auch seine Autobiografie »*76 Jahre meines Lebens*« entwickelte sich zum Bestseller.

Trotz seines Faibles für das Schreiben gehörte seine wahre Leidenschaft weiterhin dem Finanzwesen. Während sein Rat in Deutschland nur wenig gefragt war, mischte er als Wirtschafts- und Finanzberater von Ländern wie Brasilien, in Westafrika oder im Nahen Osten wieder auf der internationalen Bühne mit. Vor allem zu Regierungs- und Finanzkreisen in Indonesien unterhielt Schacht rege Beziehungen. Die Aufgabe, die er für die Regierung der gerade erst unabhängig gewordenen Republik erfüllen

»Dritte Karriere in der Bundesrepublik«: Schacht mit den Teilhabern seiner Düsseldorfer Privatbank, 1953

sollte, ähnelte der des Jahres 1923 in Deutschland: stoppen der galoppierenden Inflation.

1963 nahm er mit 86 Jahren seinen Abschied von der Außenhandelsbank, doch noch lange nicht vom aktiven öffentlichen Leben. Immer wieder äußerte er sich zu Finanzfragen und wusch seinen Nachfolgern im Amt öffentlich den Kopf. Schachts Kritik war ein gefundenes Fressen für die Presse, der Finanzguru nutzte sein Ansehen, um den Politikern der Bundesrepublik ebenjene Vorwürfe zu machen, die sich zuvor die Politiker der Weimarer Republik und des »Dritten Reiches« hatten anhören müssen. »Ich durfte die erste Inflation beendigen helfen, ich habe dem Versuch, die zweite Inflation zu verhindern, mein Amt, meine Existenz und meinen Einfluss geopfert. Ich möchte der dritten Inflation nicht durch Stillschweigen Vorschub leisten«, schrieb er 1966 in seinem Buch »*Die Magie des Geldes*«. In seiner Geißelung zu hoher Kreditaufnahme blieb er sich zeitlebens treu.

Am 3. Juni 1970 endete sein bewegtes Leben. Hjalmar Schacht starb in München an den Folgen eines Sturzes. »Warum setzen Sie sich nicht, wenn Sie sich anziehen wollen?«, habe der Arzt gefragt, schildert Schacht-Biograf John Weitz den letzten Dialog. »Warum haben Sie nicht vorher gesagt, dass ich mich setzen sollte?«, lautete seine Gegenfrage. Noch im Angesicht des Todes wollte Schacht das letzte Wort behalten – bis zuletzt bestritt er, selbst einen Fehler gemacht zu haben.

Ausgewählte Literatur

Der Aufrüster

Fest, Joachim: Das Gesicht des Dritten Reiches – Profile einer totalitären Herrschaft. München, Zürich 1977.
Fest, Joachim: Speer – Eine Biographie. Berlin 1999.
Reif, Adelbert: Technik und Macht – Albert Speer. Frankfurt/Main u. a. 1981.
Schlie, Ulrich (Hrsg.): Die Kransberg-Protokolle 1945. Seine ersten Aussagen und Aufzeichnungen (Juni–September). München 2003.
Schmidt, Matthias: Albert Speer – Das Ende eines Mythos. Speers wahre Rolle im 3. Reich. Bern, München 1982.
Sereny, Gitta: Albert Speer – Sein Ringen mit der Wahrheit. München 2001.
Speer, Albert: Der Sklavenstaat – Meine Auseinandersetzungen mit der SS. Stuttgart 1981.
Speer. Albert: Erinnerungen. Berlin 2003.
Speer, Albert: Spandauer Tagebücher. Berlin 2002.
Willems, Susanne: Der entsiedelte Jude – Albert Speers Wohnungsmarktpolitik für den Berliner Hauptstadtbau. Berlin 2002.

Der Raketenmann

Béon, Yves : Planet Dora – Als Gefangener im Schatten der V2-Rakete. Gerlingen 1999.
Braun, Wernher von: Start in den Weltraum – Ein Buch über Raketen, Satelliten und Raumfahrzeuge. Frankfurt/Main 1960.
Dornberger, Walter: V2, der Schuss ins Weltall – Geschichte einer großen Erfindung. Esslingen 1952.
Eisfeld, Rainer: Mondsüchtig – Wernher von Braun und die Geburt der Raumfahrt aus dem Geist der Barbarei. Reinbek 2000.
Erichsen, Johannes (Hrsg.) / Hoppe, Bernhard M. (Hrsg.): Peenemünde, Mythos und Geschichte der Rakete 1923 – 1989. Katalog des Museums Peenemünde. Berlin 2004.
Fiedermann, Angela/Heß,Torsten/Jaeger, Markus: Mittelbau-Dora – Ein historischer Abriss. Berlin 1993.
Haining, Peter: The Flying Bomb War – Contemporary Eyewitness Accounts of the German V-1 and V-2 Raids on Britain. London 2002.
Henneberg, Ilse (Hrsg.): »Niedergefahren zur Hölle – aufgefahren gen Himmel«. Wernher von Braun und die Produktion der V-2-Raketen im KZ Mittelbau-Dora. Bremen 2002.
Neufeld, Michael J.: Die Rakete und das Reich – Wernher von Braun, Peenemünde und der Beginn des Raketenzeitalters. Berlin 1999.

Oberth, Hermann: Wege zur Raumschifffahrt. Düsseldorf 1986.
Piszkiewicz, Dennis: Wernher von Braun – The Man who sold the Moon. Westport/Conn., London 1998.
Reisig, Gerhard H. R.: Raketenforschung in Deutschland – Wie die Menschen das All eroberten. Berlin 1999.
Stuhlinger, Ernst/Ordway, Frederick I.: Wernher von Braun – Aufbruch in den Weltraum. Die Biographie. Esslingen, München 1992.
Wagner, Jens-Christian: Produktion des Todes – Das KZ Mittelbau-Dora. Göttingen 2001.
Weyer, Johannes: Wernher von Braun. Reinbek 1999.

Der General

Das Deutsche Reich und der Zweite Weltkrieg. Hrsg. vom Militärgeschichtlichen Forschungsamt. Bislang 7 Bände. Stuttgart 1979–2001.
Feuersenger, Marianne: Mein Kriegstagebuch – Zwischen Führerhauptquartier und Berliner Wirklichkeit. Freiburg i. Br. 1982.
Jodl, Luise: Jenseits des Endes – Leben und Sterben des Generaloberst Alfred Jodl. Wien, München, Zürich 1976.
Kaltenegger, Roland: Gebirgsjäger im Kaukasus – Die Operation »Edelweiß« 1942/43. Graz, Stuttgart 1997.
Loßberg, Bernhard von: Im Wehrmachtsführungsstab – Bericht eines Generalstabsoffiziers. Hamburg 1949.
Macksey, Kenneth: »Generaloberst Alfred Jodl«. In: Ueberschär, Gerd R. (Hrsg.): Hitlers militärische Elite. Band 1. Darmstadt 1998, S. 102–111.
Scheurig, Bodo: Alfred Jodl. Gehorsam und Verhängnis – Biographie. Berlin, Frankfurt/Main 1991.
Taylor, Telford: Die Nürnberger Prozesse – Hintergründe, Analysen und Erkenntnisse aus heutiger Sicht. München 1996.
Warlimont, Walter: Im Hauptquartier der deutschen Wehrmacht. 1939–1945. Augsburg 1990.
Weinberg, Gerhard L.: Eine Welt in Waffen – Die globale Geschichte des Zweiten Weltkriegs. Stuttgart 1995.
Wilt, Alan: »Alfred Jodl – Hitlers Besprechungsoffizier«. In: Smelser, Ronald (Hrsg.)/ Syring, Enrico (Hrsg.): Die Militärelite des Dritten Reiches. Berlin, Frankfurt/Main 1995, S. 236–250.

Die Waffenschmiede

Abelshauser, Werner: »Gustav Krupp und die Gleichschaltung des Reichsverbandes der Deutschen Industrie 1933-1934«. In: Zeitschrift für Unternehmensgeschichte 47 (2002), S. 3–26.
Engelmann, Bernt: Krupp – Die Geschichte eines Hauses. Legenden und Wirklichkeit. München 1986.
Friz, Diana Maria: Die Stahlgiganten – Alfried Krupp und Berthold Beitz. Frankfurt/ Main 1990.

Gall, Lothar (Hrsg.): Krupp im 20. Jahrhundert – Die Geschichte des Unternehmens vom Ersten Weltkrieg bis zur Gründung der Stiftung. Berlin 2002.
Herbert, Ulrich: Fremdarbeiter – Politik und Praxis des »Ausländer-Einsatzes« in der Kriegswirtschaft des Dritten Reiches. Berlin 1985.
Herbert, Ulrich: »Von Auschwitz nach Essen – Die Geschichte des KZ-Außenlagers Humboldtstraße«. In: Jüdisches Leben in Essen 1800–1933. Essen 1993, S. 173–192.
Klaas, Gert von: Die drei Ringe – Lebensgeschichte eines Industrieunternehmens. Tübingen 1953.
Köhne-Lindenlaub, Renate: Die Villa Hügel – Unternehmerwohnsitz im Wandel der Zeit. München 2002.
Manchester, William: Krupp – Chronik einer Familie. München 1978.
Rother, Thomas: Die Krupps – Durch fünf Generationen Stahl. Frankfurt/Main 2001.
Stenglein, Frank: Krupp – Höhen und Tiefen eines Industrieunternehmens. München 1998.

Der Techniker

Edelmann, Heidrun: Vom Luxusgut zum Gebrauchsgegenstand – Die Geschichte der Verbreitung von Personenkraftwagen in Deutschland. Frankfurt/Main 1989.
Gall, Lothar (Hrsg.)/Pohl, Manfred (Hrsg.): Unternehmen im Nationalsozialismus. München 1998.
Hughes, Thomas P.: Die Erfindung Amerikas – Der technologische Aufstieg der USA seit 1870. München 1991.
König, Wolfgang: Volkswagen, Volksempfänger, Volksgemeinschaft – »Volksprodukte« im Dritten Reich. Vom Scheitern einer nationalsozialistischen Konsumgesellschaft. Paderborn u. a. 2004.
Mommsen, Hans/Grieger, Manfred: Das Volkswagenwerk und seine Arbeiter im Dritten Reich. 1933–1948. Düsseldorf 1996.
Müller, Peter: Ferdinand Porsche – Der Vater des Volkswagens. Graz, Stuttgart 1998.
Nelson, Walter Henry: Die Volkswagen-Story. München 1965.
Osteroth, Reinhard: Ferdinand Porsche – Der Pionier und seine Welt. Reinbek 2004.
Porsche, Ferry/Molter, Günther: Ferry Porsche – Ein Leben für das Auto. Eine Autobiographie. Stuttgart 1998
Siegfried, Klaus-Jörg: Das Leben der Zwangsarbeiter im Volkswagenwerk 1939–1945. Frankfurt/Main, New York 1988.

Der Bankier

Der Prozess gegen die Hauptkriegsverbrecher vor dem Internationalen Militärgerichtshof. 42 Bände. Nürnberg 1947–1949.
Fischer, Albert: Hjalmar Schacht und Deutschlands »Judenfrage« – Der »Wirtschaftsdiktator« und die Vertreibung der Juden aus der deutschen Wirtschaft. Köln, Weimar, Wien 1995.
James, Harold: »Hjalmar Schacht – Der Magier des Geldes«. In: Smelser, Ronald (Hrsg.)/Zitelmann, Rainer (Hrsg.): Die braune Elite – 22 biographische Skizzen. Darmstadt 1999.

Maier, Franz Karl: Ist Schacht ein Verbrecher? – Anklageschrift des früheren öffentlichen Klägers bei der Spruchkammer Stuttgart. Berlin 1988.

Moltke, Constantin von: Hjalmar Schacht – eine umstrittene Persönlichkeit. Freiburg i. Br. 1994.

Pentzlin, Heinz: Hjalmar Schacht – Leben und Wirken einer umstrittenen Persönlichkeit. Berlin, Frankfurt/Main, Wien 1980.

Peterson, Edward N.: Hjalmar Schacht – For and Against Hitler. A political-economic Study of Germany 1923–1945. Boston 1954.

Posner, Gerald L.: Belastet – Meine Eltern im Dritten Reich. Gespräche mit den Kindern von Tätern. Berlin 1994.

Schacht, Hjalmar: 76 Jahre meines Lebens. Bad Wörishofen 1953.

Schacht, Hjalmar: Abrechnung mit Hitler. Hamburg, Stuttgart 1948.

Schacht, Hjalmar: Magie des Geldes – Schwund oder Bestand der Mark. Düsseldorf, Wien 1966.

Schacht, Hjalmar: 1933. Wie eine Demokratie stirbt. Düsseldorf, Wien 1968.

Scholtyseck, Joachim: Hjalmar Schacht – Opportunistischer Weltgänger zwischen Nationalsozialismus und Widerstand. In: Bankhistorisches Archiv 33 (1999), S. 38–46.

Weitz, John: Hitlers Bankier – Hjalmar Schacht. München, Wien 1998.

Personenregister

Halbfette Seitenangaben verweisen auf Textschwerpunkte,
kursive Seitenangaben auf Abbildungen

Adam, Wilhelm 155
Albrecht, Ralph G. 54
Aldrin, Edwin E. 82
Armstrong, Neil 82, 139

Bahr, Annelise 233, 243
Balachowsky, Alfred 115
Banas, Julian 321
Baumgärtl, Therese 146
Bäumler, Adolf 98
Beck, Ludwig 10, 155, 158f., 161, 164, 194, 196
Becker, Karl 92f., 99, 102
Bedell Smith, Walter 201
Behr, Winrich 143
Beitz, Berthold 264ff., *265*
Benda, Luise von (siehe auch Jodl, Luise) 154ff., 159, 166, 193f., 198
Biddle, Francis 396
Bismarck, Otto von 161, 172, 207
Blomberg, Werner von 157ff., *158*, 384, 391
Blum, Leon 393
Bohlen und Halbach, Arndt von 214, 233, 243, 266
Bohlen und Halbach, Doerte von 214, 217
Bohlen und Halbach, Gustav von siehe Krupp von Bohlen und Halbach, Gustav
Böhm-Tettelbach, Karl 70, 197
Bormann, Martin *43*, 50, 58ff., 184, 191, 234, 243
Bornträger, Kurt 107, 116
Brandt, Karl 17
Brauchitsch, Walter von 101, 160, 164, 169
Braun, Emmy von 85ff., *86*, 98
Braun, Christoph von 81, 84f., 96ff., 132, 134, 138, 140
Braun, Magnus von, sr. *86*
Braun, Magnus von 84f., 118, 124f.; *84*, *86*
Braun, Sigismund von 84f.; *84*, *86*
Braun, Wernher von 7ff., **81ff.**, *84*, *86*, *89*, *91*, *97*, *106*, *123*, *126*, *128*, *130f.*, *135f.*, *141*
Breitscheid, Rudolf 339
Brill, Dorothee 129
Brüning, Heinrich 355
Bullion, Arthur von 149ff., 152
Bullion, Irma von 149ff., *153*, *162*, 155, 167, 193ff., 198
Castro, Fidel 137
Chamberlain, Neville 173
Chertok, Boris 125, 134, 137
Chruschtschow, Nikita 132
Churchill, Winston 100, 110
Coerper, Emmy 216f., 230
Coulondre, Robert 35

Dannenberg, Konrad 105, 111, 116, 125
Dawes, Charles G. 348
Delbrück, Hans 339
Diesel, Rudolf 275
Dietl 173, 175f.
Dietrich, Otto 184
Dietrich, Sepp 49
Dijk, Albert van 83, 115, 117, 140
Dirks, Carl 202
Disney, Walt 132
Dix, Rudolf 394
Dohrmann, Friedrich 205
Dolhaine, Johannes 254
Dönitz, Karl 10, 77, 78, 200ff.
Donnedieu de Vabres (franz. Richter) 203
Dornberger, Walter 101ff., *106*, 107f., 110, 115, 118, *123*, 124

Dorsch, Xaver 18, 50, 66
Douglas Fowles, E. L. 262f.

Ebert, Friedrich 10, 152, 341
Egger, Bela 274
Egger, Ernst 274f.
Eggers, Christian von 335
Eggers, Constanze, Freiin von 335
Einstein, Albert 352
Eisenhower, Dwight D. 133, *135*, 137, 201
Eisfeld, Rainer 115
Engel, Gerhard *183*
Etrich, Ignaz 280

Falkenhorst, General von 171f.
Feders, Gottfried 375
Fest, Joachim 19, 33, 44
Ford, Henry 283, 305
Foster, Thomas 140f.
Franz Ferdinand, Erzherzog 218, 277, *278*
Franz Joseph, Kaiser 283
Freytag von Loringhoven, Bernd 34, 59, 69, 177, 186, 193
Frick, Wilhelm 375f.
Friede, Gustel 90, 111, 115
Fritsch, Werner Freiherr von 159, 391
Fritzsche, Hans 396
Friz, Diana Maria 212
Fromm, Friedrich 15

Gagarin, Juri 137
Galbraith, John K. 35, 60, 69, 79
Gebhardt, Karl 66
Gersdorff, Rudolf Freiherr von 167, 194
Ginzkey, Gebrüder 274
Gisevius, Hans Bernd 394
Goebbels, Joseph 18, 25, 29, 32, 35, 37, 40, 45, 48, 50, 52, 55, 57, 61, *63*, 70, 75, 120, 173, 175, 185, 230, 302, 354, 369, 375, 377, 380, 384, 389
Goerdeler, Carl 230, 390
Goerens, Paul 234
Goethe, Johann Wolfgang von 23
Goldhagen, Erich 60
Goltz, Rüdiger von der 356
Göring, Hermann 32, 50, 57f., 98, 159, 171, 192, 226, 238, 240, 256f, 258, 303, 305, 313, 324, 354, 357, 369, 375, 382, *383*, 384f., 390
Greeley, Horace 337
Greim, Robert Ritter von 91
Gröttrup, Helmut 118
Guderian, Heinz 200
Gutersohn, Peter 254

Häussermann, Walter 128f., 134
Haffner, Sebastian 8
Hahn, Carl 271, 298, 330
Halder, Franz 166, 169, 171, 185f., 191
Hanke, Karl 29
Hanstein, Ewald 64, 114
Hartmann, Robert 309f., 321
Heß, Rudolf *241*, 242, 256
Himmler, Heinrich 8, 11, 20, 30, 56ff., 66, 83, *106*, 107f., 111, 118f., 187, 302, 326f., 375
Hindenburg, Paul von *156*, 156f., 224, 352, 357f.
Hirst, Ivan 329
Hitler, Adolf passim *38f.*, *42f.*, *47*, *72*; *97*, *156*, *158*, *165*, *168*, *181*, *190*, *197*, *225*, *231*, *235*, *271*, *298*, *311*, *355*, *363*, *365*, *372*, *388*
Hossenfeldt, Vera 265
Hugenberg, Alfred 214, *355*, 356
Hunke, Heinrich 184

Ihn, Max 248

Jackson, Robert H. 257, 394
Jacobi, Walter 95, 100, 120, 123
Jäger, Wilhelm 247f., 251
Jellinek, Emil 278ff.
Jellinek, Maja 280
Jellinek, Mercedes 279
Jodl, Alfred 7, 9f., *72*, *77*, **143ff.**, *145*, *150*, *153*, *162f.*, *168*, *178*, *181*, *183*, *188*, *190*, *197*, 203
Jodl, Alfred sr. 145
Jodl, Ferdinand 146, 148ff., *153*
Jodl, Irma siehe Bullion, Irma von
Jodl, Luise (siehe auch Benda, Luise von) 144, 164, 179, 199, *199*, 203f.
Jodl, Therese *145*, *153*
Junge, Traudl 34, 78

Kaes, Aloisia 275, *279*, 280
Kaes, Ghislaine 272, 285, 289, 299, 304
Kammler, Hans 114, 124
Kastl, Ludwig 224, 227, 229

Keitel, Wilhelm 10, 48, 72, 157ff., *158*, 166ff., *168*, 170ff., 175, 177f., *181*, 182ff., 196, 198, 200, 203, 204
Kempf, Annemarie 20
Kennedy, John F. 137f.
Keppler, Wilhelm 357, 375
Keynes, John Maynard 348, 368
Kissel (Generaldirektor) 286
Klefisch, Theodor 257
Klotzbach, Arthur 229, 234
Kluge, Hans Günther von 391
Koch, Friedrich 66
Koller, Peter 308
Konrad, Rudolf 149
Körbel (Lagerarzt) 325
Kranefuß (Adjutant) 375
Krisch, Werner 41
Krupp, Alfred 207
Krupp, Arthur 238
Krupp, Bertha 208, 210f., *213*, 214, 219f., 228, 230, *231*, 232f., 243
Krupp, Friedrich 206
Krupp, Friedrich Alfred 208, 210, 212
Krupp, Irmgard 232
Krupp, Margarethe 208
Krupp von Bohlen und Halbach, Alfried 7, 11f., **205ff.**, *213*, *219*, *235*, *255*, *258*, *264f.*
Krupp von Bohlen und Halbach, Berthold 266
Krupp von Bohlen und Halbach, Claus 240
Krupp von Bohlen und Halbach, Gustav 12, *209*, 210ff., *213*, *215*, 218f., 222ff., *225*, *229*, *241*, 242f., 248, 255f., 259, 357
Kuhn, Fritz 284

Lafferentz, Bodo 269, 304f.
Lammers, Hans Heinrich 389f.
Lang, Fritz 90
Leeb, Wilhelm Ritter von 15
Leiphart, Theodor 227
Ley, Robert *225*, *241*, 269f., *271*, *311*, *314*, 375f., *378*
List, Wilhelm 189f.
Lohner, Jacob 275f., 278
Lohner, Richard *276*, 278
Löser, Ewald 230, 234, 244, 257
Lumm, von (Geheimrat) 340
Lusser, Robert *136*
Luther, Hans 344, 348, *369*

Manchester, William 205
Mann, Thomas 352
Manstein, Erich von 159, 178
Marquardt, Erna 254
Marquardt, Gerhard 254
Matzig, Emil 272
Maynard, John 367
McCloy, John 263
Meinecke, Friedrich 340
Merbold, Ulf 88
Messerschmitt, Willy *67*
Middleton, Drew 201
Milch, Erhard 15, 18, 54, *67*, 68
Misch, Rochus 59
Mitscherlich, Alexander 34
Moldenhauer, Paul 352f., *353*
Mühlen, Norbert 242
Mussolini, Benito 195, *231*, 245

Naumann, Friedrich 340
Nebel, Rudolf *89*, 90ff., 95
Neubauer, Alfred 282
Neufeld, Michael 115
Nordhoff, Heinrich 272, 301, 330
Norman, Montagu 346

Oberth, Hermann 88, 90, 92, *93*, *136*
Oeste, Gertrud 82, 85, 88
Ohlendorf, Otto 391
Otto, Nikolaus 275

Paine, Thomas 139
Papen, Franz von 96, 224, 356, 396
Paulus, Friedrich 189, 192
Peter der Große, Zar 289
Pfeiffer, Anton 396
Piëch, Anton 325, 330
Pilarski, Leon 65
Pohl, Oswald 56
Popp, Franz Josef 297
Porsche, Anna 274
Porsche, Anton, Bruder von Ferdinand Porsche 274
Porsche, Anton, Vater von Ferdinand Porsche 274
Porsche, Ferdinand 7, 10f., **269ff.**, *271*, *273*, *276ff.*, *281*, *284*, *287*, *294f.*, *298*, 300, 303, 307, *311f.*, *314*, *317*, *328*, *331*
Porsche, Ferry 11, 270, *271*, 280, 285, 289, 310, *314*, 315, *318*, 329f.
Porsche, Luise 280
Poser, Manfred von 63f., 70, 73f., 78

Preuß, Hugo 340
Puhl, Emil 366
Puttkamer, Karl Jesko von *183*

Quistorp, Maria von 129; *130*

Raeder, Erich 170, 172, 228, 238
Rausenberger, Fritz 216
Reger, Erik 211
Reinhardt, Fritz 364
Reisig, Gerhard 91, 94, 102, 107, 118f., 125, 132f., 140
Reitsch, Hanna 90f.
Renteln, Adrian von *229*
Reuter, Franz 362
Ribbentrop, Joachim von 33f., *72*, *40*, 256
Riedel, Klaus 118
Riefenstahl, Leni 299
Rohland, Walter 61
Rommel, Erwin 186
Roosevelt, Franklin D. 368, *369*
Rosemeyer, Bernd *294*
Rosenberg, Alfred 172
Rosenberger, Adolf 288
Roth, Elizabeth 253f.
Rothschild, Robert 239
Rudolph, Arthur 108
Rümann, Arthur 238f.
Rybatschuk, Marija 320, 323

Sagmoen (US-Oberst) 205
Samila, Alexander 64, 119
Sauckel, Fritz 54, 246
Sauerbruch, Ferdinand 66, 194
Saur, Karl Gerhard 75
Saur, Karl Otto 18, 52, 66, 69, 72f., 75, 78
Schacht, Cordula 360, 362, 373, 396
Schacht, Eddy 337
Schacht, Hjalmar 7, 12f., 329, **333ff.**, *334*, *337f.*, *341*, *347*, *350f.*, *353*, *355*, *359*, *361*, *365*, *369*, *372*, *378f.*, *383*, *388*, *392*, *395*, *398*
Schacht, Inge 339, *350*
Schacht, Luise 352, *350*
Schacht, William 336
Schaub, Julius *43*
Schelkes, Willi 44f., 57f.
Schenk von Stauffenberg, Graf Claus 196
Schieber, Walther 52
Schleßmann (Vizegauleiter) 247
Schlidt, Dorette 104f., 110f., 122
Schlie, Ulrich 80
Schlimper, Erna 313, 320f., 326
Schmoller, Gustav 339
Schmundt, Rudolf 185
Schnitzler, Georg von 357f.
Schöller, Alexander 238
Scholz, Wilhelm 297
Schramm, Percy Ernst 194
Schröder, Johannes 236
Schulenburg, Fritz-Dietlof Graf von der 305
Schulz, Alfons 193
Schuschnigg, Kurt 393
Seeckt, Hans von 155
Sereny, Gitta 19f., 23, 28, 32, 34, 44, 46, 59, 61, 65, 68f., 71, 73, 76, 78ff.
Severing, Carl 356, 396
Sévèz, François 201
Siedler, Wolf-Jobst 44
Siemens, Karl Friedrich von 342
Simons, Walter 344
Smaczny, Josip 247
Sodenstern, Georg von 166
Sonnenfeldt, Richard W. 382
Sowa, Luise 339
Speer, Albert 7f., **15ff.**, *17*, *21f.*, *24*, 30, *38f.*, *42f.*, *47*, *51*, *56*, *58*, *63*, *67*, *72*, *77*, *79*, 102, 104f., 108, 110, 118, 236, 252, 299, 307, 316, 319, 326, 329, 385, 394
Speer, Albert jr. 35, 40
Speer, Ernst *22*
Speer, Hermann *22*
Speer, Margret *24*, 25
Spitzy, Reinhard 33f., 40
Sprenger, Jean 266
Stahl, Dietrich 73
Stalin, Jossif 129, 180, 263, 286, 289
Stamp, Sir Josiah 349
Stinnesbeck (Lagerarzt) 251
Stresemann, Gustav 344f.
Stuck, Hans 290ff.
Stuhlinger, Ernst 85ff., 95, 105, 116, 122, 128, 130, 132, 136, *136*, 138f.
Susloparow, Iwan 201

Terboven, Josef 232
Tessenow, Heinrich 23, 25f., 28f., 33
Thiel, Walter 105
Thomas, Georg 15
Thompson, Dorothy 354f.
Thyssen, Fritz 223f., *225*, 228, 260f., 357
Todt, Fritz 8, **16ff.**, *17*, 49f., 52, 102, 104, *106*, 302, *365*, 313

Toftoy, Holger 125, *136*
Troost, Gerdy 35
Troost, Paul Ludwig 31, 35 f.
Tschammer und Osten, Hans von 299
Tubbesing, Fritz 222

Vocke, Wilhelm 394
Vögler, Albert 357; *229*
Vogler, Mauzika 389
Vormann, Nikolaus von 155, 157
Vorwig, Wilhelm R. 301

Wagener, Otto 227
Warlimont, Walter 169, 171, 175, 180, 184, 191 f.
Weber, Margret (siehe auch Speer, Margret) 23
Weber, Max 340
Weitz, John 399
Werlin, Jakob 292, 297, 298, 304, 307
Werner, Joseph 306
Wiedemann, Fritz 230
Wilhelm II. 210 f., 214., 220, 232; *215*
Witzell, Karl 15 f.
Witzleben, Erwin von 391

Young, Owen D. *351*

Zeitzler, Kurt 57, 191

Orts- und Sachregister

Kursive Seitenangaben verweisen auf Abbildungen

A-2-Rakete 96
A-4-Rakete (siehe auch V2) 8, 82 f., 98 f., 101 ff., 122
AB Bofors (schwedisches Stahlunternehmen) 220
38er-Limousine (von Porsche konstruiert)) 286 f.
Adler (Automobilfirma) 290
Afrikakorps, deutsches 186, 193
Allgemeiner Deutscher Gewerkschaftsbund 227
Antisemitismus 377, 381
Antwerpen 83, *121*
Apollo 11 81
Apollo 13 139
Arbeitsbeschaffungsprogramm 362, 371
Arbeitslosigkeit 346, 361 f.
Architektur 7, 20 f., 31 ff.
Ardennenoffensive 71, 178
Arisierung 380
Army Ordnance Department 125, 129
Arnswalde (Reichsbankstelle) 380
Askimark (Ausländer-Sonderkonti-Mark) 368
Asow-Hüttenwerk 240
Atombombe 127
– sowjetische 129
Atomraketen 132
Attentat vom 20. Juli 1944 10, 13, 122, 196, 230, 256, 391
Aufrüstung 12, 96 f., 382
August-Thyssen-Hütte 229
Auslandsanleihen 345
Austin-Werke (Paris-Liancourt) 239
Austro-Daimler (Prinz-Heinrich-Fahrt) *281*
Austro-Daimler-Landwehrzug (»Tatzelwurm«) 282, *282*
Auto-Union 290, 292 f., 298
Auto-Union-P-Rennwagen 292 f.
Autobahnbau 16
AVUS-Rennen, Berlin 1934 292
Azerailles 151

Bad Eilsen 370
Bad Harzburg 356
Bad Nauheim 329
Baden Baden 330
Badgastein 193
Baku 189
Balkan, Rohstoffvorkommen 370
Baustab Speer 48 f.
BBC 80
Belgien 70, 238
Berchtesgaden 124, 179, 195, 200
Berdjansk 240
Bergen 173
Berlin 12, 15 f., 25, 28 f., 36 f., 46, 48 f., 72, 75, 78, 110, 198, 247, 296
Berliner Automobilausstellung 291
Berliner NSDAP 25
Berliner Sportpalast
– Goebbels Rede (18. 2. 1943) 55
– Kundgebung (5. 6. 1943) 61
Berndorfer Metallwarenfabrik 238
Blomberg-Fritsch-Krise 160, 391
Blühnbach, Schloss 217, 256
Bolschewismus 179
Borbecker Hüttenwerk 263
Borbecker Knappenverein 249
Borkum 96
Brasilien 371, 397
Braunes Haus (München) 31, 290
Bürgerrechtsbewegung 139

C-Zug (Porsche) 282
Cape Canaveral 134
Cape Kennedy 81
Christiansund 173
Chrysler Building (New York) 219
CIA 137
Clearing (Verrechnung) 370
Compiègne, Wald von 48, *178*

Daimler-Benz 285, 290, 292, 297, 302
Daimler-Benz-Flugmotor 286
Daimler-Motoren-Aktiengesellschaft 285
Danatbank 343
Dänemark 170f., 176, 335
Darmstädter und Nationalbank 342f.
Dawes-Abkommen 348
DDP (Deutsche Demokratische Partei) 13, 340, 348
Den Haag 221
Deutsche Arbeitsfront (DAF) 242, 269, 304, 306., 309, 312, 375f.
Deutsche Erd- und Steinwerke GmbH (DEST) 56, 61f.
Deutsche Gesellschaft für öffentliche Arbeiten AG siehe Oeffa
Deutsche Industriewerke Spandau 229
Deutscher Nationalpreis 10
Devisenkontrolle 370
Dicke Berta (Geschütz) 216, *216*, 281
Die Frau im Mond (Film von Fritz Lang) 90; *89*
Dnjepr 240
Dnjepropetrowsk 49
DNVP 348
Donez 240
Dora (Kanone auf Schienen) *236*, 237f.
Dora-Mittelbau, Thüringen 8f., 64f., 83, *112f.*, 114ff., 123f.
Dora-Prozess 65
Dresdner Bank 339f.
Drittes Reich 29, 61, 333, 371, 376, 397f.
Drontheim siehe Trondheim
Düsseldorfer Außenhandelsbank 397
Düsseldorfer Industrieclub 224
DVP (Deutsche Volkspartei) 224

Eagle (Mondlandefahrzeug) 139
Ebensee 124
Eisenerze, schwedische 170
El Paso (Texas) 127
ELMAG-Werke (Elsässische Maschinenbau AG) 239
England 161, 164, 178f.
– Luftschlacht um 102
Entnazifizierung 330, 397
Erster Weltkrieg 11, 26, 151, 155, 158, 177, 206, 214, 216, 228, 281, 283, 286, 296
Eschershausen 327
Essen 205, 244, 247, 254, 260
Exelbergrennen 277
Explorer-(Satellit) 135f.

Fallersleben 270, 308, 320, 326f., 330
Ferdinand (Jagdpanzer) 11, 315f.; *317*
Finnland 170, 172, 180, 221
Flossenbürg 62, *62*
Flugbombe Fi (siehe auch V 1) 103 320, 327
Flüssigkeitsrakete 91f.
Flüssigkeitsraketenmotor 90
Föderalismus 165
Ford 290
Frankreich 70, 102, 161, 164, 172, 176f., 179, 206, 238, 263, 330
– Kapitulation (22. 6. 1940) 48, 176
Frankreichfeldzug 46, 48, 389
Franzosen 245, 248
Freie Wirtschaft 370
Freimaurer 13, 41, 335
Fremdarbeiter-Lager 247
Fried. Krupp AG 229f.
Friedensschluss, sowjetisch-finnischer 172
Friedrichshafen 105

Gardelegen (Magdeburg) 124
Garmisch-Partenkirchen 125
Gauhaus (Voßstraße) 28f.
Gebirgsjäger, deutsche *188*
Gelsenkirchen 253
Germania (»Welthauptstadt«) 7, 37, *38*, 40, 299
Germaniawerft Kiel *221*, 222, 228, 236
Gestapo 41, 256
Gezuvor (Gesellschaft zur Vorbereitung des Deutschen Volkswagens) 304ff.
Gmünd 327
Golddiskontbank 346

Grand-Prix-Fahrzeuge 290
Grosny 189
Großbritannien 263
Großtraktor von Krupp 222
Gutehoffnungshütte 229, 367
Hafraba (Projekt Autobahnnetz Hamburg–Frankfurt–Basel) 364
Harzburger Front *355*, 356
Hauptabteilung Umsiedlung 40f.
Heer 159, 170f.
Heereswaffenamt (HWA) 90, 92, 94, 96, 101f.
Heinkel He 112 (Raketenflugzeugprojekt der Luftwaffe) 98
Henschel-Panzer 315
Hermann-Lietz-Internate 86
Hermes II (Marschflugkörper) 127
Hitler-Stalin-Pakt 170
Hohenlychen (SS-Klinik) 65f.
Holland 238
Holokaust 8, 41, 187, 202, 203f., 255
Hoßbach-Protokoll 386
Huntsville 134, 141
Hüttenwerke, polnische 240
Hyperschall-Flugzeuge 125

IAA 293, 296, 299ff., 305
Iduna-Germania-Versicherung 265
IG-Farben-Werke 251f.
Iljitsch-Werke 240
Inflation 12, *342f.*, 344ff., 350, 398
Interkontinentalflüge 92
Italien/Italiener 132, 306; 308

Japan 221
Jewish Claims Committee 254
Jössingfjord 171
Juden/Jüdinnen 12, 27, 40f., 60f., 66, 68, 80, 252f., 259, 265, 326, 376f., 380f., 386
Judenfrage 60, 373
Judenvernichtung 186
Juno 1 (Jupiter-C-Rakete) 134
Jupiter (Weltraumrakete) 132, 134

Kalter Krieg 133, 266
Kapitulationsurkunde 10, 201
Karpaten-Öl AG 265
Kasan (Wolga) 223
Kaukasus 189
»KdF-Stadt« 310
»KdF-Wagen« (siehe auch Volkswagen) 10, 270, 308f., *314*, 329
Keppler-Kreis 357
Kernspaltung 127
Kleinwagen 293
Klesheim, Schloss 68
Klieversberg 308
Kommissarbefehl 182
Kommunismus 226
Königsberg 195
Konversionskasse 368, 371
Konzentrationslager 56f., 108, 165, 272, 325
– Auschwitz 114, 251, *252*, 326
– Bergen-Belsen 124, 254
– Buchenwald 12, 115, 260
– Dachau 187, 260, 393
– Flossenbürg 62, 393
– Mauthausen (Linz) 55, 64f.
– Natzweiler (Elsass) 61ff.
– Neuengamme 326f.
– Oranienburg 260
– Ravensbrück 253, 391
– Sachsenhausen 326
– Theresienstadt 187
Koreakrieg 263
Kradschützenwagen Typ 166 319
Kraft durch Freude (Freizeitorganisation) 291
Krakau 119
Kramatorsk 240
Krieg 1870/71, dt.-franz. 206
Kriegsgefangene 11, 55, 111, 272
Kriegsschulden 351
Krupp, Firmenzeichen 206f.
Krupp-Stiftung 208
Krupp-Werke 208, 214, *231*, *241*, *250*, *261f.*, 367
Kubakrise 132
Kübelwagen 11, 303, 309, 316
Kummersdorf 94ff., 98f. 101
KZ-Aufseherinnen 253
KZ-Häftlinge 8, 11f., 55, *56*, *62*, 107f., *113*, 114, 117, *117*, 124, 207, 245, 252, *252*, 259, 272, 327

Laagberg (Lager) 326
Landsberg/Lech (Feste) 260, 291
Landwirtschaftlicher Ackerbau-Schlepper (Krupp) 222
»Laubfrosch« (Opel) 285

Lex Krupp 12, 243f.
Lichtdom (A. Speer) 8, 35, *36*
Litzmannstadt (Ghetto/Lodz) 41
Lohner-Porsche 277, 279
London 83, 120, *121*, 172f.
Lothringen 327
Luftwaffe 158f., 170f.
Lüneburger Spruchkammer 333, 397
Lüttich 216
Luxemburg 238

Machtergreifung Hitlers 156, 290
Maffersdorf 274
Maikop 189
Maja-Wagen 280
Man in Space (Raumfahrer-Fernsehfilm) 132
Marine 159, 170f.
Mariupol 240
Massenarbeitslosigkeit 12
Maus (Panzer) 11, 316, *317*
Mauthausen 55
Mefo-Wechsel 12, 228f., 364, 366f., 371, 381, 384
Mehlemer Vertrag 263
Metallurgische Forschungsgesellschaft mbH (Mefo) 228
Mirak (Flüssigkeitsrakete) 91
Mirak II 94
Mixte-Wagen *276*, 277f.
Mogilew 195f.
Mondexpedition 8, 92, 125, 132
Mondflug (16. Juli 1969) 139
Moskau 185, 189, 289
Mülhausen (Elsass) 239
Münchner Abkommen 164
»Mustard« (Operation) 260

Naher Osten 397
Namensvermehrungsbrief 210
Narvik 170, 172f., *174*, 175, 177
NASA 136ff.
Nationalsozialistischer Studentenbund 223
Neapel 393
Nero-Befehl 74f.
Neuer Plan (nach Schacht) 370, 381
New York 219
Niederlande 220, 238f.
Niederndorf 393
Nirosta (Stahl) 219
Nordafrika 186
Nordirland 263
Nordkorea 129
Normandie, Landung in der 120, 195
Norwegen 170ff., 176f.
NSDAP 11, 13, 25, 27f., 100, 156, 187, 226, 233, 290, 335, 354ff., 361, 364, 374f.
NS-Fliegerkorps (NSFK) 233
NS-Regime 7, 60, 97, 187, 325
– Ausrottungspolitik 60
Nürburgring 293
Nürnberg 46
Nürnberger Dokumentationszentrum Reichsparteitagsgelände 61
Nürnberger Prozesse 8, 10, 13, 34, 61, 63, 65, 74, 79, 129, 143, 172, 179, 186, 202, 204, 238, 255, *334*, 393f.
Nürnberger Rassegesetze 187, 376

Oberammergau 124
Obersalzberg 33, 46, 48, 166, 243, 302, 385
Oberschlesien 72, 240
Oeffa-Wechsel 366f.
OKH (Oberkommando des Heeres) 159, 171, 177f., 181, 186, 251
OKW (Oberkommando der Wehrmacht) 52, 157, 160, 166, 170f., 180, 183, 185, 194, 200, 236
Ölfelder, kaukasische 189
Ölkrise 139
Olympische Sommerspiele Berlin 1936 233f.
Opel 285, 290
Operation »Paperclip« 129
Orel 16
Organisation Todt 16
Oslo 173
Ostarbeiter 246, *246*, *322*, 323
Österreich, Anschluss (März 1938) 46, 238
Österreichische Daimler-Motoren-GmbH (Austro-Daimler) 280, 284
Ostfront 16

Panzer IV 223
Panzerkampfwagen Typ Ia 222f.
Papiermark 345
Paris 48, 83, 120, 173, 239
Pariser Weltausstellung 1900 275, 277
»Peacock« (Operation) 260
Pearl Harbor 185
Peenemünde (Usedom) 9,

83, 98 f., *99*, 102 ff., 107 f., *109*, 110 f., 115, 118 f., 122 f., 127
Peugeot-Werk 320, 330
Pogromnacht (siehe auch »Reichskristallnacht«; Nov. 1938) 187
Polen 246 f.
– Einmarsch 46, 102, 166 f., 169 f., 260
Porsche GmbH Konstruktionen und Beratungen für Motoren und Fahrzeugbau 288
Porsche (Sportwagen) *331*
Prag, Einmarsch in (1939) 166
preußisch-österreichischer Krieg 1866 206
Prinz-Heinrich-Fahrt 280
Project Overcast 127
Propaganda, antijüdische 373

Raumfahrt, zivile 8
Rechtsextremismus 335
Redstone (Atomrakete) 130 f., 133
Registermark 368
Reichsautobahn 293
Reichsbank 345 f., 366 f., 371, 374, 377; *372*
Reichskanzlei, Neue *42 f.*, 44 f., 180, 291
»Reichskristallnacht« (siehe auch Pogromnacht; 9. November 1938) 44, 386
Reichsluftfahrtministerium 20
Reichsmark 348
Reichsverband der Deutschen Industrie (RDI) 224, 226 f., 229
Reichsverband Deutscher Automobilhersteller (RDA) 297 ff.
Reichsverkehrsministerium 293
Reichswehrministerium 222
Reichswirtschaftsministerium 374
Reims 10, 144, 201
Reinhardt-Programm 364
Reinickendorf 90
Reisemark 368
Remagen 198
Rennsportindustrie 290, 293
Rentenbank 345
Rentenbankbriefe, verzinste 345
Rentenmark 348
Reparationen 342 f., 348, 350 f., 361 f., 368
Rhein 198
Rheinstahl 367
River Rouge (Ford-Werk) 284, 304
»Röhm-Putsch« 157
Rosyth 173
Rote Armee 71, 105, 124, 180, 185, 195, 198, 201, 240, 263, 286, 306, 323
Royal Air Force 110
Royal Engineers 262
Russenlager (Krupp) 247
Russland (siehe auch Sowjetunion) 16, 161, 181
Rüstungsindustrie 8, 11, 15, 54, 214, 283

SA 227 f., 269, 373
Saarland 157
Sascha-Wagen 283, 293; *284*
Saturn 5 (Rakete) 9, 81 f., 108, 138
Schuldscheine siehe Scripts
Schutzbetriebe 55
Schwarzer Freitag 288
Schwarzes Meer 189 f.
Schweden 175
Schweinebucht (Kuba) 137
Schwimmwagen 309, *318*
Scripts (Form von Schuldscheinen) 368
Sewastopol 238
Siemens 229
Silberpfeile 293
Skandinavien 170
Sowjetunion 133, 136, 170, 177, 179, 189, 223, 240, 245 ff., 263, 286, 288, 313
– Überfall auf die (22. Juni 1941) 48, 183, 186
Sozialdemokraten 41, 164
Spandau 80
Spanien 221
Sparersystem 309
SPD 341
Spiekeroog 88
Sputnik (sowj. Satellit) 134, *135*
SS 11, 20, 56, 63, 65, 107, 116, 118 f., 122, 124, 232, 251 ff., 269, 319
Stagl-Mannsbarth 280
Stalag Fallingbostel 324
Stalingrad 55, 105, 189, 192 f.
Stalino 189
Stavanger 173
Steimker Berg (Siedlungen) 312
Stettin 118 f.
Steyr-Werke 288
Stockholm 219
Sudetenkrise 1938 161, 164
Südamerika 370

T-Modell (Henry Ford) 283

T 34 (sowj. Panzer) 315
Tabun (Giftgas) 73
Tangermünde 305
Targa Florio (Autorennen) 283
»Taube« (Flugzeugtyp) 280
Tempelhofer Feld 29
Tiercelet (Eisenerzgrube) 327
»Tiger« (Panzer) *51*, 315
Transferkonferenz 1934 369
Trondheim 173, 176
Tschechoslowakei 46, 161, 371
Tuapse 189f.
Tunis 193
Türkei 132, 221

U-Boote U1–U24 222
Ukraine 240
Unternehmen Barbarossa 180
Untertürkheim 285
USA 125, 129, 132ff., 136, 185, 263
– Raumfahrt-/Mondlandungsprogramm 9

V1 11, 64, 70, 114, 120, 320
V2 8, 64, 70, 82f., 101, *103*, 108, 115, 119f., 122, 124f., 127ff.
Vanguard (Rakete) 134
Verbrannte Erde (Erlass) 74
Verein für Raumschifffahrt (VfR) 88, 95
Vereinigte Elektrizitäts AG 274f.
Vereinigte Stahlwerke AG 260
Versailler Vertrag 92, 94f., 154, 219, 286, 381
Vietnam-Krieg 139
Villa Hügel 205, 208, 217, *217*, 230, 232, 243, 251, 267
Volksempfänger 297
Volkswagen (siehe auch VW) 269ff., 293, 296f.
– Versuchsreihe VW 30 303
Vollbeschäftigung 362
VW-Cabrio 270
VW-Käfer 270
VW-Modell *311*
VW-Werk (Volkswagen-Werk) 10f., 305, 307, 310, 323ff., 327

WAC Corporal (Rakete) 127
Währungsstabilität 346
Washington 140
Weimarer Republik 26, 96, 154f., 164, 223, 290, 333, 343, 349, 353, 356, 360, 381, 397
Weltraumfahrt, bemannte 132
Weltwirtschaftskonferenz (1933) 368
Weltwirtschaftskrise 92
Wertverlust 343
Weserübung (Operation) 171ff., 177
Westarbeiter 323
Westfeldzug (10. Mai 1940) 177, 222
Westwall 16, 306
Wettrüsten, atomares 139
White Sands (Raketentestgelände) 127
Widerstandskampf, polnischer 119
Wien 166, 274f.
Wiener Neustadt 105
Winniza 189, 193, 202
Winsen an der Luhe 397
Wolfsburg 272, 330
Wolfsschanze 16f., 49, 183, 194, 196

Young-Anleihe 371
Young-Plan 352f., 368

Zell am See 327, 329
Zeppelinfeld 35
Zeugen Jehovas 41
Zürich 92
Zwangsarbeiter 8f., 11f., *53*; 54f., 108, 111, 115, 124, 207, 244ff., 251, 257, 259, 272, 320f., *322*, 323ff.
Zweifrontenkrieg 54
Zweite deutsche Republik 333
Zweiter Weltkrieg 11, 152, 166, 201, 265, 320

Abbildungsnachweis

Archiv für Kunst und Geschichte, Berlin 30 u., 51 o., 158, 203, 225 u., 241 o., 343, 363, 372, 379, 380, 383 u.
Bayerische Staatsbibliothek, München 30 o., 47, 165, 174, 183, 188 u., 190, 225 o., 231 o., 235, 237, 298, 307 o., 312, 359, 361, 365 u.
Bildarchiv Preußischer Kulturbesitz, Berlin 22, 24, 109, 112, 252, 300, 317
Bundesarchiv, Koblenz 21, 38 u., 39, 51 u., 53, 58, 67 o., 106 o., 123, 153 o., 181, 209, 229, 295, 341, 369, 378, 388, 392, 398
Corbis/Bettmann 220
Deutsches Museum, München 89 u., 106 u.
dpa 156, 202, 258, 311 u., 331, 334
W. Fleischer, Freital-Wurgwitz 97
Getty Images/Hulton Archive 42 o., 121 o., 241 u., 262
– /Time Life Pictures 121 u., 126, 128, 135 u., 136, 250, 255, 261, 265
Interfoto/München 84, 131, 213, 219, 303 u.
Keystone, Hamburg 246, 281, 284
– /Topham Picturepoint 221, 282
aus: H. Schacht, 76 Jahre meines Lebens, Kindler Verlag 1953 337, 338
Der SPIEGEL, Hamburg 86
SV Bilderdienst, München 91, 99, 103, 287, 328
– /Scherl 43, 89 o., 93, 215 u., 271, 279, 294, 303 o., 314 o., 355
A. Strobel/Die BUNTE 130
Technisches Museum, Wien 276, 278
Ullstein Bild, Berlin 17, 27, 36, 38 o., 42 u., 56, 62, 63, 67 u., 72, 77, 79, 82, 113, 117, 135 o., 141, 151, 168, 178, 188 o., 191, 197, 206, 215 o., 216, 217, 231 u., 264, 273, 307 u., 308, 311 o., 314 u., 318, 322, 342, 347, 350, 351, 353, 365 o., 383 o., 387, 395
US-Space and Rocket Center Archives, Huntsville, Alabama, USA 87

Leider konnten nicht alle Rechtegeber der Abbildungen ermittelt werden. Der Verlag bittet Personen oder Institutionen, die die Rechte an diesen Fotos haben, sich wegen einer angemessenen Vergütung zu melden.